KB120530

응용행동분석

| 이성봉 · 김은경 · 박혜숙 · 양문봉 · 정경미 · 최진혁 공저 |

APPLIED BEHAVIOR ANALYSIS

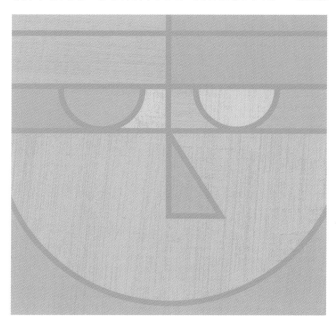

학지사

머리말

　응용행동분석은 인간의 행동을 이해하고 행동을 바꾸기 위해 20세기 초에 Watson과 Pavlov의 고전적 조건형성 연구를 필두로 Skinner의 작동적 조건형성 연구에 이르러 행동주의 이론으로서의 기반을 다졌다. 응용행동분석은 단지 이론으로서의 학문이 아니라 인간행동을 변화시키려는 실용학문이라고 볼 수 있다. 응용행동분석의 대표적인 저널인『Journal of Applied Behavior Analysis(JABA)』의 창간호에서 Baer, Wolf와 Risley(1968)는 응용행동분석을 응용적, 행동적, 분석적, 기술적, 개념적으로 체계적, 효과적, 일반화라는 7가지 특성을 제시했다. 그중 가장 먼저 등장하는 것이 응용적이다. 이는 응용행동분석이 사회적으로 필요하고 실용적인 인간의 행동을 다룬다는 것을 의미한다. 즉, 아동들에게 흔히 나타날 수 있는 행동상의 문제, 대인관계, 언어발달, 학습 등을 연구의 주제로 다룸은 물론 성인들이 사회생활 속에서 겪을 수 있는 다양한 문제를 다루기 때문이다.

　응용행동분석은 인간행동 이해의 경험적인 기반을 제공했을 뿐만 아니라 행동의 개선에 기여해 왔다. 응용행동분석의 자연과학적 접근은 사회적으로 중요한 행동에 영향을 미치는 환경적 변인을 밝혀냈다. 이러한 발견은 실제적으로 도움이 될 수 있는 기술로 발전해 인간의 다양한 행동 문제를 해결할 수 있는 최선의 방법을 제공하고 있다. 응용행동분석의 다양한 중재방법은 학교에서의 학업수행능력을 향상시키고, 특히 응용행동분석에 기초한 행동지원은 아동의 문제행동 지도에 효과가 있는 것으로 검증되었다.

　응용행동분석은 일반교육 현장은 물론 특수교육 현장에서 다양한 방법으로 적용되고 있다. 응용행동분석은 발달장애인 교육에 사용되어 왔으며, 특히 최근들어 자폐스펙트럼장애 교육에 있어 증거 기반의 중재로 알려지면서 널리 사용되고 있다. 2004년 미국「장애인교육법(Individuals with Disabilities Education

Improvement Act)」에서는 장애아동을 교육할 때 과학적으로 효과가 검증된 연구 기반의 중재를 실시하도록 법률로 정하였다. 캘리포니아 주립대학교의 Lovaas(1987)는 'UCLA Young Autism Project'에서 2~4세 자폐스펙트럼장애 아동 59명에게 조기집중행동중재(early intensive behavior intervention)를 적용한 결과, 19명(47%)의 아동이 '초등학교 1학년 일반학생과 구별하기 어려운 수준'으로 발전했다고 보고했다. 국립자폐센터(National Autism Center, 2015)의 국가 표준 프로젝트(National Standards Project, Phase 2)에서는 행동 중재를 자폐스펙트럼장애 아동 교육에 포함시켰다. Wong 등(2015)은 자폐스펙트럼장애 아동 교육에 효과 있는 증거 기반 실제의 27가지 중재 방법을 제시하였는데, 대부분은 선행사건 기반 중재, 개별시도학습, 기능적 의사소통 훈련 등 응용행동분석에 기초한 중재방법들이다. 이 외에 응용행동분석은 정신질환, 재활, 지역사회심리학, 임상심리학, 자기관리, 아동행동관리, 예방, 스포츠 수행능력, 건강 관련 행동, 노인학 등의 분야에 적용되고 있으며, 그 효과가 증명되고 있다. 근래에는 기업, 산업, 인간서비스 분야에서의 기관행동관리(organizational behavior management: OBM) 연구가 활발하게 진행되고 있다. 기관행동관리는 기관행동의 심리적 원리와 행동의 실험분석을 기관에 적용하여 개인과 집단의 성과와 근로자 안전을 향상시키는 응용행동분석의 한 분야이다. 기관행동관리는 근로자의 작업수행과 관리자의 수행능력을 향상시키고 기관의 생산성과 이윤을 증대시키는 데 효과가 있다.

　이 책은 응용행동분석 전문가들이 응용행동분석을 바로 이해하고 지도하도록 돕기 위해 집필되었다. 우리나라의 많은 대학과 대학원에서 응용행동분석 혹은 행동수정 과목이 필수과목으로 개설되고 있으나 교재는 그 수가 매우 제한적이며, 주로 번역서를 사용하고 있는 실정이다. 이를 안타깝게 생각하여 응용행동분석을 전공하는 교수들이 모여 우리나라 실정에 맞는 교재를 만들자는 의견을 내어 이 책을 집필하게 되었다. 교재 집필을 계획하고 오랜 기간에 걸쳐 집필하고 보완하였으나 아직도 부족한 부분이 많은 것이 사실이다. 미비한 내용은 집필자들이 더 연구하여 추후에 보완하려고 한다.

　이 책의 주 독자층은 응용행동분석 관련 분야 학부생과 대학원생이 되겠으나, 장애 아동을 지도하는 교사와 부모도 응용행동분석의 원리를 습득하여 아동을 지도할 수 있도록 쉽게 집필하였다. 아무쪼록 이 책이 대학과 대학원에서 공부하는 학생에게는 학문의 나침반이 되고, 교육 현장에서 장애 아동을 지도하는 관련 전문가와 부모에게도 도움이 되기를 바란다.

　이 책이 출간되기까지 많은 분의 도움이 있었다. 응용행동분석 분야의 발전을 위해 노력하는 응용행동분석 양성 대학과 대학원의 교직원들 그리고 한국행동분석학회 회원들에게 감사의 마음을 전한다. 특히 이 책의 출판을 허락해 준 학지사 김진환 사장님과 편집을 위해 수고한 편집부 선생님들께도 감사의 말씀을 드린다.

2019년 9월
저자 일동

차례

제1장

응용행동분석의 기초

응용행동분석은 행동주의 이론에 기반을 두고 있다. 행동주의 이론은 행동의 본질을 이해하고 행동을 변화시키는 데 초점을 맞춘다. 인간의 행동에는 증가시켜야 할 바람직한 행동이 있는가 하면, 감소시키거나 소거해야 할 바람직하지 않은 행동이 있다. 응용행동분석은 인간의 행동을 변화시키기 위해 실험적인 행동 원리를 적용하고, 그 과정에서 중요한 변화가 있는지를 과학적으로 증명하는 체계적인 접근법이다. 즉, 응용행동분석은 작동적 조건화의 원리를 이용하여 의도적으로 행동의 변화를 유도하는 과학적인 방법이다. 응용행동분석은 교육 현장에서 전혀 새로운 방법이 아니다. 일반 교사를 비롯한 많은 특수교육 교사들이 이미 교육 현장에서 응용행동분석 기법을 사용하고 있으며, 가정, 기업, 지역사회 기관 등 사회 전 영역에서 사용하고 있다. 응용행동분석의 다양한 중재 방법은 학교에서의 학업수행 능력을 향상시키고, 특히 응용행동분석에 기초한 행동지원은 아동의 문제행동 지도에 효과가 있는 것으로 검증되었다. 기업, 산업, 인간서비스 분야에서의 기관행동관리(organizational behavior management: OBM)는 근로자의 작업수행과 관리자의 수행 능력을 향상시키고 기관의 생산성과 이윤을 증대시키는 데 효과가 있다. 이 장에서는 응용행동분석에 기초가 되는 응용행동분석의 정의와 특성을 알아보고, 행동원리, 행동 측정방법, 평가방법을 설명한다. 그리고 응용행동분석의 적용분야와 역사를 간략하게 소개한다.

핵심 용어

- 3요인 유관
- ABC 기록
- 간격기록법
- 고전적 조건화
- 교대중재 설계
- 국제행동분석학회
- 기관행동관리
- 반전 설계
- 사건기록법
- 수동적 조건화
- 실험행동분석
- 연속기록
- 영구산물기록법
- 일화기록법
- 준거변경설계
- 중다기초선설계
- 지속시간기록법
- 지연시간기록법
- 차원
- 행동분석가자격위원회
- 행동분석전문가
- 행동주의

Ⅰ 응용행동분석의 개관

1. 응용행동분석의 정의

응용행동분석은 행동을 다루는 학문이다. 따라서 응용행동분석을 이해하기 위해서는 먼저 행동을 이해해야 한다. 행동의 사전적 의미는 '몸을 움직여 동작을 하거나 어떤 일을 하는 것'이다. 그러나 인간의 행동은 사전적 의미에서의 동작이나 일을 하는 것처럼 단순하지 않다.

Miltenberger(2018)는 행동의 특성을 다음과 같이 설명하고 있다. 첫째, 행동은 인간 행위이며 행위동사로 설명한다. 행동은 인간 내면의 정적인 상태를 나타내는 것이 아니라 움직임으로 나타나야 한다. 둘째, 행동에는 측정할 수 있는 차원(dimension)이 있다. 차원이란 행동에 대한 측정 가능한 측면을 말한다. 차원에는 행동이 발생한 빈도(frequency), 행동발생 빈도를 표시한 비율(rate), 행동이 발생해서 종료할 때까지 걸린 시간인 지속시간(duration), 행동을 지시한 시점에서 행동을 개시할 때까지 걸린 시간인 지연시간(latency), 행동의 외형인 형태(topography), 행동의 강도인 힘(force), 행동이 발생한 장소인 위치(locus) 등이 있다. 셋째, 행동은 타인이 관찰하고, 설명하고, 기록할 수 있다. 행동이 발생하면 타인이 볼 수 있고, 관찰 가능하다. 따라서 그 행동을 보는 사람이 설명할 수 있고, 발생한 것을 기록할 수 있다. 넷째, 행동은 물리적·사회적 환경에 영향을 미친다. 행동은 시공간을 포함하기 때문에 행동이 발생할 경우 환경에 영향을 받는다. 다섯째, 행동에는 법칙이 있다. 행동의 발생은 환경사건에 체계적인 영향을 받는다. 기본적인 행동원리는 행동과 환경사건 간의 기능적 관계를 설명해 준다. 여섯째, 행동은 외현적·내면적으로 나타날 수 있다. 외현행동은 행동을 하는 사람보다는 다른 사람이 관찰하고 기록할 수 있는 행동이다. 내면행동은 다른 사람의 관찰이 불가능한 행동으로 개인적인 사건이라 부른다. 응용행동분석에서는 일차적으로 관찰 가능한 외현행동에 초점을 두고 있다. 이상과 같은 행동의 특성을 이해하야만 응용행동분석에서 언급하는 다양한 원리와 중재 방법을 바르게 적용할 수 있다.

응용행동분석은 행동을 다루는 학문인 행동주의(behaviorism)에 근간을 두고 있다. 행동주의는 Watson(1913)이 "심리학은 자연과학의 일부로서 객관적이고 외현적인 행동만을 연구대상으로 해야 한다."고 주장하면서 시작되었다. 행동주의는 객관적인 관찰과 예측 가능한 행동을 통해 인간의 심리를 연구할 수 있다는 관점이다. 행동에는 법칙이 있으며, 행동과 관련되어 발생하는 환경사건에 의해 통제된다는 것이 행동주의의 기본 견해다(Baum, 1994; Chiesa, 1994). 행동주의에 근거한 용어에는 행동수정, 응용행동분석, 행동치료가 있다. 이 용어들은 서로 구분하여 사용하기도 하고 구분 없이 사용하기도 한다. 행동수정은 동물 대상의 실험연구를 통해 도출된 기본 원리를 응용한 것으로 인간 행동을 분석하고 변화시키는 데 초점을 둔다. 이러한 행동에 대한 과학적 연구를 실험행동분석(experimental analysis of behavior: EAB) 또는 행동분석이라고 한다(Skinner, 1953, 1966). 인간에 대한 과학적 연구는 실험적 인간행동분석 또는 응용행동분석이라 한다(Baer et al., 1968). 한편, 행동수정은 교육 및 의료 현장에서 행동치료라고 부르기도 한다.

　행동주의 이론에 근거한 응용행동분석은 일반아동 교육은 물론 장애아동 교육에 효과가 검증된 이론으로 최근에는 과학적 연구에 기반을 둔 절차와 중재 방법이 개발되면서 계속 발전하고 있는 학문분야다. 응용행동분석에서의 응용(applied)은 일상생활의 실제 상황에서 발생하는 행동을 다루고, 행동(behavior)은 표면화되어 나타나는 행동을 다루고, 분석(analysis)은 분석적 행동주의 절차를 따른다는 의미다. 따라서 응용행동분석은 단지 이론으로서의 학문이 아니라 인간 행동을 변화시키려는 실용학문이라고 볼 수 있다. Cooper, Heron과 Heward(2007)는 응용행동분석을 "행동의 법칙에서 나온 방법을 사회적으로 중요한 행동을 향상시키는 데 적용하고, 실험을 통해 행동 변화에 주가 되는 변인을 알아내기 위한 과학이다."라고 정의하고 있다. 이 정의에 따르면 응용행동분석은 사회적으로 중요한 행동에 초점을 두어야 하고 행동 변화 절차를 체계적·기술적 방법으로 설명하는 과학적 연구로 실시해야 한다고 설명하고 있다.

2. 응용행동분석의 특성

Baer, Wolf와 Risley(1968)는 『Journal of Applied Behavior Analysis』 창간호 논문에서 응용행동분석이라는 용어를 처음으로 사용하였다. 그들은 이 논문에서

응용행동분석은 '응용적' '행동적' '분석적' '기술적' '개념적으로 체계적' '효과적' '일
반성'이 있어야 한다고 했다. 이들 일곱 가지는 응용행동분석의 특성을 잘 설명하
고 있다.

1) 응용적

응용행동분석에서 '응용적(applied)'은 인간의 삶을 향상시키고 증진시키는 행
동을 개선하는 것을 말한다. 이를 위해서 행동분석가는 사회적으로 의미 있는 행
동을 지도해야 한다. 즉, 아동에게 흔히 나타날 수 있는 행동의 문제, 대인관계,
언어발달, 학습 등을 지도함은 물론 성인이 일상생활 속에서 겪을 수 있는 다양
한 문제를 다루어야 한다.

2) 행동적

'행동적(behavioral)'은 모든 행동을 다 말하는 것은 아니며, 반드시 향상시킬 필
요가 있는 행동을 말한다. 행동은 반드시 측정 가능해야 한다. 행동 변화가 관
찰되었을 때, 누구의 행동이 변화된 것인지를 확실히 할 필요가 있다(Baer at al.,
1968). 행동분석가는 반드시 연구와 관련된 모든 사람들의 행동을 관찰해야 한
다. '행동적 연구'는 관찰과 측정이 가능한 구체적 행동을 연구대상으로 한다. '행
동적 연구'에서는 행동 변화를 기록하고 향상시키기 위해 행동을 정확하게 측정
한다. 관찰이 불가능하거나 행동이 아닌 문제는 관찰과 측정이 가능한 행동의 문
제로 목표를 재설정하여 연구한다.

3) 분석적

응용행동분석 연구에서의 '분석적(analytic)'은 측정 가능한 차원에서 실험자가
조작된 사건과 표적행동 사이에서 발생하는 기능적 관계를 말한다. '분석적'이라
는 특징은 응용행동분석 효과에 대한 증거뿐 아니라 중재와 사회적으로 중요한
결과 사이의 기능적이고 반복적인 관계에 대한 증거를 제공한다. '분석적 연구'는
행동의 발생(occurrence)과 비 발생(nonoccurrence)을 실험적으로 통제하는 것을
말한다. 응용행동분석에서는 기본적으로 행동과 환경자극 간의 기능적 관계를
분석적으로 연구한다.

4) 기술적

응용행동분석 연구에서의 '기술적(technological)'은 다른 사람이 똑같은 연구결과를 낼 수 있게 연구의 모든 실행 절차를 구체적이고 분명하게 설명하는 것을 말한다. 즉, 연구에 사용된 모든 절차를 기록하여 다른 사람이 반복할 수 있어야 한다. 행동 변화를 반복 가능하게 하는 기술은 처음부터 응용행동분석을 정의하는 특징이었고 목표였다. 행동 중재는 반복할 수 있고 다른 사람에게 가르칠 수 있어야 한다.

5) 개념적으로 체계적

'개념적으로 체계적(conceptually systematic)'은 응용행동분석에서의 중재가 행동의 기본 원리에 근거하여 체계적으로 접근해야 한다는 것을 말한다. 응용행동분석에서 사용할 수 있는 중재 방법은 다양하지만, 대부분 몇 가지 기본 원리로부터 도출된다. 그러므로 중재 방법이 어떤 기본 원리 또는 몇 가지 원리가 합해져서 나온 것인지를 설명하고, 그 방법을 '개념적으로 체계적'으로 할 필요가 있다.

Baer 등(1968)은 응용행동분석에서 '개념적으로 체계적'에 대해 다음과 같이 설명하고 있다. 특정 절차를 기본 원리와 연관시킴으로써 연구자가 같은 법칙으로부터 비슷한 절차를 도출해 내는 것이 가능해진다. 기술이 개별 방법의 합이 아닌 통합된 법칙이 되기 위해서는 개념적으로 체계적일 필요가 있다. 개별 방법이 단지 합쳐지기만 하면 체계적으로 될 수 없어 중재가 어려워진다.

6) 효과적

'효과적(effective)'은 응용행동분석 연구에서 사용된 중재 방법이 표적행동을 실제적으로 변화시키는 것을 말한다. 응용행동분석에서 중재 방법을 '효과적'으로 판단하기 위해서는 행동 변화가 임상적으로나 사회적으로 유의함을 보여 주어야 한다. Baer 등(1987)은 표적행동 변화의 정도가 과거와는 다른 결과가 나타났는지에 따라 응용행동분석의 효과를 판단해야 한다고 주장했다. 연구 참여자의 삶에 변화가 일어나지 않았다면 응용행동분석의 효과는 일부분만 나타난 것이며 사회적 타당도를 확보하지 못한 것이다.

7) 일반성

'일반성(generality)'은 중재 결과로 나타난 행동 변화가 장기간에 걸쳐 계속되고, 중재를 실시한 환경 이외의 다른 환경에서도 지속되고, 직접 중재하지 않은 다른 행동에까지 영향을 미치는 것을 말한다. 일반성은 일반화라고도 하며, 행동 변화가 오랜 시간 계속되는 시간의 일반화, 다른 환경에서도 지속되는 환경의 일반화, 다른 행동에서도 영향을 미치는 행동의 일반화가 있다. 바람직한 행동변화의 일반화는 응용행동분석 중재의 중요한 결과 중 하나다.

Ⅱ 응용행동분석의 구성

응용행동분석의 정의와 특성을 살펴본 바와 같이 응용행동분석은 어떤 특정한 기법이나 전략이 아니라 행동의 변화를 증진시키기 위한 일련의 이론적 체계다. 응용행동분석은 사회적으로 중요한 행동에 초점을 두고 행동 변화 절차를 체계적·기술적으로 설명하는 과학적인 방법이다. 또한 응용행동분석은 환경이 학습에 어떠한 영향을 미치는지에 대한 원리를 과학적으로 증명하는 교육평가, 설계, 실행을 위한 체계

[그림 1-1] 응용행동분석의 구성

적인 접근이다(Alberto & Troutman, 2013). 응용행동분석에서는 행동을 변화시키기 위해 행동원리에 기초한 중재 방법을 적용하고 과학적으로 관찰하여 수집한 데이터를 단일대상연구를 사용하여 실증적으로 평가한다. 응용행동분석은 크게 행동 원리, 행동 측정 방법, 평가 방법으로 구성되어 있다.

1. 행동 원리

행동 원리는 인간의 모든 행동에는 법칙이 있다는 것에 기초한다. 법칙은 인간의 행동에서 일반성을 지닌 하나 이상의 통제변인 사이의 기능적 관계를 말한다.

행동 변화를 위한 중재 방법은 하나 이상의 기본적인 행동 법칙에서 비롯된다. 응용행동분석에서는 행동에서 일련의 법칙을 찾아 바람직한 행동은 증가시키고 바람직하지 않은 행동은 감소시키거나 없애는 것을 다룬다.

행동을 변화시키는 다양한 중재 방법들은 기본 원리에 기초하고 있다. 응용행동분석에서의 기본 원리는 수동적 조건화(respondant conditioning)와 작동적 조건화(operant conditioning)로 설명할 수 있다. 수동적 조건화는 특정 반응을 이끌어 내지 못하는 중성 자극(neutral stimulus: NS)이 무조건 자극(unconditioned stimulus: US)과 반복적으로 연합되면서 무조건 반응(unconditioned response: UR)을 유발시키는 과정을 말한다. 수동적 조건화는 선행사건과 관련이 있으므로 수동적 행동은 선행사건에 의해 통제될 수 있다. 수동적 조건화의 원리에 기초한 중재 방법은 주로 불안이나 공포 행동을 개선하는 데 사용된다.

응용행동분석에서 행동을 개선하는 데 사용하는 중재 방법의 대부분은 작동적 조건화에 근거한다. 작동적 조건화는 행동에 뒤따르는 반응을 선택적으로 강화함으로써 그 반응이 일어날 확률을 증가시키거나 감소시키는 방법을 말한다. 작동적 조건화는 후속반응과 관련이 있으므로 작동행동은 후속결과에 의해 통제될 수 있다. 작동행동은 자극에 의해 일어나는 것이 아니라 선행사건에 의해 나타난 행동이 후속결과에 의해 형성되는 행동이다. 작동적 조건화의 원리에 기초한 중재 방법에는 후속결과를 통제하는 강화(reinforcement), 소거(extinction), 벌(punishment)이 있고, 선행자극을 통제하는 자극통제(stimulus control)와 동기조작(motivating operation)이 있다. 이 책의 2장에서는 행동 원리의 개괄적인 내용을 소개하고, 중재 방법에 대한 자세한 내용은 7장에서 9장에 걸쳐 설명한다.

2. 행동 측정 방법

행동 측정 방법은 다양한 차원에서의 행동을 과학적인 방법으로 측정하는 기법을 말한다. 행동을 변화시키기 위해서는 행동을 정확하게 파악한 다음에 행동의 법칙을 적용해야 한다. 행동을 정확하게 파악하기 위해서는 행동발생을 측정하고 분석해야 한다. 응용행동분석에서는 행동의 차원에 따라 다양한 과학적인 측정 방법을 사용한다.

행동은 보는 사람의 관점에 따라 달리 해석할 수 있다. 인간이 보이는 행동을 정확하게 이해하려면 행동이 발생한 상황에서 행동의 차원을 고려해서 해석해야 한다. 예를 들어, 수업시간에 자리이탈하는 아동을 관찰한다고 하면, 일반적으로 관찰자는 40분 수업시간 동안에 아동이 몇 번 자리이탈 행동을 했는지에 대한 횟수를 기록할 것이다. 그러나 횟수만 기록했다고 하면 아동의 자리이탈 행동을 정확하게 데이터를 수집한 것이 아니다. 왜냐하면 횟수와 더불어 얼마만큼 오랫동안 자리를 이탈했는가에 해당하는 지속시간을 동시에 측정해야 한다. 그래야 아동의 자리이탈 행동에 대한 정확한 데이터를 수집할 수 있다. 하나의 행동이라도 행동 특성에 따라 횟수를 측정하거나 지속시간을 측정해야 할 때가 있다. 여기서 빈도와 지속시간을 행동의 차원이라고 한다. 행동에는 여러 가지 차원이 있다. 행동의 측정 가능한 차원에는 빈도, 비율, 지속시간, 지연시간, 형태, 힘, 위치 등이 있다.

응용행동분석에서는 행동을 관찰하여 데이터를 수집하고 수집된 데이터를 분석하여 중재 결과를 평가한다. 데이터 수집은 응용행동분석에서 중요한 요소 중 하나다. 관찰자가 데이터를 수집할 때는 앞에서 소개한 행동의 차원을 고려해서 데이터를 수집해야 한다. 데이터 수집 방법에는 크게 행동이 발생한 상황을 서술하는 일화기록법(anecdotal reports), 행동의 결과로 얻어진 결과물을 분석하는 영구산물기록법(permanent product recording), 행동이 발생한 사례를 관찰하여 기록하는 직접 관찰법이 있다.

일화기록법은 특정한 상황이나 시간에 발생한 행동을 서술하는 방법이다. 일화기록법에서는 관찰하고자 하는 표적행동의 양적인 데이터를 수집하기보다 행동 양상의 전반적인 상황을 질적으로 기술한다. 일화기록법은 자연스러운 환경에서 표적행동이 발생할 때마다 행동 발생 순서에 따라 선행사건, 행동, 후속결과를 기록하는 방법이다. 일화기록은 행동 변화 계획에 포함된 개인과 타인에 대한 정보를 제공하여 중재 계획을 세우는 데 도움을 준다(Hawkins, Mathews, & Hamdan, 1999). 일화기록은 ABC 기록(Antecedents Behavior Consequences reports)이라고도 한다.

영구산물기록법은 행동의 결과 중에서 수용 가능한 행동을 결정한 다음, 결과물을 평가하는 방법으로 관찰자가 아동을 직접 관찰하지 않아도 된다. 이 기록법은 융통성이 있기 때문에 다양한 교수 상황과 프로그램에서 사용된다. 행동의 결과로 얻어진 산물의 영구성으로 사후 분석이 가능한 장점이 있으나 표적행동 수행을 직접 관찰하지 못하는 단점이 있다. 영구 산물 수집 방법에는 지필검사, 비디오 테이프, 디지털 기록체계 등이 있다.

직접 관찰법에는 사건기록법(event recording), 지속시간기록법(duration recording), 지연시간기록법(latency recording), 간격기록법(interval recording)이 있다.

사건기록법은 행동이 발생한 횟수를 기록하는 방법으로 데이터를 정확하고 쉽게 수집할 수 있는 방법이다. 따라서 학업적 반응의 증가, 부적절한 반응의 감소, 과제분석 지도에 사용된다.

지속시간기록법은 행동이 시작한 시간부터 그 행동이 끝날 때까지의 시간, 즉 행동을 수행한 시간의 길이를 재는 방법이다. 이 기록법은 시작과 끝을 쉽게 확인할 수 있는 표적행동에 적합하다.

지연시간기록법은 자극이 주어진 후에 그 자극에 반응할 때까지의 시간, 즉 표적행동을 지시한 후 그 표적행동을 시작할 때까지의 시간의 길이를 측정하는 방법이다. 이 기록법은 지시 따르기, 과제 회피 등과 같은 행동에 적합하다.

간격기록법은 행동이 발생한 횟수의 근사치를 기록하는 방법이다. 행동 발생을 하나하나 기록하기보다는 관찰 기간 동안에 행동이 발생하는 간격 수를 계산하여 비율을 산출한다. 간격기록법에는 전-간격기록법(whole-interval recording)과 부분간격기록법(partial interval recording)이 있다. 그리고 순간의 시간에서 행동을 측정하는 시간표집기록법(time sampling recording)이 있다. 전-간격기록법은 전체 관찰시간을 일정한 간격으로 나눈 후, 표적행동이 간격의 처음부터 끝까지 나타날 경우 표적행동이 발생했다고 기록하는 방법이고, 부분간격기록법은 표적행동이 간격의 어느 한 순간이라도 나타날 경우 표적행동이 발생했다고 기록하는 방법이다. 이 기록법들은 사건기록으로 관찰할 수 없는 높은 빈도의 행동을 기록하는 데 주로 사용된다. 시간표집기록법은 특정한 관찰 시점의 순간에 표적행동이 발생할 경우 기록하는 방법으로 순간시간표집법(momentary time recording)이라고 부르기도 한다. 이 기록법은 빠르게 발생하는 것보다 약간의 주기를 가지고 발생하는 행동을 측정하는 데 적절하고 동시에 1인 이상을 대상으로 데이터 수집이 가능하다. 이 책의 3장에서는 행동 측정 방법의 자세한 내용을 소개하고 있다.

3. 평가 방법

평가 방법은 측정한 표적행동을 단일대상연구를 사용하여 실증적으로 평가하는 것을 말한다. 즉, 행동의 변화를 객관적으로 평가하기 위해 다양한 측정 방법으로 수집한 데이터를 분석하는 방법이다. 응용행동분석에서는 전통적인 연구방법에서 사용하는 통계에 근거한 평가 방법을 지양하고 단일대상연구 방법을 통해 표적행동을 객관적으로 평가한다.

단일대상연구 방법에는 반전 설계(reversal designs), 중다기초선 설계(multiple baseline design), 교대중재 설계(alternating treatment design), 준거변경 설계(changing criterion design)가 있다. 반전 설계는 기초선(A) 측정 후 중재(B)를 실시한 다음, 중재를 제거하고 다시 기초선(A)으로 되돌아가는 설계다. 반전 설계는 기초선과 중재를 반복함으로써 표적행동과 중재 사이에 기능적인 관계를 설명할 수 있다. 그러나 짧은 시간 동안이라도 효율적인 중재를 제거한다는 윤리적 문제가 있으며, 표적행동이 반전될 수 없는 특성을 지닐 때는 이 설계를 사용할 수 없다는 단점이 있다. 반전 설계에는 기초선과 중재의 배열을 변경한 ABA 설계, BAB 설계, ABAB 설계, ABABAB 설계, ABCABAABC 설계 등이 있다. 이들 중 ABAB 설계는 단일대상연구에서 흔히 사용하는 설계 중 하나다.

중다기초선 설계는 여러 개의 기초선을 측정하고 중재를 순차적으로 적용하여 기능적 관계를 밝히는 방법이다. 중다기초선 설계는 중재가 필요한 행동, 상황, 대상자에 따라 기초선(A)과 중재(B)를 반복하는 설계다. 중다기초선 설계는 보통 2개나 3개의 AB 설계를 반복한다. 이 설계는 반전 설계처럼 중재를 제거할 필요가 없는 경우에 사용할 수 있다. 그러나 다수의 기초선을 동시에 측정해야 하고, 순차적으로 중재를 적용하기 때문에 기초선 기간이 길어질 수 있다. 중다기초선 설계에는 행동 간 중다기초선 설계(multiple baseline across behaviors), 상황 간 중다기초선 설계(multiple baseline across settings), 대상자 간 중다기초선 설계(multiple baseline across subjects)가 있다. 그리고 중다기초선 설계의 변형인 중다간헐기초선 설계가 있다. 행동 간 중다기초선 설계에서는 한 아동의 여러 행동에 대해 중재를 순차적으로 실시한다. 상황 간 중다기초선 설계에서는 한 아동의 같은 행동에 대해 여러 상황에서 중재를 적용한다. 대상자 간 중다기초선 설계는 여러 아동에게 기능적으로 유사한 행동에 대해 중재를 적용한다.

교대중재 설계는 한 대상자에게 여러 개의 중재를 빠르게 교대하여 적용하는 방법이다. 서로 다른 중재를 적용할 때, 동일한 횟수로 적용해야 하고 순서도 무작위로 해야 한다. 두 중재 효과의 차이는 그래프의 데이터선 간의 수직적 거리의 차이에 따르고 효과적인 독립변인을 추가 단계에서 반복함으로써 기능적 관계를 결정한다.

준거변경 설계에서는 중재를 적용하면서 행동의 준거를 계속 변화시켜 간다. 한 중재 기간의 데이터는 뒤이은 중재 기간에 대한 기초선 역할을 하고 중재 단계에서 행동의 준거를 계획적으로 설정한다. 중재 효과는 행동이 주어진 준거에 도달하는 변화를 나타냈는지에 의해 결정한다. 일반적으로 기능적 관계를 증명하기 위해서는 최소한 연속적으로 3개 구간에서 준거를 충족시켜야 한다. 이 책의 4장에서는 단일대상연구를 통한 행동 변화 분석방법을 자세하게 소개하고 있다.

Ⅲ 응용행동분석 적용 분야

응용행동분석은 다른 학문 분야에 비해 역사가 짧음에도 불구하고 인간 행동 이해의 경험적인 기반을 제공했을 뿐만 아니라 행동의 개선에 기여해 왔다. 응용행동분석의 자연과학적 접근은 사회적으로 중요한 행동에 영향을 미치는 환경적 변인을 밝혀냈다. 이러한 발견은 실제적으로 도움이 될 수 있는 기술로 발전해 인간의 다양한 행동 문제를 해결할 수 있는 최선의 방법을 제공하고 있다.

응용행동분석은 일반교육 현장은 물론 특수교육 현장에서 다양한 방법으로 적용되고 있다. 응용행동분석은 발달장애인 교육에 사용되어 왔으며, 특히 최근에 들어 자폐스펙트럼장애 교육에 있어 증거 기반의 중재로 알려지면서 널리 사용되고 있다. 캘리포니아 주립대학의 'UCLA Young Autism Project'에서 2~4세 자폐스펙트럼장애 아동 59명에게 조기집중행동중재(early intensive behavior intervention: EIBI)를 적용한 결과, 19명(47%)의 아동이 '초등학교 1학년 일반학생과 구별하기 어려운 수준'으로 발전했다고 보고했다(Lovaas, 1987). 국립자폐센터(National Autism Center, 2015)의 국가 표준 프로젝트(National Standards Project, Phase 2)에서는 행동 중재를 자폐스펙트럼장애 아동 교육에 포함시켰다. Wong 등(2015)은 자폐스펙트럼장애 아동 교육에 효과 있는 증거 기반 실제의 27가지 중재방법을 제시하였는데 선행사건 기반 중재, 개별시도학습, 기능적 의사소통 훈련 등 이들의 대부분은 응용행동분석에 기초한 중재방법들이다.

그 밖에 응용행동분석은 정신질환, 재활, 지역사회심리학, 임상심리학, 자기관리, 아동행동관리, 예방, 스포츠 수행능력, 건강 관련 행동, 노인학 등의 분야에 적용되고 있으며, 그 효과가 증명되고 있다.

근래에는 기업, 산업, 인간서비스 분야에서의 기관행동관리(organizational behavior management: OBM) 연구가 활발하게 진행되고 있다. 기관행동관리는 기관행동의 심리적 원리와 행동의 실험분석을 기관에 적용하여 개인과 집단의 성과와 근로자 안전을 향상시키는 응용행동분석의 한 분야다. OBM은 인적자원관리(human resource management)와 비슷하지만 응용행동분석에 중점을 두고 있으며, 적용 영역에는 시스템 분석, 관리, 교육, 성과 개선이 포함된다. OBM은 기업과 산업에서 근로자의 작업수행과 관리자의 수행능력을 향상시키고 기관의 생산성과 이윤을 증대시키는 데 효과가 있다.

우리 사회의 폭넓은 분야에서 응용행동분석을 적용하여 그 효과성이 검증됨에도 불구하고 응용행동분석을 비판하는 목소리가 있다. 일부 행동분석가의 전문적 능력이나 도덕성의 결함으로 인해 아동의 인권을 침해해 지탄받는 경우가 있다. 일부 사람들은 응용행동분석을 행동수정의 연장선상으로 바라보면서 윤리적인 문제를 거론한다. 행동을 변화시키기 위해 비인격적인 행동 중재 방법을 사용한다든가 인간의 자유 의지를 무시하고 동물 실험하듯이 다룬다는 것이다. 다른 중재 방법들과 혼동하여 응용행동분석 절차를 동일시하는 오해도 있다. 아직도 일부 사람들은 응용행동분석에서 최면, 정신건강의학과 치료, 뇌 이식, 약물치료, 전기충격요법 등을 사용하고 있는 것으로 알고 있다. 이 외에도 응용행동분석은 정적 강화를 지나치게 강조하며, 데이터를 수집하고 분석하는 데 시간이 많이 소요되는 노동집약적인 방법이라고 비판한다.

이러한 비판을 해결하기 위해 응용행동분석의 다양한 분야에서 노력하고 있다. 1974년에 국제행동분석학회(Association for Behavior Analysis International:

ABAI)[1]가 창립되어 응용행동분석 분야의 연구와 실천적 교육활동을 체계적으로 지원하고 있다. ABAI는 유능한 행동분석가 양성을 위해 행동분석가 양성대학 인증(Verified Course Sequence: VCS) 프로그램을 운영하고 있다. 또한 매년 학술대회(convention)를 열고, 격년으로 세계 각지를 돌며 국제학술대회(international conference)를 개최하여 행동분석가를 위한 다양한 정보를 제공하고 있다.

1998년에 행동분석가자격위원회(Behavior Analyst Certification Board: BACB)[2]가 설립되어 일정한 자격을 갖춘 행동분석전문가에게 자격증[3]을 발급하고 있다. BACB는 행동분석전문가를 위한 교육 및 훈련 표준안을 적용하고 대학의 양성과정에서 윤리과목을 반드시 이수하도록 함으로써 행동분석전문가의 질을 관리하고 있다. 이와 더불어 BACB에서는 '행동분석전문가의 전문성과 윤리 이행 관련 규정(Professional and Ethical Compliance Code for Behavior Analysts)'을 제정하여 배포하고 있다. 이 규정에는 현장에서 아동을 지도할 때 발생할 수 있는 인권침해와 비윤리적 요소를 막기 위한 상세한 내용을 담고 있다. 이 책의 12장에서는 응용행동분석에서 윤리적인 문제를 해결하기 위한 다양한 내용을 소개하고 있다.

Ⅳ 응용행동분석의 역사적 배경

1. 응용행동분석 역사

응용행동분석은 행동주의 이론을 기반으로 시작하였다. 행동주의 이론은 인간의 행동을 의도한 방향으로 변화시키기 위하여 노력해 왔다. 동물실험을 비롯한 수많은 연구 결과를 통해 행동에서의 일련의 법칙을 발견하여 행동 원리를 도출하였고, 그 행동 원리에 따라 다양한 행동지원 절차를 개발해 왔다. 행동주의는 행동과 행동 변화에 대한 과학적인 연구를 수행한 연구자들에 의해 발전되어 왔다.

---

1) https://www.abainternational.org/welcome.aspx

2) https://www.bacb.com

3) BACB의 행동분석전문가 자격증에는 Registered Behavior Technician(RBT), Board Certified Assistant Behavior Analyst(BCaBA), Board Certified Behavior Analyst(BCBA), Board Certified Behavior Analyst-Doctoral(BCBA-D)가 있다.

Ivan Petrovich Pavlov

Ivan Petrovich Pavlov(1849~1936)는 동물을 이용한 실험을 통해 고전적 조건화(classical conditioning)를 발표하였다. Pavlov의 대표적인 실험으로 '파블로프의 개'가 있다. 그는 1902년에 개의 침샘을 연구하던 중 사육사의 발소리에 개가 침 흘리는 것을 발견하고, 이것을 계기로 고전적 조건화 실험을 실시했다. 그는 특정 반응을 이끌어 내지 못하던 중성 자극이 무조건적으로 이끌어 내는 무조건 자극과 반복적으로 연합되면서 조건 자극으로 변화하는 것을 발견하고 이 과정을 고전적 조건화, 즉 수동적 조건화라 하였다. Pavlov는 이 실험으로 1904년에 노벨 생리학·의학상을 수상했으나 개를 이용한 실험 때문에 동물학대를 했다는 비평을 받기도 했다.

John Broadus Watson(1878~1958)은 심리학 연구에 새로운 방향을 제시한 대표적인 인물이다. 1900년대 초에 심리학 연구가 주로 의식, 심상, 정신적 과정을 다루었으나 그는 자극(S)−반응(R) 행동주의를 주장하면서 행동주의라는 명칭을 처음 사용하였다. 1913년에 발표한 논문 '행동주의자 관점에서의 심리학(psychology as the behaviorist views it)'에서 그는 심리학에 적합한 대상은 마음의 상태나 정신적 과정이 아니라 객관적인 행동이라고 주장했다. 자연과학으로서 행동의 객관적 연구

John Broadus Watson

는 환경적 자극과 그것이 일으킨 반응 사이의 관계를 직접 관찰한 것으로 이루어져야 한다고 주장하였다. Watson과 Rayner(1920)는 실험을 통해 공포증과 같은 정서반응이 환경자극에 의하여 조건 형성될 수 있다는 것을 증명하였다. 흰 쥐를 두려워하지 않는 11개월 된 유아 Albert에게 흰 쥐를 제시하면서 동시에 큰 소리를 내어 삼짝 놀라게 히었다. 유아는 이러한 과정이 반복되면서 흰 쥐에 대한 공포반응이 형성되었다.

Watson(1924)은 행동주의 이론은 인간 행동을 예측하고 통제할 수 있다고 하면서 교육, 경영, 법과 같은 사회의 모든 영역에서 인간의 행동을 변화시킬 수 있

다고 하였다.

> 나에게 건강하고 잘생긴 12명의 아이를 주면 내가 만든 환경에서 이들을 기르겠다. 나는 무
> 작위로 한 아이를 선택하여 그 아이의 재능, 기호, 성향, 능력, 천성, 인종에 관계없이 내가
> 선택한 어떤 종류의 전문가, 즉 의사, 변호사, 예술가, 회사 사장, 심지어 거지나 도둑으로도
> 훈련시킬 수 있다는 것을 확신한다. 나는 이 주장이 지나치다는 것을 인정한다. 그러나 이를
> 반대하는 사람들은 수천 년 동안 반대만 해 왔다(p. 104).

Watson의 유명한 이 말과 Watson과 Rayner(1920)의 흰 쥐를 이용한 '유아
Albert'의 공포반응 실험은 Watson을 비판하거나 나아가서 행동주의 이론의 문제
를 거론할 때 자주 회자되기도 한다. 그럼에도 불구하고 행동주의 역사를 설명할
때 Watson을 제일 먼저 소개하는 것은 자연과학으로서의 행동주의의 초석을 다
지는 데 기여했기 때문이다.

행동주의는 고전적 조건화 연구를 필두로 Burrhus Frederic Skinner(1904~
1990)의 작동적 조건화 연구에 이르러 이론으로서의 기반을 다졌다. 그는 행동주
의 심리학자로 교육과 심리학에 많은 영향을 끼쳤다. Skinner(1938)는 『유기체의
행동(The behavior of organisms)』이란 저서에서 동물의 행동에 관한 실험 결과를
발표하였다. 그는 쥐가 지렛대에 발을 올려놓으면 컵 안으로 먹이가 떨어지게 장
치를 한 'Skinner 상자'를 이용해 작동적 조건화 실험을 하였다. 실험상자 안에서
흰 쥐가 지렛대를 누르는 행동이 바로 그 행동에 뒤따르는 음식에 의하여 강화된
다는 것을 입증하고, 체계적인 실험조작을 통하여 작동행동의 강화 원리를 정립
하였다.

Burrhus Frederic Skinner

Skinner는 체계적인 실험분석을 통해 행동 결과의
효과를 검증하였다. 그는 환경과 관련 있는 작동행동의
분석은 중요한 연구 영역이라고 주장했으며, 이 새로운
과학을 실험행동분석이라고 불렀다. 그는 이미 연구를
통해 알려진 것과는 다르게 행동이 선행하는 자극보다
뒤따르는 결과에 의해 더 많이 변화한다는 것을 발견했
다. 이 개념은 자극-반응-자극, 즉 3요인 유관(three-

term contingency)으로 알려져 있다.

Skinner 이후 많은 행동주의자들의 노력에 의해 응용행동분석은 과학적인 체계를 갖추게 되었다. Fuller(1949)는 인간에게 작동행동을 적용한 연구를 최초로 실시했다. 그는 최중도 발달장애인을 대상으로 한 실험에서 작동적 조건화를 통해 새로운 행동이 학습된다는 것을 밝혔다. 이전에 실험실에서 동물에 적용되었던 행동의 법칙이 인간에게도 적용되는가를 알아보기 위해 실험행동분석 방법이 사용되었다. 그 예로는 Bijou(1955, 1957)의 일반아동과 지적장애아동 대상의 행동 법칙 연구, Baer(1960, 1961, 1962)의 취학 전 아동에게 적용한 벌, 도피, 회피 유관의 효과 연구, Ferster와 DeMyer(1961)의 자폐성장애 아동 대상의 연구, Lindsley(1956, 1960)의 조현병 성인을 대상으로 한 작동적 조건화의 효과 연구 등이 있다.

교육 분야에서도 행동 원리를 적용한 연구가 수행되었다. 초기 응용행동분석에 의해 발전된 기본적인 방법들이 이후 수십 년 동안 교육과정 설계, 교수 · 학습 방법, 학급 운영, 학습의 일반화와 유지 등에 적용되면서 교육에서의 행동적 접근의 기초를 제공했다(Heward & Silvestri, 2005).

한편, 1960년대와 1970년 초에 응용행동분석 연구의 발전과 더불어 대학에서 응용행동분석 전공이 개설되기 시작했다. 애리조나 대학교, 플로리다 주립대학교, 일리노이 대학교, 인디애나 대학교, 캔자스 대학교, 오리건 대학교 등에서 응용행동분석 전공을 개설하였고, 대학의 전공 개설은 응용행동분석 연구가 확장되고 성장하는 데 크게 기여했다(Cooper et al., 2007). 1968년에는 응용행동분석의 첫 번째 학술지인 『Journal of Applied Behavior Analysis(JABA)』가 창간되었다. JABA의 출판으로 응용행동분석을 어떻게 수행하고 해석하는지에 대한 기준이 정립되었으며, 응용행동분석의 적용과 실험적 방법론이 발전하게 되었다.

이상과 같이 초기 연구자들은 연구를 통해 인간 행동의 원리를 발견하여 적용함으로써 응용행동분석의 발전을 위한 기초를 마련했다.

앞에서 설명한 바와 같이 1974년에 국제행동분석학회(Association for Behavior Analysis International: ABAI)가 창립되어 연구 및 실천적 교육활동을 조직적으로 지원함으로써 응용행동분석 연구가 확대되는 전기를 맞이하게 되었다. 또한 1998년에 행동분석가자격위원회(BACB)가 설립되어 체계적이고 검증된 행동분석전문가를 배출하여 학문적 발전과 실용적 교육 서비스의 질을 향상시키고 있다.

최근에는 아동 교육과 사회 각 분야에 걸쳐 응용행동분석 연구가 활발히 전개되면서 눈부신 발전을 해 왔다. 응용행동분석은 교육 분야에서 증거 기반의 실제로 지대한 영향을 미쳐 왔음은 물론 사회의 다양한 분야에 적용되면서 그 효과가 입증되고 있다. 그 예로 사회의 각 기관에서 응용행동분석을 적용한 기관행동관리(OBM) 연구가 확대되고 있어 활용 범위가 넓어지고 있다.

2. 우리나라의 응용행동분석 역사

우리나라에서는 1972년에 한국행동과학연구소가 설립되면서 응용행동분석이 처음 소개되었다. 1979년에 한국행동과학연구소 내에 행동수정연구회가 조직되어 체계적으로 응용행동분석 연구를 시작하였다. 이후 연구자들의 노력으로 응용행동분석 연구가 꾸준히 발전을 해 오다가 1996년에 우리나라 최초의 응용행동분석 학회인 '한국행동분석학회'를 설립하게 되었다(홍준표, 2014). 이 학회는 응용행동분석의 저변 확대를 위해 노력했으나 몇몇 연구자의 노력에도 불구하고 학회 활동이 이어지지 못하고 중단되었다.

응용행동분석이 일반아동은 물론 장애아동의 행동 개선에 효과가 있다는 것이 선행연구를 통해 입증되면서 특수교육 분야에서도 응용행동분석에 대한 관심이 증가하기 시작했다. 이러한 추세에 부응해 2013년에 '한국특수교육응용행동분석학회'가 설립되었다. 이 학회는 초기에 특수교육학 분야의 전문가가 주축이 되었으나 점차 심리학, 교육학, 사회복지학, 의학 등의 다양한 분야의 연구자들이 참여하면서 영역이 확대되었다. 2014년에 『행동분석 · 지원연구(Journal of Behavioral Analysis & Supports)』를 창간하여 응용행동분석의 연구는 물론 긍정적 행동지원 분야의 학문 발전에도 기여하고 있으며, 행동분석전문가 자격증을 발급하여 응용행동분석 보급을 위해 노력하고 있다. 이 학회는 2014년에 '한국행동분석학회'로 명칭을 변경하여 오늘에 이르고 있다.

최근 들어 응용행동분석에 대한 관심이 점차 뜨거워지면서 우리나라에서도 전문가 양성 대학이 늘어나고 있는 추세다. 2007년에 대구사이버대학에 학부과정으로 행동치료학과가 개설되었다. 대학원과정으로는 2013년에 공주대학교 특수교육대학원에 심리 · 행동치료 전공이 개설되었고, 2015년에 백석대학교 교육대학원에 응용행동분석 전공이 개설되었다. 2014년에 연세대학교 미래교육원과 2016년에 부산대학 평생교육원에 비학위 과정으로 응용행동분석 전공이 개설되었다. 현재 우리나라에서는 일부 대학에서만 응용행동분석 전공을 개설하여 전문가를 양성하고 있지만 앞으로는 많은 대학에서 전공을 신설할 계획을 갖고 있어 응용행동분석 전문가 양성기관이 증가할 것으로 기대된다. 앞에서 살펴본 것과 같이 우리나라에서의 응용행동분석 역사는 길지 않은 편이나 계속 발전하고 있다.

요약

응용행동분석에서의 '응용'은 일상생활의 실제 상황에서 발생하는 행동을 다루고, '행동'은 표면화되어 나타나는 행동을 다루고, '분석'은 분석적 행동주의 절차를 따른다는 의미이다. Cooper 등(2007)은 응용행동분석을 "행동의 법칙에서 나온 방법을 사회적으로 중요한 행동을 향상시키는 데 적용하고, 실험을 통해 행동 변화에 주가 되는 변인을 알아내기 위한 과학이다."라고 정의하고 있다. Baer 등(1968)은 『Journal of Applied Behavior Analysis』 창간호 논문에서 응용행동분석이라는 용어를 처음으로 사용하였으며, 응용행동분석의 특성을 '응용적' '행동적' '분석적' '기술적' '개념적으로 체계적' '효과적' '일반성'이라고 설명했다.

응용행동분석은 크게 행동 원리, 행동 측정 방법, 평가 방법으로 구성되어 있다. 응용행동분석에서는 행동을 변화시키기 위해 행동 원리에 기초한 중재 방법을 적용하고 과학적으로 관찰하여 수집한 데이터를 단일대상연구를 사용하여 실증적으로 평가한다.

응용행동분석은 일반교육 현장은 물론 특수교육 현장에서 다양한 방법으로 적용되고 있다. 그 밖에 정신질환, 재활, 지역사회심리학, 임상심리학, 자기관리, 아동행동관리, 예방, 스포츠 수행능력, 건강 관련 행동, 노인학 등의 분야에 직용되고 있으며, 그 효과가 증명되고 있다. 근래에는 기업, 산업, 인간서비스 분야에서의 기관행동관리(OBM) 연구가 활발하게 진행되고 있다.

응용행동분석은 행동주의 이론을 기반으로 시작하였다. 행동주의는 행동과 행동 변화에 대한 과학적인 연구를 수행한 연구자들에 의해 발전되어 왔다. Pavlov는 동물실험을 통해 고전적 조건화를 발표하였다. Watson은 심리학 연구에 새로운 방향을 제시한 대표적인 인물로 자극(S)-반응(R) 행동주의를 주장하면서 '행동주의'라는 명칭을 처음 사용하였다. Skinner는 체계적인 실험조작을 통하여 작동행동의 강화 원리를 정립하였다. Skinner 이후 많은 행동주의자들의 노력에 의해 응용행동분석은 과학적인 체계를 갖추게 되었다.

우리나라에서는 1972년에 한국행동과학연구소가 설립되면서 응용행동분석이 처음 소개되었다. 1996년에 우리나라 최초의 응용행동분석 학회인 '한국행동분석학회'가 설립되었고, 2013년에 '한국특수교육응용행동분석학회'가 설립되었다. 2014년에 두 학회가 통합하여 오늘에 이르고 있다. 우리나라에서의 응용행동분석 전문가 양성 기관에는 2013년에 개설한 공주대학교 특수교육대학원의 심리 · 행동치료 전공과 2015년에 개설한 백석대학교 교육대학원의 응용행동분석 전공의 학위과정이 있고, 2014년에 개설한 연세대학교 미래교육원과 2016년에 개설한 부산대학 평생교육원의 비학위 과정이 있다. 그리고 학부과정으로 2007년에 개설한 대구사이버대학의 행동치료학과가 있다.

연습 문제

1. 응용행동분석을 정의하고 특성을 설명해 보자.
2. 응용행동분석의 행동 원리에 바탕을 둔 중재 방법을 설명해 보자.
3. 응용행동분석의 행동 측정 방법을 설명해 보자.
4. 응용행동분석의 평가 방법을 설명해 보자.
5. 응용행동분석의 적용 분야에 대해 살펴보자.
6. 응용행동분석의 역사를 고찰해 보고 앞으로의 전망을 예측해 보자.

제2장

응용행동분석의 기본 학습 이론

교사는 교육 현장에서 일어나는 상황에 따라 적절한 교수 · 학습 방법을 찾아 학생을 지도해야 한
다. 그러나 교육 현장은 가변적이고 다양하기 때문에 학생에 맞는 교수 · 학습 방법을 찾는 것이 쉽지
않다. 같은 교실, 같은 학생을 가르치는 교실에서조차 한 상황에서의 적절한 교수 · 학습 방법이 다른
상황에서 맞지 않을 수 있다. 교사가 모든 상황을 고려하여 적절한 교수 · 학습 방법을 찾아 지도하는
것은 거의 불가능하고 비효율적이다. 그러면 어떻게 해야 하나? 방법은 이론으로 무장하는 것이다. 이
론은 연구자들이 선행연구를 통해 그 상황에 가장 알맞은 해결책을 찾아서 정리해 놓은 것이기 때문이
다. 따라서 이론은 교육 현장에서 다양한 상황을 해결하고자 할 때 적절한 해결책을 제시하는 가이드
라인 역할을 한다. 교육 현장에서 응용행동분석을 적용하려는 교사들은 응용행동분석의 이론, 즉 기
본 원리를 이해해야 한다. 기본 원리를 습득하기 위해서는 많은 시간과 노력이 필요하지만 장기적으로
보면 응용행동분석을 이해하고 적용하는 데 도움이 된다. 이 장에서 응용행동분석의 기본 원리인 수동
적 조건화와 작동적 조건화를 설명하고 이들 원리에 근거한 학습방법과 전략을 간략하게 소개한다. 이
장에서 소개한 응용행동분석의 원리에 근거한 학습방법과 전략은 이 책의 후속 장에서 자세하게 설명
한다.

- 고비율 차별강화
- 대체행동 차별강화
- 델타자극
- 동기설정조작
- 동기조작
- 동기해지조작
- 무조건 반응
- 무조건 자극
- 변별자극
- 변별훈련
- 부적 강화
- 부적 벌
- 상반행동 차별강화
- 소거 폭발
- 수동적 조건화
- 수동적 행동
- 자극통제

- 자발적 회복
- 작동적 조건화
- 작동행동
- 저비율 차별강화
- 전이
- 정적 강화
- 정적 벌
- 조건 반응
- 조건 자극
- 중성 자극
- 체계적 둔감법
- 촉구
- 타행동 차별강화
- 프리맥의 원리
- 행동기술훈련
- 행동연쇄
- 행동형성

Ⅰ 응용행동분석의 기본 개념

행동주의 이론의 근본 원리는 유기체에게 자극(stimulus: S)을 주면 반응(response: R)을 한다는 것이다. 이런 이유로 행동주의 이론을 'S-R 이론'이라고 부른다. 행동주의에서는 자극(S)과 반응(R)에 기초해 행동의 기초 원리인 수동적 조건화(respondent conditioning)와 작동적 조건화(operant conditioning)를 설명하며, 행동을 수동적 행동(respondent behavior)과 작동행동(operant behavior)으로 구분한다. 수동적 행동은 유기체가 자극에 적응하는 행동이고, 작동행동은 행동에 뒤따르는 자극을 작동하는 행동이다.

1. 수동적 조건화

수동적 조건화는 고전적 조건화 또는 Pavlov의 조건화라고 부른다(Miltenberger, 2018). Pavlov는 개 실험을 통해 수동적 조건화를 증명하였다. 개는 음식을 보면 무조건 침을 흘린다. 여기에서 음식은 무조건 자극(unconditioned stimulus: US)이 되고, 침을 흘리는 반응은 무조건 반응(unconditioned response: UR)이 된다. 종소리를 들려주면 개는 반응이 없다. 종소리는 어떤 반응도 이끌어 내지 못하는 중성 자극(neutral stimulus: NS)이기 때문이다. 그러나 개에게 음식을 줄 때마다 반복적으로 종소리를 같이 들려준다. 이 과정을 무조건 자극과 중성 자극의 연합, 즉

[그림 2-1] Pavlov의 수동적 조건화 실험

조건화라고 한다. 조건화가 된 후, 개는 중성 자극인 종소리만 들려주어도 침을 흘리게 된다. 여기에서 조건화가 된 후의 종소리는 조건 자극(conditioned stimulus: CS)이 되고, 조건화가 된 후의 침 흘리는 반사는 조건 반응(conditioned response: CR)이 된다. 이와 같은 수동적 조건화가 일어나는 이유는 개가 조건 자극(CS)을 제공받으면 이어서 무조건 자극(US)도 함께 제공받을 것이라고 예상하기 때문이다.

수동적 조건화는 특정 반응을 이끌어 내지 못하는 중성 자극(NS)이 무조건 자극(US)과 반복적으로 연합되면서 무조건 반응(UR)을 유발시키는 과정을 말한다. 조건화가 이루어지면 중성 자극은 조건 자극(CS)이 되어 조건 반응(CR)을 이끌어 낸다.

[그림 2-2] 유아 Albert 실험

수동적 조건화를 실험한 다른 예로 Watson과 Rayner(1920)의 '유아 Albert' 실험이 있다. 11개월 된 Albert에게 흰 쥐는 두려움의 대상이 아니었다. Albert에게 흰 쥐를 보여 주고 바로 몇 초 뒤에 철제 바를 망치로 두드렸다. 그러자 Albert는 울음을 터뜨렸다. 이와 같은 과정을 반복한 후에 Albert는 흰 쥐만 보아도 두려워하는 공포증이 생겼다. 여기에서 큰 소리는 무조건 자극(US)이 되고, 놀라는 반응은 무조건 반응(UR)이 되는 것이다. 무서움을 느끼지 않았던 흰 쥐(NS)와 큰 소리(US)를 지속적으로 연합하면 흰 쥐(CS)만 보아도 놀라는 반응(CR)을 하는 수동적 조건화가 일어난 것이다. 그들은 이 실험에서 Albert가 흰 쥐와 비슷한 모습을 한 강아지, 털 코트, 산타 할아버지 마스크에 대해서도 공포증이 생기는 일반화(generalization) 과정을 확인했다. 그들은 수동적 조건화를 실험을 통해 증명하기는 했으나 유아에게 공포를 조건화하는 비윤리적인 실험을 했다는 비난을 받았다.

수동적 행동은 선행사건에 의해 유도된 무조건 반응 또는 조건 반응이다. 선행사건은 외부 환경에 따라 발생하거나 내부로부터 발생하기도 한다. 수동적 행동은 선행사건에 의해 통제되고, 수동적 조건화는 선행사건과 관련이 있다.

수동적 조건화와 수동적 소거는 수동적 행동을 유발하는 자극의 변화와 관련된 학습과정이다. 수동적 조건화는 중성 자극이 무조건 자극과 연합하여 조건 자극이 되어 반응을 일으키는 것을 말한다. 수동적 소거는 조건화된 자극이 무조건 자극 없이 반복적으로 제시되어 조건화된 자극이 더 이상 반응을 일으키지 않는 것을 말한다. 즉, 수동적 소거는 반응행동을 유발하는 힘을 잃게 하는 것이다.

수동적 소거는 체계적 둔감법(systematic desensitization)의 기본이 되며, 응용행동분석에서 불안을 감소시키는 중재에 사용되어 왔다(Barrios & O'Dell, 1998). 이 방법은 불안 행동, 사고, 심리적 반응을 유발하는 자극에 아동을 점진적으로 노출시키는 방법이다. 결과적으로 시간이 지나면서 그러한 자극들은 더 이상 부적응 반응을 유발하지 않게 된다. 수동적 조건화와 수동적 소거는 아동의 불안 행동을 지도하는 데 효과적인 방법이다.

2. 작동적 조건화

Skinner(1938)는 지렛대를 누르면 먹이가 나오는 Skinner 상자를 이용해 작동적 조건화를 실험하였다. 배고픈 상태의 흰 쥐가 Skinner 상자 안에서 돌아다니다가 우연히 지렛대를 누르면 먹이가 나온다. 이때 흰 쥐는 지렛대와 먹이 간의 관계를 알지 못한다. 흰 쥐가 다시 상자 안을 돌아다니다가 우연히 지렛대를 누르자 먹이가 나온다. 흰 쥐는 지렛대를 누르면 먹이가 나오는 것을 보고 지렛대를 누르는 행동을 자주 하게 된다. 이러한 과정이 반복되면서 흰 쥐는 지렛대를 누르면 먹이가 나온다는 사실을 학습하게 된다. 여기에서 흰 쥐가 지렛대를 누르는 행동은 먹이에 의해 강화(reinforcement)되었기 때문이다. 작동적 조건화는 반응을 선택적으로 조작함으로써 그 반응이 일어날 확률을 증가시키거나 감소시키는 방법을 말한다. 작동적 조건화는 도구적 조건화(instrumental conditioning)라고도 한다.

작동행동은 자극에 의해 일어나는 것이 아니라 선행사건에 의해 나타난 행동

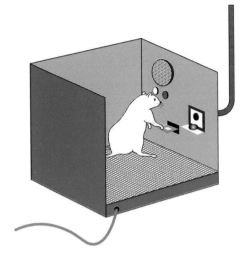

[그림 2-3]   Skinner 상자

이 후속결과에 의해 형성된 것이다. 따라서 작동행동은 후속결과에 따라 영향을 받는 행동이다. 후속결과는 작동행동에 따라 나타나며, 작동행동에 영향을 주는 자극이다. 작동행동은 다른 사람을 통해 나타나며, 뒤따르는 후속결과에 의존하기 때문에 그 행동이 다시 발생할 수도 있고 감소할 수도 있다.

작동적 조건화는 행동에 대한 결과의 선택적 효과와 과정을 말한다. 작동적 조건화는 강화(reinforcement)와 벌(punishment)로 설명할 수 있다. 작동적 조건화에 따르면 행동은 강화를 받으면 행동이 증가하게 되고 벌을 받으면 행동이 감소하게 된다. 즉, 강화는 행동을 증가시키는 것이고 벌은 행동을 감소시키는 것이다.

강화와 벌의 올바른 이해

응용행동분석에서 사용하는 강화와 벌은 그 의미가 사전적 정의와 다르다. 강화의 사전적 의미는 '수준이나 정도를 더 높이는 것'이다. 그러나 응용행동분석에서의 강화는 '행동을 증가시키는 것'을 말한다. 자극을 주어서 행동이 증가하면 정적강화이고, 자극을 제거해서 행동이 증가하면 부적강화다.

벌의 사전적 의미는 '잘못하거나 죄를 지은 사람에게 주는 고통'이다. 벌을 사전적 의미로 해석하는 오해로 인해 응용행동분석에서의 벌 사용이 잘못되었고 금지해야 한다고 한다. 그러나 응용행동분석에서의 벌은 강화의 반대 개념으로 '행동을 감소시키는 것'을 말한다. 자극을 주어서 행동을 감소시키면 정적 벌이고, 자극을 제거해서 행동을 감소시키면 부적 벌이다.

		자극	
		제시	제거
행동	증가	정적 강화	부적 강화
	감소	정적 벌	부적 벌

[그림 2-4] **강화와 벌**

Ⅱ 행동 원리에 기초한 학습 방법

응용행동분석에서는 자극(S)과 반응(R)의 행동 원리에 기초해 학습을 설명한다. 즉, 자극을 통제하고 반응에 작동하는 작동적 조건화에 의해 인간의 행동이 변화하고 학습한다는 논리다. 작동적 조건화는 작동행동과 자극 간의 관계를 설명하는 원리다. 이러한 자극은 여러 형태의 후속결과뿐만 아니라 선행사건도 포함한다. 행동은 선행사건인 변별자극에 의해 유발되고 후속결과에 의해 유지된다. 선행사건과 후속결과에 대한 작동행동의 관계를 선행사건-행동-후속결과(A-B-C) 유관, 즉 3요인 유관이라 부른다. 3요인 유관은 작동행동의 기본적인 분석 단위다.

응용행동분석에는 작동적 조건화를 기반으로 한 중재 방법과 새로운 행동을 학습하는 데 사용할 수 있는 중재 방법이 있다. 작동적 조건화에 기초한 학습 방법은 3요인 유관에서의 후속결과를 통제하는 방법과 선행사건을 통제하는 방법이 있다. 후속결과를 통제하는 방법에는 강화(reinforcement), 소거(extinction), 벌(punishment)이 있고, 선행사건을 통제하는 방법에는 자극통제(stimulus control)와 동기조작(motivating operation)이 있다. 새로운 행동을 학습하는 방법은 행동의 자극과 반응에 기초해 단계적으로 지도하는 행동형성(shaping), 행동연쇄(chaining), 행동기술훈련(behavior skill training)이 있다.

[그림 2-5] 행동 원리에 기초한 학습 방법

1. 작동적 조건화에 의한 학습

1) 후속결과 통제 방법

(1) 강화

강화는 행동 뒤에 따라오는 자극에 따라 행동이 증가하는 것을 말한다. 자극에는 정적 자극과 부적 자극이 있다. 자극을 제시하면 정적 자극이라 하고 자극을 제거하면 부적 자극이라고 한다. 행동 뒤에 좋아하는 자극을 제시했을 때 행동이 증가한다. 예를 들어, 수업에 잘 참여한 아동에게 아동이 좋아하는 간식을 주면 수업참여 행동은 증가하게 된다. 반면에 싫어하는 자극을 제거해 주어도 행동이 증가한다. 예를 들어, 교실 청소를 하도록 되어 있는 아동에게 수업에 열심히 참여하면 교실 청소를 면제해 주겠다고 했다. 아동은 교실 청소를 면제받기 위해 수업참여 행동이 증가한다. 이와 같이 자극을 제시하여 행동을 증가시키는 방법을 정적 강화(positive reinforcement)라고 하고, 자극을 제거하여 행동을 증가시키는 방법을 부적 강화(negative reinforcement)라고 한다. 정적 강화는 행동에 자극의 제시가 뒤따르고 그것이 미래의 행동 발생 빈도를 증가시키는 것이다. 여기에서의 자극은 아동이 선호하는 자극이 된다. 부적 강화는 행동에 자극의 철회가 뒤따르고 그것이 미래의 행동 발생 빈도를 증가시키는 것이다. 여기에서 자극은 아동이 싫어하는 자극이 된다.

강화제(reinforcer)는 행동의 결과로 주어진 것으로 행동의 빈도를 높이는 자극을 말한다. 강화제에는 일차적 강화제와 이차적 강화제가 있다. 일차적 강화제는 강화와 관련된 특별한 학습 이력이 없는 강화제로 무조건 강화제라고도 한다. 일차적 강화제는 아동의 행동을 직접적으로 증가시킬 수 있는 강화제다. 예를 들어, 음식, 물, 음료수, 신체접촉 등이 있다. 반면에 이차적 강화제는 이전에는 중성자극이었던 자극이 학습되어 강화제로서 작용하는 경우로 조건화된 강화제라고도 한다. 이차적 강화제는 아동의 행동을 바로 증가시키지는 못하지만 일차적 강화제와 연합하여 행동을 증가시킬 수 있다. 예를 들어, 수업에 잘 참여한 아동에게 토큰을 준다고 하면 아동이 토큰을 받기 위해 수업참여 행동이 증가할 것이다. 여기에서 토큰은 아동이 좋아하는 일차적 강화제와 교환할 수 있기 때문에 이차적 강화제가 된다. 일반화된 강화제는 강화제가 일차적 또는 이차적 강화제와 연관되어 가치를 갖는 것을 말한다. 일반화된 강화제의 대표적인 것이 칭찬과 돈이다. 인간의 행동은 강화를 받으면 증가한다. 강화제는 행동을 증가시키는 데 중요한 역할을 하기 때문에 선호도 평가(preference assessment)를 통해 아동에게 알맞은 강화제를 찾는 것이 중요하다.

차별강화(differential reinforcement)는 반응군에 따라 강화의 유무를 달리 함으로써 행동을 증가시키는 방법이다. 즉, 바람직한 행동에 대해서는 강화하고 바람직하지 않은 행동에 대해서는 소거시키는 방법이다. 차별강화의 유형에는 대체 또는 대안 행동에 대한 대체행동 차별강화(differential reinforcement of alternative behavior: DRA), 동시에 일어날 수 없는 행동에 대한 상반행동 차별강화(differential reinforcement of incompatible behavior: DRI), 문제가 되는 행동 이외의 다른 모든 행동에 대한 타행동 차별강화(differential reinforcement of other behavior: DRO), 발생률이 높은 행동에 대한 고비율 차별강화(differential reinforcement of higher rates of behavior: DRH), 발생률이 낮은 행동에 대한 저비율 차별강화(differential reinforcement of lower rates of behavior: DRL)가 있다.

프리맥의 원리(premack principle)는 빈번히 일어나는 행동을 강화제로 사용해서 자주 일어나지 않는 행동을 증가시키는 방법이다. 예를 들어, 숙제하기 싫어하는 아이에게 좋아하는 컴퓨터 게임을 이용하는 방법이다. 일반적으로 컴퓨터 게임은 아이에게 빈번히 일어나는 행동이고 숙제는 자주 일어나지 않은 행동이다. 부모는 아이가 숙제를 하면 컴퓨터 게임을 할 수 있도록 허락한다. 여기에서 부모는 숙제하는 행동을 증가시키기 위해 컴퓨터 게임을 강화제로 사용한 것이다. 그러나 부모가 아이에게 컴퓨터 게임을 먼저 허락하고 숙제를 하라고 했다면 컴퓨터 게임은 뇌물(bribe)이 된다. 아이는 컴퓨터 게임을 해야만 숙제를 하게 되므로 주의해야 한다.

(2) 소거

소거는 이미 강화되어 온 행동이 더 이상 강화를 받지 못해 행동이 발생하지 않는 것을 말한다. 소거는 이전에 강화되던 행동에 강화가 중단되었을 때 나타나며, 결과적으로 그 행동이 미래에 나타날 가능성을 감소시킨다. 이전에 강화되어 왔던 행동이더라도 강화가 주어지지 않으면 행동은 점차 감소하거나 나타나지 않는다. 소거는 행동을 점진적으로 감소시킨다. 그러나 강화가 갑자기 제거되면 강화되지 않은 행동에 대한 반응이 뒤따를 수 있다. 행동이 더 이상 강화되지 않을 때 행동의 빈도, 강도, 지속시간 등이 증가하거나 새로운 행동이 일어나는 것을 소거 폭발(extinction burst)이라고 한다. 예를 들어, 아이가 슈퍼마켓에서 엄마에게 장난감을 사 달라고 하였다. 엄마는 장난감을 사 주었다. 아이는 장난감이라는 강화제를 받았기 때문에 그 행동은 증가한다. 아이는 슈퍼마켓에 갈 때마다 장난감을 사 달라고 조른다. 엄마는 매번 사 줄 수 없어 장난감을 사 주지 않는다. 그러면 아이는 장난감을 사 달라고 울며 떼를 쓴다. 이렇게 울며 떼쓰는 행동이 소거 폭발이다. 이때 엄마는 울며 떼쓰는 행동을 무시하고 아이에게 장난감을 사 주지 말아야 한다. 소거를 적용할 때, 초기에 소거 폭발로 문제행동이 증가하는 것을 예상해야 하며, 문제행동을 유지시키는 강화제를 지속적으로 제거하도록 준비해야 한다.

소거 적용 후, 행동이 일정 시간 동안 일어나지 않다가 다시 일어나는 것을 자발적 회복(spontaneous recovery)이라고 한다. 자발적 회복은 소거 과정에서 행동이 강화되기 이전의 수준으로 돌아가거나 사라진 이후에 재발하는 것이다. 소거 절차의 효과가 지속되고 있다면 자발적 회복은 일시적이고 제한적인 수준에 그칠 수 있다. 앞의 예에서 아이는 슈퍼마켓에서 울며 떼를 써도 엄마가 장난감을 사 주지 않는다는 것을 알았다. 그러나 일정 시간이 지난 후에 아이는 다시 한 번 장난감을 사 달라고 엄마에게 떼쓰며 조르는 자발적 회복이 일어난다. 이때도 엄마는 일관되게 장난감을 사 주지 말아야 한다.

소거 절차를 적용할 때는 소거 폭발과 자발적 회복에 적절하게 대처해야 한다. 소거 적용 과정에서 소거 폭발과 자발적 회복이 발생하더라도 일관되게 강화제를 제거하는 것이 중요하다.

(3) 벌

벌은 행동 뒤에 따라오는 자극에 따라 행동이 감소하는 것을 말한다. 자극에는 정적 자극과 부적 자극이 있다. 자극을 제시하면 정적 자극이라 하고 자극을 제거하면 부적 자극이라고 한다. 행동 뒤에 혐오자극을 제시하면 행동이 감소한다. 예를 들어, 수업시간에 장난치는 아동에게 아동이 싫어하는 벌점을 주면 장난치는 행동은 감소하게 된다. 이와 같이 혐오자극을 제시하여 행동을 감소시키는 방법을 정적 벌(positive punishment)이라고 한다. 반면에 좋아하는 자극을 제거해 주어도 행동이 감소한다. 예를 들어, 규칙을 위반한 아동에게 아동이 좋아하는 자극을 빼앗는 벌금을 내게 하면 아동의 규칙 위반 행동이 감소한다. 이와 같이 좋아하는 자극을 제거하여 행동을 감소시키는 방법을 부적 벌(negative punishment)이라고 한다. 정적 벌은 행동에 자극의 제시가 뒤따르고 그것이 미래의 행동 발생 빈도를 감소시키는 것이다. 여기에서의 자극은 아동이 싫어하는 자극이 된다. 부적 벌은 행동에 자극의 철회가 뒤따르고 그것이 미래의 행동 발생 빈도를 감소시키는 것이다. 여기에서 자극은 아동이 선호하는 자극이 된다.

자극을 제시하여 행동을 감소시키는 정적 벌의 종류에는 과잉교정, 유관운동, 신체구속, 반응차단 등이 있다. 과잉교정은 아동의 문제행동과 직접적으로 관련 있고 노력이 드는 행동을 하도록 시키는 방법이다. 따라서 과잉교정에서는 문제행동을 줄이는 벌로서의 효과와 정적 연습의 교육적 효과가 나타난다. 과잉교정에는 복원적 과잉교정과 정적 연습 과잉교정이 있다. 복원적 과잉교정은 문제행동으로 인해 발생한 피해를 원래 상태로 되돌려 놓게 하는 방법이다. 예를 들어, 방을 어지럽히는 아동에게 엄마가 자기 방을 정리하도록 시킨다. 방을 정리하는 행동은 아동에게 혐오자극으로 기능하여 방을 어지럽히는 행동을 줄인다. 또한 아동은 방을 정리하는 정적 연습의 교육적 효과가 나타난다. 정적 연습 과잉교정은 바람직하지 않은 행동을 올바른 형태로 되돌리기 위해 행동을 반복하게 하는 방법이다. 예를 들어, 교사가 아동에게 받아쓰기에서 틀린 단어를 10번씩 쓰라고 시킨다. 틀린 단어를 10번씩 쓰는 행동은 아동에게 혐오자극으로 기능하여 다음 시험에서는 틀린 단어 수를 줄인다. 또한 아동은 틀린 단어를 10번씩 씀으로써 단어를 학습하는 정적 연습의 교육적 효과가 나타난다.

유관운동은 문제행동과 무관한 신체적인 운동을 수행하도록 하는 방법이다. 신체적인 운동은 아동에게 혐오자극으로 기능하여 문제행동을 줄인다. 예를 들어, 수업시간에 자리이탈 행동을 하는 아동이 있다. 교사는 아동이 수업시간에 자리이탈 행동을 할 때마다 앉았다 일어서기를 10번씩 시킨다. 여기에서 앉았다 일어서기는 자리이탈 행동과 무관한 신체적인 운동이다. 앉았다 일어서기가 아동에게 혐오적인 자극으로 기능하여 수업시간의 자리이탈 행동을 줄인다.

신체구속은 아동의 신체 부분을 움직일 수 없게 해 문제행동을 감소시키는 방법이다. 예를 들어, 아동이 공격행동을 할 때 짧은 시간 동안 아동의 팔을 잡아 움직이지 못하게 한다. 신체구속이 혐오자극으로 기능해 아동의 공격행동을 줄인다. 일반적으로 신체를 움직이지 못하게 하는 것은 혐오자극이 되므로 신체구속은 벌로 기능한다. 그러나 어떤 아동에게는 신체구속이 강화로 기능할 수 있다(Favell, McGimsey, & Jones, 1987). 교사의 관심을 끌기 위해 문제행동을 한다면 신체구속이 아동에게 관심을 주는 강화제로 기능하여 문제행동이 더 증가되게 된다. 따라서 신체구속을 사용을 계획할 때는 신체구속이 벌로 기능하는지 강화로 기능하는지 파악하는 것이 중요하다.

반응차단은 신체구속의 변형으로 반응을 신체적으로 차단함으로써 문제행동 발생을 막는 방법이다. 반응차단은 반응하는 것을 모두 막거나 차폐하여 물리적으로 개입한다. 예를 들어, 아동이 손을 입에 넣는 문제행동을 할 때, 아동의 입 앞에서 손을 잡는다. 손을 잡음으로써 반응을 차단하여 손을 입에 넣는 행동을 줄인다. 반응차단은 만성적 손 빨기, 눈 찌르기, 이식증에 효과적이다. 그러나 반응차단은 공격행동이나 저항과 같은 부작용이 보고되고 있다(Hagopian & Adelins, 2001; Leman, Kelly, Vorndran, & Van Camp, 2003).

자극을 제거하여 행동을 감소시키는 부적 벌의 종류에는 타임아웃, 반응대가 등이 있다. 타임아웃은 문제행동을 한 다음, 짧은 기간 동안 강화 자극에 접근하지 못하게 해서 미래에 문제행동이 일어날 가능성을 줄이는 것이다. 타임아웃은 적용이 용이하고 행동의 빠른 억제가 나타나는 장점이 있다. 타임아웃이 차별강화와 결합되면 바람직한 행동은 증가하고, 바람직하지 못한 행동은 감소한다. 타임아웃의 유형에는 배제 타임아웃(exclusionary time-out)과 비배제 타임아웃(nonexclusionary time-out)이 있다. 배제 타임아웃은 아동을 문제행동이 일어난 방에서 나가 다른 방으로 가게 해서 모든 강화 자극을 제거하는 방법이다. 비배제 타임아웃은 아동을 문제행동이 일어난 방에 있게 하면서 강화 자극에 접근하지 못하도록 하는 방법이다.

반응대가(response cost)는 행동 발생 후 특정한 양의 강화제를 제거하여 행동을 감소시키는 방법이다. 즉, 행동에 따른 대가를 치르는 것이다. 반응대가는 문제행동에 수반하여 강화제를 제거하는 벌의 한 형태로 행동의 미래 발생 가능성을 감소시키는 결과를 가져온다. 예를 들어, 아동이 수업방해 행동을 하면 교사는 휴식시간을 빼앗거나 이미 받은 토큰을 회수한다. 그러면 아동은 좋아하는 휴식시간이나 토큰을 빼앗기지 않으려고 수업방해 행동을 줄인다. 반응대가는 정부, 법 집행기관, 여러 시설에서 규칙 위반 행동을 줄이기 위해 광범위하게 사용되고 있다.

벌은 아동의 바람직하지 않은 행동을 감소키는 데 유용하다. 그러나 벌을 사용함으로써 발생하는 여러 가지 부작용이 있다. 이들 문제점에는 벌에 대한 부정적 정서반응, 회피행동, 벌 사용의 모델링, 윤리적 쟁점 등이 있다. 벌은 이들 문제점을 고려하여 신중하게 사용해야 한다. 아동의 문제행동을 감소시키는 데 부득이하게 벌을 사용해야 한다면 정적 벌보다는 타임아웃과 반응대가와 같은 부적 벌을 고려해 보는 것이 좋다.

2) 선행자극 통제 방법

(1) 자극통제

자극통제는 행동 발생 전에 주어지는 선행자극에 의해 행동이 통제되는 것이다. 즉, 자극통제는 선행자극에 의해 행동의 비율, 지속시간, 지연시간, 행동형태가 다르게 나타나는 것이다. 행동은 강화가 주어지면 증가하고 강화가 주어지지 않으면 소거된다. 선행자극은 강화에 따라 행동을 발생시키는 효과가 있다. 자극통제는 언어 체계, 개념적 행동, 문제해결과 같은 일상의 복잡한 행동, 교육, 치료에서 필수적인 역할을 한다(Shahan & Chase, 2002; Stromer, 2000).

① 변별과 일반화

변별(discrimination)은 어떤 자극과 다른 자극의 차이를 구별하는 것을 말한다. 변별자극(discriminative stimulus: S^D)은 선행자극에 따른 행동에 강화가 주어지는 자극이다. 반대로 델타자극(S-delta: $S^\triangle$)은 선행자극에 따른 행동에 강화가 주어지지 않은 자극이다.

자극변별훈련(stimulus discrimination training)은 변별자극과 델타자극을 구별하여 변별자극에 대해서만 바른 반응을 하도록 하는 것이다. 자극변별훈련은 변별자극(S^D)이 제시될 때는 행동을 강화하고, 변별자극 외에 다른 자극이 제시될 때는 행동을 강화하지 않는다. 자극변별훈련의 결과는 변별자극(S^D)에서는 미래에 행동 발생 가능성이 크게 나타나고, 델타자극($S^\triangle$)에서는 미래에 행동 발생 가능성이 낮게 나타난다.

Skinner(1969)는 자극변별훈련을 3요인 유관으로 설명하였다. 3요인 유관은 변별자극, 변별자극이 있을 때 나타나는 반응, 그 후 나타나는 결과를 강화하는 것으로 이것을 도식하면 다음과 같다.

$$S^D \longrightarrow R \longrightarrow S^R$$

이 도식에서 S^D는 변별자극이고, R은 반응(행동)이고, S^R은 강화자극(강화제)이다. 예를 들어, 국어 시간에 교사가 학생에게 '학교'를 읽으라고 한다. 이때 학생이 '학교'를 바르게 읽으면 그 행동은 강화를 받는다. 그러나 학생이 '학교'를 잘못 읽으면 그 행동은 강화를 받지 못하므로 소거된다. 앞으로 학생은 '학교'를 바르게 읽을 것이다.

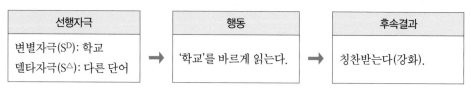

선행자극	행동	후속결과
변별자극(S^D): 학교 델타자극($S^\triangle$): 다른 단어	'학교'를 바르게 읽는다.	칭찬받는다(강화).

[그림 2-6] 강화에 의한 자극변별훈련의 예

앞의 예에서 변별자극(S^D: 학교)은 강화자극(S^R: 칭찬)에 의해 나타나고, 다음에 선행자극('학교'를 읽으라고 하면)이 제시되면 행동(R: '학교'를 바르게 읽는다.)이 발생한다. 즉, 자극통제가 이루어진 것이다.

자극변별훈련은 벌을 포함하기도 한다. 선행자극 제시에 따라 행동을 한 후 벌자극을 받았다면 그 행동은 감소하거나 나타나지 않는다. 벌을 포함하는 3요인 유관을 도식하면 다음과 같다.

$$S^D \;\longrightarrow\; R \;\longrightarrow\; S^P$$

이 도식에서 S^D는 변별자극이고, R은 반응(행동)이고, S^P는 벌자극(벌제)이다. 예를 들어, 가스 불에 국이 끌고 있다. 아동이 끓는 국을 한 숟가락 맛본다. 이때 아동은 입을 데는 고통을 느낀다. 앞으로 아동은 국이 끓고 있는 동안에는 맛을 보지 않는다.

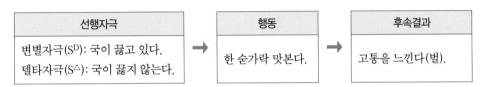

선행자극		행동		후속결과
변별자극(S^D): 국이 끓고 있다. 델타자극(S^△): 국이 끓지 않는다.	→	한 숟가락 맛본다.	→	고통을 느낀다(벌).

[그림 2-7] 벌에 의한 자극변별훈련의 예

앞의 예에서 변별자극(S^D: 국이 끓고 있다.)은 벌자극(S^P: 고통)에 의해 나타나고, 다음에 선행자극(끓는 국)이 제시되면 행동(R: 한 숟가락 맛본다.)이 나타나지 않는다. 즉, 자극통제가 이루어진 것이다.

자극변별훈련에서 변별자극과 유사한 자극이 제시될 때도 행동이 나타날 수 있다. 이와 같이 자극통제가 공통 속성을 가진 다른 자극에서도 동일하게 이루어지는 것을 일반화(generalization)라고 한다. 일반화는 선행자극에 의해 획득된 통제가 공통적인 속성을 가진 다른 자극에 의해 서로 동일하게 이루어는 것을 말한다. 앞의 예에서 아동은 자극변별훈련을 통해 '학교'라는 단어를 배웠다. 아동이 교문의 간판이나 책 속의 '학교'라는 단어를 읽고 썼다면 일반화가 일어난 것이다.

일반화 과정에서 자극이 변별자극과 유사할수록 그 자극이 제시될 때 행동이 일어날 가능성이 더 커진다. 반면에 자극이 변별자극과 유사하지 않을수록 그 자극이 제시될 때 행동이 덜 발생하게 된다. 이것을 일반화 점증(generalization gradient)이라고 한다.

자극 일반화(stimulus generalization)는 특정 자극으로 강화 받은 반응이 유사한 자극에서도 나타날 때 발생한다. 자극 일반화는 두 종류의 다른 자극에 대해 같은 방식으로 반응하는 것이다. 자극 일반화는 훈련 상황에서 주어진 자극이 아닌 다른 자극을 다른 상황에서 주어져도 행동이 일어나는 것이다. 따라서 자극 일반화를 훈련 전이라고도 한다. 반면에 반응 일반화(response generalization)는 한 행동의 변화가 유사한 행동의 변화를 가져오는 것을 말한다. 반응 일반화는 변별훈련에 의해 행동이 수정되었을 때, 그 행동에 대해 계획되지 않은 변화가 나타나는 것을 의미한다(Twardosz & Sajwaj, 1972). 다시 말해, 반응 일반화는 학습한 행동을 응용해서 유사한 행동을 하는 것이다. 유지(maintenance)는 행동이 지속적으로 나타나는 것으로 시간의 일반화라고 한다. 유지는 행동 변화를 위해 중재나 프로그램을 적용한 뒤에도 필요할 때마다 변화된 행동을 하는 것이다.

② 촉구와 용암

촉구(prompt)는 변별자극의 정반응 가능성을 높이기 위해 추가적으로 제시하는 자극이다. 촉구는 행동을 수행하기 전이나 수행하는 동안에 주어진다. 촉구는 정확한 행동을 하게 하여 강화 받을 수 있도록 도와주는 역할을 한다. 용암(fading)은 촉구의 점진적인 제거다. 용암은 변별자극에 대해 촉구가 없어도 행동이 발생하도록 하는 데 사용된다. 즉, 용암은 표적행동을 스스로 할 수 있을 때까지 점차 촉구를 없애 나가는 방법이다.

촉구의 종류에는 반응 촉구와 자극 촉구가 있다. 반응 촉구는 다른 사람의 행동으로 아동의 올바른 반응을 유발시키는 방법이다. 반응 촉구에는 언어 촉구, 자세 촉구, 모델링 촉구, 신체 촉구가 있다. 자극 촉구는 변별자극을 변화시키거나 다른 자극을 추가 또는 제거함으로써 올바른 반응을 유도하는 방법이다. 자극 촉구에는 자극 내 촉구와 자극 외 촉구가 있다.

(2) 동기조작

동기조작(motivating operation: MO)은 선행자극 통제 방법의 하나로 환경적 상황을 조작해서 행동을 수정하는 방법이다. 동기조작은 강화제로서 가지는 자극

의 가치를 변화시켜 행동 발생에 영향을 준다. 동기조작의 중요한 기능 중 하나
는 자극의 가치 변화가 강화나 벌로써 작용한다는 것이다.

가치 변화 효과(value altering effect)는 자극, 사물, 사건이 강화제로서 효과가
증가되거나 감소되는 것이다. 강화제로서 효과가 증가되는 것을 동기설정조작
(establishing operation: EO)이라고 하고, 강화제로서 효과가 감소되는 것을 동기
해지조작(abolishing operation: AO)이라고 한다. 행동 변화 효과(behavior altering
effect)는 자극, 사물, 사건에 의해 강화된 행동의 발생 빈도가 증가하거나 감소하
는 것이다. 행동의 발생 빈도가 증가하는 것을 동기유발효과(evocative effect)라고
하고, 행동의 발생 빈도가 감소하는 것을 제지효과(abative effect)라고 한다. 예를
들어, 시장을 볼 때 배가 고프면 장을 더 많이 보게 되고, 배가 부르면 장을 덜 보
게 된다. 결핍과 포만으로 강화제로서의 가치가 변화하여 시장 보는 행동이 증가
하거나 감소하였다.

⟨표 2-1⟩ 가치 변화에 따른 행동 변화 효과

상황	MO	가치 변화 효과	행동 발생 빈도 변화	행동 변화 효과
배고픈 상태	EO	음식의 가치 증가	식품을 사려는 행동 증가	동기유발효과
배부른 상태	AO	음식의 가치 감소	식품을 사려는 행동 감소	제지효과

(3) 선행자극 통제 방법의 적용

선행자극 통제 방법(antecedent control procedures)은 바람직한 행동을 유발시
키고 바람직하지 않은 행동을 감소시키기 위해 물리적 · 사회적 환경을 통제하는
것을 말한다. 앞에서 설명한 바와 같이 선행자극 통제 방법에는 자극통제와 동
기조작이 있다. 자극통제에서는 변별자극의 강화와 벌에 따라 행동이 증가하거
나 감소한다. 동기조작은 선행자극의 가치를 변화시키는 방법으로 동기설정조작
(EO)은 행동을 유발하고, 동기해지조작(AO)은 행동을 제지하는 효과가 있다. 이
외에도 행동을 수행하는 데 드는 반응노력(response effort)에 따라 행동이 증가하
거나 감소한다.

바람직한 행동을 유발시키기 위한 선행자극 통제 방법에는 바람직한 행동의
변별자극 제시하기, 동기설정조작(EO) 제시하기, 바람직한 행동에 드는 반응노력

감소시키기가 있다. 예를 들어, 임용시험을 준비하는 수험생이 있다. 수험생은 임용시험을 위해 도서관에서 공부하기로 했다. 공부하기에 좋은 도서관은 임용시험을 준비하는 데 적합한 변별자극이 된다. 임용시험에 합격한 후 여름방학에 배낭여행을 가기로 했다. 배낭여행은 임용시험에 합격해야 한다는 동기설정조작(EO)으로 작용한다. 공부할 때 미리 필요한 책과 학용품을 준비한다. 공부할 때 필요한 용품을 미리 준비하는 것은 임용시험 공부를 할 때 책과 학용품을 찾으려고 시간을 낭비하는 반응노력을 감소시킨다.

- 표적행동: 임용시험 준비하기

[그림 2-8] 행동 유발 선행자극 통제의 예

바람직하지 않은 행동을 감소시키기 위한 선행자극 통제 방법에는 바람직하지 않은 행동의 변별자극 제시하기, 동기해지조작(AO) 제시하기, 바람직하지 않은 행동에 드는 반응노력 증가시키기가 있다. 예를 들어, 잘못된 식습관으로 비만인 아동이 있다. 아동의 집에 해로운 식품을 제거한다. 집에 해로운 식품을 제거하는 것은 비만 탈출의 변별자극이 된다. 식사를 하고 시장 보러 간다. 식사 후에 시장을 보면 배가 불러 해로운 식품을 덜 사게 되는 동기해지조작(EO)으로 작용한다. 냉장고의 해로운 식품을 비운다. 냉장고에 음식이 없으면 해로운 식품을 사러 시장에 가야 하므로 바람직하지 않은 행동에 드는 반응노력이 증가한다.

- 표적행동: 비만 탈출하기

[그림 2-9] 행동 감소 선행자극 통제의 예

2. 새로운 행동 학습

1) 행동형성

행동형성은 표적행동에 도달할 때까지 표적행동의 연속적 접근(successive approximation)을 체계적으로 차별강화하는 방법이다. 표적행동은 달성하고자 하는 행동이고, 연속적 접근은 표적행동에 점점 가까워지는 연속적인 행동이고, 체계적인 차별강화는 표적행동에 가까워진 행동은 강화하고 이전 행동은 소거하는 것이다.

행동형성은 미리 정해 놓은 기준에 부합되는 반응에 대해서는 강화를 제공하고, 그 기준을 충족하지 않는 반응에 대해서는 강화를 주지 않는다. 행동형성은 일련의 연속적 접근을 강화함으로써 낮은 비율의 반응을 단기간 내에 높은 비율의 반응으로 만들 수 있다. 행동형성이 효과적인 이유는 복잡한 행동이 갖는 연속적인 속성을 이용하기 때문이다(Skinner, 1953).

Horner(1971)는 이분척추로 걷지 못하는 지적장애 아동에게 행동형성을 적용하였다. 아동의 표적행동은 양쪽 평행봉을 잡고 혼자서 열 걸음 가는 것이다. 그는 표적행동을 지도하기 위해 6단계의 연속적 접근을 적용했다. 첫 단계에서는 의자에 앉아서 두 손으로 평행봉을 잡는다. 다음 단계에서는 평행봉에 선다. 그리고 점차 평행봉에 의지해 한 걸음, 세 걸음, 다섯 걸음, 열 걸음을 걷는 6단계로 진행했다. 이때 아동이 각 단계를 성공적으로 수행하면 음료수로 강화했다. 그결과, 아동은 걸을 수 있었다.

행동형성은 새로운 행동을 지도하는 데 긍정적인 접근법을 사용하고 체계적이고 점진적으로 실시되기 때문에 표적행동 지도에 유용하다. 그러나 새로운 행동을 가르치는 데 많은 단계의 연속적 접근이 필요하기 때문에 시간이 오래 걸리는 단점이 있다.

2) 행동연쇄

행동연쇄는 표적행동을 단계로 나누어 점차적으로 지도하는 방법으로 유아나 발달장애 아동에게 유용하다. 행동연쇄는 자극과 반응을 특정한 순서로 연결하여 새로운 행동을 가르치는 방법이다. 과제분석(task analysis)은 행동연쇄를 자극과 반응 요소로 잘게 나누는 방법이다. 즉, 복잡한 기술을 보다 작고 가르치기 쉬운 단위로 나누는 것이다. 행동연쇄는 과제분석에 따라 특정한 순서로 연결된 자극과 반응 요소에 촉구와 용암을 체계적으로 적용한다. 따라서 행동연쇄는 아동에게 복잡한 과제를 가르치는 데 유용하다.

행동연쇄의 종류에는 전진행동연쇄(forward chaining), 후진행동연쇄(backward chaining), 전체과제행동연쇄(total task chaining)가 있다. 전진행동연쇄는 과제분석에서 정한 행동을 자연스럽게 일어나는 순서대로 가르치는 방법이다. 후진행동연쇄는 과제분석의 각 단계를 역순으로 지도하면서 전체 단계를 누적하는 방법이다. 후진행동연쇄은 과제의 각 단계를 역으로 실시하기 때문에 매 단계마다 표적행동에 도달하므로 자연스럽게 강화를 받는 동시에 과정 완성으로 인한 성취감을 맛볼 수 있다. 전체과제행동연쇄는 아동이 과제의 시작에서 종료까지 전체 단계를 수행하도록 촉구하는 방법이다. 전체과제행동연쇄에서는 행동연쇄 전체를 매번 촉구해 준다. 전체과제행동연쇄는 전체과제제시(total task presentation)라고도 한다.

3) 행동기술훈련

행동기술훈련(BST)은 가르쳐야 할 행동을 모델링으로 쉽게 설명한 후 아동이 시연하면 피드백을 주는 방법으로 사회적 기술, 직무 관련 기술과 같은 새로운 행동을 지도하는 데 유용하다. 행동기술훈련의 절차는 모델링(modeling), 교수(instruction), 시연(rehearsal), 피드백(feedback)으로 구성되어 있다. 모델링은 아동에게 정확한 행동을 시범으로 보이는 것이다. 모델링에는 실연 모델링과 상징 모델링이 있다. 교수는 아동에게 적절한 행동을 설명하는 것이다. 아동에게 교수할 때는 기대하는 행동을 정확하고 자세하게 설명해야 한다. 시연은 교수를 받은 후에 아동에게 행동을 연습할 기회를 제공하는 것이다. 아동에게 행동이 요구되는 자연 상황과 유사한 모의 상황에서 시연할 기회를 제공한다. 피드백은 아동이 정확하게 행동을 하면 강화하고 부정확한 행동을 하면 자세하게 설명해 주는 것이다. 아동이 다양한 상황에서 정확하게 행동을 할 때까지 계속해서 시연을 시키고 피드백을 제공한다. 또한 행동기술훈련 후 학습한 행동이 일반화될 수 있도록 실생활에서 직면할 수 있는 실제 상황과 유사한 환경에서 지도한다.

요약

행동주의 이론은 자극과 반응에 기초한 이론으로 'S-R 이론'이라고 부른다. 행동주의에서는 자극(S)과 반응(R)에 기초해 행동의 기본 원리인 수동적 조건화와 작동적 조건화를 설명한다. 수동적 행동은 유기체가 자극에 적응하는 행동이고, 작동행동은 행동에 뒤따르는 자극을 작동하는 행동이다.

응용행동분석에서는 자극(S)과 반응(R)의 행동 원리에 기초해 학습을 설명한다. 즉, 자극을 통제하고 반응에 작동하는 작동적 조건화에 의해 인간의 행동이 변화하고 학습한다는 논리다. 응용행동분석의 중재 방법은 3요인 유관을 기반으로 한다.

작동적 조건화에 기초한 학습 방법에는 후속결과를 통제하는 방법과 선행자극 통제 방법이 있다. 후속결과를 통제하는 방법에는 강화, 소거, 벌이 있다. 강화는 행동 뒤에 따라오는 자극에 따라 행동이 증가하는 것을 말한다. 소거는 이미 강화되어 온 행동이 더 이상 강화를 받지 못해 행동이 발생하지 않는 것을 말한다. 벌은 행동 뒤에 따라오는 자극에 따라 행동이 감소하는 것을 말한다.

선행자극 통제 방법에는 자극통제와 동기조작이 있다. 자극통제는 행동 발생 전에 주어지는 선행자극에 의해 행동이 통제되는 것이다. 변별은 어떤 자극과 다른 자극의 차이를 구별하는 것을 말한다. 자극변별훈련은 변별자극과 델타자극을 구별하여 변별자극에 대해서만 바른 반응을 하도록 하는 것이다. 일반화는 선행자극에 의해 획득된 통제가 공통적인 속성을 가진 다른 자극에 의해 서로 동일하게 이루어지는 것을 말한다. 촉구는 행동을 통제해야 할 변별자극이 있을 때 정반응을 일으키도록 사용하는 보충적인 선행자극이다. 용암은 변별자극에 대한 촉구에서 자극통제로 전이하는 방법이다.

동기조작은 선행자극 통제 방법의 하나로 환경적 상황을 조작해서 행동을 수정하는 방법이다. 동기조작은 강화제가 가지는 자극의 가치를 변화시켜 행동에 영향을 주는 것을 말한다. 강화제로서 효과가 증가되는 것을 동기설정조작이라고 하고, 강화제로서 효과가 감소되는 것을 동기해지조작이라고 한다.

새로운 행동을 학습하는 방법에는 행동형성, 행동연쇄, 행동기술훈련이 있다. 행동형성과 행동연쇄는 표적행동을 단계로 나누어 점차적으로 지도하는 방법으로 유아나 발달장애 아동에게 새로운 행동을 지도하는 데 유용하다. 행동기술훈련은 가르쳐야 할 행동을 모델링으로 쉽게 설명한 후 아동이 시연하면 피드백을 주는 방법으로 학업기술, 의사소통기술, 사회기술 지도에 유용하다.

연습 문제

1. 수동적 조건화와 작동적 조건화의 개념과 차이점을 설명해 보자.
2. 일상생활에서 수동적 조건화와 작동적 조건화를 적용한 예를 찾아보자.
3. 후속결과를 통제하는 학습 방법을 설명해 보자.
4. 선행자극 통제 방법의 자극통제를 실례를 들어 설명해 보자.
5. 선행자극 통제 방법의 동기조작을 실례를 들어 설명해 보자.
6. 교육 현장에서의 예를 들어 행동형성, 행동연쇄, 행동기술훈련을 설명해 보자.

제3장　행동 측정

응용행동분석 분야에서 데이터 기록과 분석은 필수적이다. 행동에 대한 측정은 행동에 대한 조작적 정의를 바탕으로 이루어지며 일반적으로 기능중심정의를 통해 행동을 조작적으로 정의한다. 실제 행동 측정은 행동의 반복성, 시간적 범위, 시간적 위치에 따라서 빈도기록법, 지속시간기록법, 간격기록법 등을 선택하고, 데이터 수집하는 과정이라고 할 수 있다. 이 장에서는 데이터 기록, 요약, 제시 방법에 대한 실제를 살펴본다. 또한 데이터의 타당도, 정확도, 신뢰도에 영향을 줄 수 있는 관찰자 표류, 관찰자 반응성, 관찰자 기대에 대한 개념을 소개하고, 데이터의 타당도, 정확도, 신뢰도를 향상시킬 수 있는 방법을 설명한다.

- 간격기록법
- 간격 대 간격 관찰자 일치도
- 관찰자 기대
- 관찰자 반응성
- 관찰자 일치도
- 관찰자 표류
- 기능중심정의
- 반복성
- 반응 간 시간
- 반응률
- 발생 간격 관찰자 일치도
- 부분간격기록법
- 비발생 간격 관찰자 일치도
- 빈도기록법
- 사건기록법
- 순간시간표집법
- 시간적 범위

- 시간적 위치
- 시간표집법
- 시도 대 시도 관찰자 일치도
- 신뢰도
- 전-간격기록법
- 정확도
- 정확한 간격당 횟수 관찰자 일치도
- 조작적 정의
- 지속시간기록법
- 지연시간기록법
- 총 지속시간 관찰자 일치도
- 총 횟수 관찰자 일치도
- 타당도
- 평균 간격당 횟수 관찰자 일치도
- 평균 발생당 지속시간 관찰자 일치도
- 형태중심정의

Ⅰ 조작적 정의

응용행동분석에 기초한 연구자들은 인간을 환경 속에서 상호작용하는 유기체로 바라본다. 이러한 관점은 연구자 자신에게도 적용된다. 즉, 연구자 역시 환경 속에서 자극에 반응하며 후속결과를 만들어 내는 행동하는 유기체다(Johnston & Pennypacker, 2009). 따라서 행동분석가 또는 연구자는 명확하고 객관적인 행동 측정을 위한 명확한 정의가 필요하다. 응용행동분석에 기초하여 행동을 측정하기 위해 사용하는 대표적인 행동 정의 방법 중 하나가 조작적 정의라고 할 수 있다.

측정은 관찰을 통해 관심 있게 살펴보고자 하는 행동의 차원(dimension)에 대한 정보를 수집하는 것을 의미한다. 일반적으로 행동을 측정하기 위해서는 측정하고자 하는 행동의 선정, 선정된 행동에 대한 조작적 정의(operational definition) 수립, 선정된 행동과 조작적 정의에 따른 측정 방법 및 단위 선정의 절차를 따르게 된다(Stormont, Lewis, Beckner, & Johnson, 2008).

이러한 관점에서 본다면 조작적 정의란 연구절차 속에서 측정하고자 하는 변인을 결정하는 과정이라고 할 수 있다. Sugai와 Tindal(1993)은 관찰과 측정 가능한 용어로 행동을 정의하는 것을 조작적 정의라고 제시하였다. 또한 조작적 정의는 구체적인 환경 조작에 따라 현상이나 행동이 정의될 때 과학적 개념이 객관화될 수 있다는 조작주의(operationalism)의 핵심적 요소라고 하였다(Langfeld, 1945).

응용행동분석에서 조작적 정의의 중요성은 다음과 같다(Hawkins & Dobes, 1997). 첫째, 시각적으로 관찰 가능하게 해 주는 구체적인 용어로 행동을 정의하여 연구를 위한 객관성을 갖출 수 있게 된다. 둘째, 객관적이고 시각적으로 관찰을 가능하게 해 주는 용어로 행동분석가나 연구자가 추가적인 설명이 없어도 동일하게 측정되도록 명료성을 갖추게 해 준다. 셋째, 연구자와 행동분석가가 특정 행동을 측정할 때 해당되는 행동과 해당되지 않는 행동의 범위를 제한해 줌으로써 완전성을 갖출 수 있게 된다.

연구나 행동 중재를 수행하는 실제 환경에서는 일반적으로 학급에서 우선적으로 중재되어야 할 대상자를 선정하고 대상자가 보이는 여러 행동 중에서 먼저 중재하고자 하는 행동을 선별한다. 이때 환경, 또래, 안전 위험성 등과 같이 대상자 자신에게 미치는 영향과 대상자 주변 환경에 미치는 영향을 종합적으로 고려하여 관찰하고자 하는 행동을 선정한다. 이렇게 중재하고자 하는 표적행동이 선정되었다면, 데이터를 기록하는 모든 사람이 정확하게 측정할 수 있도록 표적행동을 자세하고 객관적으로 정의해야 한다. 이때 조작적 정의를 이용하여 표적행동을 정의한다.

행동을 정의할 때에는 기능중심정의(function-based definition)와 형태중심정의(topography-based definition)를 이용할 수 있다(Cooper, Heron, & Heward, 2007). 기능중심정의는 환경에 동일한 영향을 미치는 행동을 일련의 반응군(response class)으로 정의하는 관점이다. 형태중심정의는 행동의 모양이나 형태를 바탕으로 표적행동의 발생 여부를 정의하는 관점이다. 일반적으로 자극 환경 속 행동의 기능에 주안점을 두는 응용행동분석에서는 기능중심정의를 이용한다. 그 이유는 행동의 가장 중요한 요소는 결국 행동에 따른 결과나 기능이며, 형태중심정의보다 행동을 명료하고 간단하게 정의할 수 있게 되어, 측정의 신뢰성을 향상시킬 수 있기 때문이다. 결론적으로, 응용행동분석에 기반한 중재의 실제에서 조작적 정의는 동일한 반응군에 포함되는 행동의 형태가 다르더라도 동일한 행동으로 정의하며, 해당 반응군에 포함되는 행동의 형태와 포함되지 않는 행동의 형태를 정의적으로 제시해 줌으로써 표적행동의 범위를 제한한다.

측정하고자 하는 행동을 정의할 때 다음과 같은 절차를 따를 수 있다(Johnston & Pennypacker, 2009).

- 측정하고자 하는 행동의 특성(기능, 형태 등)을 고려한다.
- 행동을 정의할 방법(기능중심정의, 형태중심정의)을 선택한다.
- 행동 정의의 초안을 작성하고, 그 정의를 이용하여 측정을 시도한다. 필요한 경우 정의를 수정한다.
- 측정 절차를 안내할 정의를 확정한다.
- 실험 또는 중재를 시작한다. 필요한 경우 정의를 수정할 수 있다.

응용행동분석에서 연구자와 임상가는 다양한 형태의 조작적 정의를 제시할 수 있다. 〈표 3-1〉은 실제 상황에서 사용할 수 있는 행동 정의의 예이다.

〈표 3-1〉 행동 중재계획에 사용되는 문제행동 정의 방법의 예시

행동	조작적 정의
자해행동	자신의 신체부위를 이용하여 다른 신체부위를 세게 때리는 행동 • 예: 주먹이나 손바닥으로 얼굴을 때리기, 할퀴기, 귀 당기기, 물기, 꼬집기, 다른 물건을 이용한 자해행동을 기록한다.
울음행동	일반적 크기 이상의 울음이 3초 이상 지속되는 행동 • 예: 울음이 멈추고 3초 후에 다시 울기 시작할 때에는 서로 다른 울음 발생 횟수로 기록한다.
공격행동	다른 교사나 또래에게 힘을 줘서 때리는 행동 또는 시도 • 예: 할퀴기, 발로 차기, 깨물기, 꼬집기 등. 공격행동이 한 번 발생할 때마다 1회 발생횟수로 기록한다.

II 행동 측정

연구와 중재 과정에서 표적행동(종속변인)을 정확하고 객관적으로 측정하는 과정이 중요하다. 측정(measurement)이란 물건이나 사건의 특징을 숫자나 단위를 이용하여 차원적 수량으로 기록하는 과정이다. 측정은 행동심리학의 가장 기초 철학인 경험주의에서 강조하는 오감적 요소를 이용한 관찰과 검증의 핵심 과정이며, 행동과학에서 자신이 보여 줄 연구의 결과 또는 행동 중재의 향상된 결과의 정당성과 신뢰성을 담보하는 중요한 과정이다. 행동분석가와 연구자는 측정을 통해 다음과 같은 이익을 얻을 수 있다(Greer, 2002).

첫째, 측정을 통해 얻어진 데이터는 중재의 효과를 평가하기 위한 중요한 정보가 된다. 중재를 적용하기 전에 행동을 측정하고, 중재를 적용하는 과정 중에 표적행동을 측정하며, 필요에 따라 중재를 마치고 난 후에 중재의 긍정적 효과가 유지되는지 여부를 파악하기 위해 측정할 수 있다.

둘째, 측정을 통해 얻어진 데이터를 통해 행동분석가나 연구자는 의사결정을 내릴 수 있다. 지금 적용하고 있는 중재가 효과가 있는지, 효과가 있다면 지속해도 되는지, 반대로 효과가 없다면 다른 중재전략을 적용해야 하는 것은 아닌지 등의 의사결정을 내리는 데 중요한 정보가 된다.

결론적으로, 행동분석가나 연구자는 측정 과정 속에서 얻어진 데이터를 통해서 여러 가지 잠재적 실수를 예방할 수 있다. 비효과적인 중재를 지속하는 실수를 예방할 수 있으며, 효과적인 중재를 지속하지 않는 실수를 예방할 수 있다.

또한 중재를 적절한 시기에 적용하고 제거하며 중재 과정의 효과를 최적화 · 최대화할 수 있다. 행동 측정으로 중재의 효과가 시각적인 정보로 뒷받침된다면 그 중재 적용의 정당성도 확보할 수 있다. 이를 통해서 과학적 증거를 가지지 않은 다른 전략들을 선별해 낼 수 있다. 사실, 이러한 과정은 윤리적 관점에서 행동분석가에게 강조되는 의무사항이라고 할 수 있다.

앞에서 설명된 바와 같이 표적행동에 대한 조작적 정의를 통해 측정의 객관성을 향상시킬 수 있으며, 그와 더불어 측정하고자 하는 행동 형태(topography)적 특성에 따라 적절한 행동 측정법을 선택하여 이용할 때 행동의 발생량을 보다 정확하게 반영하여 수량화할 수 있다. Johnston과 Pennypacker(2009)는 행동의 형태적 특성을 보여 주는 반복성(repeatability), 시간적 범위(temporal extent), 시간적 위치(temporal locus)의 세 가지 차원을 제시하였다.

반복성은 셀 수 있다(countability)라는 의미이며, 행동 사건이 일정 시간에 걸쳐 반복적으로 다시 발생할 수 있다는 특성이다. 시간적 범위는 행동 사건이나 현상이 일정한 시간 동안 발생하거나 유지된다는 특성이다. 시간적 위치는 문제행동이 특정 시점 및 시간에 발생한다는 특성이다. 행동을 측정할 때에는 행동의 기본적 형태 특성에 따라 측정방법 및 단위를 구분하여 사용한다. 표적행동이 반복적으로 발생하고 횟수를 셀 수 있다면(반복성), 행동은 발생 빈도로 측정될 수 있다. 표적행동이 발생할 때마다 어느 정도 지속적으로 유지된다면(시간적 범위), 타이머를 이용하여 지속시간을 측정할 수 있다. 또한 표적행동이 특정 시점 및 시간에만 발생한다면(시간적 위치) 언제 문제행동이 일어나는지를 측정할 수 있다.

[그림 3-1]은 지속되는 시간 속에서 발생하는 행동을 보여 주고 있다. r_1에서부터 r_4는 반복적으로 발생하는 형태를 보여 주며 빈도기록법을 이용할 수 있다. D_1에서부터 D_4는 각 행동이 발생할 때 일정 시간 지속되는 시간적 범위의 특성을 보여 주며 지속시간을 이용할 수 있다. M_1에서부터 M_4는 행동의 강도를 보여 주는 것인데, 기능과 행동의 발생 여부에 초점을 맞춘다는 점에서 특별한 측정 목적이 있는 경우에만 제한적으로 사용할 수 있다(Cooper, Heron, & Heward, 2007).

IRT는 반응 간 시간(interresponse time)으로 한 에피소드의 반응 및 행동이 끝나고 나서 다음 행동이 발생하기 전까지의 시간을 측정하는 방법이다. 반응 간 시간을 이용한 측정법은 저비율 차별강화를 이용한 중재 방법에 사용되는 경우가 있다.

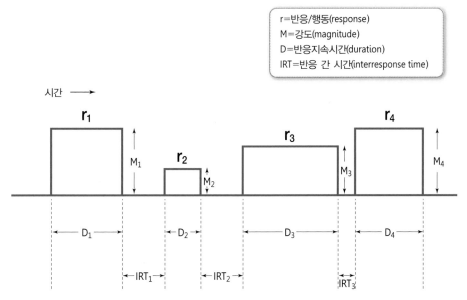

[그림 3-1] 행동의 형태에 따른 측정 단위의 도식: 반응 횟수, 강도, 반응지속시간, 반응 간 시간(Johntson & Pennypacker, 2009)

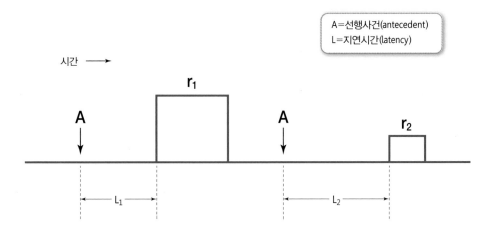

[그림 3-2] 행동의 형태에 따른 측정 단위의 도식: 선행사건에 따른 지연시간(Johnston & Pennypacker, 2009)

[그림 3-2]는 지속되는 시간 속에서 발생하는 행동을 보여 주고 있다. A는 행동이 발생하기 전에 제시된 선행사건(antecedent)을 의미하며, r_1과 r_2는 이 선행사건에 따라 유관적으로 발생한 반응을 의미한다. 선행사건을 기준으로 어떠한 시간적 위치에서 반응이 발생하는지를 L_1과 L_2로 도식화하여 제시하였다.

Johntson와 Pennypacker(2009), Cooper 등(2007), Alberto와 Troutman(2013) 등의 행동분석 관련 교과서를 종합하면 〈표 3-2〉와 같이 행동 특성에 따라 기본 기록법을 선택하고, 기록법을 통해 얻어진 데이터를 현장 연구의 목적과 환경에 따라 환산하여 제시하게 된다.

여기에서는 연구와 행동 중재에 가장 많이 사용되는 측정법 중에 반복성과 시간적 범위에 초점을 둔 측정법을 소개한다.

1. 반복성을 지니는 행동의 측정

1) 횟수를 이용한 측정: 빈도기록법

빈도를 측정하는 것은 단순하게 문제행동이 일어나는 횟수(count)를 기록하는 것이다. 예를 들어, 목표 학생이 또래를 때리는 행동을 보이는 경우에는 목표 학생이 또래를 때릴 때마다 1번의 발생으로 기록한다. 동일한 측정 과정을 미리 정

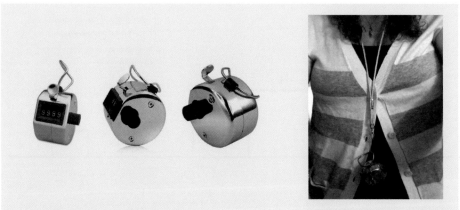

계수기를 실제로 사용할 때에는 끈으로 연결해서 목걸이로 만들 수 있다. 교사는 계수기 목걸이를 항상 걸고 다니며 표적행동을 측정하면 아주 유용하다.

[그림 3-3] 빈도기록법에 사용할 수 있는 계수기

해진 시간 동안 반복한 후, 특정 행동 발생 에피소드가 끝난 후, 혹은 관찰·측정 시간이 끝난 후에 총 발생 횟수를 계산하여 그래프로 시각화한다. 행동의 발생 빈도를 기록할 때 우물 정 표시(正)나 막대 표시(𝕏)를 사용하여 표적행동의 발생 빈도를 기록할 수 있다. 또는 빈도기록법을 이용할 때에는 주로 계수기를 사용할 수 있다. 이 계수기('카운터기'라고도 불린다)를 이용해서 학생의 표적행동의 발생 빈도를 측정하면 데이터 기록지에 일일이 막대 표시나 우물 정 표시를 그리는 번 거로움을 덜 수 있다.

2) 반응률을 이용한 측정

관찰·측정 시간 동안 발생한 문제행동의 총 횟수를 특정 시간 단위별(분, 시) 반응률로 환산하여 요약하는 방법을 반응률 측정이라고 한다. 다른 서적에서는 비율이라는 용어로 소개되기도 하지만 기본 개념은 같다. 반응률(rate)은 실험연 구 환경 또는 실제 기록 환경에서 회기마다 관찰한 시간의 길이가 다른 경우 행 동 발생량을 일정한 척도로 비교·분석할 때 사용한다. 뿐만 아니라 정밀교수 (precision teaching)와 같이 반응의 정반응률과 함께 유창성(fluency)을 제시하는 경우 시간당 반응률을 이용하거나 반응률을 시각적으로 환산하여 제시하는 셀러 레이션(celeration)을 이용한다. 실제로 반응률을 계산할 때에는 시간당 발생량(발 생 빈도/시간) 또는 분당 발생량(발생 빈도/분)을 이용하는 것이 일반적이다. 예를 들어, 한 시간 동안 특정 문제행동이 80번 발생하였다면, 분당 반응률은 약 1.3/분 으로 환산 기록되고 시간당 반응률은 80/시로 계산된다.

3) 빈도기록법과 반응률 적용의 예

앞에서 설명한 것처럼 빈도기록법은 정해진 관찰시간 동안 발생하는 행동의 발생 횟수를 측정하는 것이다. 먼저, 행동을 측정하기 위한 시간을 미리 정해야 한다. 가장 좋은 방법은 측정 대상자가 있는 동일한 환경 조건에서 일정한 시간 동안 지속적으로 측정하는 것이 가장 이상적이다. 하지만 물리적 여건에 제약이 있을 수 있다.

데이터를 실제로 기록할 때에는 데이터 기록지를 미리 준비한다. 데이터 기록 지란 행동을 측정하기 위한 기록지를 말한다. 컴퓨터 프로그램을 이용해서 데이터 기록지를 각자 만들어 사용할 수 있다. 〈표 3-2〉는 빈도기록법을 이용한 데이터 기록지를 실제로 이용한 사례다.

〈표 3-2〉에서 이름과 같이 기본적인 학생 정보를 포함하고 중재하고자 하는 표적행동을 적는다. 표적행동에 대한 조작적 정의를 기입한다. 표적행동에 대한

〈표 3-2〉 빈도기록법을 이용한 데이터 기록지 예시

학생이름: 홍길동
표적행동: 자해행동
조작적 정의: 홍길동이 자신의 신체부위를 이용하여 다른 신체부위를 세게 때리는 행동(예: 주먹이나 손바닥으로 얼굴을 때리기, 할퀴기, 귀 당기기, 물기, 꼬집기, 다른 물건을 이용한 자해 등)

날짜(시간)	발생 횟수	합계
4/18 (수학시간 9:30~10:20)	正 正 正 正 正 正 正 正 正 正 正 正 正	65
4/19 (수학시간 10:30~11:20)	正 正 正 正 正 正 正 正 正 正 正 正 正 正 正 正 正 正 正 正	100
4/20 (수학시간 1:00~1:50)	正 正 正 正 正 正 正 正 正 正 正 正 T	67
4/21 (수학시간 10:30~11:20)	正 正 正 正 正 正 正 正 正 正 正 正 一	61
4/22 (수학시간 9:30~10:20)	正 正 正 正 正 正 正 正 正 正 T	52
4/23 (수학시간 1:00~1:50)	正 正 正 正 正 正 正 正 正 正 正 正 T	67
4/24 (수학시간 9:30~10:20)	正 正 正 正 正 正 正 正 正 正 正 正 正 正 正 正 正 一	91
4/25 (수학시간 1:00~1:50)	正 正 正 正 正 正 正 正 正 T	47
4/26 (수학시간 10:30~11:20)	正 T	122

조작적 정의를 포함함으로써 누가 기록하는지에 상관없이 객관적이고 정확하게 측정할 수 있다. 날짜 부분에는 기록한 날짜와 함께 측정했던 시간을 기록한다. 몇 시 몇 분부터 몇 시 몇 분까지 측정하였는지 기록한다. 발생 횟수 부분에는 표적행동이 발생하는 횟수를 기록한다. 우물 정(正) 표시를 사용하기도 하고 막대를 그려 넣어 행동의 발생 횟수를 측정한다.

앞에서 설명한 것처럼 여러 관찰의 물리적·환경적 여건에 따라 매일 50분처럼 일정하게 관찰 시간을 지속하지 못하는 경우가 있다. 예를 들어, 자유놀이 시간에 일어나는 학생의 목표 문제행동을 측정한다면 어떤 날은 2번 정도의 자유놀이 시간을 가질 수 있고 어떤 날은 3번 정도 자유놀이 시간을 가질 수도 있다. 또는 한 번은 20분간 자유놀이 시간을 가질 수도 있고 다른 한 번은 30분간 자유놀이 시간을 가질 수 있다. 이런 경우 각각 자유놀이 시간에 발생하는 행동을 측정하고 하루 동안 일어난 행동 발생 횟수의 총합을 구하고 분당 반응률로 환산해서 기록하는 방법을 이용할 수 있다. 〈표 3-3〉은 빈도기록법을 이용하고 반응률로 환산하여 제시한 데이터 기록지의 예이다.

〈표 3-3〉은 목표학생의 공격행동이 자유놀이 시간에 주로 발생한다고 파악하여 하루 동안 자유놀이 시간이 있을 때마다 학생의 공격행동 발생 횟수를 기록하였다. 마찬가지로, '관찰 시간' 부분은 동일하게 몇 시 몇 분부터 몇 시 몇 분까지 측정하였는지 기록한다. '관찰 지속시간(분)'에는 한 번의 관찰이 몇 분 동안 이루어졌는지 기록해야 한다. 발생 횟수 부분에는 동일하게 우물 정 표시나 막대 표시를 사용하여 표적행동의 발생 횟수를 측정한다. 하지만 〈표 3-3〉에서 제시된 상황에서는 관찰 회기의 시간 길이가 일정하지 않기 때문에 반응률을 계산하는 절차가 필요하다. 즉, 제시된 10월 22일에는 총 네 번 자유놀이 시간이 있었으며, 각 자유놀이 시간이 있을 때마다 지속시간의 차이가 있었다. 각 자유놀이 시간별로 일어나는 공격행동 횟수도 차이를 보였다. 무작정 각 놀이시간별로 일어나는 표적행동의 발생 횟수를 비교하는 것은 그 관찰 시간의 길이에 차이가 있기 때문에 정확하게 행동 발생량을 제시하여 비교하지 못한다. 따라서 각 관찰 회기별로 반응률을 계산하거나 하루 동안 일어난 총 횟수를 분당 반응률로 환산하여 날짜별로 비교할 수 있다. 우선, '총 관찰 시간(분)'에 '관찰 시간(분)'을 기록한 관찰 시간의 합계를 구하여 기록한다. '총 발생 횟수'에는 각 관찰 시간마다 일어난 발생

〈표 3-3〉 빈도기록법을 이용한 데이터 기록지 예시

학생이름: 박지혜　　　　　　　　날짜: 10월 22일

표적행동: 공격행동

조작적 정의: 다른 교사나 보조인력에게 힘을 줘서 때리는 시도(예: 할퀴기, 발로 차기, 깨물기, 꼬집기 등. 한 번 공격행동이 발생할 때마다 1회 발생 횟수로 기록한다.)

관찰 시간 (자유놀이 시간)	관찰 지속시간(분)	발생 횟수	소계
08:00~08:30	30	卌 卌 卌 卌 卌 卌 卌 卌 卌 卌 卌 卌 ///	63
10:30~10:55	25	卌 卌 卌 卌 卌 卌 卌 卌 卌 卌 卌 卌 //	62
01:50~02:15	25	卌 卌 卌 卌 卌 卌 卌 卌 卌 卌 卌 卌 卌 卌 ////	74
03:00~03:15	15	卌 卌 卌 卌 卌 卌 卌 卌 卌 卌 卌 卌 卌 卌 卌 卌 /	81
총 관찰 시간(분)	95 (= 30+25+25+15)		
총 발생 횟수	280 (= 63+62+74+81)		
분당 반응률	2.9 (= 280÷95)		

횟수 소계의 합계를 구하여 기록한다. '분당 반응률'에는 총 발생 횟수를 총 관찰 시간 단위로 나누어 나온 반응률을 기록한다. 네 번에 걸친 자유놀이 시간 동안 각각 63번, 62번, 74번, 81번 공격행동이 발생을 때, 발생한 공격행동의 횟수는 총 280번이다. 그리고 네 번에 걸친 자유놀이 시간은 각각 30분, 25분, 25분, 15분간 진행되었다. 총 관찰 시간은 95분이었다. 따라서 문제행동이 발생한 분당 반응률은 약 2.9번이다.

동일한 방법으로 매일 기록하고, 얻어진 분당 반응률을 바탕으로 며칠간에 걸친 행동의 변화를 관찰할 수 있다.

앞에서 설명한 방법으로 데이터를 기록하면 가장 이상적이겠지만 응용 연구
환경에서는 데이터 기록지를 가지고 다니며 우물 정 표시나 막대 표시로 일일이
기록하는 방법에 한계가 있다. 따라서 많은 행동분석가와 연구자는 계수기를 목
걸이로 만들어 사용한다. 계수기를 사용할 때에는 측정한 데이터를 자주 데이터
기록지에 적어 두어야 한다. 하루 종일 혹은 두세 시간 동안 실제로 숫자를 기록
하지 않고 계수기만 이용하여 횟수를 측정하는 경우, 정확한 발생 횟수를 측정하
지 못하는 상황(예: 학생이 계수기를 만지거나 떨어뜨리는 경우)이 벌어질 수 있다.
데이터 기록지에 적은 후에는 다시 계수기에 숫자를 영(0)으로 세팅하고 지속적
으로 측정한다.

〈표 3-4〉는 앞에서 소개한 홍길동의 자해행동 데이터이다. 수학시간에 우물
정 표시나 막대 표시로 기록하는 대신 계수기를 이용하여 기회가 있을 때마다 카
운터기에 있는 숫자를 기록하였다. 숫자를 기록할 때마다 계수기를 다시 영(0)으
로 세팅하고 행동을 측정하였다. 수학시간이 끝나고 쉬는 시간에 중간중간 적어
두었던 숫자를 더해서 합계를 계산하였다.

〈표 3-4〉 **계수기를 이용한 빈도기록법 데이터 기록지 예시**

학생이름: 홍길동
표적행동: 자해행동
조작적 정의: 홍길동이 자신의 신체부위를 이용하여 다른 신체부위를 세게 때리는 행동(예: 주먹
이나 손바닥으로 얼굴을 때리기, 할퀴기, 귀 당기기, 물기, 꼬집기, 다른 물건을 이용한 자해 등)

날짜(시간)	발생 횟수	합계
4/18 (수학시간 9:30~10:20)	10, 12, 22, 21	65
4/19 (수학시간 10:30~11:20)	25, 55, 13, 7	100
4/20 (수학시간 1:00~1:50)	32, 35	67
4/21 (수학시간 10:30~11:20)	61	61
4/22 (수학시간 9:30~10:20)	23, 29	52

4/23 (수학시간 1:00~1:50)	52, 15	67
4/24 (수학시간 9:30~10:20)	66, 13, 12	91
4/25 (수학시간 1:00~1:50)	47	47
4/26 (수학시간 10:30~11:20)	55, 62, 5	122

〈표 3-5〉는 앞에서 소개한 박지혜의 공격행동 데이터이다. 동일한 방법으로 행동을 측정하였다. 숫자를 기록할 때마다 계수기를 다시 영(0)으로 세팅하고 행동발생 횟수를 측정하였다. 자유놀이 시간이 끝나고 적어 두었던 숫자를 더해서 합계를 계산하였다.

〈표 3-5〉 계수기를 이용한 빈도기록법 데이터 기록지 예시

학생이름: 박지혜   날짜: 10월 22일

표적행동: 공격행동

조작적 정의: 다른 교사나 보조인력을 힘을 줘서 때리는 시도(예: 할퀴기, 발로 차기, 깨물기, 꼬집기 등. 한 번 공격행동이 발생할 때마다 1회 발생 횟수로 기록한다.)

관찰 시간 (자유놀이 시간)	관찰 지속시간(분)	발생 횟수	소계
08:00~08:30	30	55, 8	63
10:30~10:55	25	62	62
01:50~02:15	25	66, 8	74
03:00~03:15	15	81	81
총 관찰 시간(분)	95 (= 30+25+25+15)		
총 발생 횟수	280 (= 63+62+74+81)		
분당 반응률	2.9 (= 280÷95)		

2. 시간적 범위를 가지는 행동의 측정

1) 지속시간기록법

행동이 일어나는 지속시간을 측정하는 방법으로 관찰 회기별로 일어나는 행동의 총 지속시간을 측정하거나 행동이 한 번 발생할 때 지속하는 시간을 측정하는 방법이 사용된다. 지속시간기록법은 데이터 제시 방법에 따라 총 지속시간과 평균 지속시간으로 나누어진다. 관찰 회기별로 일어나는 행동의 총 지속시간(누적 지속시간)은 관찰 회기 동안 행동이 일어날 때마다 지속시간을 측정하고 회기에 따른 발생량을 합산하여 기록하는 방법을 말한다. 예를 들어, 1시간의 수업 동안 행동이 일어날 때마다 지속시간을 기록하여 수업이 끝난 후에 각 행동 발생 시 측정하였던 지속시간을 합산하는 것이다. 평균 지속시간은 행동이 일어날 때마다 지속시간을 측정하여 기록하고, 측정을 종료한 후, 총 지속시간을 발생 빈도로 나누어 평균 지속시간을 계산하는 방법이다. 예를 들어, 학생이 책상에서 벗어나 바닥에 눕는 행동을 측정할 때 이러한 행동을 보일 때마다 어느 정도 지속되는지 평균시간을 측정하는 것이다. 지속시간기록법을 위해서는 전자시계, 스톱워치 등 지속시간을 측정하기 위한 다양한 도구를 사용할 수 있다. 특히 현장에서는 부엌용 타이머를 쉽고 편하게 사용할 수 있다.

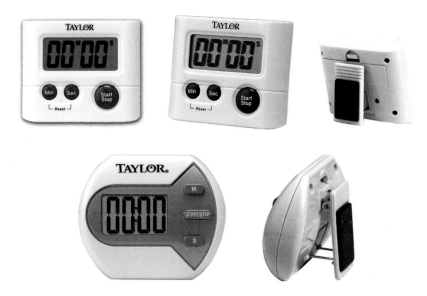

[그림 3-4] 지속시간기록법에 사용 가능한 타이머

2) 지속시간기록법 적용의 예

빈도기록법과 마찬가지로, 행동 측정을 위한 적절한 데이터 기록지를 준비한다. 앞에서 설명한 것처럼 지속시간을 기록하는 방법에는 행동이 발생할 때마다 지속시간을 측정하고 얻어진 지속시간의 누계를 합산하여 기록하는 누적 지속시간 기록법과 행동이 발생할 때마다 지속시간을 측정하고 각 행동 발생당 지속시간 평균값을 계산하는 평균 지속시간기록법이 있다. 각각의 기록법에 사용할 수 있는 데이터 기록지와 사례를 소개한다.

〈표 3-6〉 누적 지속시간기록법에 사용할 수 있는 데이터 기록지 예시

학생이름: 김철수
표적행동: 자리이탈 행동
조작적 정의: 김철수가 수학 시간에 의자나 지시한 곳에서 약 5초 이상 이탈하고 돌아다니는 행동(예: 책상에서 이탈하기, 교실 안을 돌아다니기 등)

날짜(시간)	지속시간	합계
4/18 (수학 시간 9:30~10:20)	3′15″, 5′45″, 3′20″, 10′30″	22′5″
4/19 (수학 시간 10:30~11:20)	2′30″, 12′30″, 8′30″, 2′30″, 3′30″	29′30″
4/20 (수학 시간 1:00~1:50)	12′30″, 2′30″, 3′30″, 2′30″, 8′30″	29′30″
4/21 (수학 시간 10:30~11:20)	18′30″, 5′30″, 5′45″, 3′15″	33′00″
4/22 (수학 시간 9:30~10:20)	12′20″, 18′20″	30′40″
4/23 (수학 시간 1:00~1:50)	15′30″, 2′30″, 3′20″, 5′45″, 3′15″	30′20″
4/24 (수학 시간 9:30~10:20)	15′30″, 3′20″, 2′15″, 5′45″	26′50″
4/25 (수학 시간 1:00~1:50)	18′30″, 2′30″, 3′20″, 2′15″	26′35″
4/26 (수학 시간 10:30~11:20)	5′45″, 2′15″, 3′20″, 2′30″, 2′15″	16′05″

〈표 3-6〉은 누적 지속시간기록법에 사용할 수 있는 데이터 기록지의 예이다. 빈도기록법에서 사용했던 데이터 기록지와 비슷한 양식이다. 이름과 같은 기본적인 학생 정보를 포함하고 중재하고자 하는 표적행동과 그 행동의 조작적 정의를 기입한다. 날짜 부분에는 기록한 날짜와 함께 측정했던 시간을 몇 시 몇 분부터 몇 시 몇 분까지 측정하였는지 기록한다. 지속시간 부분에는 표적행동의 지속시간을 측정해서 기록한다. 실제로 표적행동의 지속시간을 기록할 때 기본적인 방법은 표적행동이 발생하면 타이머를 시작하고 표적행동이 멈추면 타이머를 멈추고 데이터 기록지에 지속시간을 기록한다. 〈표 3-6〉에서 제시된 김철수를 위한 표적행동은 자리이탈 행동이다. 매 수학 수업시간은 약 50분으로 일정했다. 철수가 수학 시간에 의자나 지시한 곳에서 약 5초 이상 이탈하고 돌아다니는 행동을 표적행동으로 정의하고 있다. 관련 예시도 제시해서 누구든지 명확하게 기록할 수 있도록 하였다. 〈표 3-6〉에서 제시된 사례에서는 자리이탈 행동이 나타날 때마다 지속시간을 측정하였고 기록하였다. 매일매일 수학 시간에 발생한 자리이탈의 누적 지속시간이 합계에 계산되어 있다.

정해진 관찰시간 동안 행동이 시작되고 중단될 때마다 타이머를 눌러서 지속시간을 측정한다. 이 과정을 관찰 기간 동안 반복하고, 총 지속시간을 기록한다. 시간을 측정하고 얻어진 누계 지속시간을 표적행동이 발생한 횟수로 나누어 각 행동 발생 평균 지속시간을 구하는 것이 평균 지속시간이라고 설명하였다. 평균 지속시간에 대한 데이터 기록지를 〈표 3-7〉에 제시하였다.

〈표 3-7〉은 누적 지속시간기록법에 사용했던 데이터 기록지와 유사하지만 행동 발생별 평균 지속시간을 계산한 기록지이다. 날짜별로 측정시간에 얻어진 행동 발생 시간 정도를 '지속시간' 부분에 기록하고, 행동이 발생할 때마다 그 지속시간을 따로 기록한다. 총 행동 발생 빈도를 알기 위해서이다. 측정시간을 마치고 난 뒤 그동안 발생한 누적 지속시간을 계산하고 '지속시간 합계'에 기록한다. 총 '발생 횟수'에 발생 빈도수를 기록한다. 누적 지속시간을 발생 빈도수로 나누어 평균 지속시간을 계산하여 기록한다. 〈표 3-7〉은 매일 수학 시간에 발생했던 철수의 자리이탈 행동이 발생할 때마다 지속시간을 측정하였고 기록하였다. 기록지에 따르면 4월 22일과 4월 23일은 누적 지속시간이 비슷하게 보였지만 평균 지속시간으로 계산해 보니 4월 22일에 평균 지속시간이 높은 것으로 나타났다.

〈표 3-7〉 평균 지속시간기록법에 사용할 수 있는 데이터 기록지 예시

학생이름: 김철수

표적행동: 자리이탈 행동

조작적 정의: 김철수가 수학시간에 의자나 지시한 곳에서 약 5초 이상 이탈하고 돌아다니는 행동(예: 책상에서 이탈하기, 교실 안을 돌아다니기 등)

날짜(시간)	지속시간	지속시간 합계	발생 횟수	평균 지속 시간(분)
4/18 (수학 시간 9:30~10:20)	3′15″, 5′45″, 3′20″, 10′30″	22′50″	4	5.7분
4/19 (수학 시간 10:30~11:20)	2′30″, 12′30″, 8′30″, 2′30″, 3′20″	29′20″	5	5.9분
4/20 (수학 시간 1:00~1:50)	12′30″, 2′30″, 3′20″, 2′30″, 8′30″	29′20″	5	5.9분
4/21 (수학 시간 10:30~11:20)	18′30″, 5′30″, 5′45″, 3′15″	33′00″	4	8.3분
4/22 (수학 시간 9:30~10:20)	12′20″, 18′20″	30′40″	2	15.3분
4/23 (수학 시간 1:00~1:50)	15′30″, 2′30″, 3′20″, 5′45″, 3′15″	30′20″	5	6.1분
4/24 (수학 시간 9:30~10:20)	15′30″, 3′20″, 2′15″, 5′45″	26′50″	4	6.7분
4/25 (수학 시간 1:00~1:50)	18′30″, 2′30″, 3′20″, 2′15″	26′35″	4	6.6분
4/26 (수학 시간 10:30~11:20)	5′45″, 2′15″, 3′20″, 2′30″, 2′15″	16′05″	5	3.2분

3. 시간적 위치를 파악하기 위한 행동의 측정: 지연시간

지연시간(response latency)은 빈도기록법 또는 지속시간기록법과 달리, 현장에서 일반적으로 사용되지 않지만 측정하고자 하는 행동의 특성에 따라 사용할 수 있는 기록법이다. 앞에서 설명한 바와 같이 작동 행동은 선행사건과 후속결과에 유관되는 행동이다. 이 관점에서 선행사건이 제시되고, 행동이 시작되기 전까지의 시간을 측정하는 기록법이 지연시간기록법이다. 현장에서는 학생이 수업시간

에 질문을 받았을 때 대답을 시작하기까지 시간이 오래 걸리는 경우, 또는 교사가 어떠한 지시를 하였을 때 지시를 따르기 시작할 때까지 시간이 오래 걸리는 경우 반응지연을 이용한 행동 측정이 가능하다. 예를 들어, 학생에게 특정 지시(예: "컴퓨터를 끄세요.")의 선행사건을 제시하고, 학생이 컴퓨터를 끄는 행동을 보이기 시작한 시점까지 시간이 25초가 있었다면 지연시간을 25초로 기록한다. 동일한 지시 기회를 상황에 적절하게 여러 번 제시하고, 지연시간을 기록하여 평균 지연시간을 계산하여 제시할 수도 있다.

4. 기타 관찰 기록법: 간격기록법

Johnston과 Pennypacker(2009)와는 달리, Cooper 등(2007)과 Charlesworth와 Spiker(1975)는 기록법을 행동 발생의 관점에 초점을 두는 사건기록법(event recording), 샘플을 추출하여 행동의 발생 여부와 발생량을 측정한다는 의미에서 시간표집법(time sampling)을 구분하여 설명하기도 하였다. 빈도기록법, 지속시간 기록법, 지연시간기록법, 통제제시기록법(controlled presentations recording), 기준도달 시도 수 기록법(trials to criterion recording) 등이 사건기록법에 포함될 수 있으며, 전-간격기록법(whole interval recording), 부분간격기록법(partial interval recording), 순간시간표집법(momentary time recording)이 시간표집법에 포함될 수 있다.

또한 앞에서 설명하였듯이 행동형태적 특성은 반복성, 시간적 범위, 시간적 위치로 제시될 수 있으며, 측정하고자 하는 행동의 주요 형태적 특성에 따라 빈도 기록법, 지속시간기록법, 지연시간기록법을 선택하여 사용할 수 있다. 하지만 행동의 특성에 따른 기록법을 선택하고 기록하는 것이 제한적인 경우, 시간을 중심으로 행동의 발생 여부를 측정할 수 있다. 예를 들어, 행동의 반복성(발생 빈도)의 패턴이 일정하지 않거나, 행동 발생의 시간적 범위(지속시간)의 패턴이 지나치게 일정하지 않거나, 시간적 위치(지연시간)의 패턴이 큰 의미를 가지지 않거나 일정하지 않은 경우 간격기록법과 같은 다른 방법을 사용할 수 있다. 간격기록법은 빈도기록법과 지속시간기록법에 비교하여 더 많은 훈련이 필요한 기록법이라고 할 수 있다. 간격기록법은 실시하기에 앞서 관찰 환경을 고려하여 적절한 관찰 회기 시간과 간격을 결정한다. 예를 들어, 10분의 관찰 회기 시간을 결정하고 관찰 간격을 5초로 결정하였다면, 총 120개의 관찰 간격이 구성된다. 그리고 해당 간격에 측정하고자 하는 행동의 발생 여부를 결정하는 기준을 선정하는데 이 기준에 따라 간격기록법은 전-간격기록법, 부분간격기록법, 순간시간기록법으로 나누어진다.

1) 전-간격기록법

전-간격기록법은 미리 정한 관찰 간격 전체에 걸쳐 행동이 발생한 경우, 그 행동이 발생하였다고 기록한다. 즉, 해당 관찰 간격 동안 행동이 지속적으로 발생한 경우에만 행동이 발생하였다고 기록하는 것이다.

[그림 3-5]를 보면 시간에서 간격 I_1에서 간격 I_5에 걸쳐 발생하는 행동을 색 선으로 제시하고 있다. 전-간격기록법을 사용한다면, I_3 간격에서만 측정하고자 하는 행동이 발생하였다고 기록한다. 총 5개의 간격 중 1개의 간격에서만 행동을 기록했기 때문에, 간격 퍼센트(percentage of intervals)로 환산하면 20% 간격 퍼센트가 된다.

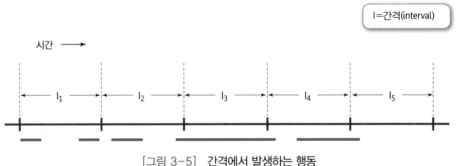

[그림 3-5] 간격에서 발생하는 행동

2) 부분간격기록법

부분간격기록법은 미리 정한 관찰 간격 속에서 행동이 발생한 경우, 그 길이와 관계없이 그 행동이 발생하였다고 기록한다. 즉, 해당 관찰 간격 동안 행동이 조금이라도 발생한 경우에 행동이 발생하였다고 기록하는 것이다.

[그림 3-6]에서 부분간격기록법을 사용하여 행동을 측정한다면, 모든 간격(I_1~ I_5)에서 행동이 발생하였다고 기록한다. 총 5개의 간격에서 행동이 발생하였다고 기록했기 때문에, 간격 퍼센트로 환산하면 100% 간격 퍼센트가 된다.

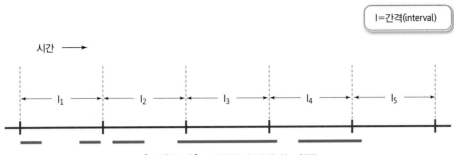

[그림 3-6] 간격에서 발생하는 행동

[그림 3-5]와 [그림 3-6]은 동일하게 발생한 행동이지만 간격기록법의 유형에 따라 측정된 행동 발생량이 차이를 보인다는 것을 알 수 있다. 즉, 전-간격기록법을 사용한 경우, 간격 퍼센트는 20%로 과소 측정의 가능성을 가질 수 있으며, 부분간격기록법을 사용한 경우, 간격 퍼센트는 100%로 과대 측정의 가능성을 가질 수 있다.

3) 순간시간기록법

순간시간기록법은 미리 정한 관찰 간격의 시작 또는 마지막 시점에 행동이 발생한 경우 또는 발생하고 있는 경우, 그 길이와 관계없이 그 행동이 발생하였다고 기록한다. 즉, 관찰 간격이 시작 또는 마지막 시점에 행동이 조금이라도 발생한 경우에 행동이 발생하였다고 기록하는 것이다.

[그림 3-7]에서 순간시간표집법을 사용하여 행동을 측정한다면, I_3, I_4, I_5 간격의 시작 시점에 행동이 발생하고 있었기 때문에 I_3, I_4, I_5 간격에서 행동이 발생하였다고 기록하고, 총 5개의 간격 중 3개의 간격에서 행동이 발생하였다고 기록했기 때문에, 간격 퍼센트로 환산하면 60% 간격 퍼센트가 된다.

[그림 3-7] 간격에서 발생하는 행동

5. 기록법의 선택

측정하고자 하는 행동의 물리적 발생 특성을 파악하고, 현장 연구의 환경에 적절한 기록법을 선택하는 것은 응용행동분석 분야에서 중요한 과정이다. 뿐만 아니라, 각 기록법은 장점과 단점을 가지기 때문에 행동분석가와 연구자는 데이터 측정의 목적, 행동의 특성을 종합적으로 고려하여 기록법을 선택한다. 〈표 3-8〉은 기록법에 따른 정의 및 적용, 장점, 단점을 요약하여 제시하였다.

〈표 3-8〉 기록법별 정의 및 작용, 장점, 단점

기록법	정의 및 적용	장점	단점
빈도기록법	• 일정 시간 동안 표적행동이 몇 번 발생했는지 횟수를 통해 기록하는 방법 • 계수기 등을 통해 횟수, 반응률 및 빈도를 측정함	• 가장 손쉽고 정확하게 사용할 수 있음	• 오래 지속되는 행동을 측정할 때 적절하지 못함 • 시작과 끝이 분명하지 않은 행동에 사용하기 어려움
지속시간 기록법	• 표적행동이 얼마나 오랫동안 지속하는지를 시간을 통해 기록하는 방법 • 스톱워치 등을 통해 총 지속시간, 발생당 지속시간 등을 측정함	• 자리이탈 등 오래 지속되는 행동을 측정할 때 적절함	• 짧은 시간 간격으로 발생하는 행동에 적용하기 어려움 • 관찰자가 다른 작업을 하면서 측정하기 어려움
지연시간 기록법	• 표적행동의 선행사건과 표적행동 사이에 지연되는 시간을 기록하는 방법 • 각 기록을 평균 지연시간으로 제시함 • 반응의 발생 여부를 측정하는 지속시간기록법과 행동의 발생되지 않는 시간을 측정하는 지연시간과 반응 간 시간과 차이를 보임	• 지속시간기록법과 유사	• 짧은 시간 간격으로 발생하는 행동에 적용하기 어려움 • 관찰자가 다른 작업을 하면서 측정하기 어려움

기준도달 시도 수 기록법	• 사전에 설정된 기준치에 도 달하기 위해 필요한 반응의 수를 기록하는 방법 • 빈도로 기록되나 비율, 지속 시간 등이 기준도달의 데이 터가 될 수 있음	• 2개 이상의 교수법의 효율성을 비교하기 위해 사용될 수 있음 • 특정 개념이나 습득 된 행동의 숙련도를 측정할 수 있음	• 빈도기록법과 유사한 단점
전-간격 기록법	• 표적행동이 정해진 관찰 간 격(주로 5~10초) 동안 지속된 경우에 행동이 발생된 것으 로 기록하는 방법 • 간격의 시작과 끝을 알려 주 는 장치가 필요함 • 퍼센트로 환산	• 비교적 오래 지속되 는 행동에 사용할 수 있음	• 짧게 지속되는 행동에 는 사용하기 어려움 • 관찰자가 다른 작업 을 하면서 측정하기 어려움 • 행동의 발생이 과소 추정될 수 있음
부분간 격기록법	• 표적행동이 정해진 관찰 간 격 중 한 번 이상 발생하거나 지속된 경우에 행동이 발생 된 것으로 기록하는 방법 • 퍼센트로 환산	• 짧게 지속되는 행동 에 사용할 수 있음	• 빈번하게 발생하는 행동에는 적절하지 않음 • 행동의 발생이 과대 추정될 수 있음
순간시간 표집법	• 정해진 관찰 간격 중 특정 시 점에 표적행동의 발생 유무 에 따라 기록하는 방법 • 퍼센트로 환산	• 과제하기 및 활동 참 여와 같이 지속적인 행동을 관찰할 때 적 절함 • 관찰자가 수업 등을 진행하면서도 측정할 수 있음	• 발생 빈도가 낮거나 지속시간이 짧은 행 동에 적절하지 않음 • 행동의 발생이 과소 추정될 수 있음

Ⅲ 행동 측정의 질적 향상

앞에서 설명한 바와 같이 행동을 측정하는 행동분석가나 연구자가 행동을 측정할 때 타당도(validity), 정확도(accuracy), 신뢰도(reliability)를 향상시킬 수 있는 방법을 고려해야 한다(Cooper, Heron, & Heward, 2007; Kazdin, 1998; Kazdin, 2011). 응용행동분석에서 의미하는 타당도란 사회적으로 중요한 표적행동을 측정하는지 여부, 표적행동과 관련된 질문 및 고려사항이 직접적으로 관련된 행동의 차원을 측정하고 있는지 여부, 측정 이유에 따라 데이터를 제시하고 있는지 여부를 의미한다. 정확도란 측정하고자 하는 행동의 실제 발생량과 수량화되어 제시된 데이터가 얼마나 일치하는지 여부를 말한다. 신뢰도란 동일한 행동을 동일하게 수량화하고 측정하였는지 여부를 말한다.

직접 관찰이 아닌 간접 관찰을 통해 행동을 수량화하는 경우, 실제 관찰자의 의도와 관심이 행동의 정확한 수량화에 영향을 미칠 수 있기 때문에 타당도에 부정적인 영향을 미칠 수 있다. 또한 측정하고자 하는 행동의 특성과 관련 없는 측정법과 측정 단위를 사용하거나, 지속적이지 못한 관찰 스케줄 등은 타당도에 부정적인 영향을 줄 수 있다.

측정 체계를 적절하게 설계하지 못한 경우, 관찰자에게 충분한 훈련을 제공하지 못한 경우, 데이터가 특정 방향으로 진행될 것이라는 편견을 가진 경우 측정의 정확도와 신뢰도에 부정적인 영향을 줄 수 있다. 특히 관찰자 표류(observer drift), 관찰자 반응성(observer reactivity), 관찰자 기대(observer expectation)는 정확도와 신뢰도에 부정적인 영향을 미친다(Cooper, Heron, & Heward, 2007; Johnston & Pennypacker, 2009). 연구 회기의 진행 중, 또는 관찰 중에 측정 체계의 변화가 발생하거나 행동의 발생 여부의 기준이 변화되는 경우 행동의 수량화가 동일한 방법으로 진행되지 않기 때문에 관찰자 표류가 발생되었다고 한다. 행동을 관찰하고 기록하고 있는 관찰자가 다른 사람(예: 슈퍼바이저, 지도교수)으로부터 자신의 관찰 과정이 평가받고 있다고 인식하여 '다른 사람'의 의도를 파악하려 하고 '다른 사람'의 의도에 따라 측정을 변화시키는 경우를 관찰자 반응성이라고 한다. 마지막으로, 관찰하고 있는 연구의 목적을 이미 알고 있고 데이터 변화의 특정 방향에 대해 편견을 가지고 측정하며 행동 발생량을 정확하게 측정하지 못하는 경우 관찰자 기대를 가지고 측정하였다고 한다.

행동을 측정할 때 타당도, 정확도, 신뢰도는 모두 중요한 요소이다. 특히 관찰자는 인간이라서 필수적으로 가질 수 있는 특성으로 오염될 수 있는 요소이다. 따라서 응용행동분석에서는 타당도, 정확도, 신뢰도를 향상시키기 위해 연구자가 적절한 기록법을 선택하고, 단위를 선택할 수 있도록 안정적인 관찰 체계 수립 및 적용, 편견이 없는 관찰자(naive observer) 이용, 정확한 측정을 위한 관찰자 훈련, 관찰자 일치도(interobserver agreement: IOA)를 실시한다.

관찰자 일치도란 최소 2명의 독립된 관찰자가 동일한 상황에서 발생하는 표적

행동을 측정하고 데이터를 비교하여 측정 신뢰도와 정확도를 평가하는 과정을
의미한다. 종속변인의 행동형태적 특성에 따른 측정 방법을 위한 다양한 관찰자
일치도 평가방법이 사용되고 있다. 그중에서 현장과 연구에서 대표적으로 사용
될 수 있는 관찰자 일치도 평가방법을 간략하게 소개한다.

1. 총 횟수 관찰자 일치도

총 횟수 관찰자 일치도(total count IOA)는 가장 일반적으로 사용되는 관찰자 일
치도 계산 방법이며, 빈도기록법에 사용할 수 있다. 동일한 관찰 회기 동안 최소
2명의 관찰자가 동일한 행동 사건의 빈도 발생량을 측정하고, 각 관찰자가 기록
한 행동 발생의 총 횟수를 비교하는 방법이다. 구체적으로 설명하면 관찰자 중
더 많은 횟수로 기록한 발생량을 분모로 두고, 관찰자 중 더 적은 횟수로 기록한
발생량을 분자로 둔다. 그리고 100으로 곱해서 일치도를 계산한다. 총 횟수 관찰
자 일치도를 계산하는 공식은 다음과 같다.

$$\frac{\text{작은 횟수}}{\text{큰 횟수}} \times 100 = \text{횟수 IOA}(\%)$$

〈표 3-9〉 빈도기록법을 통해 얻어진 데이터와 관찰자 일치도 계산

간격(시간)	관찰자 A	관찰자 B	간격당 IOA
1(14:20~14:25)	////	///	(3/4)×100=75%
2(14:25~14:30)	/	//	(1/2)×100=50%
3(14:30~14:35)	//	//	(2/2)×100=100%
4(14:35~14:40)	////	////	(4/4)×100=100%
5(14:40~14:45)	/	///	(1/3)×100=33.3%
총 발생 횟수	12	14	

• 총 횟수 IOA: (12/14)×100−86%
• 평균 간격당 횟수 IOA: (75+50+100+100+33.3)/5 = 72%
• 정확한 간격당 횟수 IOA: (2/5)×100=40%

〈표 3-9〉에서 제시된 총 발생 횟수를 보면, 총 관찰 시간 25분 동안 관찰자 A는 행동의 총 발생 빈도를 12번으로 기록하였고, 관찰자 B는 14번으로 기록하였다. 따라서 총 횟수 관찰자 일치도는 86%이다.

2. 평균 간격당 횟수 관찰자 일치도

총 횟수 관찰자 일치도에 비해 더 보수적인 관찰자 일치도 계산 방법으로 총 관찰 시간을 특정 간격으로 나누어 각 간격별로 관찰자 일치도를 구하고, 그 관찰자 일치도의 평균값을 계산하는 방법이다. 관찰 회기를 나누는 간격을 더 작게 나눌수록 더 보수적으로 관찰자 일치도를 계산하게 된다. 평균 간격당 횟수 관찰자 일치도(mean count-per-interval IOA)를 계산하는 공식은 다음과 같다.

$$\frac{간격 1\ IOA + 간격 2\ IOA + \cdots + 간격\ n\ IOA}{총\ 간격의\ 수} = 평균\ 간격당\ 횟수\ IOA(\%)$$

〈표 3-9〉에서 제시된 데이터를 보면, 총 관찰 시간 25분을 5분 간격으로 나누어 기록하였고, 간격 1에서 관찰자 A와 관찰자 B의 간격당 IOA는 75%이며, 간격 2부터 간격 5까지 간격당 IOA는 순서대로 50%, 100%, 100%, 33.3%이다. 이들 IOA의 평균을 계산한 평균 간격당 횟수 관찰자 일치도는 72%이다.

3. 정확한 간격당 횟수 관찰자 일치도

빈도기록법을 사용한 데이터를 이용하여 가장 보수적으로 관찰자 일치도를 계산하는 방법이 정확한 간격당 횟수 관찰자 일치도(exact count-per-interval IOA)라고 할 수 있다. 총 관찰 시간을 특정 간격으로 나누어 각 간격별로 관찰자 일치도를 구하고, 간격당 IOA가 100%로 나온 간격의 숫자를 총 간격의 숫자로 나누고, 100으로 곱하여 계산한다. 다음은 정확한 간격당 횟수 관찰자 일치도를 계산하는 공식이다.

$$\frac{100\%\ IOA\ 간격의\ 수}{총\ 간격의\ 수} \times 100 = 정확한\ 간격당\ 횟수\ IOA(\%)$$

〈표 3-9〉에서 제시된 데이터를 보면, 마찬가지로 총 관찰 시간 25분을 5분 간격으로 나누어 총 5개의 간격으로 구성하였다. 그중 간격당 IOA가 100%인 간격

은 간격 3과 4이다. 따라서 총 간격의 수 5를 분모에 두고, 간격당 IOA가 100%로 나타난 간격의 수 2를 분자로 하여 100을 곱한 값인 40%가 정확한 간격당 횟수 관찰자 일치도이다.

4. 시도 대 시도 관찰자 일치도

시도 대 시도 관찰자 일치도(trial-by-trial IOA)는 개별시도학습(Discrete Trial Training: DTT)과 같이 반응할 기회를 제시하고, 그 반응 기회에 따른 정반응 또는 오반응을 기록한 경우 사용할 수 있는 관찰자 일치도 계산 방법이다. 여러 번의 반응 기회를 제시한 시도에서 각 시도별로 정반응 또는 오반응이 발생하고 최소 2명의 관찰자는 이 반응을 특정 기호(예: 정반응 +, 오반응 -)로 기록한다. 그리고 각 관찰자는 이 기호를 비교하고 동일하게 기록한 시도의 수를 분자에 두고, 총 시도 수를 분모에 둔다. 그리고 100으로 곱하는 방법으로 시도 대 시도 관찰자 일치도를 계산한다. 시도 대 시도 관찰자 일치도를 계산하는 공식은 다음과 같다.

$$\frac{\text{기록의 일치를 보인 시도의 수}}{\text{총 시도 수}} \times 100 = \text{시도 대 시도 IOA}(\%)$$

예를 들어, 〈표 3-10〉과 같이 총 시도 수가 10번이었고, 정반응은 +로, 오반응은 -로 기록하였다. 관찰자 A와 관찰자 B가 동일하게 기록한 시도 번호는 시도 2, 3, 4, 6, 7, 9, 10이다. 따라서 시도 대 시도 관찰자 일치도는 기록의 일치를 보인 시도 횟수 7을 총 시도 횟수 10으로 나누고 100을 곱한 70%이다.

〈표 3-10〉 반응 기회를 제시하고 반응에 따라 기록한 데이터

시도 관찰자	1	2	3	4	5	6	7	8	9	10
관찰자 A	+	+	+	−	+	+	+	−	+	+
관찰자 B	−	+	+	−		I	I	I	+	+

5. 총 지속시간 관찰자 일치도

총 지속시간 관찰자 일치도(total duration IOA)는 총 횟수 관찰자 일치도와 함께

가장 일반적으로 사용되는 관찰자 일치도 계산 방법으로, 지속시간기록법을 사용할 수 있다. 동일한 관찰 회기 동안 최소 2명의 관찰자가 동일한 행동 사건의 발생량을 지속시간으로 측정하고, 각 관찰자가 기록한 행동 발생의 지속시간을 비교하는 방법이다. 관찰자 중 더 긴 지속시간을 기록한 발생량을 분모로 두고, 관찰자 중 더 짧은 지속시간으로 기록한 발생량을 분자로 둔다. 그리고 100으로 곱해서 일치도를 계산한다. 총 지속시간 관찰자 일치도를 계산하는 공식은 다음과 같다.

$$\frac{\text{짧은 지속시간}}{\text{긴 지속시간}} \times 100 = \text{총 지속시간 IOA}(\%)$$

〈표 3-11〉에 제시된 총 지속시간은 총 관찰 시간 동안 관찰자 A와 관찰자 B에 의하여 동일하게 행동의 총 지속시간이 56분으로 기록되었다. 따라서 총 지속시간 관찰자 일치도는 100%이다.

〈표 3-11〉 지속시간기록법을 통해 얻어진 데이터와 관찰자 일치도 계산

행동(발생 시점)	지속시간(분)		반응당 지속시간 IOA
	관찰자 A	관찰자 B	
행동 1(14:21)	10	8	(8/10)×100=80%
행동 2(15:00)	6	5	(5/6)×100=83.3%
행동 3(15:15)	15	15	(15/15)×100=100%
행동 4(15:38)	13	13	(13/13)×100=100%
행동 5(16:02)	12	15	(12/15)×100=80%
총 지속시간	56	56	

• 총 지속시간 IOA: (56/56)×100=100%
• 평균 발생당 지속시간 IOA: (80+83.3+100+100+80)/5 = 89%

6. 평균 발생당 지속시간 관찰자 일치도

평균 발생당 지속시간 관찰자 일치도(total duration-per-occurrence IOA)는 총 지속시간 관찰자 일치도에 비해 더 보수적인 관찰자 일치도 계산 방법이다. 측정하고자 하는 행동이 발생할 때마다 측정한 지속시간에 대하여 각 행동 발생별 관찰

자 일치도를 구하고, 그 관찰자 일치도의 평균값을 계산한다. 평균 발생당 지속시간 관찰자 일치도를 계산하는 공식은 다음과 같다.

$$\frac{\text{행동 1 지속시간 IOA}+\text{행동 2 지속시간 IOA}+\cdots+\text{행동 } n \text{ 지속시간 IOA}}{\text{지속시간 IOA의 행동 수}}$$

=평균 발생당 지속시간 IOA(%)

〈표 3-11〉에서 제시된 데이터를 보면, IOA의 측정 시간 동안 행동이 총 5번 발생하였다. 행동 1에선 관찰자 A와 관찰자 B의 지속시간 IOA는 80%이며, 행동 2부터 행동 5까지 지속시간 IOA는 순서대로 83.3%, 100%, 100%, 80%이다. 이 IOA의 평균을 계산한 평균 발생당 지속시간 관찰자 일치도는 89%이다.

7. 간격 대 간격 관찰자 일치도

간격 대 간격 관찰자 일치도(interval-by-interval IOA)는 간격기록법을 이용하여 얻어진 데이터의 관찰자 일치도를 분석할 때 가장 일반적으로 사용할 수 있는 계산 방법이다. 총 간격 관찰자 일치도(total interval IOA) 또는 시점 대 시점 관찰자 일치도(point-by-point IOA)라는 용어로 사용하기도 한다. 동일한 회기 시간 동안 최소 2명의 관찰자가 동일한 행동의 발생 여부를 특정 기호(예: 행동이 발생한 경우 +, 행동이 발생하지 않은 경우 -)로 기록한다. 그리고 관찰자 간에 서로 일치하게 기록한 간격의 수와 일치하지 않게 기록한 간격의 수의 합을 분모에 두어 일치하게 기록한 간격의 수를 분자에 두어 100을 곱해서 계산한다. 간격 대 간격 관찰자 일치도를 계산하는 공식은 다음과 같다.

$$\frac{\text{기록이 일치한 간격의 수}}{\text{일치된 간격의 수}+\text{일치되지 않은 간격의 수}}\times 100=\text{간격 대 간격 IOA(\%)}$$

〈표 3-12〉에서 제시된 데이터를 보면, 총 10개의 간격에 걸쳐 행동을 기록하였다. 관찰자 A는 총 5개의 간격에서 행동이 발생하였다고 기록(+)하였고, 관찰자 B는 총 7개의 간격에서 행동이 발생하였다고 기록(+)하였다. 하지만 간격별로 일치 여부를 살펴보면, 6개의 간격(간격 2, 4, 5, 6, 7, 10)에서 일치된 기록을 보였다. 따라서 일치한 간격의 수(6)를 불일치한 간격의 수의 합(6+4)으로 나누고 100

으로 곱한 60%가 간격 대 간격 관찰자 일치도이다.

〈표 3-12〉 간격기록법을 통해 얻어진 데이터와 관찰자 일치도

간격	관찰자 A	관찰자 B	비고
1	+	−	불일치
2	+	+	일치
3	−	+	불일치
4	−	−	일치
5	−	−	일치
6	+	+	일치
7	+	+	일치
8	−	+	불일치
9	−	+	불일치
10	+	+	일치

- 간격당 IOA: (6/10)×100=60%
- 발생 간격 IOA: (4/8)×100=50%
- 비발생 간격 IOA: (2/6)×100=33%

8. 발생 · 비발생 간격 관찰자 일치도

발생 · 비발생 간격 관찰자 일치도는 간격 대 간격 관찰자 일치도에 비해 더 보수적인 관찰자 일치도 계산 방법이다. 발생 간격 관찰자 일치도(scored-interval IOA)는 2명의 관찰자 중 1명이라도 행동이 발생하였다고 기록(+)한 간격의 수를 분모에 두고, 2명의 관찰자 모두가 행동이 발생하였다고 기록(+)한 간격의 수를 분자에 두어 100으로 곱하여 계산한다. 발생 간격 관찰자 일치도를 계산하는 공식은 다음과 같다.

$$\frac{\text{두 관찰자 모두 행동이 발생하였다고 기록한 간격의 수}}{\text{관찰자 중 1명이라도 행동이 발생하였다고 기록한 간격의 수}} \times 100$$

$$= \text{발생 간격 IOA(\%)}$$

반대로, 비발생 간격 관찰자 일치도(unscored-interval IOA)는 2명의 관찰자 중

1명이라도 행동이 발생하지 않았다고 기록(−)한 간격의 수를 분모에 두고, 2명의 관찰자 모두가 행동이 발생하지 않았다고 기록(−)한 간격의 수를 분자에 두어 100으로 곱하여 계산한다. 비발생 간격 관찰자 일치도를 계산하는 공식은 다음과 같다.

$$\frac{\text{두 관찰자 모두 행동이 발생하지 않았다고 기록한 간격의 수}}{\text{관찰자 중 1명이라도 행동이 발생하지 않았다고 기록한 간격의 수}} \times 100$$

$$= \text{비발생 간격 IOA}(\%)$$

〈표 3-12〉에서 제시된 데이터를 보면, 관찰자 중 1명이라도 행동이 발생하였다고 기록한 간격의 수는 8개(간격 1, 2, 3, 6, 7, 8, 9, 10)이고, 관찰자 A와 B 모두가 행동이 발생하였다고 기록한 간격의 수는 4개(간격 2, 6, 7, 10)이다. 따라서 발생 간격 관찰자 일치도는 50%(4/8×100)가 된다. 반대로, 관찰자 중 1명이라도 행동이 발생하지 않았다고 기록한 간격의 수는 6개(간격 1, 3, 4, 5, 8, 9)이고, 관찰자 A와 B 모두가 행동이 발생하지 않았다고 기록한 간격의 수는 2개(간격 4, 5)이다. 따라서 비발생 간격 관찰자 일치도는 33.3%(2/6×100)가 된다.

요약

객관적이고 명확하게 행동을 측정하기 위해서 행동분석가나 연구자는 표적행동을 조작적으로 정의해야 한다. 조작적 정의란 관찰과 측정 가능한 용어로 행동을 정의하는 것을 의미한다. 측정하고자 하는 행동에 대한 조작적 정의를 수립하였다면, 행동의 형태적 특성에 따라 행동 측정을 위한 기록법을 선택한다. 행동의 형태적 특성은 반복성, 시간적 범위, 시간적 위치로 요약할 수 있다. 행동분석가 또는 연구자는 행동 특성에 따라 기본 기록법을 선택하고, 기록법을 통해 얻어진 데이터를 현장 연구의 목적과 환경에 따라 환산하여 제시하게 된다. 일반적으로 사용할 수 있는 행동 기록법은 빈도기록법, 지속시간기록법, 전-간격기록법, 부분간격기록법 등이 있고, 횟수, 분, 시, 퍼센트 등으로 요약하여 제시할 수 있다. 또한 행동분석가나 연구자는 행동을 측정할 때 타당도, 정확도, 신뢰도를 향상시킬 수 있는 방법을 고려해야 한다. 타당도, 정확도, 신뢰도에 부정적인 영향을 미칠 수 있는 요소는 관찰자 표류, 관찰자 반응성, 관찰자 기대가 있으며, 행동 측정의 질을 향상시킬 수 있는 대표적인 방법으로 관찰자 일치도를 이용할 수 있다.

연습 문제

1. 측정하고자 하는 행동에 대하여 조작적 정의를 수립해 보자.
2. 측정하고자 하는 행동의 형태적 특성을 행동 차원에 따라 파악해 보자.
3. 행동의 물리적 특성에 따라 기록법을 선정해 보자.
4. 측정할 데이터의 타당도, 정확도, 신뢰도에 영향을 줄 수 있는 관찰자 표류, 관찰자 반응성, 관찰자 기대를 예방할 수 있는 방법을 수립해 보자.
5. 안정적인 데이터 수집을 위한 측정 도구를 선택하고, 일관적인 측정 스케줄을 정하여 실제로 행동을 측정해 보자.
6. 선택한 행동 기록법과 연구 환경에 따라 적절한 관찰자 일치도 계산 방법을 선택하고 실시해 보자.

제4장

데이터 시각화와 단일대상연구를 통한 행동 변화 분석

응용행동분석 분야는 중재 효과를 입증하기 위해서 시각화된 데이터 분석을 이용한다. 이 장에서는 측정한 데이터를 손 그래프 또는 엑셀(Excel) 그래프로 시각화하는 방법에 대하여 알아본다. 시각적 분석은 크게 수준, 경향, 가변성, 데이터의 겹치는 정도, 즉각적 변화 정도 등의 요소를 분석하는 과정으로 이루어지며, 이러한 시각적 분석을 통해 독립변인과 종속변인 간의 기능적 관계를 입증하게 된다. 응용행동분석 분야에서는 주로 단일대상연구 설계를 이용하여 실험적 통제와 기능적 관계를 입증한다. 이 연구방법은 기초선과 중재선의 배치와 중재 적용 시점 등에 따라 반전 설계, 중다기초선 설계, 교대중재 설계 등 다양한 설계법을 이용하는 것이 일반적이다. 이 장에서는 중다기초선 설계의 특성과 대표적인 연구 설계법을 개괄한다.

- 가변성
- 경향
- 교대중재 설계
- 기능적 관계
- 기초선 논리
- 내적 타당도
- 단계
- 단일대상연구
- 대상자 간 중다기초선 설계
- 데이터 패턴 변화의 지속성
- 데이터의 겹치는 정도
- 반전 설계
- 사회적 타당도
- 상황 간 중다기초선 설계
- 수준
- 시각적 분석
- 실험 통제
- 외적 타당도
- 자료선
- 자료점
- 중다기초선 설계
- 중재 충실도
- 즉각적 변화 정도
- 행동 간 중다기초선 설계

Ⅰ 데이터 시각화의 필요성과 실제

응용행동분석 분야는 관찰할 행동과 데이터 수집에 적절한 기록법을 결정하고, 일관적이고 지속적으로 행동을 측정하여, 얻어진 데이터를 바탕으로 중재를 평가하는 과정을 거치게 된다. 즉, 응용행동분석에 기반한 연구 또는 중재 과정 속에서 행동을 관찰하고 측정하여 얻어진 데이터를 분석하는 과정은 필수적이다. 중재의 성공 여부는 데이터 수집과 데이터를 이용한 분석에 달려 있다. 따라서 데이터는 매번 관찰한 뒤에 기록하고 요약해야 한다. 가능하다면 자료는 그래프로 만들거나 시각적으로 빠르게 경향을 판단할 수 있도록 요약해야 한다. 수집한 데이터를 그래프로 시각화하여 분석하면 다음과 같은 장점을 기대할 수 있다 (Alberto & Troutman, 2013; Bijou, Peterson, & Ault, 1968; Cooper, Heron, & Heward, 2007; Greer, 2002).

- 얻어진 데이터를 요약하여 제시함으로써 명확한 분석이 가능해진다.
- 중재 적용의 적절한 시기를 파악할 수 있다.
- 효과가 적은 중재를 제거할 시기를 파악할 수 있다.
- 중재 효과를 시각적으로 제시하고 분석할 수 있다.

데이터를 시각화하는 방법은 직접 손으로 그래프를 그려 시각화할 수 있고, 엑셀과 같은 컴퓨터 프로그램을 이용하여 그래프를 만들어 데이터를 시각화할 수 있다.

1. 손 그래프 그리기

컴퓨터 프로그램을 사용하지 않고 손으로 그래프를 그리는 방법이 필요한 경우가 있다. 엑셀 프로그램이 익숙하지 않은 경우나 데이터를 바로 그려야 하는 상황(예: DTT 적용)의 경우에 손으로 그래프를 그릴 수 있다. 손 그래프 양식은 행동분석가나 연구자의 연구 목적, 행동 발생 패턴, 기록법, 기록 단위에 따라 다양하게 구성하여 사용할 수 있다. 예를 들어, [그림 4-1]은 빈도기록법 또는 지속시간기록법을 사용한 경우 사용할 수 있는 손 그래프 양식의 예시이다.

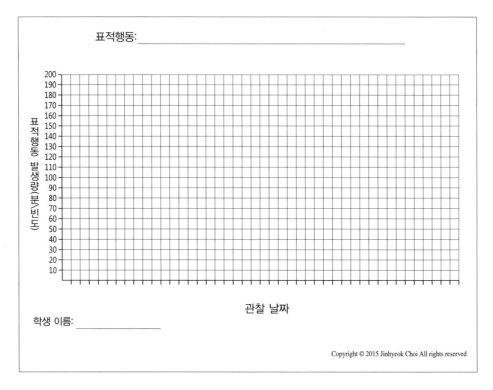

표적행동: _____

표적행동 발생량(분\빈도)

관찰 날짜

학생 이름: _____

[그림 4-1] 손 그래프 양식 예시

그래프의 '표적행동'란에는 행동분석가가 측정한 표적행동(예: 자해행동)을 적는다. y축 제목의 '표적행동 발생량(분/빈도)' 부분에 자신이 사용한 기록법의 단위를 선택하여 표시한다. 자신이 지속시간기록법을 사용하였으면 '분'에 동그라미 표시를 하고, 빈도기록법을 사용하였다면 '빈도'에 동그라미 표시를 한다. '관찰 날짜'에는 관찰자가 행동을 측정한 데이터를 그래프 위에 자료점으로 표시하고 해당 x축에 날짜를 기입한다. '학생 이름'란에는 대상자의 이름을 기록하거나 이니셜로 표시한다.

〈표 4-1〉은 빈도기록법을 이용하여 얻어진 데이터를 보여 주며, [그림 4-2]는 이 데이터를 사용하여 그린 손 그래프를 제시하고 있다. 표적행동란에는 현재 표적행동에 대해서 간략하게 기입한다. 제시된 그래프는 빈도기록법을 사용하여 수학 시간에 일어나는 홍길동의 자해행동을 측정하였기 때문에 y축 제목의 단위에 '빈도'를 선택한다. 데이터를 이용하여 각 날짜에 맞추어 해당 y축에 자료점을 그리고 자료점 아래의 x축에 관찰한 날짜를 기록한다. 동일한 방법으로 데이터가

얻어질 때마다 자료점을 그리고 날짜를 기록한다. 그리고 자료점들 사이를 자료
선으로 연결한다. 4월 18일 수학 시간에는 65번 자해행동이 발생하였고 4월 19일
은 100번 발생하였다. 4월 20일(67번)과 4월 21일(61번)과 같이 정확하게 그래프
의 y축 단위(10)와 맞아떨어지지 않는 데이터의 경우에는 최대한 적절한 위치에
자료점을 그린다. 데이터 기록자에 따라 자료점 바로 옆에 해당 데이터 숫자를
기록해 둘 수 있다.

〈표 4-1〉 빈도기록법을 이용한 데이터 기록지 예시

학생 이름: 홍길동
표적행동: 자해행동
조작적 정의: 홍길동이 자신의 신체부위를 이용하여 다른 신체부위를 세게 때리는 행동(예: 주
먹이나 손바닥으로 얼굴 때리기, 할퀴기, 귀 당기기, 물기, 꼬집기, 다른 물건을 이용한 자해 등)

날짜(시간)	발생 횟수	합계
4/18 (수학 시간 9:30~10:20)	正 正 正 正 正 正 正 正 正 正 正 正 正	65
4/19 (수학 시간 10:30~11:20)	正 正 正 正 正 正 正 正 正 正 正 正 正 正 正 正 正 正 正 正	100
4/20 (수학 시간 1:00~1:50)	正 正 正 正 正 正 正 正 正 正 正 正 正 丅	67
4/21 (수학 시간 10:30~11:20)	正 正 正 正 正 正 正 正 正 正 正 正 一	61
4/22 (수학 시간 9:30~10:20)	正 正 正 正 正 正 正 正 正 正 丅	52
4/23 (수학 시간 1:00~1:50)	正 正 正 正 正 正 正 正 正 正 正 正 正 丅	67
4/24 (수학 시간 9:30~10:20)	正 正 正 正 正 正 正 正 正 正 正 正 正 正 正 正 正 正	91

4/25 (수학 시간 1:00~1:50)	正 正 正 正 正 正 正 正 正 丁	47
4/26 (수학 시간 10:30~11:20)	正 丁	122

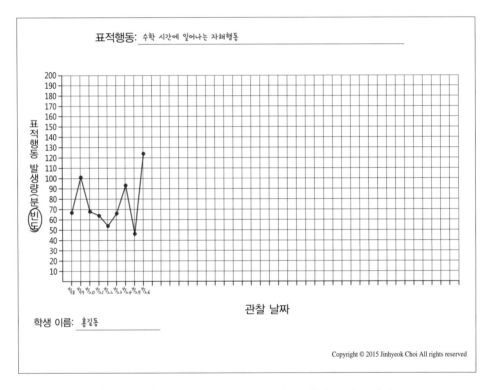

[그림 4-2] 빈도기록법 데이터를 바탕으로 한 손 그래프 예시

〈표 4-2〉는 지속시간기록법을 이용하여 얻어진 데이터를 보여 주며, [그림 4-3]은 이 데이터를 이용하여 그린 손 그래프를 제시하고 있다. 동일하게 표적행동란에는 수학 시간 자리이탈 행동이라고 현재 표적행동을 간략하게 적어 두고, 학생 이름(대상자)에는 김철수로 표시하였다. 제시된 그래프는 지속시간기록법을 사용하여 수학 시간에 일어나는 김철수의 자리이탈 행동을 측정하였기 때문에 y축 제목의 단위에 '분'을 선택하였다. 동일한 방법으로 기록된 데이터를 사용하여 각 날짜에 맞추어 해당 y축에 자료점을 찍었고, 관찰한 날짜를 x축에 기록하

였다. 그리고 자료점들 사이를 자료선으로 연결하였다. 이 그래프의 경우, 기록자가 자료점에 데이터 숫자를 기록해 두었다.

〈표 4-2〉 지속시간기록법에 사용할 수 있는 데이터 기록지 예시

학생 이름: 김철수
표적행동: 자리이탈 행동
조작적 정의: 김철수가 수학 시간에 의자나 지시한 곳에서 약 5초 이상 이탈하고 돌아다니는 행동(예: 책상에서 이탈하기, 교실 안을 돌아다니기 등)

날짜(시간)	지속시간	합계
4/18 (수학 시간 9:30~10:20)	3′15″, 5′45″, 3′20″, 10′30″	22′50″
4/19 (수학 시간 10:30~11:20)	2′30″, 12′30″, 8′30″, 2′30″, 3′20″	29′20″
4/20 (수학 시간 1:00~1:50)	12′30″, 2′30″, 3′20″, 2′30″, 8′30″	29′20″
4/21 (수학 시간 10:30~11:20)	18′30″, 5′30″, 5′45″, 3′15″	33′00″
4/22 (수학 시간 9:30~10:20)	12′20″, 18′20″	30′40″
4/23 (수학 시간 1:00~1:50)	15′30″, 2′30″, 3′20″, 5′45″, 3′15″	30′20″
4/24 (수학 시간 9:30~10:20)	15′30″, 3′20″, 2′15″, 5′45″	26′50″
4/25 (수학 시간 1:00~1:50)	18′30″, 2′30″, 3′20″, 2′15″	26′35″
4/26 (수학 시간 10:30~11:20)	5′45″, 2′15″, 3′20″, 2′30″, 2′15″	16′05″

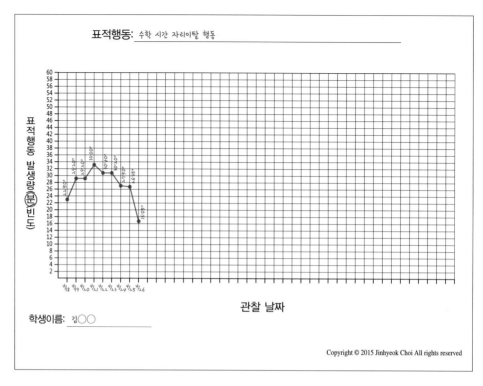

표적행동: 수학 시간 자리이탈 행동

학생이름: 김○○

[그림 4-3]   지속시간기록법 데이터를 바탕으로 한 손 그래프 예시

2. 엑셀을 이용한 데이터 시각화

손으로 그래프를 그리는 방법의 장점도 있지만 장기간의 데이터를 추적하고 관리하기 위해서는 엑셀을 이용하여 데이터를 시각화하는 방법도 여러 가지 장점이 있다. 엑셀에서 다양한 방법을 통해 선 그래프를 그릴 수 있다. 그중 한 가지 방법을 소개한다.

〈표 4-1〉에서 제시된 빈도기록법 데이터를 이용하여 [그림 4-4]와 같이 날짜와 표적행동 발생 빈도를 입력한다. 데이터 시트를 구성할 때는 데이터를 [그림 4-4]와 같이 세로로 입력하거나 가로 순서로 입력할 수도 있다. [그림 4-5]와 같이 데이터 영역을 선택하고, 메뉴의 삽입에서 '꺾은 선형'의 '2차원 꺾은 선형' 중에 적절한 선 그래프 양식을 선택한다.

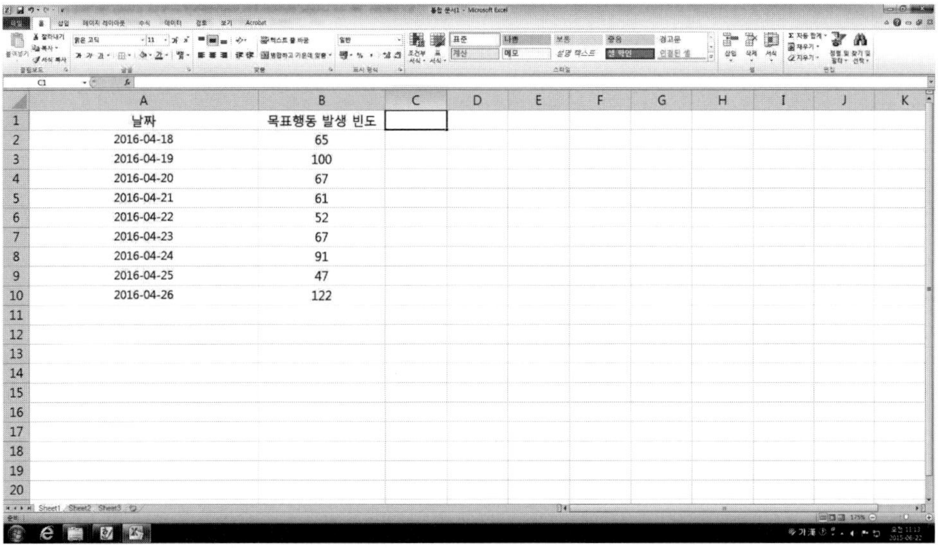

[그림 4-4]　엑셀 프로그램을 이용한 선 그래프 그리기: 데이터 입력

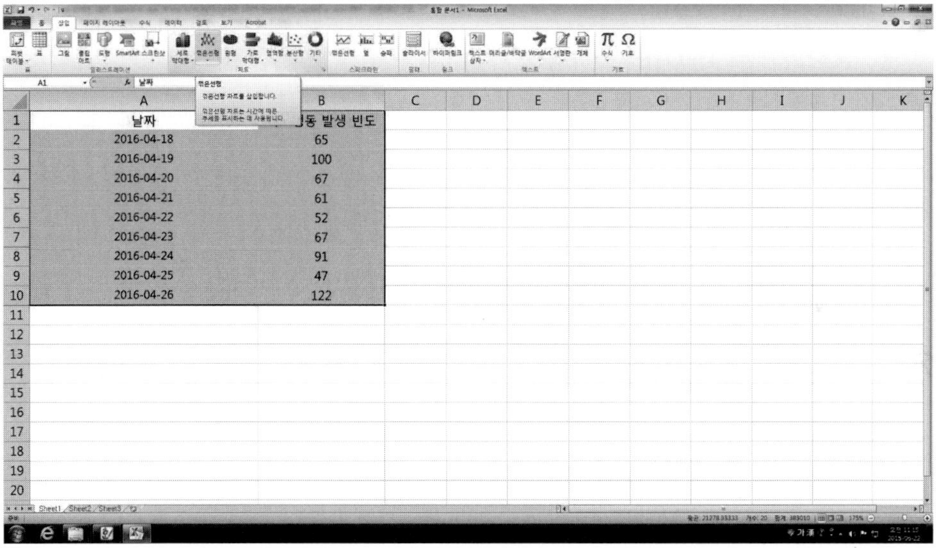

[그림 4-5]　엑셀 프로그램을 이용한 선 그래프 그리기: 데이터 영역 선택, 선 그래프 선택

[그림 4-6]에서 제시된 것과 같은 선 그래프가 만들어지고, 행동분석가 또는
연구자의 의도에 따라 x축과 y축 제목, 범례 등을 추가한다. 논문에 삽입하기 위
해서는 선 그래프 색, 범례 구성 등을 고려하여 여러 가지 수정 과정을 거친다.

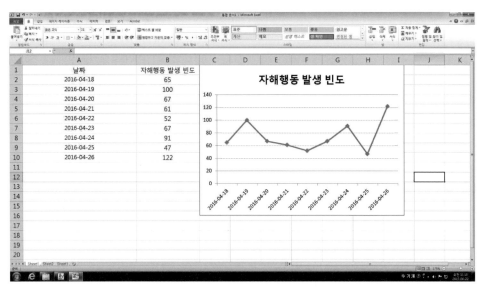

[그림 4-6]　엑셀 프로그램을 이용한 선 그래프 그리기: 선 그래프 제시

3. 시각화된 데이터의 해석

앞에서 설명한 방법으로 얻어진 데이터를 이용해 [그림 4-7]과 같은 엑셀 그래프를 만들었다. [그림 4-7]은 매일 50분간 수학 시간에 측정한 자해행동의 선 그래프이다. 일정 기간 동안 기초선 데이터가 있었고, 첫 번째 중재선에서 비유관적 강화(non-contingent reinforcement: NCR)를 약 5일간 진행하였다. 두 번째 중재선에서는 비유관적 강화와 그림교환 의사소통체계(picture exchange communication system: PECS)를 이용한 기능적 의사소통훈련(functional communication training: FCT)을 함께 적용하였다. 중재에 주요한 변화가 있을 때마다 그래프에 세로 점선인 단계 변경선(phase change line)을 추가하여 언제 주요한 중재 변화가 있었는지 보여 주었다.

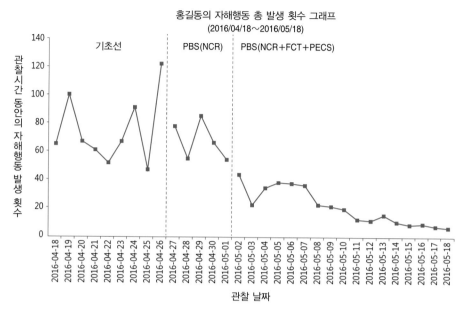

홍길동의 자해행동 총 발생 횟수 그래프
(2016/04/18~2016/05/18)

자해행동: 홍길동이 자신의 신체 부위를 이용하여 다른 신체 부위를 세게 때리는 행동(예: 주먹이나 손바닥으로 얼굴 때리기, 할퀴기, 귀 당기기, 물기, 꼬집기, 다른 물건을 이용한 자해 등)

[그림 4-7] 엑셀 프로그램을 이용한 선 그래프 예시

Ⅱ 단일대상연구

앞에서는 지속적으로 얻어진 데이터를 그래프로 시각화하고 간단하게 해석하는 방법에 대하여 설명하였다. 하지만 행동분석가 또는 연구자는 좀 더 구조적으로 종속변인과 독립변인을 선정하고 실험적으로 중재의 효과를 입증하고 연구문제에 답하고자 한다. 이 경우 응용행동분석 분야에서는 단일대상연구를 활용한다(Richards, Taylor, & Ramasamy, 2013).

단일대상연구는 다음과 같은 방법론적 특징을 가진다(Horner, Carr, Halle, McGee, Odom, & Wolery, 2005; Kennedy, 2004; Kratochwill, Hitchcock, Horner, Levin, Odom, Rindskopf, & Shadish, 2013). 단일대상연구에서는 개별 실험 참가자를 단일 분석 대상으로 삼고 능동적이고 실제적인 조직을 통한 실제적 중재질차(독립변인)를 적용한다. 또한 조작적 정의를 통하여 객관적이고 반복적으로 종속변인을 측정하고, 이를 통해 조작적(operational)으로 명확하게 기술된 실험조건 속에서 얻어진 기초선 데이터와 비교하여 중재의 효과를 입증한다. 이 데이터를 시각적으로 분석하여 실험적 통제를 입증하는 과정을 거치게 된다. 이 과정을 통해 내적 타당도(internal validity)를 입증하고 후에 체계적 반복연구로 외적 타당도 (external validity)를 강화시킨다. 이 밖에도 단일대상연구는 사회적 타당도(social validity)을 고려하여 종속변인을 선정하고 독립변인을 개발한다.

1. 단일 분석 대상으로서의 개별 실험 참가자

단일대상연구에서는 1명의 실험 참가자를 대상으로 할 수 있으나 주로 3명에서 8명까지의 실험 참가자를 선정하여 연구를 실시한다. 이때 개별 실험 참가자의 데이터는 개별적 실험 통제를 식별해 내기 위해 사용된다. 이러한 개별적 통제 조건 데이터는 중재 전·중·후의 종속변인 변화에 대한 비교를 위한 분석단위로서의 역할을 담당한다. 대부분의 단일대상연구에서는 개인을 실험 대상으로 측정을 실시하기도 하지만 특정한 경우에는 개인이 소속된 집단의 행동을 종속변인으로 측정·분석하기도 한다.

2. 행동이론에 기초한 능동적인 환경 조작을 통한 독립변인 적용

환경 조건을 능동적으로 조작하고 이에 따른 종속변인 변화를 식별·분석하는 과정을 단일대상연구라고 할 수 있다. 환경 조건의 변화·조작의 과정과 같이 능동적이고 실제적인 행동적 방법을 독립변인이라고 한다. 단일대상연구의 핵심적 요소라고 할 수 있는 외적 타당도의 검증을 위하여 연구자는 종속변인뿐만 아니라 독립변인을 명확하게 기술해야 한다. 조작적 정의 및 설명을 통하여 다른 연구자들에게 반복연구를 수행할 수 있도록 충분한 정보를 제공해야 한다. 무엇보다 독립변인(중재절차)을 기술할 때에는 사용된 실험도구, 행위, 환경 변화에 관하여 전문적 용어를 사용하여 명확하고 자세하게 기술해야 한다. 뿐만 아니라 중재 과정의 적용 과정 역시 충분한 정보와 함께 기술되어야 하며, 이를 통해 다른 연구자들이 반복연구를 실시하게 될 때 중재 충실도(fidelity)를 향상시킬 수 있다. 동일한 실험 내에서 중재 상황 및 절차가 일관되게 제공되었는지에 대한 평가 과정이 필요하다.

3. 종속변인의 조작적 정의를 통한 객관적이고 반복적인 측정

단일대상연구에서 종속변인이란 증가 · 향상 · 감소시키기 위한 표적행동 또는 학습 현상 등을 의미한다. 한 실험에서 연구자는 1개 이상 혹은 적절한 수의 종속변인을 측정한다. 연구자는 주로 관찰과 측정이 가능한 표적행동을 종속변인으로 측정한다. 객관적이고 명확한 용어를 통해 종속변인을 정의하여 객관적이고 정확한 측정을 가능하게 한다. 주관적이거나 명확하지 않은 용어를 사용할 경우 중재 충실도 측정의 정확도가 낮을 수 있다. 단일대상연구를 설계할 때 종속변인은 다음과 같은 요소를 고려하여 정의하고 기술해야 한다(Johnston & Pennypacker, 2009).

첫째, 종속변인은 조작적 정의를 이용하여 명확하게 기술해야 한다. 연구자가 종속변인을 명확한 조작적 정의로 기술했을 때 실험기간 동안 타당하고 일관적인 평가가 가능해진다. 조작적 정의란 상황, 변인, 행동, 사건을 발생 여부, 횟수, 지속시간 등의 요소를 명확하게 기술하는 것으로 행동 형태중심정의(topography-based definition)뿐만 아니라 기능중심정의(function-based definition) 요소를 포함해야 한다(Cooper, Heron, & Heward, 2007). 행동 형태중심 요소란 상황, 변인, 행동, 사건의 발생 여부, 횟수, 지속시간, 반응률을 포함하는 개념을 의미하며 기능중심 요소란 행동이 주변 환경에 미치는 영향을 의미한다.

둘째, 반복적으로 종속변인을 측정해야 한다. 실험 회기, 단계(phase), 조건 간의 반복적인 종속변인 측정을 통해 표적행동의 증가 · 감소 변화 패턴을 식별하거나 비교할 수 있다. 종속변인은 반복적으로 측정하고 실험적으로 충분한 데이터를 얻었을 때 특정 실험조건에서의 변화 정도를 평가할 수 있다.

셋째, 지속적인 관찰자 일치도(interobserver agreement)를 통한 종속변인 측정의 신뢰도(reliability)를 평가한다. 종속변인의 행동 형태적 특성에 따라 측정 방법을 선택하고, 다양한 관찰자 일치도 평가방법을 사용할 수 있다. 단일대상연구에서 사용되는 관찰자 일치도 평가방법은 3장에서 설명하였다.

넷째, 사회적 중요성을 고려하여 종속변인을 선정한다. 개념적이고 이론적인 평가와 함께 실험 참가자에게 실제적 · 사회적 중요성을 제공할 수 있는 표적행동을 종속변인으로 선정하여 측정해야 한다.

4. 실험 참가자와 실험 조건의 조작적 기술

연구자는 조작적 정의를 통하여 실험 참가자에 대한 정보, 선정 과정, 실험 조건을 기술해야 한다. 실험 참가자와 실험 조건에 대한 명확한 정보가 제공되었을 때 다른 연구자들은 실험적으로 동일한 조건에서 동일한 성향을 지닌 실험 참가자를 대상으로 반복연구를 실시할 수 있으며, 이를 통해 종속변인의 외적 타당도를 입증할 수 있다.

5. 기초선을 이용한 중재의 효과 입증

기초선이란 주로 중재 조건과 대조적인 실험 조건을 의미한다. 단일대상연구에서는 기초선에서 측정된 표적행동을 중재 과정에서 일어나는 행동과 비교함으로써 중재 효과를 식별한다. 특히 연구자는 다른 연구자의 반복연구가 가능하도록 명확하게 기초선 조건을 기술해야 한다. 연구자는 종속변인을 반복적으로 측정하여 표적행동의 패턴을 식별하고 종속변인을 예측할 수 있을 때까지 기초선을 지속적으로 진행한다. 이 개념을 기초선 논리(baseline logic)라고 한다. 기초선 논리가 수립되기 위해서는 특정 자료점(data points)의 개수(예: 단순히 3개의 자료점)를 미리 정하는 것이 아니라, 다수의 자료점과 자료선(data paths)이 안정적인 경향(stable trend)을 보이거나 혹은 목표 변화 경향과 반대되는 경향을 보이는 수준까지 기초선 데이터를 수집해야 한다.

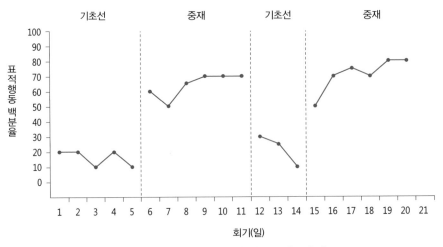

[그림 4-8] 기초선을 보여 주는 그래프의 예

6. 실험 통제

실험 통제(experimental control)란 독립변인을 적용하여 종속변인의 변화가 예측되는 기능적 관계(functional relation)의 식별을 의미한다. 연구자는 실험 통제를 입증하기 위해 내적 타당도에 부정적 영향을 미칠 수 있는 요소들을 제거하여 실험 조건을 조성한다. 저널에 게재되는 논문 대부분의 경우에서는 서로 다른 단일 실험 참가자 내에서(within one participant) 혹은 서로 다른 실험 참여자 간(across participants)에서 3회 이상의 기본적인 실험 효과가 관찰될 때 실험 통제가 입증된다고 한다(Horner, Carr, Halle, McGee, Odom & Wolery, 2005; Kratochwill, Hitchcock, Horner, Levin, Odom, Rindskopf, & Shadish, 2013). 전통적인 사례연구(case study)의 경우에는 단일 기초선으로 관련 분야에 유용한 정보를 제공할 수는 있었지만 단일대상연구를 통해 얻을 수 있는 실험 통제를 입증하기에는 한계점이 있었다. 하지만 현대의 연구자들은 다양한 단일대상연구 설계법을 사용하여 실험 통제를 입증하고 있다. 독립변인과 종속변인 간의 관계를 입증하기 위해 주로 중재를 도입하고 제거하는 반전 설계(reversal/withdrawal design), 서로 다른 시점에 중재를 도입하는 중다기초선 설계(multiple baseline design), 독립변인의 상대적 효과를 비교하는 교대중재 설계(alternating treatment design, multi-elements design)를 사용한다.

1) 중재의 도입과 제거를 사용하는 반전 설계

반전 설계(reversal design)는 중재 효과를 입증하기 위한 가장 기본적 실험 설계이다. 구체적으로 반전 설계는 기초선 뒤에 중재를 도입하거나 기초선 앞뒤에 다양한 중재 조건(단계)을 배열하여 독립변인이 종속변인에 미치는 영향을 알아보는 설계법이라고 할 수 있다(Baer, Wolf, & Risley, 1968). 연구자는 반전 설계를 통해 독립변인과 종속변인 간의 명확한 기능적 관계를 검증해 낼 수 있다. 표적행동의 특성상 중재가 제거되었을 경우 표적행동이 다시 기초선 수준으로 반전될 수 있을 때, 중재절차를 제거하였을 경우 그 효과가 더 이상 지속되지 않는 절차적 특징을 가질 때, 중재절차의 제거가 윤리적으로 문제되지 않을 때 사용될 수 있다. 연구자는 앞에서 설명한 실험 통제를 입증하기 위해 일반적으로 3회 이상의 기본적인 실험 효과를 보여 주어야 한다. ABAB 설계와 같은 반전 설계는 3회의 실험 효과를 보여 주어 실험 통제를 입증할 수 있다(A=기초선, B=중재선).

ABABABA, BABA, ABCABABC, BCABABABA와 같이 반전 설계의 변형을 통해 기초선과 중재선의 배열을 통해 실험통제를 입증할 수 있다. 하지만 반전 설계의 실험 조건적 한계점으로 인해 표적행동이 기초선으로 반전되지 않는 특징을 가질 때, 중재를 제거하더라도 그 효과가 지속되는 특성을 보일 때, 교실 현장과 같이 기초선 단계로 돌아갈 수 없는 실험 상황일 때, 중재의 제거가 교육적·윤리적 문제를 일으킬 수 있을 때에는 연구자는 다른 설계법의 사용을 고려하거나 설계법을 변형하여 연구를 실시해야 한다. [그림 4-9], [그림 4-10], [그림 4-11]은 다양한 반전 설계를 보여 주고 있다.

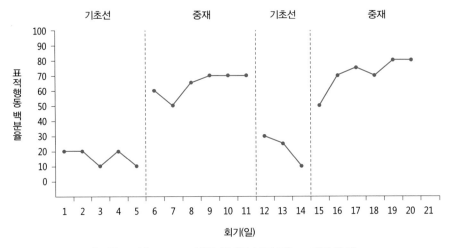

[그림 4-9] ABAB 반전 설계를 보여 주는 그래프의 예

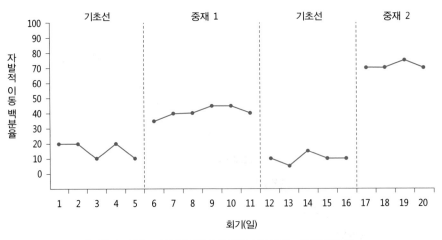

[그림 4-10] ABAC 반전 설계를 보여 주는 그래프의 예

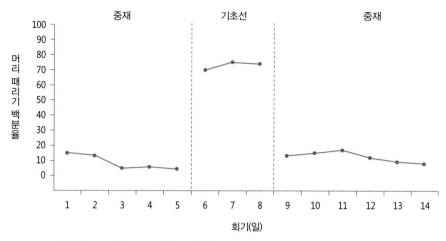

[그림 4-11] BAB 반전 설계(ABAB 반전 설계의 변형) 그래프의 예

2) 서로 다른 시점에 중재를 도입하는 중다기초선 설계

중다기초선 설계 역시 동일한 실험 논리를 가지고 있다. 중다기초선 설계는 연속하는 자료점과 자료선의 변화를 실험 대상자 간 혹은 표적행동 간에 3회 이상 실험 효과를 보여 주어 실험 통제를 입증하는 설계법을 의미한다. 중다기초선 설계는 단일대상연구에서 흔히 사용하는 설계법의 하나로, 반전 설계의 단점을 극복하여 실험 통제를 입증할 수 있는 설계법으로 인식되고 있다(Baer, Wolf, & Risley, 1968; Cooper, Heron, & Heward, 2007). 연구자는 윤리적인 이유로 중재를 제거할 수 없을 때, 1개 이상의 표적행동, 상황, 대상자에게 중재를 적용하여 실험 효과를 입증하는 연구 목적을 가질 때, 중재를 제거하더라도 그 효과가 지속되어 기초선의 조건으로 회귀할 수 없을 때 중다기초선 설계를 적용할 수 있다. 실험 목적 및 조건에 따라 중다기초선 설계를 다양한 형태로 변형할 수 있다. 하지만 중다기초선 설계의 실험 조건 한계점으로 인해 선택된 표적행동이 기능적으로 동일하지 않거나, 의존적인 상황, 1명의 대상자, 한 가지 상황, 1개의 표적행동을 중재 대상으로 선택해야 하는 상황, 기능적 관계를 입증하기 위해 연구자는 다른 설계법의 사용을 고려하거나 설계법을 변형하여 연구를 실시해야 한다. [그림 4-12], [그림 4-13], [그림 4-14], [그림 4-15], [그림 4-16]은 다양하게 변형된 중다기초선 설계를 보여 주고 있다.

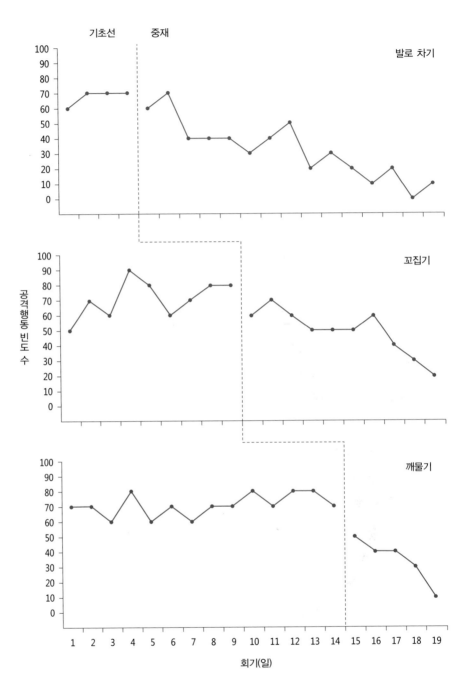

[그림 4-12] 행동 간 중다기초선 설계 그래프의 예

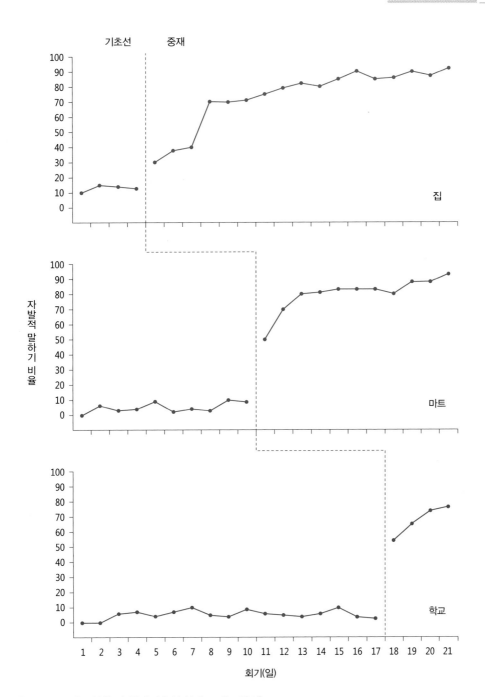

[그림 4-13] 상황 간 중다기초선 설계 그래프의 예

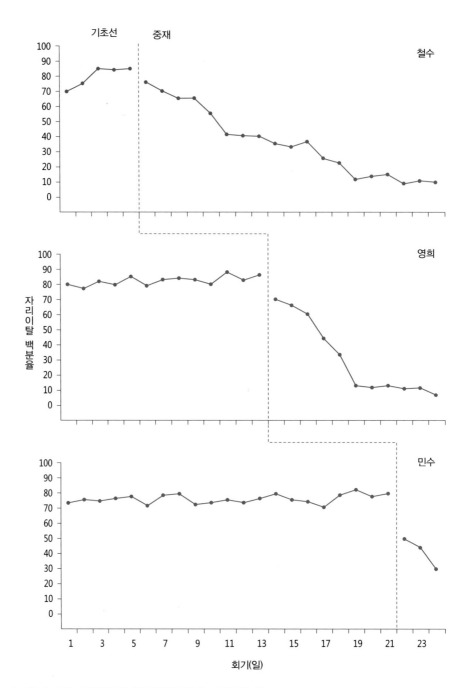

[그림 4-14]　대상자 간 중다기초선 설계 그래프의 예

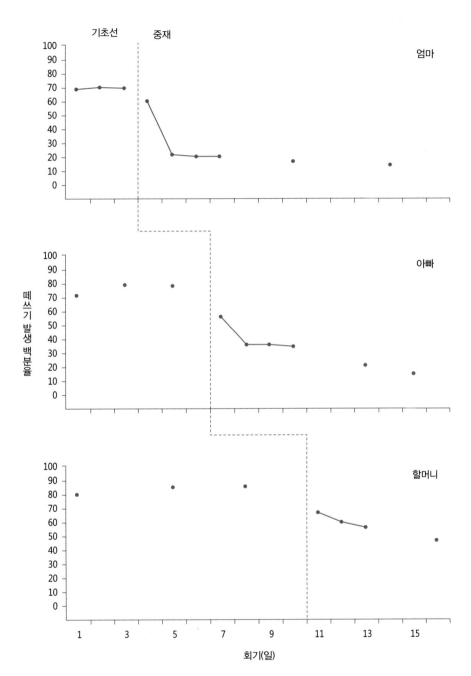

[그림 4-15] **중다간헐기초선 설계 그래프의 예**(시속직인 기초선 관찰이 여러 실험 조건상 용이
하지 않을 때 사용된다.)

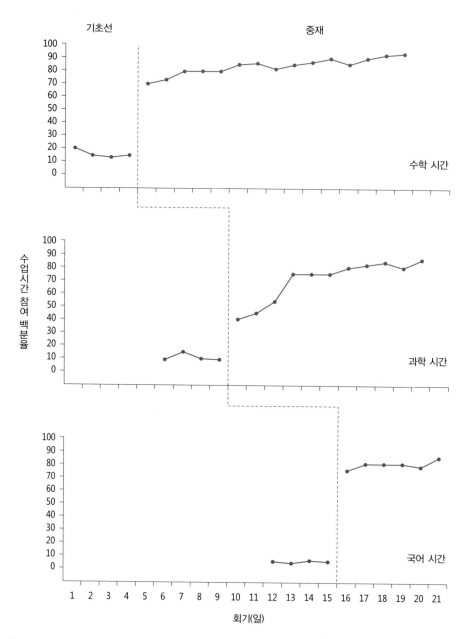

[그림 4-16]   **지연된 중다기초선 설계 그래프의 예**(이전에 목표하지 않았던 새로운 행동, 상황, 대상자들에게 확장을 가능하게 해 주는 설계법이다.)

3) 독립변인의 상대적 효과를 비교하는 교대중재 설계

교대중재 설계 혹은 다요소 설계(multi-element design)는 2개 이상의 독립변인 중재 요소들의 효과를 비교하기 위해 사용한다. 2개 이상의 독립변인 중재 요소들이 빠르게 교대되는 특징을 가지며, 서로 다른 중재 요소들을 동일한 횟수(counterbalance)로 적용하고 적용 순서는 무작위로 선정된다. 연구자가 특정 행동에 대해 한 가지 이상 중재의 '상대적' 효과를 분석하고 싶을 때, 기초선 자료가 불필요하거나 안정적이지 못할 때, 대상자들이 중재 조건의 차이를 변별할 정도로 서로 충분한 차이를 보일 때 교대중재 설계 사용을 고려할 수 있다. 하지만 교대중재 설계의 기본적 한계점으로 인해 중재 요소들이 서로 영향을 미쳐 명확한

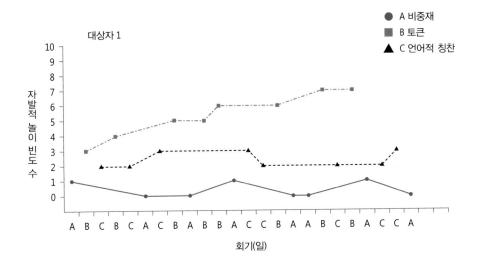

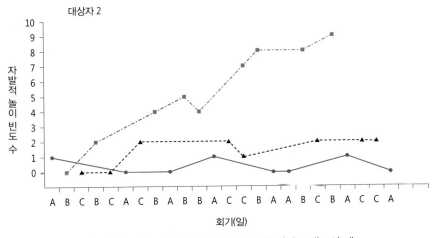

[그림 4-17] 기초선이 없는 교대중재 설계 그래프의 예

결과를 얻지 못할 때, 중재를 통한 행동 변화가 늦게 나타나는 상황일 때, 중재효과를 보이기 위해 일정한 시간을 필요로 할 때, 다양한 중재 요소들의 균형적 배열이 어려울 때 연구자는 다른 설계법의 사용을 고려하거나 설계법을 변형하여 연구를 실시해야 한다. [그림 4-17]은 다양한 형태의 교대중재 설계를 보여주고 있다.

다양한 저널에서 단일대상연구 설계법을 이용한 방대한 연구논문들이 게재되고 있으며 연구결과를 통해 실험 통제를 입증하고 있다. 연구자는 표적행동의 형태적 특성, 실험 조건의 물리적 한계점을 고려하여 시간의 지속, 측정 효과, 비통제적 변인 등과 같이 실험 통제 식별에 부정적 영향을 미치는 것을 방지하기 위해 적절하게 설계법을 선택·변형·적용해야 한다.

7. 시각적 분석

단일대상연구 설계법을 통해 얻은 데이터를 통계적으로 해석하기 위한 시도가 최근 제기되고 있다. 하지만 단일대상연구에서는 전통적으로 체계적인 방법을 사용하여 시각적 데이터를 분석하고 연구 조건 간의 종속변인의 변화를 비교한다(Parsonson & Baer, 1978). 연구자는 체계적인 시각적 분석(visual analysis)을 통해 데이터의 변화를 찾아내고 조건 상황 간의 변화를 평가하여 실험 통제를 입증한다. 즉, 시각적 분석을 사용하여 특정 데이터의 패턴 변화를 보여 줌으로써 독립변인 적용에 의해 종속변인의 변화가 발생하였음을 논리적으로 주장할 수 있다.

체계적인 시각적 분석은 주로 표적행동의 수준, 경향, 가변성의 해석을 통하여 이루어진다. 수준(level)을 사용한 분석은 주로 동일 단계(phase) 중에 발생하는 표적행동의 발생량 평균을 통해 이루어진다. 실험 조건 상황에 따라 최소 3개에서 5개 이상의 자료점을 가지고 수준을 분석한다. 경향(trend)을 사용한 시각적 분석은 주로 단계 속에서 관찰되는 종속변인의 증가 혹은 감소되는 기울기를 통해 이루어진다. 가변성(variability)을 사용한 시각적 분석은 자료점들의 기울기선을 중심으로 배열되어 있는 자료점의 편차 수준(level of deviation)을 범위(range) 및 표준편차(standard deviation)로 분석하여 이루어진다.

이와 더불어 인접하는 단계 간에 발생하는 데이터의 겹치는 정도(overlap), 중재의 적용 및 제거에 따른 종속변인의 즉각적 변화 정도(immediacy of effect), 종속변인의 변화 크기, 동일한 중재선의 연쇄적 적용에 따라 보이는 데이터 패턴 변화의 지속성(consistency)을 통하여 시각적 분석을 실시한다. 시각적 분석을 체계적으로 실시하기 위해서 연구자는 한 가지 요소를 이용하는 것이 아니라 여러 요소들을 통합적으로 사용해 중재의 효과를 식별한다. 각 요소에 따른 시각적 분석의 예시는 다음과 같다.

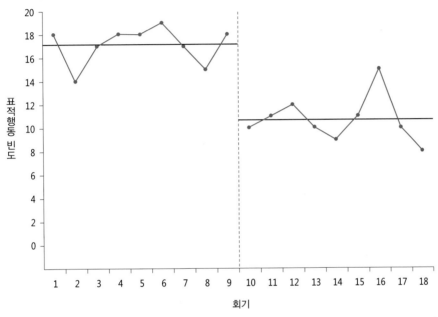

[그림 4-18] **시각적 분석의 예**(표적행동의 수준을 시각적으로 분석하기 위해서는 그림과 같이 단계 간의 평균을 비교한다.)

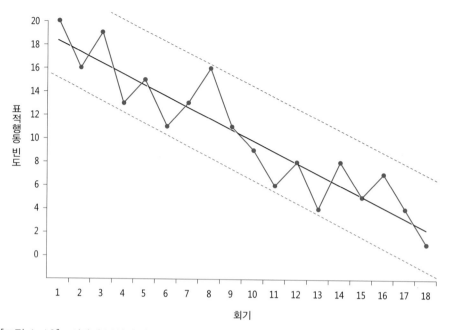

[그림 4-19] **시각적 분석의 예**(표적행동의 경향과 가변성을 시각적으로 분석하기 위해서는
그림과 같이 경향선과 경향에 따른 범위를 분석한다.)

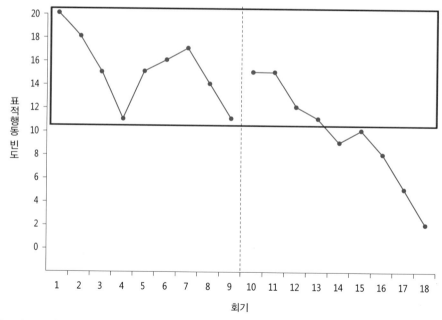

[그림 4-20] **시각적 분석의 예**(중재의 효과 크기를 분석하기 위해 두 단계에 걸쳐 얼마나 많은
자료점들이 겹치는지 분석한다. 그래프의 두 번째 단계의 자료점을 첫 번째 단계의
자료점과 비교하여 9개 중에 총 4개의 자료점이 첫 번째 회기선의 자료점 범위와 겹치게
된다. 따라서 약 44%의 자료점이 겹치는 현상을 보여 주고 있다.)

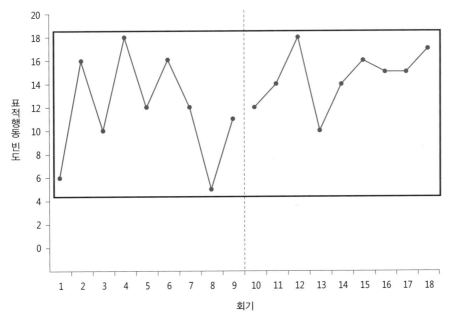

[그림 4-21]   **시각적 분석의 예**(그래프의 두 번째 단계의 자료점을 첫 번째 단계의 자료점과
비교하면 모든 자료점이 첫 번째 단계의 자료점 범위와 겹치게 된다. 따라서 100%의
자료점이 겹치는 현상을 보여 주고 있다.)

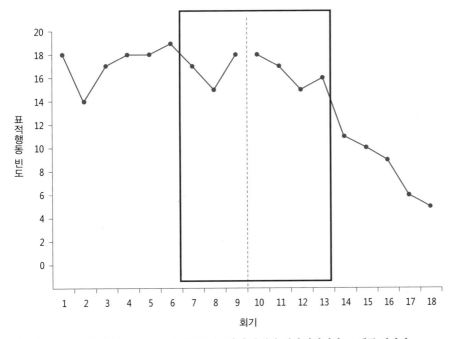

[그림 4-22]   **시각적 분석의 예**(이 그래프는 두 번째 단계가 시작되었지만 그 행동 변화가
즉각적으로 나타나지 않음을 보여 주고 있다.)

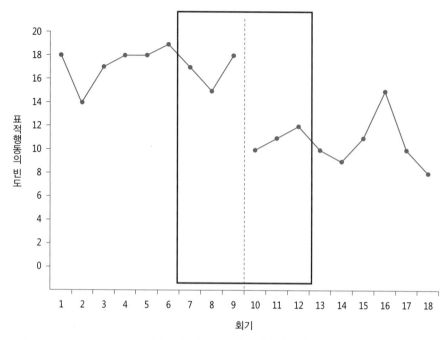

[그림 4-23] **시각적 분석의 예**(이 그래프는 두 번째 단계가 시작되었을 때 즉각적으로 표적행동의
변화가 나타났다.)

독립변인의 적용과 독립변인의 변화 사이의 시간적 차이가 길어서 중재 효과
로 인한 표적행동의 변화가 발생했다고 증명하기에 논리적으로 명확하지 않을
때, 실험 단계 간의 변화 크기가 작을 때, 독립변인의 적용에 따른 데이터 경향의
변화를 예측할 수 없을 때에는 실험적으로 논리가 손상되었다고 할 수 있다.

8. 체계적 반복연구를 통한 외적 타당도

단일대상연구는 개념적 이론(conceptual theory)을 입증하고 관련 임상적 중재
절차의 효과를 식별하고 입증하는 데 주로 사용된다. 단일대상연구는 조작적 정
의를 통한 독립변인, 종속변인, 실험 조건, 실험 참가자 등의 요소들을 포함한
다. 검증된 설계법을 통해 얻어진 데이터를 이용하여 시각적 분석을 체계적으로
실시한다. 이러한 특징을 바탕으로 실험 통제를 입증하고, 내적 타당도(internal
validity)를 보여 주게 된다. 단일대상연구를 바라보는 주된 우려사항은 제한된 실
험 참가자에게 적용된 연구를 통해 입증된 실험 효과가 얼마나 다양하고 광범위
한 실험 참가자, 장소, 상황에 적용되어 일반화될 수 있는지에 대한 의문에서 비

롯된다. 따라서 단일대상연구는 외적 타당도의 검증 과정을 핵심적 요소로 포함한다. 이런 외적 타당도의 검증은 종속변인의 측정을 다양한 실험 참가자, 다양한 상황, 다양한 측정법을 이용한 재검증 과정, 즉 반복연구를 통하여 이루어진다.

9. 사회적 타당도

연구자는 단일대상연구를 설계할 때에 사회적으로 중요한 결과(outcome)와 변화를 가져오는 기능적 중재 방법을 개발 · 채택 · 적용해야 한다(Wolf, 1978). 특히 특수교육과 같은 교육 분야에 있어서 단일대상연구는 단순히 행동 원리와 특정 이론의 입증을 위해서만 사용되는 것이 아니다. 학생의 학업성취, 학업능력 향상, 사회적 행동 향상, 교사의 교수 기술 향상, 부모의 중재 적용 기술 향상, 문제행동 감소 등 사회적으로 중요하다고 인식되는 표적행동을 종속변인으로 선택하고 적절한 독립변인을 이용하여 중재하고 효과를 입증하기 위해 단일대상연구가 사용되고 있다.

Kratochwill 등(2013)에 따르면 높은 사회적 타당도(social validity)를 지닌 단일대상연구를 설계하기 위해서 연구자는 다음과 같은 요소를 고려해야 한다. 첫째, 사회적으로 중요한 종속변인을 선택해야 한다. 둘째, 교사, 치료사, 부모와 같이 일반 중재자들이 용이하게 적용할 수 있는 독립변인을 사용해야 한다. 셋째, 일반 중재자들이 적용할 때 적절한 중재 충실도를 보장할 수 있도록 독립변인을 구성해야 한다. 넷째, 일반 중재자들이 수용할 수 있는 독립변인과 종속변인을 이용한다. 다섯째, 다양한 자료에 접근이 가능하고 이 자료를 사용하여 중재 적용이 용이한 독립변인을 선택한다. 여섯째, 일반 중재자를 통하여 중재 효과가 입증될 수 있게 독립변인을 구성한다. 일곱째, 중재절차 적용을 위한 공식적인 지원이나 기대치가 없어지더라도 그 독립변인의 중요성과 독립변인의 긍정적 효과로 인해 일반 중재자들이 지속적으로 이용하고 싶어 하는 중재절차를 제시해야 한다. 여덟째, 임상적 · 치료적 필요성을 충족시켜 주는 효과를 만들어 내는 중재 방안을 포함한다.

Ⅲ 특수교육 분야와 단일대상연구 연구방법

앞에서 설명된 단일대상연구의 특징은 특수교육학문의 특수한 성격에 적합할 수 있다(Alberto & Troutman, 2013; Horner, Carr, Halle, McGee, Odom, & Wolery, 2005). 특수교육은 실제적 응용상황 속에서 이루어지는 연구를 통한 문제해결을 필요로 하는 실질적 분야이며, 개별 학생의 특별한 요구에 따라 개별화된 교육·치료 서비스를 다루는 학문이다. 또한 다양한 서비스의 개별적 요구를 충족시켜 주기 위해 능동적으로 중재절차를 개발하고 적용하는 분야다. 그러한 능동적 중재 적용의 특징과 함께 학교, 교실, 가정, 사회 상황 속에서 실제적으로 사용되는 절차가 강조될 수밖에 없다. 따라서 단일대상연구는 다음과 같이 특수교육 분야에 적절한 연구방법으로 고려될 수 있다.

첫째, 단일대상연구는 개인에 초점을 둔다. 특수교육 분야는 낮은 발생률을 보이는 개별 집단과 이질적(heterogeneous) 다양성을 가진 개인의 집단에 대한 연구 문제를 제기하는 특징을 가진다. 다수의 연구 참여자와 관계 가설을 필요로 하는 계수분석(parametric analysis)과 달리, 연구자는 단일대상연구 분석을 통해 동일한 이질적 다양성을 가진 적절한 수의 연구 참여자 변인 간의 기능적 관계를 실험적으로 입증할 수 있다. 대집단을 이용한 분석 과정에서 얻은 집단 평균적 수행 정보는 개별적 특이성을 가진 개인에게는 상대적으로 적은 유용성을 가질 가능성이 있다. 반면, 단일대상연구에서는 개별화된 요구를 가진 개인을 실험 통제의 분석을 위한 독립 단위로 사용하여 목표 연구 참여자에게 혹은 동일한 요구를 가진 다른 특수교육 대상자에게 보다 유용한 정보를 제공할 수 있다.

둘째, 단일대상연구는 교육·임상적 체계와 절차에 반응하지 않는 무반응자(nonresponder)를 위한 구체적인 분석 절차를 제공한다. 통제집단 설계를 이용한 연구는 주로 개별적 특성보다는 집단 동질성 및 평균성과 관련하여 중재 효과의 일반성(generality)을 검증하는 데 연구의 논리적 경향을 두고 있다. 하지만 그 집단 속에서도 중재의 효과를 보이지 않는 교육·임상적 무반응자는 존재할 수 있다. 이러한 경우 연구자는 단일대상연구를 통해 교육·임상적 무반응자의 특징을 엄격하게 분석하고 그 임상적 필요성에 따라 중재를 설계하여 실험 통제를 입증할 수 있다. 이러한 과정으로 일반교육학과 달리 특수교육의 교육 분야에 존재하는 특수한 소집단에 대한 전문적 지식을 탐구할 수 있다.

셋째, 단일대상연구를 통해 중재절차 효과 검증을 실시하는 과정에서 교육·행동 중재의 현장에서 필요로 하는 실제적 방법론을 제공할 수 있다. 연구자는 단일대상연구를 통해서 다른 연구법에서 얻을 수 있는 수준 이상의 개별화된 중재와 가치 있는 결과 간의 분석을 실시할 수 있으며 이를 통한 연구에서 얻어진 새로운 정보는 여러 반복연구를 통하여 외적 타당도가 검증될 수 있다.

넷째, 단일대상연구는 전형적인 교육조건에서 실험 효과를 검증할 수 있는 실제적 방법론을 제공할 수 있다. 즉, 특수교육 현장에서 필요로 하는 중재절차를 특수교육의 실제적 조건과 비슷한 상황 속에서 독립변인의 효과를 검증할 수 있다.

다섯째, 단일대상연구를 통해 개념적 이론을 검증할 수 있다. 단일대상연구 설계법을 통해 행동이론의 타당도을 검증하고 특정 표적행동의 발생·비발생을 예측 가능하게 하는 분석 방법을 제공한다.

여섯째, 단일대상연구는 비용 효율이 높은 연구방법이다. 단일대상연구를 통하여 다양한 개별 연구를 진행하고, 이후 큰 단위의 정책적 변화에 영향을 미칠 수 있다. 또한 단일대상연구를 통하여 신뢰할 수 있고 설득력 있는 효과 검증의 증거를 생산할 수 있고, 이렇게 얻어진 연구결과와 실험 증거를 바탕으로 더 많은 비용을 필요로 하는 통제집단 연구에 대한 투자의 필요성을 정당화시킬 수 있다. 반대로, 단일대상연구를 통해 입증된 실험 통제와 내적 타당도 검증 후 통제집단연구를 통해 외적 효과 타당도를 입증할 수 있다.

요약

응용행동분석에 기반한 연구 또는 중재 과정 속 행동 관찰을 통해 얻어진 데이터를 분석하여 이용하는 과정은 필수적이다. 일반적으로 그래프로 데이터를 시각화하고 시각화된 그래프를 바탕으로 중재 효과를 분석하는 과정을 거치게 된다. 특히 행동분석가 또는 연구자는 좀 더 구조적으로 종속변인과 독립변인을 선정하고 실험적으로 중재의 효과를 입증한다. 이 경우 응용행동분석 분야에서 단일대상연구를 활용한다. 단일대상연구에서는 조작적 정의를 통하여 객관적이고 반복적으로 종속변인을 측정하고, 조작적으로 정의된 실험 조건 속에서 얻어진 기초선 데이터와 중재선 데이터를 비교하여 내적 타당도를 입증한다. 이후 반복연구를 통해 외적 타당도를 확장시킨다. 특히 내적 타당도를 입증하기 위해, 단일대상연구에서는 다양한 연구 설계법을 사용하지만 이 장에서는 대표적으로 사용할 수 있는 반전 설계, 중다기초선 설계, 교대중재 설계의 개념과 특성을 설명하였다. 행동분석가 또는 연구자는 연구 설계법을 통해 얻어진 기초선과 중재선의 시각적 데이터를 체계적인 방법을 통해 비교하고 분석한다. 시각적 분석의 대표적 요소는 수준, 경향, 가변성, 데이터의 겹치는 정도, 즉각적 변화 정도, 종속변인의 변화 크기, 데이터 패턴 변화의 지속성이다.

연습 문제

1. 측정한 행동에 대한 데이터를 이용하여 그래프를 작성해 보자.
2. 표적행동을 기초선과 중재선으로 나누어 측정하고 적절한 시각적 분석 요소를 이용하여 중재 효과성을 분석해 보자.
3. 표적행동(종속변인)과 중재 방법(독립변인)을 선정하고 반전 설계를 적용한 단일대상연구를 설계해 보자.
4. 표적행동(종속변인)과 중재 방법(독립변인)을 선정하고 다양한 유형의 중다기초선 설계를 적용한 단일대상연구를 설계해 보자.
5. 표적행동(종속변인)과 중재 방법(독립변인)을 선정하고 교대중재 설계를 적용한 단일대상연구를 설계해 보자.

제 5 장

기능평가

발달장애인은 인지적 · 언어적 어려움으로 인해 다양한 문제행동을 보일 가능성이 높다. 문제행동에 대한 가장 적절한 대응방법은 먼저 문제행동의 기능이 무엇인지 밝히고, 기능에 따라 적절한 중재방법을 적용하는 것이나. 이 장에시는 문제행동 중재의 첫 단계인 기능평가에 대해 자세하게 다룬다. 기능평가는 문제행동에 대한 환경적 원인을 파악하는 절차로, 문제행동에 대한 중재로 가장 먼저 수행되어야 한다. 이 장에서는 다양한 기능평가 방법과 절차에 대해 소개하며, 각 기능에 대해 자세하게 설명한다.

- ABC 기록
- ABC 기술분석
- 과제 회피
- 관심
- 기능분석
- 기능평가
- 기능행동
- 기능행동평가 인터뷰
- 동기사정척도
- 선행사건
- 소거
- 소거 폭발
- 요구
- 자기자극
- 절단점
- 행동
- 행동기능척도
- 행동원인규명척도
- 후속결과

I 기능평가

최근 몇 십 년 동안 심각한 문제행동의 치료는 급격히 발전해 왔으며, 문헌들은 공통적으로 학습이론에 근거한 응용행동분석이 문제행동에 대한 근거기반치료임을 보여 준다(Horner, Carr, Strain, Todd, & Reed, 2002; Kahng, Iwata, & Lewin, 2002). 실제로, 미국심리학회(American Psychological Association: APA) 33분과와 미국 국립연구위원회(National Research Council: NRC) 그리고 국립정신건강센터(National Institute of Mental Health: NIMH) 등에서는 공식적으로 문제행동 치료에 응용행동분석을 권고하고 있으며, 발달장애인이 보이는 자해(Kahng et al., 2002) 및 공격행동(Brosnan & Healy, 2011; Matson, Wilkins, & Macken, 2009)을 비롯한 문제행동 전반의 치료에 대한 고찰논문들도 이를 일관적으로 지지한다(Horner et al., 2002).

이 치료에서는 첫 단계로 문제행동의 환경적 원인을 밝히는 기능평가(functional assessment)를 강조한다. 기능평가의 개념은 Iwata 등(1982)에 의해 처음으로 소개되었다. 이 연구자들은 문제행동의 환경적 원인, 즉 기능을 관심, 요구, 자기자극, 과제 회피 등으로 구분하였다. 선행연구들은 기능평가 방법이 타당하며(Hanley, Iwata, & McCord, 2003), 이에 근거한 치료가 효과가 있음을 보여 주고 있다(문장원, 2011; Carter & Horner, 2007; Iwata, Vollmer, & Zarcone, 1990; McIntosh, Brown, & Borgmeier, 2008).

연구들은 일관적으로 아동들은 주로 힘들고 어려운 상황을 피하기 위해(과제 회피), 감각적인 자극을 위해(자기자극), 관심을 받기 위해(관심), 원하는 것을 얻기 위해(요구), 그리고 신체의 불편함을 표현하기 위해(신체증상) 문제행동을 보인다고 보고하고 있다(Iwata et al., 1982; Matson & Vollmer, 1995). 발달장애아동을 대상으로 다양한 문제행동의 기능을 조사한 연구들은 기능이 문제행동 종류에 따라 다소 다르며(Asmus et al., 2004), 문화에 따라서도 다소 차이가 나타남을 보고하고 있다(Beavers, Iwata, & Lerman, 2013). 또한 문제행동은 주기 시설과 학교 등 환경에 따라 다르게 나타나며, 따라서 기능분석 결과에서도 차이가 보고된다(이효정 외, 2015).

이 장에서는 문제행동을 보이는 아동을 중심으로 이들의 문제행동 전반에 대해 개관하고, 이에 대한 효과적인 중재를 위한 첫 단계인 기능평가와 그 유형에 대해 자세히 알아볼 것이다.

Ⅱ 문제행동의 이해

자폐증 등 발달장애를 가진 아이는 여러 가지 문제행동을 보인다. 장애 아동의 경우 문제행동이 발생하는 비율은 정상 발달 아동의 3~5배 정도이고(Emerson & Einfeld, 2011), 발달장애나 지적장애가 있으면 문제행동이 나타날 확률이 높아진다(박은혜, 박순희, 2001; Horner et al., 2002; Jones, Copper, Smiley, Allan, Williamson, & Morrison, 2008). 아이에 따라 개인차가 있기는 하지만 문제행동이 없는 경우는 거의 없고, 어렸을 때는 뚜렷이 보이지 않더라도 나이가 들면서 문제가 생기거나 심해질 수 있다(Dunlap & Fox, 1999). 또한 이러한 문제행동은 학교나 집단 치료실 등에서 더 많이 나타나며, 특히 엄마나 할머니 등 특정한 사람과 있을 때 더 자주 나타난다.

1. 어떤 문제행동을 보이는가

문제행동을 보이는 대상자가 모든 행동을 다 보이는 것은 아니며, 문제행동의 종류와 강도는 대상자에 따라 매우 다르다. 따라서 어떤 대상자가 문제행동을 보인다고 하면 각 문제행동에 대해 구체적으로 기술하는 것이 좋다. 〈표 5-1〉에는 임상현장에서 가장 많이 관찰되는 문제행동의 종류와 예가 제시되어 있다.

〈표 5-1〉 문제행동의 종류와 예시

문제행동의 종류	예시
불순응	교사의 지시 무시하기, 지시와 관련 없이 자신이 원하는 것 수행하기, 핑계를 대어 과제 수행을 미루기 등
공격	때리기, 발로 차기, 꼬집기, 침 뱉기, 물기 등
물건 파손	고의로 공책 찢기, 연필 부러뜨리기, 책 집어던지기, 책상·의자 넘어뜨리기, 물건 던지기 등
자해	자기 손으로 머리나 얼굴 부위를 때리기, 자기를 물기, 딱딱한 면에 머리나 신체 부위 박기 등

부적절한 행동 하기	수업시간에 허락 없이 돌아다니기, 옆 사람에게 말 걸기, 수업과 관련 없는 말과 행동으로 수업 방해하기 등
떼쓰기	소리 지르고 울면서 달래도 그치지 않고 앞에서 언급한 둘 이상의 행동을 보이며 일정한 시간 동안 복합적인 문제행동을 보이는 등
섭식문제	음식 거부, 편식, 느리게 먹기, 되새김질, 씹기 문제, 이식증
수면문제	불규칙한 수면 스케줄, 불면증, 수면무호흡증, 야경증
배설문제	유뇨증, 유분증, 변비

2. 문제행동이 왜 발생하는가

아이들은 서로 다른 기질(타고난 행동 방식)을 가지고 태어난다. 어떤 아이는 먹여 주기만 하면 하루 종일 보채지 않고 잘 자는 반면, 어떤 아이는 모유 혹은 우유 수유 시 칭얼대고, 잠자기 힘들어 하며, 깨어 있는 시간 동안 지속적으로 울어 댄다. 어떤 아이는 엄마가 안 된다고 하는 경우, 바로 단념하지만 어떤 아이는 자신이 원하는 것을 얻을 때까지 저항한다. 발달장애를 가지고 태어나는 경우, 한 가지에 대한 집착이나 다른 사람의 감정에 덜 민감함 등 가정과 사회에서 요구되는 규칙을 받아들이기 힘든 기질을 가지고 태어난다.

비록 이렇게 다루기 어려운 아이의 기질이 문제행동의 가능성을 높이기는 하지만, 부모나 보호자가 이에 대해 어떻게 대하는가도 아이가 보이는 문제행동에 크게 영향을 준다(홍준표, 2005; Budd, Green, & Baer, 1976, Richman, 2008; Riquelme, Hatem, & Montoya, 2016). 즉, 아이의 행동은 그 행동에 반응하는 부모에 의해 크게 달라진다. 예를 들어, 슈퍼마켓에서 과자를 사 달라고 떼쓰는 아이를 생각해 보자. 엄마는 식사 전이므로 과자를 사 주고 싶지 않다. 처음에는 아이에게 좋은 말로 안 된다고 하였으나, 아이는 고집스럽게 과자를 요구하고 있다. 그래도 안 된다고 하면 아이는 점점 더 조르다가 마침내 슈퍼마켓의 물건을 던지고 큰 소리로 울고 떼를 쓰게 되고, 주변의 사람들은 모여들어 아이와 엄마의 실랑이를 웅성거리며 구경한다. 이때 엄마는 두 가지 방법으로 이에 반응할 수 있다. 아이의 문제행동을 참기 힘들다면 엄마는 아이에게 과자를 사 주고 그 상황을 종료할 수 있다. 혹은 엄마는 아이의 행동을 무시하고 끝까지 과자를 사 주지 않을 수 있다. 이렇게 엄마의 다른 반응은 앞으로 그 아이가 다시 슈퍼마켓에서 자신이 원하는 것이 있을 때 떼를 쓸지 안 쓸지를 결정한다. 그런데 여기서 아이만 부모의 행동에 영향을 받는 것은 아니다. 부모의 행동도 아이의 행동에 의해 영향을 받는다. 즉, 아이가 장난치다가 물건을 깨뜨린 경우, 평소에 말을 잘 듣고 고분고분하게 행동했던 아이와 어른의 말을 전혀 듣지 않고 자기 마음대로 행동하는 아이에 대한 엄마의 반응은 매우 다를 수 있다. 이와 같이 문제행동은 아이의 까다로운 기질과 부모의 잘못된 양육방식이 오랫동안 지속되면서 발생하거나 악화되는 것이다.

3. 문제행동을 고칠 수 있는가

아이의 기질은 타고난 것이기는 하지만 아이는 부모의 양육방식이나 다른 요소(예: 피곤도, 날씨, 시간 등)에 영향을 받는다. 따라서 부모가 문제행동을 다루는 효율적인 양육방식을 사용한다면 문제행동은 줄어들거나 적어도 악화되지 않을 수 있다. 현재 아이가 문제행동을 보이고 있고, 점점 더 문제가 심각해진다면, 부모의 양육방식이 비효과적임을 시사한다. 예를 들어, 아이가 동생을 때릴 때마다 많이 꾸짖고 혼을 내지만, 동생 때리기가 계속된다면 엄마의 혼내기는 아이의 동생 때리기를 줄이지 못하므로 혼내기는 효과가 없음을 시사한다. 이 경우, 엄마는 아이의 동생 때리기를 줄일 수 있는 다른 방법을 찾아야 한다. 응용행동분석이 기반으로 하는 학습이론은 잘못된 행동을 줄이는 동시에 적절한 행동을 찾아 가르치는 방법을 강조한다. 많은 연구들은 이 과정을 통해 문제행동이 개선될 수 있음을 보여 준다.

문제행동의 개선은 문제행동의 역사가 짧으면 짧을수록, 문제가 심각하지 않을수록 더 수월하다. 따라서 문제행동이 심각해지고 나서 고치는 것보다는 발생하기 전에 혹은 심해지기 전에 예방하는 것이 효과적이다.

Ⅲ 기능평가

1. 문제행동의 환경적 원인

응용행동분석을 기반으로 하는 문제행동 중재에서 첫 번째 과정이자 무엇보다도 중요하게 여기는 절차가 문제행동에 대한 환경적 원인을 알아내는 기능평가 과정이다. 앞서 언급했듯이 문제행동은 아이의 타고난 기질이나 생물학적 요인과 부모나 주변 보호자들이 이를 어떻게 다루었느냐(환경적 요인)의 상호작용에 의해 발생한다. 응용행동분석에서는 타고난 기질이나 생물학적 요인의 차이를 인정하고 있으나 이를 직접적으로 다루지는 않으며, 그보다는 변화가 가능한 환경적 요인을 다루어 줌으로써 문제행동을 감소시키고 바람직한 대안 행동을 가르치려 한다. 이를 위해서, 첫 번째 단계로 어떤 환경적 요인이 문제행동을 유발시켰는지 알아내려 하는데, 이것을 행동에 대한 기능(원인)평가라고 한다. 우리는 배가 아프든지 눈이 충혈되든지 어떤 신체적 증상이 나타났을 경우, 가장 먼저 왜 이런 증상을 갖게 되는지 궁금해한다. 원인을 알아야 그에 대한 치료책이 나올 수 있다고 생각하기 때문이다. 행동적인 문제도 마찬가지로 그 행동이 일어난 원인, 즉 행동의 기능을 알게 되면 대책이 가능하다고 본다. 실제로 많은 연구들이 원인에 대한 정확한 평가가 이루어지고, 이를 바탕으로 치료했을 때 치료 효과가 가장 좋다고 보고한다(Campbell, 2003; Ervin, Radford, Bertsch, Piper, Ehrhardt, & Poling, 2001; Iwata, Pace, Cowdery, & Miltenberger, 1994).

사람들은 다양한 이유로 어떤 행동을 한다. 이 책은 응용분석행동에 대한 정보를 제공하는 것에 목적이 있고, 독자들은 응용행동분석에 대한 정보를 얻기 위해 이 책을 읽는다. 덥기 때문에 에어컨을 틀고, 배가 고파서 밥을 먹으며, 돈을 벌기 위해서 일을 한다. 어떤 사람들은 이유 없이 특정 행동을 한다고 하지만, 곰곰이 따져 보면 이유 없는 행동은 없다. 단지 그 이유가 명확하게 드러나지 않아 잘 모를 뿐이다.

문제행동으로 치료실을 찾아오는 보호자들의 경우, 문제행동의 원인을 물어보면, 어떤 보호자는 "시키는 것을 피하려고" 혹은 "자기가 원하는 것을 주지 않아서"라고 그 이유를 분명하게 보고한다. 다른 보호자는 "이유 없이 그냥 한다." 혹은 "모르겠다."라는 답을 한다. 이는 아마도 아이의 행동을 자세히 관찰하지 않아 이유를 파악하지 못한 경우이거나, 행동이 여러 가지 원인으로 발생해서 이유 파악이 힘들기 때문이다. 어찌 되었던 이유 파악이 어려워지면, 그 대책을 세우기도 어렵고 효과적인 대책을 찾을 수도 없다.

다행스럽게도 심각한 문제행동을 보이는 발달장애아동의 경우, 그 이유가 몇 가지로 정리된다. 어떤 아이가 문제행동을 보이는 경우, 다음의 이유를 먼저 고려해 보고 이유가 아니라고 파악되면 다른 가능성을 고려하자. 또한 어떤 경우에는 여러 가지 이유로 동일한 행동(예: 공격행동)을 할 수 있고, 동일한 이유로 서로 다른 행동(예: 자해와 공격)을 보일 수도 있음을 기억하자. 이런 다양한 가능성을 염두에 두고 문제행동에 대한 가장 보편적인 이유를 살펴보자.

첫째로, 관심을 끌기 위해 문제행동을 할 수 있다. 우리는 다른 사람들에게서 칭찬을 받고 관심을 받는 것을 원하고 추구한다. 칭찬이나 보상 등의 긍정적인 관심이 가장 바람직하지만 이런 긍정적인 관심이 불가능한 경우, 무관심보다는 잔소리 듣기나 혼나는 등의 부정적인 관심을 더 원하게 된다. 예를 들어, 문제행동이 많은 아이들의 경우, 기능 수준이 매우 낮은 경우가 많으므로 일상생활에서 칭찬받는 일이 매우 드물다. 사람들은 이 아이들이 문제행동을 보이지 않는 경우 관심을 주지 않지만, 문제행동을 보이면 혼내거나 막거나 벌을 주는 등의 관심을 보인다. 문제행동을 보이는 아이들은 반복적인 경험을 통해 문제행동으로 관심을 끌 수 있음을 배우게 되고 결과적으로 관심을 끌기 위해 이런 행동을 지속적으로 보이게 된다. 문제행동은 시간이 지남에 따라 점점 더 심한 문제행동으로 발전하게 되는데, 약한 문제행동으로는 더 이상 주변의 관심을 끌 수 없게 되기 때문이다. 사람들이 긍정적인 측면보다는 부정적인 측면에 관심을 기울이는 경향이 있다는 사실은 연구를 통해 밝혀졌을 뿐 아니라(Skowronski & Carlston, 1989), 관찰을 통해서도 쉽게 알 수 있다. 예를 들어, 거의 대부분의 보호자의 경우, 아이가 문제행동을 하지 않으면 아무런 반응을 보이지 않다가 문제행동을 보임과 동시에 그 행동을 저지하거나 약화시키려고 꾸짖거나 벌을 준다.

관심이 문제행동의 원인이 되는 경우, 가장 효과적인 처치 방법은 문제행동을 할 때는 무시하고 문제행동을 보이지 않을 때 혹은 바람직한 행동이나 대안 행동을 보일 때 관심을 주는 것이다. 예를 들어, 관심을 얻기 위해 계속 교사를 성가시게 하는 아이의 경우, 성가시게 구는 행동에 대해서 무시하고(부정적인 반응도 아이에게는 관심이 될 수 있으므로), 적절한 시기에 적절한 방법으로 관심을 얻고자 하는 행동을 보이면 관심을 주고 칭찬해 준다. 이때 아이가 관심을 얻는 적절한 방법을 모른다면 먼저 가르쳐야 한다. 무관심만으로 현재 보이는 행동이 줄거나 일시적으로 없어질 수 있지만, 새로운 적절한 방법을 알려 주지 않으면 또 다른 형태의 문제행동을 보이게 된다. 아이가 문제행동을 보이지 않고 적절하게 관심을 얻는 방법을 가르치고, 반복적인 연습을 통해 이 방법이 효과적이라는 경험을 쌓게 해 줘야 한다.

일반적으로 보호자들은 관심을 주지 않는 것, 문제행동을 무시하는 것을 매우 어려워한다. 문제행동에 대해 아무런 조치를 취하지 않는 것이 어색하고, 뭔가를 가르치지 않기 때문에 옳지 않다고 생각하는 경우가 많다. 그러나 문제행동이 관심을 얻기 위해 발생하고 유지되고, 그 행동을 한 후 지속적으로 주변의 관심을 얻게 되면 그 행동은 없어지지 않을 것이 분명하다. 보호자는 이를 인식하고 의식적으로 문제행동에 관심을 주지 않도록 해야 한다. 즉, 문제행동을 보였을 때, 아이와 눈맞춤을 피하고, 신체적 접촉을 하지 않으며, 어떤 말도 하지 말아야 한다.

두 번째로, 아이가 자신에게 요구되는 과제나 활동을 하기 싫을 때 피하려고 문제행동을 하는 경우가 있다. 울거나 떼를 쓰면서 주사를 맞지 않으려 하거나, 숙제할 시간에 갖은 핑계로 숙제시간을 미루거나, 과제물을 제시하면 던지고 찢으며, 먹기 싫은 것을 주면 뱉거나 구역질을 하는 경우 등이 이에 속한다. 특히 아이가 할 수 있는 것보다 어려운 과제를 오랜 시간 동안 시키게 되면 이를 피하기 위해 문제행동을 보일 수 있다.

중재 방법으로는 아이가 문제행동을 하더라도 피할 수 없고 할 일을 다 해야만 한다는 것을 학습시키고, '싫다'는 것을 표현할 바람직한 의사표현 방식을 가르치는 것이다. 예를 들어, 과제를 제시하면 떼를 쓰는 경우를 들 수 있다. 이때 아무리 떼를 써도 해야 할 분량의 과제를 마쳐야 한다는 것을 가르쳐야 한다. 과제 도중 보이는 문제행동에 대해 잔소리를 한다거나 벌을 세운다거나 하는 것은 아이가 하기 싫은 공부를 안 하도록 해 주기 때문에, 과제 도중에는 아무리 문제행동이 나와도 꾸지람은 삼가고 자신이 해야 할 학습량을 다 수행하도록 하는 것에만 초점을 맞추어야 한다. 이때 나온 문제행동에 대해서는 과제를 마친 후 결과를 줄 수 있다. 예를 들어, 과제 수행 중 과제를 하기 싫어 과제물을 찢거나 던지는 경우, 과제 도중에는 이 행동들에 관심을 주지 말고 과제를 먼저 마치게 한다. 과제를 마친 후, 쉬는 시간에 자신이 찢은 물건을 붙이거나 새로 만들고 던진 물건을 가져오게 한다. 이렇게 하면 아동은 자신의 행동으로 과제를 피할 수 없었을 뿐 아니라, 쉬는 시간에 쉬지 못하고 자신이 벌여 놓은 것들을 치우거나 수습해야 함을 배우게 된다. 목표로 하는 것(예: 과제를 하지 않는 것)을 얻지 못하고, 오히려 손해(쉬는 시간에 쉬지 못하고 자신이 벌린 일들을 치우고 마무리해야 함)를 반복해서 경험하면, 이 행동을 지속할 가능성은 급격히 줄어든다.

과제 수행 시 문제를 보이는 가장 큰 이유는 자신의 능력에 비해 너무 어렵거나 길거나 많은 양의 과제를 하도록 요구받은 경우이다. 자신이 하지 못하는 과제나 하기 싫은 과제를 피하는 것은 너무 당연하다. 조금의 노력도 하지 않고 과제 종류에 상관없이 무조건 거부하는 아동도 없지는 않지만, 이 경우에도 처음부터 모든 과제를 다 거부하는 아동이었다기보다는, 어려운 과제를 해야 하는 상황을 반복해서 경험하면서 과제를 피하는 방법을 배워 나갔다고 보는 것이 더 정확하다. 과제를 회피하는 경우, 억지로 과제를 지속하게 되면 회피행동은 점점 빈번해지고 과격해지며 다양해질 가능성이 높다. 이 경우 아이의 행동을 바꾸기에 앞서 제시하는 과제의 종류와 양을 아이의 수준에 맞게 선택하고, 아이가 할 수 있는 적은 양부터 시작하여 조금씩 늘려 갈 것을 권한다. 이것이 과제 회피로 인한 문제행동을 방지하고 학습 효과를 증진시키는 가장 바람직한 방법이다.

세 번째로, 원하는 것을 얻기 위해 문제행동을 하는 경우가 있다. 앞에서 예를 들었던 과자를 먹고 싶어서 떼를 쓰는 아이의 경우를 생각해 보자. 특히 언어가 제한되고 적절한 의사소통방법을 습득하지 못한 아이의 경우, 문제행동을 통해 자신이 원하는 것을 얻고자 하는 것이 일반적이다. 언어가 있어도 표현력이 떨어지면, 자신의 원하는 것을 얻기 위해 남을 설득할 수 있는 능력도 제한되고, 이해력이 떨어지면 주변에서 왜 그것을 얻을 수 없는지 설명을 해도 그 설명을 이해하지 못한다. 예를 들어, 어떤 아이가 동생이 가지고 노는 장난감을 갖고 싶어 한다고 하자. 이 아이는 동생이 그 장난감을 주지 않아 화가 났고 그 분을 이기지 못해서 자기 머리를 바닥에 박는 등 자해행동을 보이고 있다. 이때 자해행동을 보고 놀란 엄마가 달려와서, 동생의 장난감을 뺏어 이 아이에게 주었다면, 이 아이는 자해행동을 통해 원하는 것을 얻는 경험을 하게 된다. 이런 경험이 반복되면 아이는 자해행동을 하면 원하는 것을 얻을 수 있음을 배울 것이다. 조금 다른 상황을 생각해 보자. 이 아이가 어떤 때에는 자해행동을 통해 원하는 장난감을 얻었고, 다른 때에는 그렇지 못했다고 가정하자. 아이가 서로 다른 경험을 분석할 만한 인지 능력을 가졌다면, 다른 경험이 누구랑 같이 있었는지, 어떤 장난감인지, 시간은 언제인지, 장소는 어디인지 등 다양한 요소를 파악하여 이에 따라 추후에 각각의 상황에 다른 행동을 보일 수 있다. 그러나 어리거나 인지적 제한이 있는 아이의 경우, 상황 정보를 이용할 수 있는 능력과 이를 분석해서 추후에 적용할 수 있는 능력에 제한이 있을 수 있다. 따라서 이 아이는 자신이 아는 방법, 즉 문제행동을 통해 자신이 원하는 것을 갖기를 지속할 것이다. 이런 측면에서 문제행동은 아이의 입장에서 보면 가장 현실적인 문제해결방식이다. 다만, 이것이 보호자나 주변인들에게 혹은 아이가 사는 환경에서 받아들여지지 않는 방법이다.

원하는 것을 얻기 위해 문제행동이 지속되는 경우, 아이로 하여금 떼를 써도 원하는 것을 얻지 못한다는 것을 알게 해 주어야 한다. 그리고 그보다 더 중요하게, 적절한 방식으로 자신이 원하는 것을 요구하는 방법을 가르치고 이런 적절한 행동을 하면 원하는 것을 얻는 경험을 하게 만들어 주어야 한다. 처음에는 적절한 방식으로 요구하면 요구할 때마다 즉각적으로 원하는 것을 제공해 주다가 점차적으로 시간 간격을 늘려 가는 방식을 택한다. 앞에서 언급한 무관심 방법도 그렇지만 떼를 써도 이전처럼 자신이 원하는 것을 얻지 못한다는 것을 가르치는 경우(소거), 이런 방법을 사용하는 초반기에 문제행동이 급격하게 증가하는 현상(소거 폭발)이 발생한다. 이는 문제행동을 줄이기 위한 지극히 당연한 절차로 흔들림 없이 이 방법을 지속해야 한다. 소거 시, 문제행동의 급격한 증가는 아이들뿐 아니라 우리도 경험한다. 그리고 이를 극복해야만 행동의 변화가 올 수 있다. 예를 들어, 자판기를 이용하는데 언제나 돈을 넣으면 음료가 나온다고 하자. 그런데 어느 날 돈을 넣었는데 음료가 나오지 않는다면 어떻게 하는가? 아마 옆에 누군가가 없다면 자판기를 흔들거나 두드리거나, 심하게는 발로 차는 행동을 할 것이다. 아마도 이전에 발로 차는 행동으로 자판기에서 원하는 물건을 획득했던 경험을 했을 것이다. 이는 자판기가 잘 작동할 때는 없었던 행동으로 이런 행동을 아무리 해도 음료가 나오지 않는다는 것을 경험하게 되면 자판기에 대한 과격한 행동은 없어지게 될 것이다.

네 번째로, 일부 아이들은 감각적 자극을 얻기 위해 문제행동을 보일 수 있다. 예를 들어, 몸 흔들기(전정감각), 빛 응시하기(시각), 자해행동(촉각) 등이 있다. 자해행동처럼 고통을 수반하는 행동을 원한다는 것이 언뜻 이해되지 않을 수 있다. 자해행동에 대한 일부 연구들은 어떤 아이들은 자해행동을 함으로써 운동을 하고 났을 때 엔도르핀이 분비되는 것처럼, 자해행동 후에도 엔도르핀 같은 호르몬이 생성된다는 보고를 한다(Ross, 2012). 또한 심한 자해행동을 보이는 아이의 경우, 정상인과는 다른 고통에 대한 역치를 가지고 있다는 보고도 있다(Riquelme, Hatem, & Montoya, 2016). 이런 보고들은 자해가 그 자체로 아이들이 원하는 특정 감각적 자극을 유발하는 활동이 될 수 있음을 시사한다.

자기자극을 위해 문제행동을 보이는 경우, 치료가 제한되고 어렵다(Kahng eral, 2002). 일반적으로는 아이의 주변 환경을 다양하게 해 주어 감각자극의 결핍을 감소시키는 방법이 있다. 즉, 바람직한 방법으로 자해행동이 아닌 다른 행동을 통해 감각자극을 얻도록 아이에게 다양한 놀이기술을 습득시키는 것이다. 이론적으로는 간단하나 실제 놀이기능이 제한된 아동에게 놀이기술을 가르치는 것은 그 자체로 어려울 뿐만 아니라 시간도 오래 걸린다. 하지만 장기적인 측면에서 볼 때, 놀이기술의 향상은 반드시 필요하며, 치료 계획 시 필수적으로 포함되어야 하는 요소이다. 다른 대안으로 행동이 만들어 내는 감각적 결과를 변화시키는 방법을 들 수 있다. 예를 들어, 손톱으로 얼굴을 할퀴는 행동을 할 때 느껴지는 자극이 좋아서 계속 그러한 행동을 하는 경우(장애가 있는 사람들은 이런 자극을 좋아할 수 있다), 손끝에 얇은 고무(예: 장갑의 끝을 자른 부분)를 끼워 주어 그러한 감각을 아예 느끼지 못하도록 하는 것이다. 그렇게 되면 아이는 손끝으로 얼굴을 할퀴어도 전과 같은 느낌을 얻지 못하므로 할퀴는 행동이 줄어들게 된다. 이때 고무의 크기를 조금씩 작게 줄여 나가면 나중에는 고무가 끼워져 있지 않아도 할퀴는 행동을 하지 않게 된다. 이런 방법은 쉽게 생각나지도 않을 뿐 아니라, 그 효과성에 대해서도 선뜻 확신하기가 어려울 수 있다. 하지만 기본 원리에 근거하면 다양한 방법을 고안할 수 있고, 실제 이런 적용을 통해 그 효과성을 평가하면서 계속적으로 사용할 것인지에 대해 고민해 볼 것을 권한다.

그 밖에 문제행동이 상황이나 자극에 대한 반응으로 발생하거나 유지되는 경우가 있다. 예를 들어, 다른 아이의 우는 소리, 시끄러운 비상벨 소리 혹은 큰 소음 등 특정 소리가 날 때마다 문제행동을 보일 수 있고, 안경 쓴 사람이나 빨간 옷을 입은 사람 등 특정 시각적 자극에만 공격행동을 보일 수 있다. 문제행동의 기능이 이 분류에 속할 때 가장 어려운 점은 실제 이 기능에 속하느냐 아니냐를 결정하는 것이다. 가장 권하는 방법은 다음 절에서 소개할 ABC 기록지를 이용해

장기적으로 아이의 행동을 관찰하고 이를 기록하면서 패턴을 찾아내는 방법이다. 시간이 오래 걸리고 기능 찾기가 수월하지 않지만, 일단 기능이 파악되고 나면 중재 방법이 분명하게 드러난다는 특징이 있다. 문제행동이 이 기능으로 유지될 때, 가장 적절한 치료는 특정 자극을 경험하지 못하게 환경을 바꿔 주거나, 문제행동을 유발하는 요인에 반복적으로 노출시켜 익숙하게 해, 더 이상 그 자극이 문제행동을 유발하지 않게 만드는 것이다.

마지막으로 의학적 원인, 즉 질병에 의한 문제행동을 들 수 있다. 갑작스럽게 나타나고 환경의 변화와 관련 없는 것으로 보일 때는 이를 의심해 볼 필요가 있다. 생리 주기나 변비, 음식물 알레르기 또는 약물과 같은 것을 예로 들 수 있다. 이 중 알레르기나 생리 주기의 경우, 장기간에 걸친 관찰이 필요할 수 있다. 거듭 강조하지만 기록을 통한 기능 파악이 가장 효과적이며 유용하다. 문제행동의 기능이 의학적 원인일 때는 먼저 의학적 처치로 원인을 다루어 주는 것이 가장 적절하다.

앞에서는 문제행동을 보이는 아이에게서 보편적으로 관찰되는 환경적 원인과 각 원인에 따라 어떤 치료책이 가장 바람직한 지에 대해서 살펴보았다. 어떤 아이가 문제행동을 보인다면 앞의 가능성을 먼저 생각해 보고, 그에 따라 대책을 마련해야 한다. 그러나 이 외에도 여러 다른 원인이 문제행동을 일으킬 수 있으며, 한 행동이 여러 가지 원인에 의해 발생할 수 있고 여러 가지 행동이 동일한 원인에 의해 발생할 수 있음 또한 기억해야 한다.

2. 문제행동의 환경적 원인 파악

그렇다면 우리 아이의 문제행동은 관심을 얻고 싶어서인가 혹은 과제를 회피하려는 것인가? 문제행동의 환경적 원인을 파악하는 기능행동평가에는 다양한 방식이 있지만, 이 모두는 앞서 언급했던 '선행사건–행동–후속결과'의 관계, 즉 '행동 이전에 무슨 일이 일어났는가?'(선행사건), '어떤 행동을 보이는가?'(행동) 그리고 '행동의 즉각적인 결과가 무엇인가?'(후속결과)를 밝히려는 목적을 가진다.

이러한 기능행동평가 방법은 크게 두 가지가 있다. 첫 번째는 간접적인 평가로 부모나 돌보는 이들의 인터뷰를 통해 문제행동이 발생하거나 발생하지 않는 상황을 규명하거나, 설문지를 통해 정보를 수집하는 방법이다. 인터뷰나 설문지를 통해 얻은 부모나 보호자의 보고가 기억에 의존하므로 부정확하고 신뢰하지 못할 수 있다는 단점이 있으나, 빠르고 손쉽게 사용할 수 있어 자주 사용된다. 두 번째로, 직접적인 평가방법이 있다. 이는 실제로 아이의 행동을 관찰하여 아이가 문제행동을 하기 전의 상황과 그 행동 후의 결과를 기록하거나, 치료실에서 임의적으로 세팅을 만들어 직접 관찰을 통해 정보를 수집하는 방법이다. 이 방법을 기능행동분석이라 하는데, 이것은 전문적인 훈련을 요하는 과정으로 일반적인 사용이 어렵기 때문에 치료실에서만 주로 사용되고 있다. 다음은 응용행동분석에서 빈번하게 쓰이는 평가도구에 대한 기술이다. 아이가 보이는 문제행동에 대한 평가를 원하는 독자를 위하여 평가도구와 이용방법에 대해 제시하였다.

3. 기능행동평가 인터뷰

[그림 5-1]은 가장 대표적으로 쓰이는 기능행동평가 인터뷰(O'Neill, Horner, Albin, Storey, & Sparague, 1997)를 수정 변경한 것이다. 국내에서는 아직 번역판이 나와 있지 않아 영어판을 구입하여 사용하거나 영어판을 참조하여 목적에 맞게 변형한 후 사용할 것을 권한다. 이 도구는 문제행동 빈도, 정도, 일어나는 시기, 결과, 의사소통 방식, 신체적 상태 등을 측정하는 설문으로 다음과 같은 항목으로 구성되어 있다. 즉, 문제가 되는 행동의 빈도, 정도, 시간, 강도(2문항), 문제행동을 일으키는 환경적인 사건(7문항), 문제행동을 일으키는 선행사건(7문항), 문제행동을 유지시키는 결과, 효율성, 대처행동, 의사소통 방법, 기존 치료 효과(각 1문항) 등이다.

각 문항은 개방형 질문으로 검사 대상의 보호자 또는 부모의 보고에 의한 내용을 검사자가 작성하는 방식으로 이루어지며, 문제행동의 심각도에 따라 다소 다르기는 하지만 약 1시간에서 1시간 30분가량 소요된다. 인터뷰를 통해 각 문제행동에 대해 구체적이고 자세한 정보를 수집할 수 있고, 이를 통해 가장 효과적인 치료책을 고안할 수 있다. 그러나 이 도구는 훈련 받은 검사자가 실시할 때 가장 유용한 정보를 얻을 수 있으며, 시간이 많이 소요된다는 단점이 있다. 또한 검사 결과를 종합·요약하는 데 전문 훈련이 요구된다. 결과는 객관적인 채점방법이 따로 없이 정보를 수집·통합하는 방식을 이용하므로 전문가 도움이 필수적이나, 적어도 독자들은 기능행동평가 인터뷰 양식을 작성하면서 얻은 정보를 바탕으로 각 아이가 보이는 문제행동에 대한 구체적인 정보를 얻어 중재에 대한 대략적인 방향을 잡을 수 있다.

기능행동평가 인터뷰

이름: 나이: 성별: ☐ M ☐ F
프로그램: 인터뷰 날짜:
인터뷰 시행자: 인터뷰 응답자:

A. 행동에 대해 설명해 주십시오.

1. 아동이 보이는 문제행동별로 그 행동의 양상, 빈도, 지속시간, 강도, 발생 시기, 대처방식 등에 대해 자세한 정보를 제공하십시오.

	행동 1	행동 2	행동 3	행동 4
양상				
빈도				
지속시간				
강도				
발생 시기				
대처방식				
비고				

2. 앞에서 기술한 행동 중 동시에 발생하는 행동이 있나요? 그렇다면 어떤 행동이 다른 행동 뒤에 나타납니까? 항상 그렇습니까?

_____

_____

_____

······ (생략) ······

[그림 5-1] 기능행동평가 인터뷰의 예

4. 설문지

　문제행동의 기능을 평가하는 가장 간편한 방법은 설문을 이용하는 것이다. 대표적인 설문으로 행동기능척도(Questions About Bbehavior Function: QABF; Matson & Vollmer, 1995)와 동기사정척도(Motivation Assessment Scale: MAS; Durand & Crimmins, 1988)가 있다. 이 척도들은 국내에서 번역되어 사용되고 있다. 두 척도 모두 연구를 통해 심리측정적 요소가 잘 확립되었고(Paclawskyj, Matson, Rush, Smalls, & Vollmer, 2001) 행동의 기능을 평가하는 데 유용하다는 연구결과가 보고되고 있다. 그러나 QABF와 MAS의 경우, 저자(Matson, J. L.)에게 저작권료를 내야 하므로 사용이 번거롭다. 또한 MAS의 경우 손쉽게 문항과 채점방법을 찾을 수 있다는 장점이 있으나, 최근판인 2판은 문항수가 60문항으로 많아 임상현장에서 이용하기가 용이하지 않다.

　[그림 5-2]의 행동 원인 규명 척도(Functional Assessment for Problem Behavior; 정경미, 김수연, 2017)[1]는 문제행동을 보이는 아이의 부모나 보호자를 대상으로 문제행동을 유지시키는 환경적 요인을 측정하려는 목적으로 국내에서 개발된 설문으로, 일반적인 문제행동의 원인, 즉 관심, 과제 회피, 자기자극, 신체적 상태, 요구, 강박 및 통제의 여섯 가지 기능을 파악한다. 다음은 각 기능에 대한 설명이다.

- 관심: 주변 사람들의 관심을 얻기 위해 문제행동을 한다.
- 과제 회피: 어떠한 과제, 활동이 싫어서 회피 목적으로 문제행동을 한다.
- 자기자극: 스스로 감각자극을 얻기 위해 문제행동을 한다.
- 신체적 상태: 신체적인 고통이나 그를 표현하기 위해 문제행동을 한다.
- 요구: 원하는 것을 얻기 위해 문제행동을 한다.
- 강박 및 통제: 스스로의 규칙을 고수하거나 원하는 대로 타인을 통제하기 위해 문제행동을 한다.

　각 영역별 4개 문항씩 총 24문항으로 구성되어 있으며, 4점 척도로 응답한다.

---

1) 행동 원인 규명 척도와 관련된 연구에 참여 시 인터넷에서 척도를 사용하고 그 결과를 볼 수 있다. 다음 사이트에서 해당 연구를 찾아 안내사항을 따르면 된다. http://yonseipsy.dothome.co.kr

[행동 원인 규명 척도]

〈작성방법〉

행동 원인 규명 척도는 발달장애 대상 문제행동의 원인을 평가하기 위한 검사입니다.
앞에서 응답해 주신 문제행동 중 가장 증상의 빈도가 심한 행동 한 가지를 선택하여 응답해 주
시면 됩니다.

표적행동: 선택한 행동이 어떻게 나타나는지 구체적으로 적어 주세요.
(예: 주먹으로 자기 얼굴 때리기)

선택한 행동에 대하여 해당하는 곳에 표시해 주십시오.

생년월일:	년 월 일	나이: (만) 세	성별: 남/여	관찰일:	년 월 일

표적행동	• 최근 2주 내 나타난 문제행동에 초점을 맞춰 응답해 주세요.
	• 목표 문제행동은 무엇입니까? _____
	• 한 가지만 선택하기: ① 자해 ② 공격 ③ 파괴 ④ 상동 ⑤ 기타( )

다음을 잘 읽고, 해당하는 곳에 표시해 주시기 바랍니다.		응답			
		전혀 그렇지 않다	―――――――		매우 그렇다
1	힘든 일을 시킬수록 문제행동이 증가하나요?	⓪	①	②	③	④
2	몸이 불편할 대 문제행동이 나타나나요?	⓪	①	②	③	④
3	주변 사람들이 다른 일을 하고 있을 때 문제행동이 더 많이 나타나나요?	⓪	①	②	③	④
4	신체증상(예: 감기, 배앓이 등)과 함께 문제행동이 나타나거나 증가하나요?	⓪	①	②	③	④
5	다른 사람들이 자신의 규칙(예: 식탁 차리기 순서 등)을 따르지 않을 경우 문제행동이 나타나나요?	⓪	①	②	③	④
6	쉬운 과제 혹은 지시를 내리면 문제행동이 감소하나요?	⓪	①	②	③	④

······ (생략) ······

[그림 5-2] 행동 원인 규명 척도

문제행동의 기능은 작성 후 설문지의 마지막에 제시된 채점방법에 따라 채점한
다. 각 유형별 점수 분포는 0~16점으로 가장 높은 점수를 얻은 영역을 문제행동
의 원인으로 간주할 수 있다. 문제의 원인을 결정하는 절단점(예: 몇 점 이상을 얻
으면, 그 행동의 원인으로 간주하는 기준이 되는 점수)이 없으므로 상대적 비교를 통
해 행동이 어떤 원인에 의한 것인지 결정하면 된다. 한 가지 문제행동이 여러 가
지 기능을 가질 수 있고(예: 원하는 물건을 얻거나, 과제가 하기 싫어서, 관심을 끌려고
자해행동을 하는 아이), 혹은 여러 가지 문제행동이 한 가지 기능(예: 원하는 것을 얻
기 위해 욕을 하고 소리를 지르고 주변인을 공격하는 등)을 가질 수도 있기 때문에 개
별 문제행동에 대해 따로따로 이 척도를 사용해야 한다. 또한 문제행동은 아이가
처한 환경, 상호작용하는 사람의 반응 및 기타 여러 가지 요소에 의해서 다르게
나타나므로 아이의 부모나 보호자 등 아이를 잘 알고 있는 사람 모두에게 설문을
작성하게 한다. 문제행동의 기능에 대한 전체적인 파악이 용이하며, 이에 따라
각각 상황이나 대상자에 적절한 중재를 세울 수 있다.

이 도구는 가장 손쉬운 방법으로 문제행동의 원인을 파악할 수 있다는 장점이
있다. 그러나 부모나 보호자의 보고에만 전적으로 의존하므로 문제행동의 기능
파악이 정확하지 않을 수 있으며, 원인에 대한 상대적인 비교를 통한 결정만이
가능하다는 단점이 있다.

5. ABC 기술분석

ABC 기술분석은 작동적 조건화의 원리를 그대로 반영하여 만든 ABC 기록지
〈표 5-2〉를 이용하는 방법으로 일상생활에서 아이의 문제행동과 그 행동이 일어
나기 전과 후의 상황을 관찰하고 이를 직접 기록하여 문제행동의 원인을 찾는 방
법이다. 기본 가정은 반복적으로 발생하는 문제행동을 발생 시점마다 자세하게
기록하다 보면 문제행동의 기능을 파악할 수 있다는 것이다. 상대적으로 빈번하
게 발생하는 행동의 경우, 기능 파악을 위해선 일반적으로 약 2~3일 동안 행동
이 발생할 때마다 기록할 것을 권한다. 그러나 행동의 발생이 빈번하지 않은 경
우, 좀 더 오랜 시간 동안 기록을 해야 기능 파악이 가능하다.

ABC 기록지는 특별한 양식이 없고, 자유로이 기록해도 되는 등 공식적인 훈련
이나 비용이 들지 않는 상대적으로 간편한 방식이지만 몇 가지 유의사항이 있다.

〈표 5-2〉 ABC 관찰기록 사례

ABC 기록지

아이 이름: 000   기록자: 000

날짜/시간	사전 상황(A)	행동(B)	후속결과(C)
사건이 일어난 날짜와 시간을 적는다.	문제행동이 일어나기 바로 전 상황을 적는다.	아이가 보인 문제행동을 적는다.	문제행동을 보였을 때 주위 사람들이 어떻게 행동했는지 적는다.
3/ 4 오후 5시~ 5시 30분	대형 마트에서 집에 있는 비싼 장난감을 또 사 달라고 조르기 시작. 엄마가 안 된다고 함.	소리를 지르며 바닥에서 데굴데굴 구름.	아무리 설명도 하고 야단쳐도 그치질 않아서 결국 다른 장난감을 사 주고 달래서 겨우 집으로 데려옴.

먼저, ABC 기록은 행동이 발생했을 당시 즉각적으로 기록해야 한다. 몇 시간 혹은 며칠이 지난 후 기억에 의존해 기록하는 것은 발생 자체에 대한 기록을 어렵게 할 뿐 아니라 기록하는 내용이 정확하지 않을 가능성이 높다. 이런 기록은 기능 파악에 유용하지 않다. 부모나 교사가 바쁜 일상생활을 하면서 문제행동이 발생할 때마다 발생 직후 이를 즉각적으로 기록하는 것은 쉽지 않으므로 이를 쉽게 하기 위한 조처(예: 기록지 위치, 기록 도구 위치 등)가 필요하다. 둘째, ABC 기록은 각각의 양식에 무엇을 적을 것인가에 대해 명확한 이해가 필요하며, 정확한 정보 수집을 위해선 연습이 필수적이다. 〈표 5-2〉의 상단에는 어떤 내용을 적을 것인가에 대한 간단한 기술과 그 예시가 제시되어 있다. 부모나 보호자에게 안내를 할 때는 문제행동이 발생하면 바로 기록을 시작하도록 안내하는 것이 좋다. 발생한 문제행동은 행동(B)란에 먼저 기록하고, 그 행동이 발생하기 이전의 상황에 대해 사전 상황(A)란에 자세하게 기술하고, 그리고 그 행동 발생 후 기록자를 포함해서 주변인들의 반응과 그에 따른 아이의 반응을 있는 그대로 적게 한다. ABC 기록지 사용에서 가장 혼란스러워 하는 부분은 후속결과인데, 아동이 보인 문제행동과 그 문제행동에 대한 주변인의 행동 다음에 오는 아동의 행동을 구별하기 어려워한다. 문제행동과 후속결과에 대한 설명을 하고 이를 기록하는 것을 사전에 연습할 것을 권한다.

6. 기능행동분석

기능행동분석은 치료실이나 실제 세팅에서 임의적으로 문제행동의 기능이 되는 환경을 실제로 조작하고 직접 관찰을 통해 아동의 행동에 대한 정보를 수집하는 방법이다(Iwata et al., 1982). 주로 이 방법은 전문가에 의해서 치료실이나 실험실 환경에서 진행되며, 한 가지 문제행동에 대해 진행되므로 문제행동이 한 가지 이상일 경우에는 각각의 행동에 대해 기능행동분석을 따로 해야 한다. 가장 기본적인 기능행동분석 조건은 〈표 5-3〉에 제시되어 있다. 실험 조건 중 상단 4개 조건은 문제행동을 하는 아동이 보이는 가장 일반적인 네 가지 기능을 평가하기 위한 것이고, 마지막의 놀이 조건은 통제 조건이다. 아이나 행동에 따라 다른 기능이 있을 것이라고 예상되면 실험 조건을 추가하기도 한다.

〈표 5-3〉 기능행동분석 실험 조건

실험 조건	선행 조건	결과
과제 회피	과제 제시	과제 중단
요구	장난감(원하는 것) 없음	장난감(원하는 것) 얻음
관심	상호작용 없음	관심 얻음(꾸중, 말, 눈맞춤 등)
자기자극	자극 없음	상호작용 없음
놀이	장난감, 관심	상호작용 없음

기능행동분석은 주로 사방 10m 크기의 일방경이 있는 공간에서 실시되며, 문제행동으로 인한 상해를 방지하기 위해 바닥과 벽에 보호대를 설치하는 것이 일반적이다. 문제행동이 아주 심한 경우, 평가자도 보호대와 기구를 사용할 것을 권한다. 기능행동분석을 진행할 때는 평가 세팅에 아동뿐 아니라 아동에게 조건에 맞는 결과를 제공하는 치료자가 필요하며, 동시에 아동의 행동을 일방경을 통해 기록할 기록자가 필요하다. 정확한 기능분석을 위해서 대상 아동에게 모든 조건을 다 3~4번씩 반복하는 것이 바람직하나, 시간적 혹은 경제적 원인으로 인해 몇 가지 조건만 포함해 평가를 진행하기도 한다. 현실적인 측면을 고려하여 단 회기 기능행동분석이 제안되었고, 그 유용성이 검증된 바 있다(Asmus et al., 2004). 한 조건당 평가시간은 5~10분으로 정확한 기능의 판단을 위해 각 조건을

3~4번 반복하는 것이 일반적이다. 각 조건에서 평가자는 선행조건을 조작하며, 이에 따라 아이 행동의 빈도를 기록하고, 조건에 따른 행동 빈도의 차이를 비교함으로써 문제행동의 기능을 결정한다. 예를 들어, 과제 회피 조건의 경우, 평가자는 아이가 수행할 수 있는 학습과제나 기타 과제를 준비하고, 일정한 시간 간격마다 한 번씩 과제를 아동에게 제시한다. 과제가 제시될 때, 아이가 문제행동을 보이면 "하지 마. 하지 않아도 된다."라는 기술과 함께 제시되었던 과제를 수거하고, 아동에게 잠시 휴식의 시간을 준다. 잠시 후에 다시 과제를 제시하고 앞에서 기술된 절차를 반복한다. 정해진 시간 동안 이를 반복하며 수집된 자료를 그래프화하고, 이를 조건마다 비교함으로써 해당 행동의 기능을 결정한다.

[그림 5-3]은 가상의 기능행동분석 결과를 그래프화한 것이다. 그래프의 x축은 평가 회기를 나타내며, y축은 분당 문제행동 수를 나타낸다. a를 보면 관심 기능일 때 가장 높은 문제행동을 보이고 있는데, 이 경우 아동이 보이는 문제행동이 관심 기능으로 유지된다는 결론을 내릴 수 있다. 한편, b의 경우 관심, 과제 회피, 요구 조건 모두에서 높은 문제행동을 보이고 있는데, 이는 기능행동분석에서 관찰한 문제행동이 여러 가지 복합 기능을 하고 있음을 시사한다. 즉, 한 가지 문제행동으로 과제를 피하려 하고, 관심을 얻으려고 함을 나타낸다. 행동은 주로 복합적인 기능을 갖는 것이 일반적이므로 실제 기능행동분석에서는 a보다는 b와 같은 그래프를 보는 경우가 많다.

기능행동분석은 실험실 상황이 아닌 교실이나 일반 세팅에서 진행되기도 한다. 이 경우 각 조건이 실험실에서 행해지는 기능분석보다 좀 더 긴 시간 동안 진행되며(예: 수업시간 동안, 반나절 혹은 하루 종일), 자료 수집 부분에서 다소의 융통성이 필요하다. 즉, 문제행동의 빈도를 직접 측정하는 것은 현실적으로 어려울 수가 있으므로 시간표집을 한다든지 혹은 직접 관찰 대신 척도(예: 1~5점)를 사용해서 진행할 수 있다. 세부적인 결정은 아이의 행동 유형, 빈도, 가용한 평가자의 수, 평가 절차 등에 따라 달라지므로 전문가의 도움이 필요할 수 있다.

기능분석방법은 인터뷰나 설문지에 응하는 부모나 보호사의 기억과 평가에 의존해야 한다는 한계를 극복하기 위한 방법으로 가장 객관적이고, 특히 심각한 문제행동 평가에 필수적인 평가방법이나 많은 시간, 비용, 전문가, 공간 등 경제적

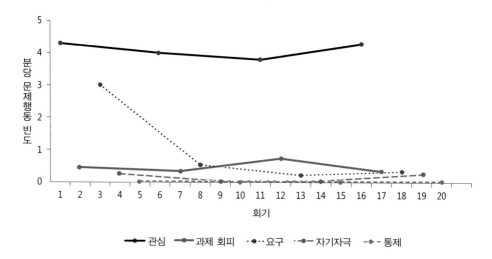

a. 기능행동분석 결과: 관심 기능

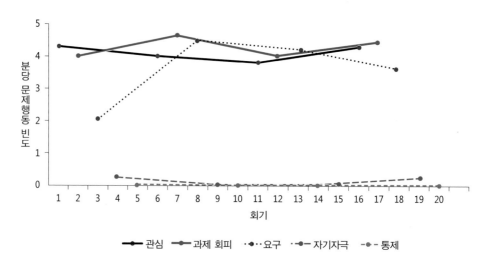

b. 기능행동분석 결과: 복합 기능-관심, 요구 및 과제 회피 기능

[그림 5-3] 기능행동분석 결과의 예

인 자원이 없으면 행하기가 쉽지 않다. 따라서 현장에서 이 방법은 많이 사용되지 않으며, 주로 심한 문제행동이 있는 경우 전문가에게 의뢰하여 진행하는 것이 일반적이다.

요약

발달장애를 가진 아동의 경우 공격행동, 자해행동, 파괴행동 등 심각한 문제행동을 보이는 경우가 많다. 심각한 문제행동은 아이의 적응을 어렵게 할 뿐 아니라 교육의 기회를 박탈하고 대인관계를 어렵게 하며, 행동의 제약을 초래하기도 한다. 문제행동에 대한 효과적인 대처방법은 응용행동분석이다. 응용행동분석의 첫 단계는 문제행동의 환경적 기능을 파악하는 것, 기능평가를 하는 것이다. 많은 연구들은 발달장애를 가진 아이의 경우, 문제행동의 환경적 기능이 관심, 요구, 과제 회피, 통제 및 강박, 자기자극, 신체적 상태 등 여섯 가지로 분류될 수 있음을 보여 준다. 또한 기능에 근거한 문제행동 중재가 효과적으로 밝혀져 기능평가가 중재의 첫 단계로 실시될 필요성을 강조한다. 기능평가는 직접 평가가 가장 권고되나, 비용, 시간, 전문가의 제한이라는 측면에서 효율적이지 않다. 간접평가는 다소 부정확하지만, 간편하고 손쉽게 이용할 수 있다는 점에서 현장에서 많이 사용된다. 기능평가를 명확히 하는 것만으로도 문제행동에 대한 이해를 높이며, 일관적이고 적절한 대처방식을 세울 수 있다.

연습 문제

1. 발달장애인이 주로 보이는 문제행동은 무엇인지 조사해 보자.
2. 문제행동을 보이는 경우, 가장 먼저 해야 할 일은 무엇이며, 왜 그것이 필요한지 생각해 보자.
3. 발달장애인이 문제행동을 보이는 경우, 문제행동의 기능적 원인으로 가장 대표적인 것을 조사해 보자.
4. 기능평가의 다양한 방법에 대해 정리해 보자.
5. 기능분석과 기능평가의 공통점과 차이점을 정리해 보자.

제6장

3요인 유관

　이 장에서는 행동분석가가 광범위하게 실행해야 할 3요인 유관분석에 관한 개념과 정의를 소개하며, 각 분석 단위별로 개념을 소개한 후에 분석 사례를 제시한다. 특히 행동이 발생하기 직전에 존재하여 행동의 발현을 유발하는 선행사건의 주요 요소와 기능을 소개한다. 선행사건-행동-후속결과(ABC) 맥락에서 선행사건의 작용을 분석하며, 실제적으로 핵심 요소인 동기조작, 자극통제, 상황사건, 변별자극을 살펴본다. 또한 행동의 정의, 후속결과의 기능과 작용을 설명한다. 3요인 유관에서 나타나는 후속결과의 기능과 작용을 설명하고 기능행동평가에서 표적행동을 유지하고 강화하는 후속결과를 찾아 행동 중재에 적용하는 방안과 대체행동을 찾을 수 있는 역할을 소개한다. 환경과 생활 속에서 나타나는 수많은 3요인 유관분석의 여러 모델을 소개함과 동시에 개별시도학습의 원리와 ABC 유관 패러다임의 과정을 비교한다. 확장적 요인분석으로서 4요인 유관분석의 패러다임을 소개하고 사례를 통해서 이해의 폭을 넓힌다.

핵심 용어

- 3요인(ABC) 유관분석
- 4요인 유관
- 강화의 덫
- 강화제
- 개별시도학습
- 기능분석
- 기능행동평가
- 대체행동
- 동기설정조작
- 동기조작
- 동기해지조작
- 무오류 학습 절차
- 물리적 환경

- 발전 평가
- 벌제
- 변별자극
- 사회적으로 적절한
- 상황사건
- 선행사건
- 오류 수정
- 일과성 절차
- 자극통제
- 정적 강화
- 정적 벌
- 행동
- 후속결과

Ⅰ 3요인 유관분석

1. 3요인 유관분석의 개관

3요인 유관분석(three-term contingency)은 응용행동분석의 핵심이라고 표현할 수 있다. 많은 경우 행동분석가들은 응용행동분석을 생각하면 작동적 자극 변화로서 중요한 강화와 벌을 가장 먼저 떠올릴 것이다. 그러나 응용행동분석에서 중요한 이론이면서 전략이기도 한 강화와 벌의 가치와 효과는 독단적으로 주어지거나 생성되는 것이 아니고 이제부터 소개하는 3요인 유관분석의 맥락에서 결정되는 것이다. 따라서 행동분석가나 관련된 전문가는 작동행동을 분석할 때는 3요인 유관분석을 표현하는 ABC 공식의 가장 기본적인 '단위(unit)'를 사용하게 된다(양문봉, 신석호, 2011).

ABC는 선행사건(antecedent), 행동(behavior), 후속결과(consequence)로 구성된 3요인 유관분석을 나타내는 공식으로 표현된다. 선행사건(antecedent stimulus)이 존재할 때 행동이 발생하게 되는데, 행동 발생 이후에 제시되는 후속결과는 선행사건-행동의 연계 관계, 즉 선행사건이 존재할 때 행동이 발생하는 유관관계를 더 강력하게 맺어 준다. 후속결과는 미래에 그 선행사건이 존재할 때 이어지는 행동의 발생 빈도수를 증가시키거나 감소시키는 데 영향을 주게 된다. 후속결과의 예로서 가장 흔하게 사용되는 것이 강화제나 벌제의 제시다. 〈표 6-1〉은 ABC의 기본 단위로서의 선행사건, 행동, 후속결과 간의 유관관계를 설명해 주고 있다.

〈표 6-1〉 선행사건, 행동, 후속결과 간의 유관관계

선행사건 (Antecedent)	행동 (Behavior)	후속결과 (Consequence)	미래에 선행사건(A)이 존재할 때 행동(B)이 발생할 확률
아빠가 아기에게 "철수야!" 하고 부른다.	쳐다 본다.	아빠도 쳐다보면서 칭찬한다.	증가
냉장고를 본다.	냉장고 문을 연다.	음식을 얻는다.	증가
방에 들어가는데 어둡다.	스위치를 켠다.	방이 환해진다.	증가

아기가 방을 기어 다니다가 뜨거운 커피 잔을 본다.	커피 잔에 손을 넣는다.	손을 데었다.	감소
빨간 신호등이 켜졌다.	그냥 속도를 내고 지나간다.	사고를 당했다.	감소

〈표 6-1〉에서 행동이 발생하기 직전에 자극이 발생하거나 변화되는 것을 발견할 것이다. 이것이 바로 행동의 발생 기회를 생성(occasion)시키는 선행사건이다. 행동 바로 직후에 제시되거나 발생하는 자극 혹은 자극 변화는 바로 직전에 발생했던 행동이 미래에 더 자주 혹은 덜 발생하게 하는데 영향을 주는 후속결과가 다. 〈표 6- 1〉의 위 세 가지 ABC 유관은 정적 강화의 사례가 되는 것이고, 아래 두 가지 ABC 유관은 정적 벌의 사례가 된다. 행동이 발생한 후에 주어진 후속결과가 그 행동의 미래의 빈도수 증가에 영향을 준다면 정적 강화의 사례이고, 반대로 빈도수 감소에 영향을 준다면 정적 벌의 사례다. 앞의 예에서, 앞으로 아빠가 아이에게 호명을 할 때마다 아이는 아빠에게 호명 반응(아빠를 바라봄)이 늘어날 가능성이 높아지게 된다. 반면에 아이가 기어 다니다가 커피를 볼 때마다 이를 피해 다닐 가능성이 높아지게 된다. 이러한 3요인 유관의 사례는 우리가 사는 환경에서 수없이 발생하고 있다. 3요인 유관에 대한 유관분석을 바로 이해한다면 아동의 행동 중재가 더 효과적일 수 있다.

2. 행동의 정의

행동은 한 사람이 태어나면서부터 살아가는 동안 학습하여 습득하게 되는 모든 정보, 기술, 체험, 감정, 예절, 기능, 지식 등을 가리키며, 이 중에는 학습하여 익혔거나 학습해야 하나 학습하지 못한 일체의 정보군을 의미한다. 또한 이를 데이터로 측정할 수 있는 방법으로 표현한 것을 행동이라고 정의할 수 있다(양문봉, 2000).

Jonston과 Pennypacker(1980, 1993)는 행동에 대해서 좀 더 과학적인 정의를 제시했다. 그들은 사람을 포함한 생명을 가진 유기체의 행동은 유기체와 환경 간의 상호작용의 일부로서 나타나는데 그 발현은 유기체의 시간에 따른 공간의 탐

색 가능한 이동으로 적어도 환경의 일부에서 측정 가능한 변화를 초래한다고 정의했다. 이로써 행동의 중요한 세 가지의 요소는 이동성, 시간성, 환경과의 상호작용성이며, 이러한 요소의 기본 핵심은 바로 측정성과 객관성에 있다. 좀 더 정확하게 묘사한다면 모든 유기체의 행동은 움직이는 유기체와 환경의 두 가지의 융합이라고 표현하고 있다(Cooper, Heron, & Heward, 2007). 그렇다면 유기체의 행동에서 움직이는 유기체의 부분을 제외한 모든 것이 환경인 셈이다.

3. 선행사건

선행사건(antecedents 혹은 antecedent stimuli)은 표적행동이 발생하기 직전에 그 현장에 이미 있었거나 일어난 자극과 상황을 의미한다. 실제로 표적행동을 유발하는 원인적인 자극 혹은 인과관계성 자극은 물론 선행사건에 포함되지만, 직접적인 유발 원인이 되지 않으면서 단지 후속적으로 상관관계만 성립하고 있는 자극도 선행사건에 포함될 수 있다. 예를 들어, 모기에 물려서 가려움 증세가 나타나는 선행사건이 바로 긁는 표적행동을 직접적으로 유발하는 경우 전자에 속할 수 있다. 그러나 후자에 속하는 다양한 요인들도 우리 환경 속에 존재한다. 예를 들어, 결혼식장에 갔더니(여기서 결혼식장은 선행사건이 된다.) 사람들에게 인사하는 행동이 증가했을 경우 이는 후자에 속하게 된다. 응용행동분석 원리를 적용하는 기관에서 가장 많이 사용하는 유관적 선행사건에 대한 환경조성 방법은 특정한 행동에 대해서 후속적으로 강화 혹은 벌의 발생 가능성을 높여 주는 선행사건을 제공하는 것이다. 예를 들어, 학교에서 점심식사 종이 울리면(선행사건) 학생은 거의 이탈 없이 식당에 모여 식사를 하게 되고(행동) 식사 후 포만감을 얻게 된다(후속결과, 강화). 여기에서 선행사건에 해당하는 종소리는 행동 후에 나타나는 포만감이라는 강화를 약속하는 점이 있기에 행동을 일으키는 강한 선행사건의 요소가 된다.

1) 선행사건의 주요 요소

선행사건은 행동이 일어나기 직전에 작용하는 자극과 상황으로서 행동 발생 가능성을 높여 주는 역할을 한다. 다음과 같이 핵심적인 선행사건의 주요 요소를 네 가지로 분류할 수 있다.

- 행동이 발생하기 직전에 현장에 같이 있던 사물이나 활동
- 행동이 발생하기 직전에 아동이 있었던 장소나 시간
- 행동이 발생하기 직전에 현장에 같이 있던 사람
- 행동이 발생하기 직전에 진행되고 있던 아동의 신체적 · 심리적 상태

(1) 행동이 발생하기 직전에 현장에 같이 있던 사물이나 활동

일반적으로 아동의 욕구 기능을 행동으로 나타내게 하는 것은 바로 아동이 선호하는 사물 혹은 놀잇감, 과자와 아동이 선호하는 놀이 활동과 같은 사물과 활동이라고 할 수 있다. 예를 들어, 자신이 원하는 놀잇감을 갖고 싶을 때 이를 얻고자 행동을 발휘하게 된다. 일반적으로 기능적인 의사소통 기술이 없는 아동들은 부적응행동을 통해서 이를 얻고자 할 것이다. 아울러 정반대의 상황도 예측할 수 있는데 아동이 혐오하거나 원치 않는 활동에서 도피하고자 할 때에도 행동 유형을 발휘하게 되어 있다. 따라서 행동이 일어나기 직전에 현장에 있던 사물이나 활동은 아동의 행동을 유발하게 하는 선행사건으로서 중요한 요소들 중에 하나가 될 것이다. 활동에 있어서는 특정한 유형의 활동 이외에도 아동이 오래 순서를 기다리고 있었다거나, 수업 중에 어려운 상황에 처했거나, 어려운 과제를 만나서 도움을 청했음에도 교사를 오랜 시간 기다려야 한 것도 여기에 속한다. 또한 아동이 좋아하는 수업이나 활동 시간 대신에 다른 활동으로 대체된 것도 아동의 부적응행동을 야기하는 주요 요소가 될 수 있다. 이런 차원에서 선행사건을 통제할 수 있는 방법으로는 아동 주변에 있는 다양한 사물들이 고전적 조건화를 통해서 이에 대한 선호도와 혐오 정도를 숙지할 필요가 있으며, 아동의 일과에 대한 변화를 미리 고지하거나 기능적 의사소통 기술을 학습하도록 유도할 필요가 있다.

(2) 행동이 발생하기 직전에 아동이 있었던 장소나 시간

일반적으로 사람들은 장소와 장소에 있는 시간에 따라서 행동 유형에 영향을 주는 경우가 많다. 예를 들어, 아동이 좋아하는 장소에 가게 되면 유쾌한 행동이 따르지만 좋아하지 않는 곳에 가게 되면 불편함을 보이거나 이를 벗어나려는 행동을 한다. 때에 따라서 학교에서는 전혀 보이지 않는 행동이 가정에서는 다발적

으로 관찰되기도 하고, 집에서는 관찰되는 기술이 학교에서는 전혀 관찰되지 않는 일이 일어날 수 있다. 자유 시간에는 관찰되지 않다가 수업시간에만 관찰되는 행동도 있을 수 있다. 이와 마찬가지로 시간마다 기능 역량이나 행동 유형이 달라지기도 한다. 예를 들어, 아침에 나른해하지만 오후에는 활동적인 아동이 있는가 하면, 오전 시간에 최고의 인지 역량을 보이다가 점심시간 이후에는 컨디션이 급격히 저하되는 아동도 있다. 아동마다 저녁형, 아침형이 나누어져 있듯이 아동의 행동 유형이 시간에 따라 크게 영향을 받는 것을 인식할 필요가 있다. 따라서 시간에 따라 기능 수준이 달라지는 것을 파악한다면 시간대에 따라서 아동의 활동 내용을 탄력성 있게 배정할 수 있다. 그리고 아동이 과제의 내용에 따라서 최적의 기능을 발휘할 수 있는 장소도 중요하다. 장소와 시간에 대한 선행사건 분석을 하려면 다음의 세 가지를 염두에 둘 필요가 있다.

① 물리적 환경
다음의 세 가지의 관점을 중점적으로 분석할 필요가 있다.

- 아동이 수용하기 어려운 수준의 소음 자극이 많은 곳은 아닌가?
- 아동이 활동하는 데 너무 협소한 환경이 아닌가? 혹은 모둠이나 활동 집단에 너무 많은 수의 아동이 배정된 것은 아닌가?
- 활동을 수월하게 해 주는 공간 배열을 염두에 두었는가?

② 일과성 절차
다음과 같은 아동의 일과적 스케줄에서 영향을 많이 주는 일과성 절차와 요소를 수업 시작 전이나 혹은 가정에서 점검할 필요가 있다.

- 아침과 저녁 활동의 루틴이 잘 진행되고 있는가?
- 아침 세면, 저녁 취침 준비 세면 스케줄에 변화가 있는가?
- 수업 활동 혹은 가정에서의 활동이 과다하거나 결핍되있는가?
- 간식 시간이 루틴대로 잘 제공되고 있는가?
- 심부름과 가정에서의 과제 스케줄이 알맞게 진행되고 있는가?

③ 학교, 치료 센터, 가정
- 너무 많은 작업 혹은 지루하게 시간이 진행되고 있는가?
- 교사, 치료사, 학부모 간의 긴밀한 의사소통을 통해서 아동의 행동 메커니즘과 연계성을 파악하고 있는가?
- 학교, 치료 센터, 혹은 가정 중 한 곳에서만 집중적으로 표적행동이 다발적으로 발생하게 된다면 장소, 즉 환경적 요인이 크게 작용한 것이다.

(3) 행동이 발생하기 직전에 현장에 같이 있던 사람

아동은 주변에 있는 학급 아동들과 가족 구성원들과 사회적 관계를 맺으며 살아가기 때문에 다른 사람으로부터 오는 수많은 사회적 자극을 무시할 수 없다. 사실, 이웃과의 이해관계 속에서 많은 표적행동이 야기되는 것은 사실이다. 사람과의 사회적 메커니즘 속에서 자신의 욕구, 기대, 관심, 필요가 채워지게 되는데, 이에 대한 만족도가 기대 이하가 된다면 하루에 필요한 요구를 채우기 위해서 표적행동에 의존하게 된다. 가장 흔한 예는 주변에 친근한 사람이 접근하면 유쾌해지지만 친근하지 않은 사람이 접근할 때에는 불쾌하게 되거나 도피하려는 것이 모든 사람들의 인지상정이다. 게다가 다양한 감각적 자극을 유발하는 사람들의 접근이 아동에게는 일상적이고 평상적인 행동 이상의 반응으로 이어질 수 있다. 선호도와 감각적 유입 정도에 따라서 아동 행동의 유형이 다양하게 유발되기 때문에 행동이 일어나기 직전에 현장에 있던 사람들도 중요한 선행사건의 요소가 될 수 있다. 따라서 이에 대한 분석도 필요하다. 아동이 일상적으로 접하게 되는 두 집단의 주변 사람들에 대한 요인분석이 이루어져야 한다.

① 학교 현장의 동료 학생과 교사
- 다른 학생, 친구, 그리고 교사의 다양한 습관
- 다른 학생, 친구, 그리고 교사가 사용하는 의사소통 방식, 즉 언어 유형, 영향을 줄 수 있는 단어, 특이한 음성, 비언어적 의사소통 특성, 비음성적 의사소통 특성 등
- 학생 혹은 소집단의 역동성
- 다른 학생, 친구, 그리고 교사의 심리적 · 기질적 성향, 직원

- 다른 학생, 친구, 그리고 교사의 나이, 성별, 문화
- 다른 학생, 친구, 그리고 교사의 성격
- 아동이 속한 집단이나 학급 구성원 간의 갈등과 분쟁
- 아동이 다른 학생, 친구, 그리고 교사를 바라보는 개인 관점을 이해

② 가족 구성원
- 가족의 일상, 상황, 변화, 즉 이사, 보모 해직, 가족 구성원의 사망 · 질병 · 입원, 사건 사고 및 가출, 화재 등
- 서로의 의사소통 및 상호작용 빈도수의 급격한 변화
- 가족 구성원의 활동 스케줄과 심경의 급격한 변화
- 가족 구성원 간 의사소통 상호작용의 정도와 방법

(4) 행동이 발생하기 직전에 진행되고 있던 아동의 신체적 · 심리적 상태
- 피로감, 고통, 신체적 불편, 컨디션 저하
- 의료적 질환이나 쟁점
- 약물의 부작용
- 식사, 수면, 배변 습관의 일시적 변화

2) 선행사건의 작용 원리와 유형

앞의 예시와 같이 점심식사를 알리는 종(선행사건)이 울리면 학생은 식당에 모여 제공된 식사를 즐기고 포만감을 얻게 된다(후속결과). 그런데 학생이 점심식사 시간 이외의 시간에 식당에 갔을 경우에는 식사를 제공받지 못한다. 그렇다면 ABC 유관 관계에서 선행사건으로서 점심식사를 알리는 종소리는 두 가지 작용 원리를 생각해 볼 수 있다. 첫째, 종소리(선행사건)는 앞으로 식사가 제공되고 식사 후에 포만이라는 강화적 후속결과를 받게 된다는 것을 시사하기 때문에 변별력을 갖게 된다. 여기서 우리는 종소리를 변별자극(discriminative stimulus: S^D)이라고 부른다. 학생은 종소리를 들었을 때 식당을 가게 될 경우 그곳에서 음식이 제공되지만, 종소리가 없을 때 식당에 가면 식사가 제공되지 않는다는 것을 변별할 수 있게 된다. 그렇다면 학생 입장에서 보면 종소리가 울리면 학생이 식당으로 가도록 행동을 유발하지만 그 외의 경우는 식당으로 가는 행동이 필요 없게 만들

기에 종소리는 결국 학생이 식당을 향해 가게 하는 행동을 통제하게 된다. 우리는 학생의 식당으로 가는 행동은 종소리의 자극통제 안에 있다고 말하게 된다. 다음은 선행사건과 관련된 다양한 작용원리와 유형의 사례를 소개한다.

(1) 상황사건

철수는 의미 없는 소리 자기자극 행동(repetitive vocalization)의 빈도수가 평소에 비해 두 배 이상으로 관찰되었다. 교사는 알림장을 읽어 보고 철수의 소리 자기자극행동이 증가된 이유를 알 수 있었다. 철수는 어제 몸 컨디션이 좋지 않아서 평소보다 수면시간이 적었다.

앞의 사례에서 철수의 표적행동 요인은 수면시간 부족이다. 상황사건(setting event)은 선행사건의 다양한 요소들 중에서 신체적·내재적 요인에 의해서 행동이 야기될 경우에 한정적으로 사용하는 용어다. 용어 자체의 의미는 다양한 상황을 포함하는 뉘앙스를 갖고 있지만 신체적·의료적으로 영향을 주는 상황에 대해서만 한정적으로 사용하는 경향이 있다. 이를 테면, 평소와 달리 아동이 아침 식사를 거르거나, 수면을 충분히 취하지 못했다거나, 감기 기운이 있는 경우에는 아동의 문제행동 빈도수나 지속시간이 높게 나타날 가능성이 있다. 이런 경우 배고픔, 수면 부족, 감기, 통증, 알레르기 및 과민반응, 피곤, 몸 상태, 건강 상태, 배변 상태, 소화 기능 등이 바로 행동을 유발하는 상황사건이 된다. 평소에 탠트럼 행동이 관찰되지 않은 아동이 교실에 들어오자마자 탠트럼 행동이 일어났을 때 행동에 대한 상황사건을 파악할 수 있다면 적절한 행동 중재를 할 수 있게 된다. 탠트럼 행동에 대한 선행사건은 과제 회피, 관심 끌기, 불편한 환경, 스케줄 변동 등 다양하지만 선행사건 분석을 면밀히 한다면 정확한 원인을 찾을 수 있다. 이 아동의 경우 아침에는 쌀쌀했기에 두꺼운 스웨터를 입혀서 등교시켰지만 등교시간에 기온이 상승했다면 탠트럼 행동의 상황사건은 스웨터에 의한 더위이다. 이럴 때 아동의 옷을 벗겨 준다든지 잠시 창문을 열어 찬 공기로 환기시켜 주는 것이 행동 중재 방법이 된다. 이런 방식으로 선행사건의 조절을 통해서 행동을 중재하는 방식을 선행사건 중재(antecedent intervention)라고 한다.

상황사건과 유사하면서도 자주 사용되는 용어로 동기조작(motivating operation) 혹은 동기설정조작(establishing operation)은 선행사건과 관련되어 자주 사용된다.

(2) 동기조작

어느 중소기업 인턴 사원으로 일하고 있던 철규, 현주, 민수는 월요일에 있을 이사회에 필요한 자료 준비를 위해 토요일 오후에 출근하여 초과근무를 하던 중이었다. 팀장은 철규에게 이사회 자료 정리를, 현주에게 이사회 회의실 정리정돈을, 민수에게 이사회 때 발표할 프리젠테이션 파일 준비를 지시했다. 세 사람의 일 중에서 철규의 자료 정리 작업은 다소 시간이 걸리는 일이기에 건너편 컴퓨터실에서 작업을 하던 민수에게 자신이 일하고 있는 복사실로 건너와서 도와 달라고 청했으나 거절당했다. 그래서 철규는 좀 더 확실한 도움을 얻기 위해서 아래 커피숍에 가서 민수가 좋아하는 커피를 사 와서 민수에게 전화하여 "와서 도와주면 커피 한잔을 대접하지!" 하고 제안했다. 민수는 마침 커피가 마시고 싶던 차에 철규의 제안에 쾌히 승낙하고 복사실로 건너가던 중에, 회의실에서 정리정돈하던 현주가 방금 전에 커피숍에 갔다 오면서 두 사람 생각이 나서 커피를 사 왔다면서 한 잔을 민수에게 전달했다. 철규를 돕기 위해 가던 길에서 현주의 커피를 받아든 민수는 철규에게 가는 대신에 자기 컴퓨터 작업실로 돌아갔다.

앞의 사례에서 처음에는 철규가 민수에게 도움을 청했을 때 거절당했다. 그 이유는 아무런 대가 없이 부탁했을 경우 민수에게는 자신이 하던 일을 멈추고 철규의 일을 도와줄 동기조작이 부족했다. 즉, 자기가 철규의 일을 도와줄 경우에 주어지는 강화 혹은 보상이 없으니 동기조작이 일어나지 않았다. 그런데 철규가 민수에게 와서 도와줄 경우 커피 한잔을 대접한다고 제안하자 마침 출출했던 민수는 커피라는 강화제가 철규의 일을 도와줄 동기를 유발시켰다. 그는 하던 일을 중단하고 철규의 사무실로 향해 가기 시작했다. 여기서 출출한 상황이 바로 동기를 유발하는 계기를 마련했는데, 이것이 동기조작이다. 사실, 강화라는 조건이 있기에 동기가 유발되었다. 그런데 동기조작은 강화제가 제공된다고 발생하는 것은 아니다. 만약 민수가 방금 전에 커피를 마셔서 출출한 기운을 없었다면 커피에 대한 강화가 발생하지 않게 되어 동기조작도 일어나지 않게 된다. 일반적으로 동기조작은 크게 허기와 결핍에 의해서 발생한다. 배고프면 배고플수록 먹을 것을 찾거나 얻으려는 동기가 높아지게 된다. 반대로 포만을 느끼면 어떤 산해진미도 먹으려는 동기를 상쇄시킨다.

동기조작과 동기설정조작은 강화제의 강화효과와 행동의 동기를 높일 수 있는 결핍과 허기와 같은 자연적인 상황 자극 혹은 인위적으로 조작한 상황 자극이다.

행동을 유도하는 동기를 높이거나 낮추어서 행동에 대한 의도와 작동 수준을 조절하는 동기조작은 후속결과와 연관이 있기는 하지만 원칙적으로는 선행사건에 해당하는 동기유발을 통해서 행동을 촉발하는 유관적인 작동원리로 이해되고 있다. 물론 동기(motivation)와 강화(reinforcement)는 같이 조합을 이루어 작동하기 때문에 강화에 해당하는 후속결과와의 유관성을 배제한 상태에서 동기조작을 설명할 수 없다. 동기조작과 동기설정조작은 현장에서 동일한 의미로 사용되지만 사실은 동기조작은 큰 의미이고 그 안에 동기설정조작과 동기해지조작이 포함되어 있다. 동기조작은 동기를 설정하거나 철회하는 과정에서 동기를 조작하기에 두 가지의 의미를 포함하고 있다. 동기설정조작은 허기와 결핍을 유도하여 동기의 수준을 높여 주는 원리이고, 동기해지조작은 허기와 결핍을 상쇄시켜 동기의 수준을 낮추는 원리이다.

앞의 사례에서 철규가 민수에게 출출한 시각에 커피를 제공하면서 민수가 철규에게 건너와서 일을 돕도록 동기를 높인 것이 동기설정조작이다. 그런데 민수가 철규에게 가는 도중에 만난 현주가 제공한 커피는 민수의 동기설정조작을 짧은 시간에 이를 상쇄하는 동기해지조작으로 바뀌게 했다. 즉, 현주가 제공한 커피는 철규가 제안한 커피의 강화효과를 낮춰 주었고, 그 결과 민수는 더 이상 철규에게 가서 일을 도와줄 동기가 남지 않아서 자신의 일하던 컴퓨터실로 되돌아간 것이다.

(3) 동기설정조작과 동기해지조작

동기설정조작은 제공할 강화제의 강화효과를 높여 주는 방향으로 선행조건을 유도하는 자극 과정이며, 결핍과 허기가 여기에 속한다. 반면에 동기해지조작(abolishing operation)은 앞으로 제공될 강화제의 강화효과를 낮추거나 철회하는 방향으로 선행조건을 유도하는 자극 과정이며, 포만이 여기에 속한다. 예를 들어, 4교시에 학습 활동을 진행하기 전에 간식시간을 갖지 않는다면 강화제의 동기설정조작을 높이고 학습효과도 증진시킬 수 있다. 반대로 아동에게 수업 전에 수시로 간식을 제공하여 포만 상태를 만들면 수업 중에 사용되는 일차적 강화제의 동기해지조작을 높여서 학습효과가 낮게 나타난다.

또 다른 예로, 파티에 초대받았을 때 허기진 상태로 가면 동기설정조작을 높여서 음식을 많이 먹는 강화효과가 나타난다. 반대로 요기를 한 후에 파티에 갔다면 동기해지조작이 작동해 별로 음식에 입을 대지 않는다. 일반적으로 식사 전에 장보러 가면 많은 양의 식품을 구매하는 경향이 있다. 이것은 허기로 인하여 동기설정조작이 작동한 것이다. 반대로 포만 상태로 가면 적은 양만 구매하는 경향이 있는데, 이는 동기해지조작이 작동한 것이다.

여기서 주의할 것은 동기조작, 동기설정조작, 동기해지조작은 선행사건이 특정 표적행동을 변별적으로 강화하는 역할에 관여하는 것이 아니고 강화효과의 수준을 높이거나 낮추는 것과 관련이 있다. 특정한 표적행동을 변별적으로 강화하는 선행사건(이를 변별자극 혹은 S^D라고 한다.)은 자극통제가 관여한다.

(4) 자극통제

초등학교 3학년 1반 월요일 2교시는 국어시간, 3교시는 과학시간이다. 2교시 국어과 김형준 선생님이 교탁에 서서 탁자를 두 번 두들기면 교실 내에 흩어져 있던 학생이 바로 제자리로 와서 앉는다. 그러나 3교시 과학과 이철수 선생님은 학생을 모두 제자리 앉히는 것이 쉽지 않다. 교탁과 칠판을 큰 소리 나게 두드려 보기도 하고, 여러 차례 소리쳐 보기도 하고, 자리에 앉으라고 사정해 보기도 한다. 결국 모든 학생을 제자리에 앉히는데 5분이 경과되었다.

앞의 사례에서 두 선생님이 같은 학생에게 제자리에 앉는 행동을 유도하기 위해서 같은 자극인 교탁을 두드렸다. 2교시의 김형준 선생님과 3교시의 이철수 선생님은 동일하게 교실 중앙 교탁 위에 섰고, 교탁을 두드려 보았다. 각각의 교사는 세 가지 자극(선생님, 교탁에 서기, 교탁 두드리기)을 학생들에게 제공했다. 2교시 김형준 선생님의 경우에는 학생이 반응했으나 3교시 이철수 선생님의 경우에는 학생이 반응하지 않았다. 그렇다면 학생이 제자리로 돌아오는 행동을 유도한 선행사건은 무엇일까? 3교시 이철수 선생님의 자극은 자극통제와 관계가 없다. 그러나 2교시 김형준 선생님의 자극은 자극통제를 유도하는 선행사건이 된다. 말하자면 교탁 앞에 선 것과 교탁을 두드리는 것은 학생의 표적행동에 대한 핵심적인 선행사건이라고 말할 수 없다. 이 두 가지 자극을 이철수 선생님이 제공했을 때는 학생의 표적행동을 유도할 수 없었기 때문이다. 2개의 자극 중에 다른 것이 있다면 바로 사람인 것이고 김형준 선생님만 유력한 선행사건이다. 이철수 선생님은 학생의 표적행동을 일으킬 수 없었지만 김형준 선생님은 학생의 표적행동을 일으켰다. 이럴 때 김형준 선생님은 학생의 표적행동의 자극통제 안에 있다고 말할 수 있다.

또 다른 예로, 4세 된 자폐아동이 동네에서 새로운 사람을 만나면 엄마가 "인사해야지!"라고 말하면 아동은 "안녕하세요." 하고 인사한다. 그런데 "인사해야지!"라고 말하지 않는 형 하고 다니면 그 아동은 인사하는 법이 없다. 엄마의 "인사해야지!"라는 변별자극(S^D)이 있을 때에만 아동의 표적행동(인사)이 일어날 경우, 이 변별자극이 표적행동을 자극통제하고 있는 것이다.

4. 후속결과

행동이 발생하기 전에 존재하는 상황, 사건, 사물, 사람을 포함한 다양한 자극의 제시나 변화를 선행사건이라고 하며, 행동이 발생한 후에 주어지거나 발생하게 되는 상황, 사건, 사물, 사람을 포함한 다양한 자극의 제시나 변화를 후속결과라 한다. 일반적으로 선행사건은 행동 발생 전에 나타나기 때문에 현재나 가까운 미래에 발생할 행동의 빈도수에 영향을 줄 수 있기에 이를 행동 변화에 효과를 미친다고 표현한다(Cooper, Heron, & Heward, 2007). 반면에 이미 행동이 발생한 후에 제시되는 후속결과는 현재 혹은 가까운 미래에 발생할 행동과의 시간적 관계성(temporal relation)이 멀기에 좀 더 떨어진 미래, 즉 앞으로 해당 행동이 발생할 기회가 주어질 미래에 그 행동의 빈도수에 영향을 줄 수 있기에 이를 기능 변화에 효과를 미친다고 표현한다.

이 장에서는 ABC 유관관계 속에서 후속결과와 관련한 작용과 기능을 설명하고, 7장과 8장에서는 후속결과에 속하는 다양한 전략과 방법을 소개한다.

(1) 기능행동평가를 통한 행동 기능 파악

행동분석가가 현장에서 전문적인 행동 중재 방안을 제시하기 전에 기능행동평가의 절차를 사용한다. 여기에는 3요인 유관인 ABC 기본 단위로서의 후속결과가 큰 역할을 하게 된다. ABC 요인분석을 통해서 표적행동의 기능과 목적을 파악하는 분석을 진행할 때 후속결과를 살펴보는 것은 필수적이다. 이를 통해서 현장에서 발생하는 다양한 표적행동이 이후에 발생하는 어떠한 후속결과에 의해서 유지되거나 강화되고 있는지를 밝혀낸다면 앞으로 해당 표적행동의 중재는 좀 더 통제하기 쉬워지기 때문이다.

표적행동과 후속결과 간의 강화와 연계된 기능적 관계를 파악하게 된다면 앞으로 표적행동이 일어날 때마다 해당 후속결과를 차단하는 효과적인 중재방안을 찾을 수 있다. 교육 현장에서 표적행동을 유지해 온 연관된 후속결과의 기회와 연관된 환경 자극을 통제하여도 적절한 행동 중재가 일어날 수 있다.

(2) 대체행동의 제시

표적행동이 유지되는 특정 후속결과를 밝혀내는 것은 행동의 기능을 이해하는 것과 일맥상통하고 있다. 그렇다면 표적행동을 유지시키는 강화적 후속결과를 차단하는 방법으로 표적행동을 소거할 수 있지만, 여기에서 한 가지 문제가 발생한다. 후속결과를 차단하여 강화를 소거시키는 과정에서 표적행동은 줄어들 수 있지만 같은 기능을 가진 같은 반응군(response class)에 속한 다른 문제행동을 새롭게 유발할 가능성이 있다. 따라서 소멸하고자 하는 표적행동과 같은 기능을 가진 반응군 안에 있으면서 사회적으로 적절한(socially adequate) 대체행동을 찾아서 학습시킬 필요가 있다. 예를 들면, 교사가 철수에게 역량에 비해 어려운 수학 과제를 제시했다. 교사는 여러 학생들을 지도하느라 철수에게 도움을 줄 수 없었다. 철수는 좌절감으로 인해 탠트럼 행동을 일으키거나 돌발적으로 수학 과제를 찢는 행동을 보였다. 그러자 교사가 다가와서 철수를 잠시 생각의자에 앉게 했다. 철수의 표적행동은 생각의자라는 후속결과에 의해서 강화를 받은 셈이 된다 (유지되었다). 여기에서 생각의자는 철수가 어려워하는 수학 과제를 도피하게 해 주었기 때문에 강화로 작용한 것이다.

〈표 6-2〉 선행사건, 행동, 후속결과 간의 유관관계와 기능행동평가의 사례 1

선행사건	행동	후속결과	미래에 선행사건(A)이 존재할 때 행동(B)이 발생할 확률
어려운 수학 과제가 주어졌고, 교사의 도움이 없어 좌절감을 느꼈다.	과제를 찢고 탠트럼을 일으킨다.	생각의자에 앉게 한다 (과제에서의 노피로 강화가 발생).	증가

앞의 ABC 분석에서 보면 행동 후에 일어난 후속결과가 표적행동을 강화하여 유지시키는 결과로 작용했다. 그렇다면 가장 좋은 방법은 표적행동을 강화하는 생각의자에 앉게 하는 방법인 후속결과를 배제하는 것이다. 그러나 탠트럼 행동을 일으킨 상태에서 도피 소거를 하는 것은 어렵다. 이럴 때 과제를 찢고 탠트럼 행동을 일으키는 대체행동을 찾을 수 있다. 이미 ABC 분석을 통해 철수의 표적행동 기능이 어려움에 대한 도움 요청(획득)이나 이것이 여의치 않으면 과제에서의 도피(도피)로 파악되었다. 그렇다면 과제에서의 도피를 소거(도피 소거: 도피하는 것을 막는 절차)하는 것이 현실적으로 가능하지 않기 때문에 차선책으로 첫 번째 기능(도움 요청-획득)의 대체행동(도움 요청을 위한 손 들기)을 지도할 수 있다. 이 절차를 ABC 분석하면 〈표 6-3〉과 같다.

〈표 6-3〉 선행사건, 행동, 후속결과 간의 유관관계와 기능행동평가의 사례 2

선행사건	행동	후속결과	미래에 선행사건(A)이 존재할 때 행동(B)이 발생할 확률
어려운 수학 과제가 주어졌고, 교사의 도움이 없어 좌절감을 느꼈다.	도움 요청을 위한 손 들기	교사가 다가와서 도움을 준다(강화).	증가

두 번째 ABC 분석에서 행동은 '도움 요청을 위한 손 들기'로서 이어서 제시된 후속결과에 강화가 일어났는지 벌이 일어났는지를 확인하면 앞으로 대체행동이 후속결과에 의해서 유지되고 강화되는지를 판단할 수 있다. 따라서 대체행동을 적절한 중재방안으로 지속적으로 사용할지를 결정할 수 있게 된다.

기능행동평가(functional behavior assessment) 혹은 기능분석(functional analysis)을 실행할 때, ABC 유관분석에서 후속결과의 주된 역할을 파악하여 표적행동의 기능을 파악하거나 대체행동을 정할 수 있다. 앞의 사례에서 보는 바와 같이 표적행동은 후속결과에 의해 강화되었으므로 이를 파악해 중재전략을 제시하며, 필요에 따라서 표적행동과 기능적으로 동등한 대체행동을 교육한다.

5. 3요인 유관분석의 사례

다음은 행동이나 지식을 습득하는 과정을 분석하는 행동 습득 공식이다.

$$A \longrightarrow B \longrightarrow C$$

[A: Antecedent(선행사건), B: Behavior(행동), C: Consequence(후속결과)]

1) 사례 1

더운 날 땀 흘린 철수가 냉장고에서 콜라를
꺼내 마시고 시원한 표정을 지었다.

〈표 6-4〉 선행사건, 행동, 후속결과 간의 유관관계와 행동 변화의 사례 1

선행사건	행동	후속결과	미래에 선행사건(A)이 존재할 때 행동(B)이 발생할 확률
더운 날 냉장고를 보았다.	냉장고를 열어서 콜라를 꺼내 먹는다.	더위를 식혔다.	(정적 강화) 증가

설명: 후속결과가 유쾌한 상황이었기 때문에 보상 효과를 나타내게 되어 원래의 행동이 계속적으로 유지되거나 증가되는 경향을 보일 것이다.

2) 사례 2

영희는 조회 시간에 학급에서 운동장으로 갈 때 계속 줄을 잘 서서 갔기 때문에 교사로부터 칭찬을 받았다.

〈표 6-5〉 선행사건, 행동, 후속결과 간의 유관관계와 행동 변화의 사례 2

선행사건	행동	후속결과	미래에 선행사건(A)이 존재할 때 행동(B)이 발생할 확률
학급에서 조회 시간에 운동장으로 갈 때	계속 줄을 잘 서서 갔던 행동	교사로부터 칭찬을 받았다.	(정적 강화) 증가

설명: 영희는 교사로부터 칭찬으로 보상을 받았기 때문에 자신이 행한 일에 대하여 더욱 자신감과
확신을 갖게 되어 앞으로 관련 행동에 대한 동기를 부여하게 될 것이다.

3) 사례 3

영희가 백화점에 갔을 때 엄마가 원하는 인형을 사 주지 않자 갑자기 짜증을 내고 발을 구르며 소리치고 울었다. 그러자 엄마는 영희를 계단 근처로 데리고 가서 타임아웃을 시켰다.

〈표 6-6〉 선행사건, 행동, 후속결과 간의 유관관계과 행동 변화의 사례 3

선행사건	행동	후속결과	미래에 선행사건(A)이 존재할 때 행동(B)이 발생할 확률
백화점에서 엄마가 원하는 인형을 사 주지 않았다.	갑자기 짜증을 내고 발을 구르며 소리치고 우는 행동(탠트럼)을 보였다.	계단 근처로 데리고 가서 타임아웃을 시켰다.	(부적 벌) 감소

설명: 영희의 탠트럼 행동의 선행사건은 원하는 인형을 갖지 못한 것에 대한 좌절감이며, 영희의
문제행동인 탠트럼에 대한 후속결과는 강화 자극이 넘치는 백화점 환경에서 타임아웃이다.
그 결과, 앞으로 영희의 탠트럼 행동은 감소하는 경향을 보일 것이다.

4) 사례 4

경호가 강당에 떨어진 휴지조각을 보고 주워서 휴지통에 버릴 때 이를 목격한 교장 선생님이 경호에게 착하다고 칭찬해 주었다.

〈표 6-7〉 선행사건, 행동, 후속결과 간의 유관관계와 행동 변화의 사례 4

선행사건	행동	후속결과	미래에 선행사건(A)이 존재할 때 행동(B)이 발생할 확률
경호가 강당에 떨어진 휴지조각을 본다.	휴지를 주워서 휴지통에 버린다.	교장선생님이 경호에게 착하다고 칭찬해 주었다.	(정적 강화) 증가

설명: 경호는 자신이 한 행동에 대하여 권위 있는 분으로부터 칭찬을 받았기 때문에 상당히 큰 보상을 받은 셈이다. 앞으로 경호는 휴지를 줍는 일과 같은 착한 일을 수행할 가능성이 높아진다.

5) 사례 5

영희는 엄마와 같이 진료를 받기 위해서 의사 선생님 방에 들어갔다. 처음 보는 의사 선생님 앞에 낯설어 울기 시작하자 엄마가 가방에서 사탕을 꺼내 영희에게 주었다. 영희는 울음을 그쳤다.

〈표 6-8〉 선행사건, 행동, 후속결과 간의 유관관계와 행동 변화의 사례 5

선행사건	행동	후속결과	미래에 선행사건(A)이 존재할 때 행동(B)이 발생할 확률
영희가 의사 선생님을 처음 보았다.	영희가 낯설어 울기 시작했다.	엄마에게 사탕을 받고 울음을 그쳤다.	(정적 강화) 증가

설명: 영희는 처음 보는 의사로 인하여 울음을 시작하였지만 후속결과로 엄마에게 사탕을 받은 후에 울음을 그쳤다. 이 후속결과가 울음에 대해서 정적 강화로 작용했기 때문에 앞으로 영희는 유사한 상황이 되면 울게 될 것이다. 아니면 사탕을 먹고 싶으면 울음을 보일 가능성이 높아진다.

많은 사람들은 ABC 유관 도해로 분석하기 전에는 특정 행동에 대한 후속결과의 기능을 파악하지 못하기 때문에 자기에게 편리한 방법을 사용한다. 사례 5의 ABC 도해에 의하면 사탕이 울음행동에 정적 강화제 역할을 하여 미래에 울음행동의 빈도수를 증가시키는 사실을 깨닫기 보다는 현재 울음을 그치게 하는 즉

각적 보상을 주는 사탕을 주는 행동을 더 많이 사용하게 된다. 우리는 이를 강화
의 덫(reinforcement trap)이라고 부른다. 사람들은 먼 미래에 성인병과 같은 심각
한 질환을 유발한다는 사실을 인식하면서도 현재의 달콤한 보상을 주는 아이스
크림을 즐긴다. 이러한 현상은 먼 미래에 다가오는 고통을 염두에 두기보다는 작
지만 즉각적인 보상에 더 솔깃하게 만드는 강화의 덫이 작용하기 때문이다. 강
화의 덫은 비효율적이고 비교육적인 훈육방법을 사용하게 한다(Cooper, Heron, &
Heward, 2007).

잘못된 강화제 사용 사례

닉슨이 미국 대통령에 당선되어 참모로 도왔던 키신저를 국무장관으로 임명하였다. 닉슨은 전
과 같이 백악관에서 아일랜드 산 킹 티마호라는 큰 개를 키우고 있었다. 킹 티마호는 많은 사람
들의 관심을 받았지만 시간이 지나면서 사람들이 별로 관심을 주지 않았다. 그러자 킹 티마호
는 어느 날부터 손님들이 올 때마다 카펫을 물어뜯기 시작했다. 이를 본 닉슨은 어느 날부터 강
아지 과자를 주머니에 넣고 있었다. 손님이 와서 킹 티마호가 백악관 카펫을 물어뜯기 시작하
면 그 순간에 강아지 과자를 주었다. 시간이 지나면서 이를 보고 참다못한 키신저 국무장관이
대통령에게 조언을 하였다. "대통령께서는 지금 킹 티마호가 카펫을 물어뜯는 행동을 강화하
고 있습니다. 조만간에 킹 티마호가 백악관 카펫을 다 물어뜯고 말 것입니다"(Ladies' Home
Journal, Jan. 1976, 93, pp. 126-129; Miller, 1975, p. 72에서 재인용).

---

6) 사례 6

교사가 "영미야, 여기에 직선을 그어 봐!" 하고 지시했을 때 영미가 직선을 잘 그었더니 교사는
영미에게 칭찬하고 사탕을 강화제로 주었다.

〈표 6-9〉 선행사건, 행동, 후속결과 간의 유관관계와 개별시도학습의 사례 1

선행사건	행동	후속결과	미래에 선행사건(A)이 존재할 때 행동(B)이 발생할 확률
교사가 "영미야, 여기에 직선을 그어 봐!(S^D)" 하고 지시한다.	영미가 직선을 잘 그었다.	칭찬하고 사탕을 강화제로 주었다.	(정적 강화, S^R) 증가

설명: 여기서 선행사건은 교사의 지시다. 이와 같이 변별학습을 위해서 사용된 지시나 명령을 변별자극이라고 한다. 수업시간에 아동에게 행동을 유발하고 강화를 받게 하기 위한 전제로서 변별자극을 사용한다. 이때 정반응이 보이면 강화를 주어 학습하게 된다.

이러한 방식을 개별시도학습(Discrete Trial Teaching: DTT)이라 한다. 앞의 ABC 유관 공식에서 보는 바와 같이 교사가 선행사건으로 지시나 명령(변별자극, S^D)을 주었을 때 아동이 바른 반응을 보인다면 후속결과로 칭찬이나 보상(S^R)을 주면서 바른 반응을 강화시키는 방법이 개별시도학습이다. 개별시도학습을 실행하면서 바른 반응 혹은 틀린 반응에 대한 데이터(일반적으로 %를 사용하여 측정치를 취합한다.)를 수집하여 후에 발전 평가(progress evaluation)의 자료로 사용할 수 있다. 10장에서는 개별시도학습에 대한 구체적인 설명을 소개한다.

7) 사례 7

교사가 "영미야, 여기 직선을 그어 봐!" 하고 지시했을 때 영미가 직선을 잘 긋지 못했다. 교사는 잠시 무관심한 후에 영미 뒤로 와서 영미의 양손을 잡고 직선을 잘 긋도록 도와주었다.

〈표 6-10〉 선행사건, 행동, 후속결과 간의 유관관계와 개별시도학습의 사례 2

선행사건	행동	후속결과	오류 수정
교사가 "영미야, 여기 직선을 그어 봐!(S^D)" 하고 지시한다.	영미가 직선을 잘 긋지 못했다.	무관심	교사가 "영미야, 여기 직선을 그어 봐!"(S^D)를 제시한 후 영미 뒤로 와서 영미의 양손을 잡고 직선을 잘 긋도록 노와주었나. 성반응 후 강화를 제공했다.

설명: 교사가 지시한 변별자극에 대해서 영미가 오반응(틀린 반응)을 보였기 때문에 강화를 받지 못했다. 여기에서 정반응을 유도하기 위해 반응 촉구를 사용한 오류 수정을 하였다. 그리고 아직 습득하지 못했거나 서투를 때도 반응 촉구를 사용한 오류수정을 사용할 수 있다.

일반적으로 초기에는 반응 촉구를 주면서 정반응을 유도하는 무오류 학습 절차(errorless teaching procedure)를 사용한다. 그러면서 바르지 않은 반응을 보이면 오류 수정 과정을 반복하여 정반응을 유도한다.

8) 사례 8

교사가 "순호야, 1+2가 뭐니?" 하고 물었을 때 순호가 "3" 하고 대답하였다. 교사는 칭찬하면서 과자 하나를 주었다.

〈표 6-11〉 선행사건, 행동, 후속결과 간의 유관관계와 개별시도학습의 사례 3

선행사건	행동	후속결과	미래에 선행사건(A)이 존재할 때 행동(B)이 발생할 확률
교사가 "순호야, 1+2가 뭐니?" 하고 묻는다.	순호가 "3" 하고 대답한다.	교사가 칭찬하면서 과자 하나를 주었다.	(정적 강화, S^R) 증가

설명: 교사가 변별자극(S^D)으로 제공한 질문에 아동이 정확하게 답했기 때문에 후속결과로 강화가 발생하였다. 아동은 올바른 행동에 대한 후속결과로서 보상을 받았기 때문에 학습에 대한 동기를 갖게 되어 미래에 학업 향상이 일어날 가능성이 높아진다.

9) 사례 9

최근에 많은 관심을 받고 있는 언어행동(verbal behavior)을 지도할 때도 3요인 유관에 근거한 중재 방법이 소개되고 있다. 이를테면 각 특성에 맞는 정확한 선행사건을 제시하면서 그에 해당하는 작동행동을 강화하는 과정에서 언어행동을 습득하게 하는 중재 방법을 사용하고 있다(Cooper et al., 2007). 이러한 언어행동 기술 습득에서의 3요인 분석과정 절차를 언어행동분석이라고 한다. 적절한 선행사건의 선택이 언어행동의 기능을 결정하는 중요한 단서가 된다. 또한 기능에 기초한 언어행동을 강화하기 위해서 적절한 후속결과의 일환으로 강화 방법의 선택도 중요하다. 〈표 6-12〉와 같은 3요인 분석에 의한 중재 방법이 언어행동 교수·학습 방법으로 적용되고 있다(남상섭, 양문봉, 장세영, 2015).

〈표 6-12〉 언어행동기술 습득을 위한 3요인 분석과정 절차

동기변인 혹은 선행사건	변별자극에 대한 반응	후속결과(강화)	언어행동
동기조작(운동장에서 놀이 후 갈증)	부엌에서 엄마에게 "물!" 하고 말한다.	엄마가 물을 컵에 담아 준다(무조건 강화).	맨드
비언어적 자극(날아가는 새를 본다.)	아동이 창밖을 보면서 교사에게 "저기, 새!" 하고 말한다.	교사는 "맞아!" 맞장구친다(일반적 조건화된 강화-칭찬과 인정).	택트
정적인 동일성과 형태적 유사성 없는 자극(짝이 아동에게 "어떻게 지내?" 하고 묻는다.)	짝이 "어떻게 지내?" 하고 물어서 아동은 "잘 지내고 있어? 너는?" 하고 묻는다.	친구가 "잘 지내!" 하고 답한다(일반적 조건화된 강화-칭찬과 인정).	인트라버벌
정적인 동일성과 형태적 유사성 있는 자극(교사가 "공"이라고 말한다.)	교사가 "공"이라고 하자 학생이 "공" 하고 따라 한다.	교사는 "잘했어!" 하고 칭찬한다(일반적 조건화된 강화-칭찬과 인정).	에코익
정적인 동일성은 있지만 형태적 유사성이 필요 없는 자극('사과'라고 쓰인 단어)	'사과'라는 단어를 보고 "사과"라고 말한다.	일반적 조건화된 강화-칭찬과 인정	텍스츄얼

Ⅱ 4요인 유관분석

1. 4요인 유관분석의 개관

행동분석가라면 기능행동평가뿐 아니라 다양한 중재 절차를 위해서 광범위하게 3요인 유관분석을 사용해야 한다. 그러나 앞에서 소개한 바와 같이 선행사건 중에서 강화제 가치의 변화를 주는 요인의 동기조작(motivation operation)을 심층적으로 분석할 필요가 있다. 변별자극과 같은 자극통제는 가용성, 즉 존재하느냐 존재하지 않느냐의 여부와 관련된 사항인 반면에 동기조작은 효과의 강도와 관련이 있다. 동기조작은 엄청나게 큰 경우에는 강화 효과를 최대화할 수 있지만 동기조작 효과의 크기가 거의 없는 상태일 경우에는 강화 효과를 없는 상태로 만들 수 있다. 그렇다면 자극통제에 의해 반응이 나타나야 하는데 동기조작이 미미

하다면 반응은 나타나지 않을 수 있다. 말하자면 3요인 유관분석으로 행동분석의 정보를 얻지 못하는 경우가 발생하게 된다. 많은 학자들은 3요인 유관분석에 앞서 동기조작의 강도와 관련한 분석을 함으로써 반응에 대한 동기와 강화 효과와의 맥락을 분석하는 것이 중요하다고 주장하고 있다. 따라서 동기조작을 완전히 이해하지 않고서는 3요인 유관분석 역시 이해할 수 없으며, 이를 실용적이고 효과적으로 사용할 수 없게 된다(Cooper, Heron, & Heward, 2007).

2. 4요인 유관분석의 공식

4요인 유관분석 공식은 3요인 유관분석의 선행사건 바로 앞에 동기조작이 위치한다.

행동을 유도하는 동기를 높이거나 낮추어서 행동에 대한 의도와 작동 수준을 조절하는 동기조작은 이중적 통제 효과가 있다. 첫째, 후속결과와 연관하여 강화제의 효과를 증가시키거나(동기설정조작) 감소시키는(동기해지조작) 역할을 감당한다. 둘째, 선행사건에 해당하는 동기유발을 통해서 행동을 촉발시키거나 차단시킨다. 즉, 행동을 변화시키는 유관적인 작동원리로 작용한다. 셋째, 동기조작 혹은 선행사건으로 통제되어 행동이 유발되면 앞으로의 발생 가능성을 좌우하는 후속결과에 영향을 미친다. 후속결과 중재에는 강화, 소거, 벌이 있다. 선행한 행동 발생에 따라 나타나는 후속결과에는 자연적으로 산출되는 자동적(automatic) 후속결과와 다른 사람이 제공하여 산출되는 사회적 매개에 의한(socially mediated) 후속결과가 있다. 일반적으로 현재의 행동을 유발하는 선행사건과 달리 후속결과는 미래의 행동을 통제한다.

3. 4요인 유관분석의 사례

1) 사례 1

배고파서 냉장고에 와서 문을 열어 음식을 꺼내 먹었다.

〈표 6-13〉 4요인 유관분석의 사례 1

동기조작	선행사건	행동	후속결과
배고프다(음식 결핍, 동기설정조작).	냉장고를 본다.	냉장고 문을 열었다.	음식을 얻었다 (정적 강화).

설명: 이중적 효과를 보이는 동기조작은 배고픈 상태, 즉 음식 결핍 상태이기에 음식을 얻는 강화의 효과를 높여 준다. 동시에 선행사건의 역할로서 다음 행동을 유발하여 즉각적으로 냉장고의 문을 여는 행동의 빈도를 높여 준다.

2) 사례 2

영미는 저녁을 먹고 마트에 장보러 갔지만 평소와 다르게 지방분이 많고 달고 맛깔스런 과자를 많이 사지 않았다.

〈표 6-14〉 4요인 유관분석의 사례 2

동기조작	선행사건	행동	후속결과
배부르다(포만, 동기해지조작).	마트에 갔다.	장을 보았다.	달고 지방분이 많은 음식을 덜 샀다.

설명: 이중적 효과를 보이는 동기조작은 배부른 상태, 즉 음식 포만 상태이기에 음식을 얻는 강화의 효과를 감소시킨다. 동시에 선행사건의 역할을 하지 않게 되어 지방분과 당이 많은 음식을 구매하는 행동의 빈도를 감소시켰다.

요약

이 장에서는 행동분석가가 광범위하게 실행해야 할 3요인 유관분석과 4요인 유관분석의 핵심 구성요소에 관한 개념과 정의를 설명하였고 각 분석 단위별로 예시를 들어 설명하였다. 특히 행동 발생 직전에 존재하여 행동의 발현을 유발하는 선행사건의 주요 요소와 기능을 소개했다. ABC는 선행사건, 행동, 후속결과로 구성된 3요인 유관분석을 나타내는 공식이다. 행동은 선행사건이 존재할 때 발생한다. 행동 발생 이후에 제시되는 후속결과는 선행사건-행동의 연계 관계, 즉 선행사건이 존재할 때 행동이 발생하는 유관관계를 더 강력하게 맺어 준다. 후속결과는 미래에 그 선행사건이 존재할 때 이어지는 행동의 발생 빈도수를 증가시키거나 감소시키는 데 영향을 준다. 후속결과의 예로서 가장 흔하게 사용되는 것이 강화제나 벌제의 제시다.

ABC의 맥락에서 선행사건의 작용을 분석하면서 실제적으로 핵심 요소인 동기조작, 자극통제, 상황사건, 변별자극 등의 개념을 소개했다. 또한 행동의 정의를 소개하며, 후속결과의 기능과 작용을 설명했으며, 3요인 유관 맥락에서 작동하는 후속결과의 기능과 작용을 소개했다. 기능행동평가에서 표적행동을 유지하고 강화하는 후속결과를 찾아서 행동 중재에 적용하는 방안과 아울러 대체행동을 찾을 수 있는 역할을 설명했다. 이 장에서 환경과 생활 속에서 나타나는 수많은 3요인 유관분석의 여러 모델을 소개함과 동시에 개별시도학습의 원리와 ABC 유관 패러다임의 과정을 비교하면서 분석과정을 비교했다. 행동을 유도하는 동기를 높이거나 낮추어서 행동에 대한 의도와 작동 수준을 조절하는 동기조작은 이중적 통제 효과가 있다. 첫째, 후속결과와 연관하여 강화제의 효과를 증가하거나 (동기설정조작) 감소하는(동기해지조작) 역할을 감당한다. 둘째, 선행사건에 해당하는 동기유발을 통해서 행동을 촉발하거나 차단하는, 즉 행동을 변화시키는 유관적인 작동원리로 작용한다. 아울러 동기조작을 선행사건 앞에 작동하는 요소로 포함시킨 4요인 유관분석의 패러다임을 소개하였고, 4요인 유관분석의 사례를 통해서 이해의 폭을 넓히려고 했다.

연습 문제

1. ABC 3요인 유관을 형성하는 주요 세 가지 구성요소를 정의하고 예시를 들어 보자.
2. 선행사건에 대해 정의하고 예시를 통해 설명해 보자.
3. 사건상황과 동기조작에 대해 정의하고 예시를 통해 설명해 보자.
4. 자극통제에 대해 정의하고 예시를 통해 설명해 보자.
5. 후속결과에 대해 정의하고 예시를 통해 설명해 보자.
6. 대체행동에 대해 정의하고 예시를 통해 설명해 보자.
7. 4요인 유관분석을 예시를 통해 설명해 보자.

제7장

강화 통제

행동은 행동의 사회 의사소통적 '기능'과 행동의 구체적인 모습인 '형태'로 구분된다. 우리는 목적을 이루기 위해 바람직한 형태뿐만 아니라 일명 문제행동이라고도 하는 바람직하지 않은 형태의 행동을 한다. 일상생활에서 기능에 맞는 적절한 형태의 행동을 수행하게 되는 것은 적절한 행동을 했을 때 자신이 원하는 것을 획득하거나 싫어하는 것을 회피할 수 있게 되기 때문이다. 이는 이전의 반복된 경험에 의해 형성된다. 그러나 적절한 행동을 했을 때 원하는 것을 얻거나 싫어하는 것을 회피하지 못하게 되고 부적절한 행동, 즉 문제행동을 했을 때 원하는 것을 획득하거나 싫어하는 것을 회피하게 되면 이후 유사한 상황에서 바람직한 행동보다 문제행동을 보일 가능성이 높다. 이렇듯 우리는 의도치 않게 바람직한 행동에 적용해야 하는 강화를 문제행동에 대해 적용하여 문제행동의 유지 및 증가를 이끌기도 한다. 적절한 행동에 대한 신중한 강화 적용이 이루어져야 하며 이를 위해서는 강화에 대한 올바른 이해가 선행되어야 한다.

이 장에서는 적절한 행동 발생에 유관하여 선호 자극을 제시하거나 혐오 자극을 제거하여 그 행동의 발생 가능성을 증진시키는 과정인 강화에 대해 살펴보고자 한다. 먼저, 강화의 개념과 종류를 살펴보고 효과적인 강화를 위한 조건을 알아본다. 또한 체계적으로 강화를 적용하는 강화 스케줄, 강화제의 유형, 차별강화에 대해 살펴본다.

핵심 용어

- 2요인 유관
- 3요인 유관
- 4요인 유관
- 간헐 강화 스케줄
- 강화 스케줄
- 고정 간격 강화 스케줄
- 고정비율 강화 스케줄
- 고정 지속시간 강화 스케줄
- 대체행동 차별강화
- 무조건 강화제
- 변동 간격 강화 스케줄

- 변동비율 강화 스케줄
- 변동 지속시간 강화 스케줄
- 부적 강화
- 상반행동 차별강화
- 선호도 평가
- 연속 강화 스케줄
- 저비율 차별강화
- 정적 강화
- 조건 강화제
- 타행동 차별강화

Ⅰ 강화의 개념과 종류

1. 강화의 개념

강화(reinforcement)는 행동 발생에 뒤이어 선호하는 자극을 제시하거나 혐오하는 자극을 제거하여 이후에 그 행동의 발생 가능성을 높이는 과정을 의미한다. 이러한 강화를 통해 행동의 비율, 지속시간, 강도, 형태 등을 유지 또는 증가시킬 수 있다(Scheuermann & Hall, 2017). 강화는 자연스럽게 발생하는 과정이다. 예를 들어, 저녁식사 후에 아동이 자신의 그릇과 수저를 들어 개수대에 가져다 놓았을 때 엄마가 아동이 그릇과 수저를 가져다 놓은 것에 대해 칭찬을 하고 아동이 좋아하는 간식을 주었더니 이후 아동이 스스로 그릇과 수저를 가져다 놓는 행동이 증가한다. 학교에 등교한 학생이 교사에게 인사를 하자 교사가 반갑게 인사를 받으며 관심을 보인다. 학생은 그 다음 날에도 교사에게 먼저 다가가 인사를 한다. 또 다른 예로, 아동이 자신의 방청소를 하자 엄마가 운동 시간을 40분에서 20분으로 줄여 주었다. 매일 운동하는 것을 힘들어 했던 아동은 그 다음 날에도 자신의 방을 청소한다. 이렇듯 강화는 자연스럽게 발생하는 행동의 과정이다. 행동주의자들이 이러한 과정을 관찰하고 그 원리를 설명한 것뿐이다.

강화는 행동(반응)에 뒤이어 후속결과로서 선호 자극을 제시하거나 혐오 자극을 제거하여 행동의 발생을 증진시키는 것으로, 이는 정적 강화(positive reinforcement)와 부적 강화(negative reinforcement)로 구분된다. 정적 강화는 행동 발생에 유관하여 선호 자극을 제공하여 행동을 증진시키는 것이며, 부적 강화는 행동 발생에 유관하여 혐오 자극을 제거하여 행동을 증진시키는 것이다(Alberto & Troutman, 2014; Cooper, Heron, & Heward, 2010). 여기에서 정적 또는 부적은 단순히 긍정적 또는 부정적의 의미가 아니라 후속결과의 조절과 관련하여 자극 제시(+)를 정적으로, 자극 제거(−)를 부적으로 설명하는 것이다. 다시 말하면, 정적이라는 용어는 행동 이후에 주어지는 자극 자체의 본질을 의미하는 것이 아니라 행동에 뒤이어 자극이 제시(+)됨을 의미하며, 부적이라는 용어는 자극의 질을 의미하는 것이 아니라 행동 이후에 자극이 제거(−)됨을 의미한다. 앞서 언급된 예에서 아동의 그릇과 수저를 가져다 놓는 행동과 등교 시 인사하는 행동에 대해서는 정적 강화가 적용된 것이고, 자발적으로 자신의 방청소를 하는 행동에 대해서는 부적 강화가 적용된 것이다.

〈표 7-1〉 정적 강화와 부적 강화의 공통점과 차이점

구분	공통점	차이점
정적 강화	• 표적행동 발생에 유관하여 강화	선호 자극 제시
부적 강화	• 표적행동의 미래 발생 가능성 증진	혐오 자극 제거

이러한 강화는 이후의 행동 발생의 증진을 위해 적용되는 것으로 바람직한 행동에 대해 적용되는 것이다(양명희, 2016). 그러나 앞서 언급한 바와 같이 교사, 부모, 치료사, 관련인 등에 의해 의도하지 않게 잘못 적용되는 경우가 많고, 문제행동의 상당수가 부주의한 강화로 인해 발생한다. 예를 들어, 문장제 수학 과제를 풀도록 요구하자 학생이 소리를 지르고 과제를 찢는다. 교사는 학생의 행동이 다른 학생들의 수업을 방해한다고 여겨 과제를 뺏고 교실 뒤에 있는 진정 공간에 가 있게 한다. 다음 날 수학시간에도 같은 상황이 발생하였다. 이후 그 학생은 소리 지르고 과제를 찢는 문제행동을 더 많이 보였다. 여기서 교사는 다른 학생들의 수업에 방해가 된다고 여겨 이러한 후속결과를 하였지만, 의도하지 않게 학생의 문제행동을 강화한 것이다. 학생이 문제행동을 보였을 때 후속결과로서 교사는 학생이 싫어하는 과제를 제거하여 학생의 문제행동의 발생 가능성이 증진된 것이다. 즉, 교사가 의도하지 않게 학생의 문제행동에 대해 부적 강화를 한 것이다. 또 다른 예를 들면, 엄마가 형이 숙제하는 것에 관심을 가지고 옆에서 지켜보고 있다. 아동이 가지고 놀던 장난감을 던진다. 엄마가 아동에게 다가와서 그렇게 놀면 안 된다고 말하며 함께 장난감을 가지고 놀아 준다. 다음 날에도 이와 같은 일이 반복되었다. 아동의 장난감 던지는 행동은 이후 증가되었다. 이는 엄마가 의도하지 않게 아동의 장난감을 던지는 문제행동을 강화한 것이다. 아동이 장난감을 던지면 후속결과로서 아동이 원하는 엄마의 관심과 함께 놀기가 제공되어 아동의 문제행동 발생 가능성이 증진된 것이다. 즉, 엄마는 부주의하게 아동의 문제행동에 대해 정적 강화를 한 것이다. 이러한 정적 강화와 부적 강화의 부주의한 적용은 우리의 일상에서 쉽게 찾아볼 수 있다. 따라서 강화의 원리를 적

용하고자 할 때에는 신중하게 바람직한 행동에 대해 적용해야 한다.

강화의 개념을 설명하면서 반드시 짚고 넘어가야 하는 것이 강화와 강화제의 개념 구분이다. 임상현장에서는 강화와 강화제의 용어가 구분 없이 혼용되기도 한다. 그러나 강화와 강화제의 개념을 명확히 구분할 필요가 있다. 강화는 앞서 언급한 바와 같이 행동(반응)에 뒤이어 후속결과로서 자극의 제시 또는 제거를 하여 미래의 행동 발생을 증가시키는 행동(반응)과 후속결과 간의 관계 또는 과정을 의미하는 것이고, 강화제(reinforcer)는 강화의 과정에서 후속결과로 제시 또는 제거되는 자극을 의미한다(Scheuermann & Hall, 2017). 구체적인 강화제 유형에 대해서는 이 장의 네 번째 절에서 보다 구체적으로 살펴본다.

2. 강화의 종류

1) 정적 강화

정적 강화는 표적행동(반응)의 발생에 따라(유관하여) 뒤이어 후속결과로서 선호 자극을 제공하여 행동의 빈도, 비율, 강도, 지속시간 등을 유지 또는 증가시키거나 행동의 형태를 개선시키는 것이다(Skinner, 1969). 앞에서 언급한 바와 같이 정적 강화는 행동 발생에 유관하여 선호 자극을 제공하여 행동을 증진시키는 것이다(Alberto & Troutman, 2014; Cooper, Heron, & Heward, 2010). 예를 들어, 학생이 10개의 철자를 쓰는 쓰기 과제를 완수하면 3분간 블럭을 조립(학생이 선호하는 활동)할 수 있도록 한다. 학생의 철자 쓰기 과제 완수 행동은 이후 지속적으로 증가할 것이다. 또 다른 예로, 학생이 과제 참여 행동을 보이면 이에 수반하여 교사는 학생이 선호하는 블럭 조립 활동을 5분간 하도록 한다. 이후 학생의 과제 참여 행동은 점진적으로 증가될 것이다. 학생은 자신이 과제 참여 행동을 하여 선호하는 블럭 조립 활동을 할 수 있게 되었기에 이후 선호 자극을 얻기 위해서 바람직한 과제 참여 행동을 지속적으로 보일 것이다. 이렇듯 정적 강화는 학생의 바람직한 행동의 미래 발생을 증가시키기 위해 대상자가 바람직한 행동을 보일 때 체계적으로 선호하는 강화제를 제공하는 것이다. 정적 강화는 새로운 행동을 가르치거나 적절한 바람직한 행동을 증가시키고자 할 때 우선적으로 고려할 수 있는 방법이다.

2) 부적 강화

부적 강화는 표적행동 발생에 유관하여 혐오 자극을 제거하여 표적행동의 빈도, 지속시간, 강도 등을 증진시키는 것이다(Alberto & Troutman, 2014; Cooper, Heron, & Heward, 2010; Mayer, Sulzer-Azaroff, & Wallace, 2012; Pfiffner & O'Leary, 1987). 부적 강화 역시 행동을 유지 또는 증가시키지만, 정적 강화와는 달리 표적행동에 대한 후속결과로 혐오 자극을 제거해 주거나 회피하게 해 주는 것이다. 이는 바람직한 표적행동의 이후 발생 가능성을 높이기 위해 표적행동 발생에 유관하여 혐오 자극을 제거한다는 점에서 부적(−)이라는 용어가 적용되는 것이다. 부적이라는 용어 때문에 벌(punishment)과 혼동하는 경우가 많다. 부적 강화는 단어 자체에 '부정적인(negative)'이라는 뜻을 가지고 있긴 하지만, 강화의 한 형태이므로 표적행동을 유지 또는 증가시키는 역할을 한다. 여기서 '부적'이라는 말은 표적행동을 하기 전에 혐오적이거나 비선호하는 자극이 존재했고 이 혐오 자극을 제거한다는 의미다(Scheuermann & Hall, 2017). 분명한 것은 부적 강화의 효과는 바람직한 표적행동의 증가이고, 벌의 효과는 바람직하지 않은 표적행동의 감소라는 점이다.

부적 강화는 현재 존재하는 혐오 자극의 도피(escape), 또는 앞으로 발생할 만한 혐오 자극의 회피(avoid) 모두를 포함한다(Cooper, Heron, & Heward, 2010; Scheuermann & Hall, 2017). 이는 도피 유관과 회피 유관으로 구분된다. 도피학습이라고도 하는 도피 유관은 학생이 제시되고 있는 혐오 자극에서 도피하기 위해 표적행동을 하는 것이다. 이것은 이미 혐오 자극이 학생에게 제시되어 있는 상황에서 적용되는 것이다. 예를 들어, 교사가 자리 착석을 힘들어 하는 학생에 대해 부적 강화를 적용한다. 학생이 10분 동안 의자에 바르게 앉아서 과제 수행을 하면 5분 동안 자리에서 벗어날 수 있게 한다. 이 경우 학생에게 자리 착석이 혐오 자극이 된다. 학생은 표적행동을 수행한 결과로 이러한 혐오 자극에서 도피할 수 있게 된다. 회피학습 또는 변별 회피라고도 하는 회피 유관은 잠재적인 또는 가능하다고 생각되는 혐오자극을 회피하기 위해 표적행동을 하는 것이다. 예를 들어, 가정에서 엄마가 아동에게 학교 숙제를 태권도 학원 가는 시간 이전까지 마치면 태권도 학원에 가지 않아도 된다고 한다. 이 경우 태권도가 아동에게는 힘들고 선호하지 않는 활동이다. 아동은 태권도 학원 가는 시간 전까지 학교 숙제를 완수한 결과로 아직 발생하지 않은 혐오자극을 회피한 것이다. 부적 강화를 통해 증가 및 유지되는 대부분의 표적행동들은 회피학습 관련 행동으로 표적행동을 하여 후속결과인 혐오 자극의 발생을 방지하는 것이다(Cooper, Heron, & Heward, 2010).

부적 강화 또한 본래 바람직한 행동에 대해 적용하여 바람직한 행동의 발생 가능성을 증진시키는 것이지만 자연적인 환경에서 의도하지 않게 바람직하지 않은 행동에 적용되어 문제행동을 증가 또는 유지시키는 것이 사실이다. 그래서 기능평가 결과, 문제행동의 기능이 '회피'인 경우 잘못된 부적 강화의 적용으로 인한 것임을 알 수 있다. 음식을 거절하거나 과제를 회피하기 위해 문제행동을 보이고 이러한 문제행동에 유관하여 음식과 과제가 제거될 경우 이 문제행동은 이후 지속적으로 나타나게 된다. 특히 학교 상황에서 학생들이 보이는 많은 문제행동이 잘못된 부적 강화에 의해 과제 회피를 하고자 할 때 나타난다(Mueller, Nkosi, & Hine, 2011). 예를 들어, 교사가 학생에게 쓰기 과제를 제공한다. 학생이 주어진 쓰기 과제물을 말아서 책상을 두드리며 소리를 지른다. 교사는 학생에게서 쓰기 과제물을 뺏는다. 이 경우 학생이 문제행동을 했을 때 교사가 자신이 싫어하는 쓰기 과제물을 제거하였기에 학생은 이후에도 쓰기 과제가 제시되면 이러한 문제행동을 보일 가능성이 높다. 이때 교사가 학생이 "쓰기가 싫어요. 쓰기가 힘들어요."라고 말하면 본래 써야 하는 문장의 수를 줄여서 세 개의 문장만 쓰고 더 이상 쓰지 않아도 된다고 학생을 격려할 수 있다. 그래서 학생이 문제행동 대신에 적절한 의사소통 표현을 하면 학생이 써야 하는 쓰기 과제를 줄여 주게 되고 이후 학생은 쓰기 과제가 제시될 때 문제행동이 아닌 적절한 표적행동을 보일 가능성이 높아진다. 이 사례에서, 두 가지 경우 모두 부적 강화에 따른 행동의 증가가 나타난 것이다. 그러나 첫 번째는 문제행동의 증가가 나타나고 두 번째는 적절한 행동의 증기가 나타난다.

이러한 부적 강화는 정적 강화와 달리 몇 가지 문제점을 가지고 있다(Cooper, Heron, & Heward, 2010; Scheuermann & Hall, 2017). 부적 강화는 특정한 표적행동에 유관하여 혐오 사상(event)이 제거되어야 한다는 점이다. 그래서 학생이 바람직한 표적행동에 중점을 두기보다는 혐오 사상을 회피하는 데 주의를 둘 수 있다. 앞서 언급한 예에서 학생은 "쓰기가 싫어요. 쓰기가 힘들어요."라는 표적행동에 중점을 두기보다는 쓰기 과제를 회피하는 데 주의를 둘 수 있다. 또 다른 문제점은 부적 강화에 의해 유지되는 행동의 선행사건의 대부분이 학생에게는 혐오 사상이라는 점이다. 부적 강화 적용을 위해 학생에게 혐오적인 선행사건을 제시하는 것에 대한 윤리적 문제가 제기될 수 있다. 부적 강화도 분명히 효과적으로 바람직한 표적행동을 유지 또는 증가시킨다. 그러나 그러한 결과를 얻기 위해 교사는 학생에게 혐오적인 상황을 계획해야 한다(Scheuermann & Hall, 2017). 그렇기에 바람직한 표적행동의 증가를 위해서는 우선적으로 정적 강화의 적용을 고려하여 학생을 동기화하는 것이 바람직하다.

Ⅱ 강화 통제 이론

1절에서 살펴본 바와 같이, 강화의 원리는 행동(반응)에 뒤이어 자극이 제시되면 미래의 행동(반응) 발생 가능성이 증진된다는 것이다. 효과적인 강화를 위해 고려해야 할 요건으로 행동과 후속결과 간의 유관, 행동을 유발하는 변별 조작과의 유관, 행동 발생에 영향을 미치는 동기조작과의 유관을 들 수 있다(Cooper, Heron, & Heward, 2010; Michael, 2004).

강화의 과정은 기본적으로 행동(반응, R)에 뒤따르는 후속결과인 정적 자극(S^{R+}) 간의 2요인 유관(two-term contingency)을 기본으로 한다. 이는 정적 강화를 의미한다. 이에 더하여 행동을 하면 강화가 주어진다는 것을 신호해 주는 선행자극에 해당하는, 즉 행동을 유발하는 변별자극(discriminative stimulus: S^D)이라는 변별 조작(discriminated operant)의 개념이 추가되면 3요인 유관(three-term contingency)이 된다. 이는 변별자극에 대해서만 반응이 일어나고 다른 자극[소위 S-델타($S^\triangle$)라 하는 자극]에 대해서는 반응이 일어나지 않는 것으로, 변별자극이 있을 때 반응(행동)이 발생하고 뒤이어 정적 자극(강화제)이 제공되어 미래에 행동의 발생 가능성을 증진시키는 선행자극 조절에 의해 행동이 통제되는 과정이다. 이는 자극통제(stimulus control)라고도 한다. 효과적인 강화를 위해서는 동기-변별자극-반응-후속결과 간의 요건이 연계되어 있다. 여기에 학생의 동기와 관련한 요인이 추가되면 동기조작(motivation operant: MO)에 의해 유발되는 변

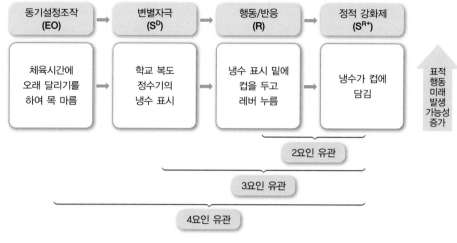

[그림 7-1] 강화 통제

별 조작의 정적 강화가 보다 효과적으로 이루어진다. 이는 4요인 유관(four-term contingency)이 된다. 이러한 강화 통제를 도식으로 나타내면 [그림 7-1]과 같다 (Cooper, Heron, & Heward, 2010).

2요인 유관은 강화에서 작동행동(operant behavior)의 발생 가능성 증진과 관련한 기본 원리이다. 2요인 유관에서는 행동 발생에 유관하여 즉각적으로 강화를 하는 강화의 즉시성이 무엇보다 중요하다(Malott & Suarez, 2004; Miltenberger, 2018). [그림 7-1]에서 보는 바와 같이, 학생이 정수기 냉수 표시 밑에 컵을 대고 레버를 누르는 행동(반응, R)을 하면 즉시 차가운 물이 컵에 담기는 후속결과인 정적 자극(S^{R+})이 주어져야 이후 표적행동의 미래 발생 가능성이 증가된다. 특히 새로운 행동의 습득과 관련해서는 2요인 유관에서 행동 발생 시 매번 즉시 강화제가 주어져야 한다. 앞서 2요인 유관은 정적 강화를 나타내는 유관이라고 언급한 바 있다. 이러한 정적 강화가 개별 학생에 대해 개별화되고 표적행동에 유관하여 이루어질 때 표적행동의 미래 발생 가능성이 매우 효과적으로 증가될 수 있다(Malott & Suarez, 2004; Miltenberger, 2018; Zirpoli, 2017). 정적 강화의 효과에 영향을 미치는 요인은 다음과 같다.

• 강화의 즉시성: 강화를 제공하는 초기에는 강화 프로그램의 효과성을 높이기 위해 표적행동의 발생 즉시 강화가 제공되어야 한다. 이후에는 행동과 강화 간의 지연

시간(latency)이 길어지도록 한다.

- 강화와 언어적 칭찬과의 결합: 바람직한 표적행동과 강화제 간의 관련성을 알 수 있
도록 학생에게 강화제를 받는 행동이 무엇인지를 분명하게 언급해 준다. 강화제
와 함께 언어적 칭찬(학생이 보인 표적행동을 구체적으로 언급해 주는 것)을 주어 강
화제와 언어적 칭찬의 연합이 학습되면 언어적 칭찬이 갖는 강화의 가치가 높아
져서 이후 언어적 칭찬만으로도 표적행동의 발생 가능성을 높일 수 있다. 효과적
인 칭찬과 관련해서는 이 장의 4절 강화제 부분에서 다루어진다.

- 강화 스케줄: 강화를 제공하는 초기에는 학생이 표적행동을 보일 때 마다 매번 강
화를 하는 연속 강화 스케줄을 적용한다. 이후 연속 강화 스케줄에서 간헐 강화
스케줄로 변경한다. 강화 스케줄(schedule of reinforcement)에 대해서는 이 장의
3절에서 구체적으로 다루어진다.

- 강화제의 유형과 양: 학생의 개별적인 선호에 따라 어떤 강화제가 다른 강화제보다
더 효과적일 수 있다. 이 장의 4절에서 살펴볼 강화제 표집의 과정을 통해 학생에
게 보다 효과적인 강화제를 판별하여 적용할 수 있다. 또한 효과적인 강화를 위
해 제공할 강화제의 양(quantity)은 학생이 만족할 수 있도록 너무 많지 않으면서
도 관심을 이끌기에 충분한 양이어야 한다.

- 강화 제공자: 학생이 좋아하거나 존경하는 사람 또는 학생에게 의미 있는 사람이
강화제를 제공할 때 그 강화제는 보다 효과적일 수 있다. 학생이 싫어하거나 신
뢰하지 않는 사람이 강화제를 주면 강화의 특성 중 일부 또는 전부가 상실될 수
있다. 이는 4요인 유관에서의 동기조작과도 관련이 있다.

- 일관성: 강화는 일관되게 시행되어야 한다. 표적행동의 발생과 관련이 있는 모든
사회 및 물리적 상황에서 일관성 있게 시행하는 것이 중요하다. 이는 3요인 유관
에서의 변별 조작과도 관련이 있다.

3요인 유관에서는 앞서 언급한 바와 같이 행동(반응)을 하면 강화가 주어진다
는 것을 신호해 주는 변별자극(S^D)과 행동을 하면 강화가 주어지지 않는 S^{D}의 부
재라 할 수 있는 자극(S$^\triangle$)의 변별 조작이 이루어진다. 이러한 과정을 통해 변별자
극이 있을 때 반응(행동)이 발생하고 뒤이어 정적 자극(강화제)이 제공되어 행동
발생 가능성을 증진시키는 변별 조작에 의해 자극통제(자극통제에 대해서는 이 책

의 제9장에서 보다 구체적으로 다루어진다.)가 된다. 이와 같이 3요인 유관에서는 행동(반응)의 발생이 보다 용이하게 이루어질 수 있도록 명확한 변별자극을 제시하고 변별자극에 대해 반응을 했을때에 강화제가 주어지는 자극통제의 확립이 중요하다(Malott & Suarez, 2004; Miltenberger, 2018). [그림 7-1]에서 보는 바와 같이, 학교 복도 정수기의 냉수 표시가 변별자극(S^D)이 되어 학생이 정수기 냉수 표시 밑에 컵을 대고 레버를 누르는 행동(반응, R)을 하면 즉시 차가운 물이 컵에 담기는 후속결과인 정적 자극(S^{R+})이 주어지므로 미래에 변별자극이 있을 때 표적행동의 발생 가능성이 증가된다.

4요인 유관에서는 강화제의 가치를 변화시키고 표적행동 변화에 효과가 있는 동기조작(MO) 요인이 추가된다. 즉, 강화와 관련 있는 동기조작이 효과적일 때 3요인 유관이 효과적이어서 미래의 표적행동의 발생 가능성을 높일 수 있다는 것이다. 목이 마를 때 변별자극인 정수기의 냉수 표시를 보고 냉수 표시 밑에 컵을 두고 레버를 누르는 표적행동을 보일 가능성이 높다. 특정 시간이나 상황에서 강화제의 효과를 증가시키는 것으로 강화제에 개인의 특성 및 요구, 유인력 등과 같은 동기적 요인이 강화와 관련이 있을 때 보다 강화가 효과적일 수 있다(Miltenberger, 2018). 동기조작(MO)은 강화제의 즉각적인 효과를 증진시키는 동기설정조작(establishing operation: EO)과 강화제의 즉각적인 효과를 감소시키는 동기해지조작(abolishing operation: AO)으로 구분된다. 동기설정조작은 박탈(deprivation) 수준과 관련이 있고 동기해지조작은 포만(satiation) 수준과 관련이 있다. 강화제의 가치는 박탈 수준의 증가와 비례하고 포만 수준의 증가와 반비례한다. 그렇기 때문에 강화제의 즉각적인 효과성을 증가시키는 동기설정조작이 표적행동의 미래 발생 가능성을 증가시킬 수 있다(Malott & Suarez, 2004). [그림 7-1]에서 보는 바와 같이, 체육시간에 오래 달리기를 하여 목이 마른 상태는 냉수라는 강화제의 즉각적인 효과성을 증가시키는 동기설정조작으로 역할을 하여 학생이 이전의 강화 경험에 의해 형성된 변별자극인 학교 복도 정수기의 냉수 표시에 반응하여 냉수 표시 밑에 컵을 두고 레버를 누르는 표적행동을 보일 가능성이 높아진다. 이러한 3요인 유관은 냉수라는 강화제의 박탈 수준이 증가할 때 발생 가능성이 높은 것이다. 이러한 동기설정조작이 변별 조작에 추가되어 4요인 유관이 표적행동의 미래 발생 가능성을 높여 준다.

Ⅲ 강화 스케줄

강화 적용 시 고려해야 할 중요 요소 중 하나는 얼마나 자주 강화를 적용할 것인지, 강화 스케줄(reinforcement schedules)을 결정하는 일이다. 강화 스케줄은 표적행동 또는 일반적인 바람직한 행동에 뒤이어 제공되는 강화제 전달의 빈도 또는 시기를 의미한다(Cuvo et al., 1998). 강화 스케줄은 강화의 성과에 영향을 미치므로 신중하게 고려되어야 한다. 강화 스케줄은 연속 강화 스케줄과 간헐 강화 스케줄로 구분된다. 연속 강화 스케줄은 새로운 행동을 습득하는 데 적용되고, 간헐 강화 스케줄은 행동의 숙달 및 유지와 같은 수행 증가에 적용된다.

1. 연속 강화 스케줄

연속 강화 스케줄(continuous schedule of reinforcement: CRF)에서는 표적행동이 발생할 때마다 매번 강화가 적용된다. 연속 강화 스케줄은 나이가 어린 유아, 장애 정도가 심한 아동, 고빈도의 문제행동을 만성적으로 보이는 아동을 대상으로 적절한 행동을 새롭게 습득하도록 지도할 때 적용된다. 연령이 높은 학생 또는 장애 정도가 약한 학생에게도 새롭고 어려운 행동을 습득시키도록 할 때 연속 강화 스케줄을 적용하는 것이 좋다(Newman & Buffington, 1995; Scheuermann & Hall, 2017). 아동이 새로운 행동을 습득하면 연속 강화 스케줄을 간헐 강화 스케줄로 변경하는 것이 바람직하다. 연속 강화 스케줄은 장기간 실행이 어려울 뿐 아니라 강화 포만을 일으키기 쉽다. 따라서 행동이 습득되어 일관되게 나타나면 강화 스케줄을 점진적으로 약화(thinning)시켜야 한다. 강화 스케줄의 점진적 약화는 표적행동(반응)을 보일 때마다 강화하는 연속 강화 스케줄에서 일부 표적행동에 대해서만 강화를 하는 간헐 강화 스케줄로 점진적으로 변경하는 것이다. 강화 스케줄의 유형이 [그림 7-2]에 제시되어 있다.

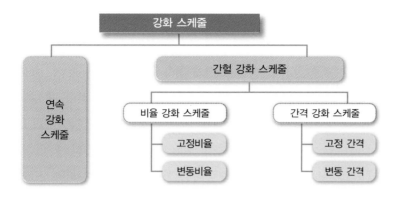

[그림 7-2] 강화 스케줄의 유형

2. 간헐 강화 스케줄

간헐 강화 스케줄(intermittent schedule of reinforcement: INT)은 비율 강화 스케줄과 간격 강화 스케줄로 구분된다. 각 강화 스케줄은 고정 스케줄과 변동 스케줄의 유형을 갖는다. 〈표 7-2〉에서 보는 바와 같이, 고정 스케줄은 고정된 발생 횟수 또는 고정된 시간 간격에 근거하여 강화가 이루어지는 것이다. 변동 스케줄은 평균 발생 횟수 또는 평균 시간 간격에 근거하여 강화가 이루어지는 것이다.

〈표 7-2〉 간헐 강화 스케줄 유형 구분

구분	고정(fixed)	변동(variable)
비율(ratio)	표적행동이 정해진 수, 즉 고정된 횟수만큼 발생했을 때 강화	표적행동이 평균 발생 횟수만큼 나타날 때 강화
간격(interval)	정해진 시간(간격)이 지난 후 표적행동이 처음 발생했을 때 강화	시간의 평균 간격에 따라 해당 시간(간격)이 지난 후 표적행동이 처음 발생했을 때 강화

1) 비율 강화 스케줄

비율 강화 스케줄(ratio schedule of reinforcement)은 표적행동의 발생 횟수(빈도)에 따라 강화가 주어지는 것으로 표적행동이 특정 횟수만큼 발생했을 때 강화가 주어진다. 표적행동의 발생 빈도를 짧은 시간에 빠르게 증가시키고자 할 때에는 간격 스케줄보다는 비율 스케줄을 적용하는 것이 보다 효과적일 수 있다(Miller, 2006). 강화를 받는 행동 발생 횟수의 유형은 고정비율(fixed ratio) 또는 변동비율 (variable ratio)로 구분된다. 고정비율 스케줄(fixed ratio schedule of reinforcement: FR)에서는 표적행동이 정해진 수, 즉 고정된 횟수만큼 발생했을 때 강화가 주어진다. 예를 들어, FR5에서는 학생의 다섯 번째 표적행동마다 강화제가 주어진다. 표적행동이 나타날 때마다 매번 강화가 주어지는 것은 행동의 발생 횟수가 1로 설정된 FR1이고 이는 연속 강화 스케줄이라 할 수 있다. 고정비율 스케줄에서는 n번째 반응(표적행동)마다 강화가 주어진다. 고정비율 강화 스케줄의 장점은 표적행동의 고정된 발생 횟수에 근거하여 언제 표적행동을 강화해야 하는지를 정확하게 알 수 있어서 교사 및 부모가 사용하기에 용이하다는 점과 표적행동의 비율을 높일 수 있다는 점이다. 반면에 고정 스케줄에서는 강화제를 받은 후에 일시적으로 표적행동을 하지 않는 강화 후 휴지(post-reinforcement pause)가 나타날 수 있다는 제한점이 있다. 고정비율 강화 스케줄에서는 표적행동이 급격히 발생하다가 강화 후에는 휴지 기간이 나타나며, 이는 강화 스케줄에서 요구되는 반응의 수가 많을수록 더 휴지 기간이 길게 나타난다. 예를 들면, 단어 쓰기에 대해 FR을 적용한다. 다섯 번째 단어 쓰기 행동에 대해 강화가 주어지는 FR5와 열 번째 단어 쓰기 행동에 대해 강화가 주어지는 FR10에서, FR10이 적용된 학생들이 FR5가 적용된 학생들보다 강화제를 받은 후에 다음 단어 쓰기 행동까지 일시적으로 단어 쓰기 행동을 보이지 않는 시간이 길게 나타날 수 있다.

변동비율 스케줄(variable ratio schedule of reinforcement: VR)은 표적행동이 정해진 평균 발생 횟수만큼 나타날 때 강화가 주어지는 것으로, VR5에서는 표적행동이 평균 5회 발생한 것에 대해 강화가 주어진다. 예를 들면, 단어 읽기 반응에 대해 VR5를 적용한다. 단어 읽기 반응이 평균 5회 발생하면 강화가 주어진다. 교사는 총 30개의 단어에 대해서 학생이 세 번째 단어를 읽었을 때, 그다음 다섯 번째 단어를 읽었을 때, 이와 같은 식으로 그다음 여섯 번째, 네 번째, 세 번째, 아홉 번째 단어를 읽었을 때 강화를 하였다(1, 2, ③, 4, 5, 6, 7, ⑧, 9, 10, 11, 12, 13, ⑭, 15, 16, 17, ⑱, 19, 20, ㉑, 22, 23, 24, 25, 26, 27, 28, 29 ㉚). 즉, 학생은 총 30개 단어를 읽는데 동그라미 표시 해당 번호의 단어를 읽으면 강화제를 받게 된다. 변동 스케줄은 고정 스케줄에 비해 교사, 부모, 치료사에 의해 실행하기에 다소 용이하지 않지만, 대상자가 강화 스케줄을 예상하기 어렵기 때문에 고정 스케줄을 적용했을 때 나타나는 강화 후 휴지를 방지할 수 있는 장점이 있다.

2) 간격 강화 스케줄

간격 강화 스케줄(interval schedule of reinforcement)은 일정 시간의 경과를 기준으로 강화의 시기를 결정한다. 간격 강화 스케줄은 설정된 시간 간격이 경과한 후에 처음 표적행동이 발생한 것에 유관하여 강화가 주어진다. 표적행동의 측정 차원이 지속시간의 경우(예: 과제 참여 행동, 자리 착석 행동), 비율 스케줄보다는 간격 스케줄을 적용하는 것이 보다 기능적이고 효과적일 수 있다(Conyers et al., 2003). 간격 스케줄은 시간 간격의 경과에 근거한다. 강화가 주어지는 시간 간격의 유형은 고정 간격(fixed interval) 또는 변동 간격(variable interval)으로 구분된다. 고정 간격 스케줄(fixed interval schedule of reinforcement: FI)에서는 사전에 정해진 일정 시간 간격이 지난 후에 첫 번째 발생한 표적행동을 강화한다. 예를 들면, 교사는 학생의 자리 착석 행동을 표적행동으로 하여 FI5′를 적용한다. 5분 간격으로 타이머를 맞추고 타이머가 울리면 바로 대상 학생이 표적행동을 보이는지를 관찰한다. 학생이 자리 착석을 보이면 강화를 한다. FI5′에서는 5분의 간격을 정해 놓고 한 간격이 지난 직후, 학생이 표적행동을 보이면 강화하는 것이다. 고정 간격 스케줄의 장점은 정해진 시간 간격에 근거하여 언제 표적행동을 강화해야 하는지를 정확하게 알 수 있어서 교사 및 부모가 사용하기에 용이하다는 점이다. 반면에 고정비율 스케줄에서와 마찬가지로, 고정 간격 스케줄에서도 강화제를 받은 후에 일시적으로 표적행동을 하지 않는 강화 후 휴지가 나타날 수 있다는 제한점이 있다. 더불어 고정 간격 스케줄에서는 학생이 강화를 받게 되는 시간 간격을 인식하게 되어 시간 간격이 끝나기 직전에 표적행동의 급작스러운 증가를 보이는 증폭 현상이 나타날 수 있다. 이러한 강화 직전에 표적행동의 급증과 강화 후 표적행동의 중단으로 인해 고정 간격 스케줄을 적용한 결과의 누적 반응 그래프에서 누적 반응 곡선이 연속적인 가리비(scallop) 또는 부채꼴 모양으로 나타난다.

변동 간격 스케줄(variable interval schedule of reinforcement: VI)에서는 강화의 기준이 되는 시간 간격의 평균을 미리 정한 후에 해당 간격이 지난 후에 처음 발생한 표적행동에 대해 강화를 한다. 예를 들면, 교사는 학생의 과제 참여 행동에 대해 VI15′을 적용한다. 45분으로 이루어진 두 교시를 연속해서 한 블록으로 운영하는 수업에서 교사는 총 수업시간(90분)에 대해 사전에 간격의 길이를 미리 계산하여(예 : 20분, 10분, 15분, 12분, 18분, 15분) 평균이 15분이 되게 한다. 정해진 평균 15분이 지나면 소리가 나도록 타이머를 맞춘다. 타이머가 울리면 바로 대상학생이 표적행동을 보이는지를 관찰한다. 학생이 과제 참여 행동을 보이면 강화를 한다. 앞서 언급한 바와 같이 변동 스케줄은 고정 스케줄에 비해 교사, 부모, 치료사에 의해 실행하기에 다소 용이하지 않지만, 대상자가 강화 스케줄을 예상하기 어렵기 때문에 고정 스케줄을 적용했을 때 나타나는 강화 후 휴지를 예방할 수 있는 장점이 있다.

〈표 7-3〉 간헐 강화 스케줄 유형별 효과

스케줄 유형	개념	효과
고정비율	고정된 수만큼 표적행동이 발생할 때 강화	• 표적행동 발생의 비율이 높음 • 강화 후 휴지 발생
변동비율	표적행동이 정해진 평균 발생 횟수만큼 나타날 때 강화	• 표적행동의 지속적 발생 • 강화 후 휴지 예방
고정 간격	고정된 시간 간격 후에 표적행동이 처음 발생할 때 강화	• 집단교수 상황에서 적용 가능 • 강화 후 휴지 발생
변동 간격	평균 시간 간격에 따라 시간 간격 후에 표적행동이 처음 발생할 때 강화	• 표적행동의 지속적 발생 • 강화 후 휴지 예방

이상으로 살펴본 간헐 강화 스케줄의 유형별 특성 및 효과에 대한 간략한 내용이 〈표 7-3〉에 제시되어 있다. 어떤 강화 스케줄을 선택할 것인지는 강화를 받을 표적행동의 특성에 달려 있다. 사건기록법을 사용하여 횟수를 측정할 수 있는 비연속적인 행동은 비율이나 간격 스케줄로 강화할 수 있다. 비율 스케줄은 학생이 강화를 받기 위해 보여야 하는 행동의 횟수를 교사가 정확하게 통제할 수 있게 해 준다. 그러나 집단 지도 상황에서는 비율 스케줄의 적용이 용이하지 않기에, 간격 스케줄을 실행할 수 있다. 간격 스케줄은 간격기록법이나 시간표집법을 이용하여 측정할 수 있는 지속적인 행동에도 매우 적절하다(Zirpoli, 2017). 앞에서

언급한 바와 같이, 연속 강화 스케줄을 통해 아동이 새로운 행동을 습득하면 간헐 강화 스케줄로 변경하여 강화 스케줄을 점진적으로 약화시켜야 한다. 강화 스케줄의 점진적 약화의 궁극적 목표는 부정기적 또는 자연발생 강화 스케줄로 옮겨 가는 것이다. 이는 강화가 더 이상 계획에 따라 주어지는 것이 아니라 무계획적인 형태로 주어짐을 의미한다. 대부분의 자연적인 환경은 부정기적 강화에 주로 의존한다. 따라서 경도 및 중등도 장애학생에 대해서는 부정기적 또는 자연발생 강화 스케줄 또한 강화 스케줄로 고려되어야 한다.

Ⅳ 강화제

1. 강화제 유형

강화제는 표적행동의 증가 및 유지를 위해 적용되는 강화의 과정에서 후속결과로 제시 또는 제거되는 자극을 의미한다. 강화제의 유형은 [그림 7-3]에서 보는 바와 같이 강화제 근원에 따라 또는 강화제의 물리적 특성에 따라 분류될 수 있다(Alberto & Troutman, 2014; Cooper, Heron, & Heward, 2010; Scheuermann & Hall, 2017). 강화제 근원에 따른 분류를 하면 강화제는 무조건 강화제와 조건 강

[그림 7-3] 강화제 유형 분류

화제로 분류된다. 강화제의 물리적 특성에 근거하여 분류를 하면 음식 강화제, 감각 강화제, 물질 강화제, 활동 강화제, 사회적 강화제로 분류된다. 이 절에서는 강화제 근원에 따른 분류에 근거하여 강화제에 대해 살펴보고자 한다.

1) 무조건 강화제

무조건 강화제(unconditioned reinforcers)는 학습이나 조건화 없이 자연적으로 생존을 위해 필요한 자극이나 생물학적 가치를 갖는 자극들을 의미한다. 무조건 강화제는 음식, 음료, 잠, 감각 등과 같이 학습할 필요가 없이 생득적으로 동기부여 되는 자극이다. 이는 학습되지 않은 강화제(unlearned reinforcers) 또는 일차 강화제(primary reinforcers)라고도 한다. 무조건 강화제로는 대표적으로 씹거나, 빨아먹거나, 마실 수 있는 음식 강화제와 감각(시각, 청각, 미각, 촉각, 후각) 관련 자극제인 감각 강화제가 있다. 이는 매우 강력한 유인력을 가지고 있다. 자폐성 장애 아동 및 청소년이 보이는 손가락 흔들기, 제자리에서 뱅뱅 돌기, 몸을 앞뒤로 흔들기 등의 상동행동이나 자신의 손등을 물기, 자신의 뺨을 때리기, 물건으로 자신의 머리를 치기 등과 같은 자해행동이 이들에게는 일차 강화제로 기능하기도 한다(Cowdery, Iwata, & Pace, 1990; Durand & Crimmins, 1988).

일차 강화제는 매우 제한된 상황에서만 사용되는 것이 좋다. 일차 강화제는 표적행동에 매우 강력하면서도 즉각적인 영향을 미치므로 연령이 낮거나 장애 정도가 심한 아동이 보이는 표적행동이나 심각한 공격행동 또는 자해행동에 한정하여 적용해야 한다. 일차 강화제의 장기적 사용을 제한해야 하며 가능한 한 이차 강화제와 함께 사용하는 것이 바람직하다.

2) 조건 강화제

조건 강화제(conditioned reinforcers)는 자연적으로 강화되지 않는 자극으로 학습된 강화제(unlearned reinforcers) 또는 이차 강화제(secondary reinforcers)라고도 한다. 조건 강화제는 생존을 위해 필요하거나 생물학적 가치를 갖는 무조건 강화제(일차 강화제)처럼 학습이 없이도 강화제로 작용할 수 있는 것이 아니다. 그렇기에 조건 강화제는 무조건 강화제와 연합시키는 짝짓기(pairing) 과정을 통해 강화제로서의 가치를 갖게 된다. 예를 들어, 아동이 바람직한 행동을 했을 때 아동이 좋아하는 사탕(일차 강화제)과 함께 구체적인 칭찬의 말(잠재적 이차 강화제)을 짝 지어 제공하면 잠재적 이차 강화제인 칭찬이 일차 강화제인 사탕과 연합된 강화 제로 기능을 하게 된다. 점진적으로 일차 강화제의 사용을 줄이면서 잠재적 이차 강화제의 가치를 증진시키면 칭찬의 말이 표적행동을 유지 및 증가시키는 이차 강화제(조건 강화제)가 될 수 있다.

이차 강화제는 사회적 강화제(social reinforcers), 활동 강화제(activity reinforcers), 물질 강화제(material reinforcers), 일반화된 강화제라고도 하는 토큰 강화제(token reinforcers)로 구분된다. 사회적 강화제는 부모 또는 교사 등 타인으 로부터 제공되는 다양한 형태의 인정과 관련된 강화제로, 미소, 고개 끄덕임, 손 바닥 마주치기, 손잡기, 어깨 다독이기, 안아 주기, 칭찬 등이 해당된다. 활동 강 화제는 학생이 좋아하는 활동을 할 수 있는 기회, 임무, 특권을 제공하는 것으로, 칠판 지우기, 학급 우유 가져오기, 점심 급식 때 제일 앞에 서기, 자료 나눠 주기, 앞자리에 앉기, 영화 보기, 늦잠 자기, 컴퓨터 게임하기 등이 해당된다. 물질 강화 제는 학생이 좋아하는 물건이나 사물로, 장난감, 스티커, 책, 학용품 등이 해당된 다. 일반화된 강화제 또는 토큰 강화제는 토큰, 쿠폰, 점수, 현금 등과 같이 강화 제로서의 내재적 가치를 가진 것은 아니지만 일차 또는 이차 강화제로 교환할 수 있기 때문에 그 가치를 갖는다.

사회적 강화제는 학생이 속한 사회적 상황의 규준에 적합하며 사회적으로 타 당한 강화제를 의미한다. 학생이 속한 사회적 문화, 연령, 상황, 사회적 관계에 근거하여 사회적 강화제의 타당도가 결정된다(Blake, Wang, Cartledge, & Gardner, 2000). 학생의 머리를 쓰다듬는 것은 어린 연령의 학생에게는 사회적으로 타당한 강화제가 될 수 있으나 청소년들에게 타당한 강화제라 할 수 없다. 따라서 사회 적 강화제를 선정하고 강화 목록을 개발할 때에는 사회적으로 수용될 수 있는 타 당한 강화제인지를 고려하는 것이 무엇보다도 중요하다.

학생이 어려워하지만 수행해야 하는 선호도가 낮은 활동 다음에 선호하는 활 동을 제공하면, 이때 제공되는 선호 활동은 활동 강화제로서 기능한다(Piazza, Fisher, Hagopian, Bowman, & Toole, 1996). 예를 들면, 어려운 과제를 수행한 후 에 교실 내 컴퓨터 활용 활동을 강화제로 제공할 수 있다. 또는 선호도가 낮은 철 자 쓰기 활동 다음에 선호하는 수학 문제 풀이 활동을 하도록 하여 쓰기 활동에 대한 활동 강화제로서 수학 문제 풀이 활동을 활용할 수 있다. 이와 같이 선호도가 낮은 행동의 수행 후에 선호하는 활동을 적용하는 것을 프리맥 원리(Premack principle)라고 한다(Alberto & Troutman, 2014; Premack, 1959). 선호도가 낮은 행동을 완수하면 이에 수반하여 활동 강화제(선호도가 높은 활동)가 제시되어야 한다는 점이 중요하다.

일반화된 강화제(generalized reinforcer)는 조건 강화제로 다양한 무조건 또는 조건 강화제와 교환 가능한 강화제(exchangeable reinforcer)를 의미한다. 대표적인 것인 토큰 강화제(token reinforcer)이며, 일상생활에서는 현금이 일반화된 강화제의 예이다. 일반화된 강화제는 앞서 언급하였듯이 그 자체가 강화제는 아니지만 무조건 또는 조건 강화제로 교환할 수 있는 도구이기에 강화제와 같은 유인력을 갖는 것이다. 일반화된 강화제의 장점으로는 학생의 강화제 포만 상태에 상관없이 제공할 수 있다는 점, 포만 효과가 덜 나타난다는 점, 강화제의 개별화에 신경 쓰지 않고도 사용할 수 있다는 점을 들 수 있다. 효과적인 토큰 강화제의 적용과 관련해서는 이 책의 제5장에 보다 구체적으로 기술되어 있다.

2. 강화제 판별 및 선정

강화제 판별은 강화를 적용하고자 하는 교사와 치료사에게 매우 중요한 과제이다. 대상 학생에게 효과적인 강화제를 판별 및 선정하여 적용하는 것이 행동 지원·중재 효과와 직접적으로 관련이 있다. 특정 자극이 표적행동을 유지 또는 증가시켰을 경우에, 그 자극은 강화제로 작용한 것이다. 행동 지원·중재 계획을 위해 기능행동평가(functional behavioral assessment: FBA)를 할 때 대상 학생의 선호 또는 비선호 강화제에 대한 정보를 함께 수집해야 한다. 기능평가에 대한 구체적인 내용은 이 책의 제5장을 참고하기 바란다. 예를 들어, 학생이 보이는 문제행동의 기능이 교사 또는 다른 성인의 관심일 경우 점심시간에 교사 옆에 앉아서 식사하기, 쉬는 시간에 교사와 산책하기, 칠판에 과제 쓰기와 같은 교사 돕기 등을 강화제로 고려할 수 있다(Scheuermann & Hall, 2017). 학생의 문제행동이 회피로 나타난 경우, 특정 과제, 숙제 등을 면제 받을 수 있는 '면제' 쿠폰을 고려할 수 있다. 효과적인 강화제를 판별하기 위해 선호도 평가(preference assessment)을 할 수 있다. 선호도 평가는 영향력 있는 강화제 목록 개발을 위해 선호 강화제와 행동에 대한 강화제의 영향력을 평가하는 것이다(Pace, Ivancic, Edwards, Iwata, & Page, 1985; Piazza, Fisher, Hagopian, Bowman, & Toole, 1996). 선호도 평가의 세 가지 방법으로는 [그림 7-4]에 제시된 바와 같이 대상자 또는 관련인에게 질문하기, 관찰하기, 시행 기반 평가하기가 있다(Carr, Nicolson, & Higbee, 2000; Cooper, Heron, & Heward, 2010; Fisher et al., 1992; Green, Middleton, & Reid, 2000; Piazza, Fisher, Hagopian, Bowman, & Toole, 1996).

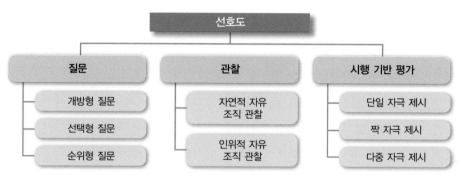

[그림 7-4] 선호도 평가방법

선호도 평가방법의 구체적인 종류는 다음과 같다.

- 질문하기(ask the person): 질문하기는 강화 체계가 적용되는 대상자와 관련인에게 잠재적 강화제에 대해 직접 알아보는 기본적인 방법이다. 대상자가 의사소통에 제한이 있는 경우 교사, 부모 등 대상자의 삶에서 중요한 의미 있는 관련인을 대상으로 질문하기가 이루어져야 한다. 질문하기와 같은 선호도 평가의 간접 전략은 시행이 용이하고 빠르게 관련 자료를 수집할 수 있다는 장점이 있으나 자극 선호를 판별하기 위해 직접적인 전략으로 활용할 수 있는 관찰과 시행 기반 평가에 비해 수집된 자료의 정확성이 낮다. 질문하기의 종류로는 개방형 질문, 선택형 질문, 순위형 질문이 있다.
  - 개방형 질문(open-ended questions): 대상자 또는 관련인에게 "쉬는 시간에 무엇을 하기를 좋아하니?" "선호하는 음식과 음료는 무엇이니?" "지금 당장 학교에서 하고 싶은 것을 할 수 있다면 무엇을 할 거니?" 등과 같이 자유반응이 나올 수 있는 개방형 질문을 통해 조사한다.

- 선택형 질문(choice format questions): "과자, 사탕, 초콜릿 중 에서 어떤 것을 좋아하니?" "연필, 색연필, 사인펜, 볼펜 중에서 어떤 것을 좋아하니?" "운동장에서 줄넘기하기, 컴퓨터실에서 컴퓨터 활동하기, 교실에서 비디오 보기 중에서 어떤 것을 좋아하니?" 등과 같이 대상자에게 선택할 수 있는 형태의 질문을 통해 잠재적 강화제로 고려될 수 있는 선호 강화제를 조사한다.

- 순위형 질문(rank-ordering questions): 여러 가지 음식, 사물, 활동 목록을 대상자에게 제시하고 가장 선호하는 것에서부터 가장 선호하지 않은 것 순으로 번호를 매겨 보도록 한다. 대상자가 선정한 순위의 결과를 이후 관련인을 대상으로 질문을 하여 확인할 수 있다.

• 관찰하기(observe the person): 대상자에게 효과적인 잠재적 강화제를 판별하는 방법 중에 하나가 대상자를 직접 관찰하는 것이다. 다양한 강화제를 선택할 수 있는 자연적인 상황 또는 인위적인 상황을 제시하여 대상자가 무엇에 관심을 가지고 어떤 활동에 참여하며 얼마나 오랫동안 참여하는지 등에 관해 관찰한다. 이러한 관찰 기록을 자유조작관찰(free operant observation)이라고 한다. 자유조작관찰의 종류로는 자연적 자유조작관찰과 인위적 자유조작관찰이 있다.

- 자연적 자유조작관찰(naturalistic free operant observation): 가능한 한 관찰자가 드러나지 않게 대상자의 집 또는 학교 등 일상적으로 생활하는 자연적인 상황에서 대상자가 자신의 시간에 무엇을 하면서 보내는지를 관찰하고 대상자가 몰두하거나 선호하는 각 사물이나 활동과 참여 시간을 기록한다.

- 인위적 자유조작관찰(contrived free operant observation): 대상자는 사전에 결정된 일련의 사물 또는 활동을 접한다. 관찰 기록을 하기 전에 제시되는 사물을 짧게 접할 수 있는 기회가 제공된다. 그런 다음 대상자의 흥미를 이끌 수 있는 사물 또는 활동 자료를 인위적으로 환경에 배치해 놓고 대상자가 이러한 사물 또는 활동에 어떻게 그리고 어느 정도 관심을 보이며 얼마간 참여를 하는지를 관찰 기록한다.

• 시행 기반 평가하기(trail based methods): 강화 표집(reinforcer sampling)이라고 하는 시행 기반 평가하기는 선호도 평가방법 중에서 가장 체계적인 평가방법이라 할 수 있다. 이는 대상자가 선호도의 위계 또는 순위를 표시할 수 있도록 사물 또

는 활동들을 대상자에게 체계적으로 제시하는 것이다.

- 단일 자극 제시 선택(single stimulus choice): 연속적 선택(successive choice)이라고도 하며, 한 번에 하나씩 자극(예: 사물, 활동 등)을 제시하고 대상자의 반응을 기록한다. 대상자가 제시되는 것에 접근하는지 또는 거절하는지, 대상자가 해당 자극에 참여하는 시간은 어느 정도인지를 기록한다. 이는 빠르고 쉽게 제시된 자극에 대한 대상자의 선호 여부를 파악할 수는 있으나 자극의 선호 순위에 대한 정보를 알 수는 없다. 각 자극은 무작위 순서로 여러 차례 제시된다. 이 방법은 두 가지 자극을 변별하여 선택하는 데 어려움이 있는 대상자에게 적합한 방법이다(Hagopian, Rush, Lewin, & Long, 2001).

- 짝 자극 제시 선택(paired stimulus choice): 강요된 선택(forced choice)이라고도 하며, 두 가지 자극을 동시에 제시하고 대상자가 선택한 자극을 기록한다. 준비된 자극을 최소한 한 번씩은 다른 자극과 짝으로 제시하여 대상자가 보이는 상대적 선호를 기록한다. 가장 높은 비율로 선택된 자극이 가장 영향력 있는 강화제가 될 수 있다. 대략 75% 이상의 선호를 보인 자극이 높은 행동(반응)의 비율과 관련된 고선호 자극이 될 수 있다(Alberto & Troutman, 2014; Fisher et al., 1992). 짝 자극 제시 방법은 단일 자극 제시 방법보다 효과적인 잠재적 강화제를 판별하는 데 보다 정확한 방법이다(Pace et al., 1985; Piazza et al., 1996).

- 다중 자극 제시 선택(multiple stimulus choice): 짝 자극 제시 선택의 변형으로, 세 가지 이상의 자극을 동시에 제시하고 학생이 선택한 자극을 기록한다. 다중 자극 제시 선택 방법에는 대상자가 선택한 자극을 다음 자극 제시에서도 제시할 것인지의 여부, 즉 자극 교체(replacement) 여부에 따라 두 가지 변형이 있을 수 있다. 자극 교체를 적용하는 다중 자극 제시 방법은 내상자가 선택한 자극을 제외한 선택하지 않은 자극들을 다음 시행에서 제시하지 않고 제시하는 모든 자극을 새로운 자극으로 교체하는 것이다. 자극 교체를 적용하지 않는 다중 자극 제시 방법은 대상자가 선택한 자극을 제거하고 새로운 자극의 교체 없이 선택하지 않은 자극들의 순서 또는 배치를 재배열한 후에 자극을 선택하도록 하는 것이다.

　이상에 기술된 강화제 선호도 평가방법을 대상자의 기능 수행 수준에 맞게 적용되어야 한다. 대상자의 의사소통 수준에 따라 반응의 방식과 수준을 고려하여 적절한 표집 절차를 적용해야 한다. 무엇보다도 강화제는 개별화되어야 한다. 그렇기에 앞서 언급한 선호도 평가를 통해 개별 아동에게 효과적이고 적절한 잠재적 강화제를 선정하는 것이 무엇보다 중요하다. 강화제 선호도 평가를 시행할 때 다음과 같은 개별 대상자의 요인을 고려할 필요가 있다(Zirpoli, 2017).

- 대상자의 강화 경험: 이전에 받았던 강화제가 무엇인지 고려
- 대상자의 요구 및 관심: 아동이 원하지만 쉽게 얻을 수 없는 것에는 어떤 것이 있는지를 고려
- 강화제의 가치: 아동이 표적행동을 하려고 할 만큼 강화제가 아동에게 가치가 있는 것인지를 고려
- 지속성: 아동에게 지속적으로 제공할 수 있는 것인지를 고려
- 연령의 적합성: 아동의 나이에 적절한 것인지 등을 고려

　앞서 살펴본 강화제 선호도 평가를 통해 선정되어 개별 대상자에게 매우 가치 있고 유인력이 큰 강화제라 하더라도 대상자가 싫증을 느끼는 물림의 현상이 나타날 수 있다. 이를 '포만'이라 하며, 포만은 강화제가 강화의 가치를 상실한 상태를 의미한다. 포만을 예방하기 위해서는 다음을 고려할 수 있는데, ① 다양한 강화제 제공, ② 표적행동에 따라 다른 강화제 사용, ③ 강화의 양에 대한 모니터링, ④ 표적행동 유지에 충분한 양만 사용, ⑤ 음식 강화제 사용 자제, ⑥ 연속 강화 스케줄에서 간헐 강화 스케줄로 변경, ⑦ 일차 강화제에서 이차 강화제로 변경, ⑧ 칭찬과 같은 사회적 강화제를 함께 사용 등이다(Lampi, Fenty, & Beaunae, 2005; McVey, 2001).

　구체적이고 적절한 칭찬은 바람직한 행동의 증가를 이끈다(Beaman & Wheldall, 2000; Chalk & Bizo, 2004; Sutherland, Wehby, & Copeland, 2000). 사회적 강화제로서 칭찬이 문제행동 감소와 바람직한 행동 증가에 효과적이지만, 무엇보다도 올바르게 칭찬을 사용하는 것이 중요하다. 효과적으로 칭찬하는 방법은 다음과 같다(Zirpoli, 2017).

- 아동의 표적행동에 수반하여 즉시 칭찬
- 구체적 행동 내용을 묘사하는 표현으로 칭찬
- 상황에 따라 다양한 표현 문구 또는 어조로 칭찬
- 진심으로 칭찬(지나치게 열광하는 과장된 표현은 자제)
- 아동의 이름을 불러 칭찬
- 공개적인 칭찬을 좋아하지 않는 아동에게는 개별적으로 칭찬

칭찬을 제공하는 교사, 부모, 치료사 등은 자신의 칭찬 목표 횟수를 정하고 자신이 하루 동안 얼마나 자주 대상자를 칭찬하는지 그리고 구체적으로 적절하게 앞에 언급된 방법으로 칭찬하는지를 점검하는 것이 바람직하다(Keller, Brady, & Taylor, 2005; Sutherland, Wehby, & Copeland, 2000).

Ⅴ 차별강화

차별강화(differential reinforcement)는 강화의 원리를 적용하지만 행동 증가가 아닌 행동 감소가 주 목적이며, 바람직한 행동에 대해서는 강화를 제공되고 바람직하지 않은 표적행동에 대해서는 강화를 제공하지 않음으로써 바람직하지 않은 행동을 감소시키는 것이다. 강화(정적 강화와 부적 강화)는 바람직한 행동의 발생 및 증가를 목적으로 하여 바람직한 행동을 강화하는 것인 반면에, 차별강화는 바람직하지 않은 행동의 발생 억제 또는 감소를 목적으로 하여 바람직하지 않은 표적행동이 발생하지 않는 것을 강화하는 것이다(양명희, 2016; Alberto & Troutman, 2014; Cooper, Heron, & Heward, 2007; Miltenberger, 2018). 이러한 차별강화에서 강화를 통해 증가되는 것은 바람직하지 않은 표적행동이 발생하지 않거나 표적행동이 적게 발생한 것이다(Scheuermann & Hall, 2017). 다시 말하면, 차별강화는 바람직하지 않은 표적행동이 나타나지 않을 때 강화를 하거나 표적행동이 적게 나타났을 때 강화를 하거나 대체행동을 강화하여 바람직하지 않은 표적행동을 감소시키는 것이다. 차별강화는 강화를 철회하지 않고 혐오 자극을 제시하시 않으면서 행동 감소를 시킬 수 있는 절차로, 행동 감소를 위해 최소 강제 대안 원칙 (the principle of the least intrusive alternative)에 따라 가장 우선적으로 고려할 수

있는 강화 중심 전략이다(Alberto & Troutman, 2014; Cowdery, Iwata, & Pace, 1990). 차별강화의 유형으로는 저비율 차별강화, 타행동 차별강화, 상반행동 차별강화, 대체행동 차별강화가 있다.

1. 저비율 차별강화

저비율 차별강화(differential reinforcement of lower rates: DRL)는 자주 발생하는 행동의 빈도를 감소시키고자 할 때 적용된다. 표적행동의 형태가 문제가 아니라 표적행동의 발생 빈도가 지나치게 높은 것이 문제일 경우에 DRL이 주로 사용된다. DRL은 자주 발생하는 행동의 빈도를 감소시키고자 할 때 특히 유용하다. 예를 들어, 수업 중 질문하기 또는 도움 요청하기와 같은 행동은 적절한 형태의 행동이다. 그러나 너무 자주 이러한 행동을 하면 이는 수업을 방해할 뿐만 아니라 학생의 학업 수행에도 부정적인 영향을 미치게 된다. 교사는 이 행동을 없애려고 하기보다는 수용 가능한 수준으로 행동의 비율을 감소시키는 데 관심을 두어야 한다. DRL에서는 표적행동을 없애려고 하기보다는 수용 가능한 수준으로 행동의 비율을 감소시키는 데 주안점을 둔다. 표적행동의 빈도가 수용 가능한 수준으로 감소되는 것을 강화한다. DRL의 적용 절차는 다음과 같다(양명희, 2016; Alberto & Troutman, 2014).

① 표적행동에 대해 조작적 정의를 내린다. 직접 관찰하고 측정하기 쉽게 구체적이고 관찰 가능하며 측정 가능한 용어로 표적행동을 정의한다(Alberto & Troutman, 2014). 예를 들어, 수업 중 도움 요청하기 행동을 과도하게 보이는 준재의 행동에 대해 교사는 DRL를 적용하고자 한다. 교사는 도움 요청하기 행동이 없애야 할 행동이 아니라 준재에게 필요한 행동이지만 그 발생 빈도가 매우 높기에 수용 가능한 수준으로 감소시키는 것을 목표로 하였다. 교사는 먼저 준재가 보이는 도움 요청하기 표적행동에 대해서 '수업 중 독립 과제를 수행할 때 손을 들며 "선생님!" 또는 "도와주세요."라고 말하는 행동'으로 정의를 내린다. 표적행동의 조작적 정의에 대해서는 이 책의 제3장에서 보다 상세히 다루고 있다.

② 표적행동의 발생 빈도에 대한 자료를 수집한다. 행동의 감소 비율에 대한 처

음 강화할 기준치 또는 최종 기준치를 설정하기 전에, 정확한 기초선 측정이 이루어져야 한다. 기초선 자료는 DRL 실행을 위한 강화 기준치 및 기준치의 변화 크기를 설정하는 척도가 된다. DRL을 적용하기 전에 교사는 표적행동의 조작적 정의에 근거하여 3회기에 걸쳐서 기초선 자료를 수집하였다. 20분간의 독립 과제 수행 시간 동안에 준재는 평균 15번의 표적행동 발생 빈도를 보였다.

③ 처음 강화할 기준치를 정한다. 처음 강화할 기준치는 기초선 자료에 근거하여 평균 또는 평균보다 조금 적은 빈도를 기준으로 정한다. 교사는 기초선 관찰 자료에 근거하여 준재의 표적행동에 대한 DRL 적용의 처음 강화할 기준치로 20분간의 독립 과제 수행 중 평균 13번으로 정하였다.

④ 표적행동의 최종 기준치를 결정한다. DRL은 표적행동의 빈도를 수용 가능한 수준으로 감소시키고자 하는 것이므로, 수용 가능한 최종 기준치를 설정한다. 대상 학생 이외의 학생들이 20분간의 독립 과제 수행 중 어느 정도 도움 요청 하기 행동을 보이는지를 관찰하여 이를 근거로 최종 기준치를 설정할 수 있 다. 교사는 학급 내 3명의 학생들을 관찰하였다. 20분간의 독립 과제 수행 시 간 동안에 학생들은 평균 3번의 도움 요청하기 행동을 보였다. 교사는 이 자료 에 근거하여 20분간의 독립 과제 수행 동안에 도움 요청하기 행동을 3번 이하 로 보이면 강화하기로 준재의 표적행동의 최종 기준치를 정하였다.

⑤ 기준치 변화의 크기를 정한다. 기준치 변화 크기는 최종 기준치까지 도달하는 데 어느 정도의 기간이 적절하다고 생각하는지에 따라 달라질 수 있다. 기준 치 변화 크기는 처음 강화할 기준치에서 다음 단계에서 강화할 기준치까지의 차이이다. 준재의 표적행동에 대한 DRL 적용의 처음 강화할 기준치인 20분간 의 독립 과제 수행 중 평균 13번 이하에 대해 다음 단계에서 강화할 기준치를 11번 이하로 정하였다. 이 경우 기준치 변화의 크기는 2번의 도움 요청하기라 할 수 있다. 이에 따라 교사는 준재의 도움 요청하기 행동에 대한 강화 기준치 를 처음 기준치인 13번 이하의 도움 요청하기 행동 → 11번 이하 → 9번 이하 → 7번 이하 → 5번 이하 → 3번 이하(최종 기준치) 기준에 따라 DRL를 적용한다.

⑥ 기준치 변화의 시기를 정한다. 현재 적용한 강화의 기준치에서 다음 단계로 넘어가는 시기를 정한다. 현재의 기준에서 3회기 연속해서 해당 기준 이하의 행동을 보이면 다음 단계의 기준을 적용하는 것이 바람직하다(Deitz & Repp,

1983). 교사는 준재가 3회기 연속적으로 13번 이하의 노움 요청하기 행동을 보이자 다음 단계 기준을 적용하여 준재가 20분간의 독립 과제 수행 시간 동안에 도움 요청하기 행동을 11번 이하로 보이는 것에 대해 강화를 하였다. 최종 기준치(도움 요청하기 행동을 3번 이하로 보이는 것)에 도달할 때까지 교사는 해당 기준치를 준재가 3회기에 연속해서 보이면 기준치 변화 크기에 따라 기준치를 점진적으로 변화시켜 나간다.

DRL 적용의 유형(Alberto & Troutman, 2014; Deitz & Repp, 1983; Miltenberger, 2018)으로 전체회기 DRL, 반응시간 DRL, 간격 DRL가 있다.

- 전체회기 DRL(full-session DRL): 정해진 회기 전체 동안에 정해진 수보다 적게 행동이 발생할 경우에 강화 제공(예: 전체 수업시간 동안 질문하기를 10번 이하로 하면 강화)
- 반응시간 DRL(spaced-responding DRL): 행동과 행동 사이에 정해진 시간 간격이 지나야 강화(예: 한 번 손들어 발표한 후 10분이 지나 발표를 하면 강화)
- 간격 DRL(interval DRL): 한 회기를 여러 간격으로 나누고 각 간격에서 행동이 발생하지 않을 경우에 강화(예: 수업 40분을 5분 간격으로 나누고 각 간격에서 표적행동이 발생하지 않으면 강화)

2. 타행동 차별강화

타행동 차별강화(differential reinforcement of other behaviors: DRO)는 사전에 계획된 일정 시간 간격 동안에 어떠한 다른 행동이 발생하든 상관없이 표적행동을 보이지 않는 것에 대해 강화를 하는 것이다. 즉, 표적행동이 발생하지 않는 것을 강화하는 것이다. DRO는 특정 부적절한 행동의 생략(omission)에 대해 강화를 하는 것이므로 행동 생략 차별강화(differential reinforcement of the omission of behavior)라고도 한다(Deitz & Repp, 1983). DRO는 공격행동이나 자해행동과 같은 문제행동 관리에 유용하다. 예를 들면, 학생이 교사 또는 또래를 발로 차는 행동을 보이는 경우 교사는 40분의 수업시간을 5분 간격으로 나누고 표적행동인 발로 차는 행동이 시간 간격 동안에 발생하지 않는 것을 강화한다. 이때 학생이 표적행동 이외에 다른 어떠한 행동이 나타나도 상관이 없다. 표적행동만 나타나지 않으면 이에 대해 강화를 한다. DRO 적용 시 표적행동 이외에 어떠한 행동이 발생하든 상관없이 표적행동이 발생하지 않는 것에 대해 강화를 하기에, 표적행동(예: 타인을 발로 차는 행동)이 아닌 다른 문제행동(예: 자신의 손등을 깨무는 행동)이 강화될 가능성이 있다. 이 경우에는 DRO의 시간 간격의 길이를 줄이거나(예: 5분 간격에서 2분 간격) 다른 문제행동을 표적행동에 포함시킬 수 있다(예: 발로 차는 행동과 자신의 손등을 깨무는 행동 모두를 보이지 않을 때 강화)(Cooper, Heron, & Heward, 2007). 표적행동이 발생하지 않는 것에 대해 강화가 제공되므로 구체적인 적절한 행동을 강화하는 것이 아니다. 그렇기에 표적행동의 감소와 더불어 구체적인 바람직한 행동을 증가시킬 수 있는 DRI 또는 DRA와 같은 다른 유형의 차별강화를 고려할 수 있다(LaVigna & Donnellan, 1986).

DRO 실행을 위해 우선 표적행동에 대해 조작적 정의를 내린다. 이에 대해서는 앞서 DRL 절차에서 언급된 것을 참조하기 바란다. 표적행동에 대한 조작적 정의를 내린 후에는 표적행동의 평균 수준에 대한 기초선 자료를 수집한다. 그런 다음, 기초선 자료에 근거하여 강화할 시간 간격의 길이를 결정하고(예: 표적행동이 45분의 수업시간 동안 평균 9번 나타났으며 강화할 시간 간격의 길이는 5분), 학생의 표적행동 감소가 나타나면 강화할 시간 간격의 길이를 점진적으로 늘려 간다.

강화를 위한 시간 간격 길이를 결정하는 기준(Lindberg, Iwata, Khang, & DeLeon, 1999)으로 다음의 두 가지가 있다.

① 강화가 주어지는 시간 간격의 조건: 정해진 시간 간격에서 전체 시간 간격 동안에 표적행동의 비발생을 강화할 것인지 아니면 시간 간격의 특정 시각(매 간격의 마지막 순간)에 표적행동의 비발생을 강화할 것인지 정한다.
  • 간격 DRO(interval DRO): 전체 시간 간격 동안 문제행동의 비발생을 강화한다. 즉, 표적행동이 시간 간격의 어떠한 때에도 나타나지 않으면 강화가 주어진다.
  • 순간 DRO(momentary DRO): 특정 시각(매 간격의 마지막 순간)에 문제행농의 비발생을 강화한다. 즉, 표적행동이 시간 간격의 마지막 순간에 보이지 않으면 강화가 주어진다.
② 시간 간격 계획의 조건: 고정된(정해진) 전체 시간 간격 동안 또는 특정 시각

(매 간격의 마지막 순간)에 표적행동의 비발생을 강화할 것인지 아니면 변동하는 전체 시간 간격 동안 또는 특정 시각(매 간격의 마지막 순간)에 표적행동의 비발생을 강화할 것인지 정한다.

이러한 두 가지 기준에 따라 〈표 7-4〉에 제시된 바와 같이 강화의 네 가지 방법으로 구분할 수 있다.

〈표 7-4〉 DRO 실행에서의 강화 방법

시간 간격의 강화 조건 / 시간 간격 스케줄의 조건	간격(Interval)	순간(Momentary)
고정 (Fixed)	고정-간격 (FI-DRO)	고정-순간 (FM-DRO)
변동 (Variable)	변동-간격 (VI-DRO)	변동-순간 (VM-DRO)

- 고정-간격 DRO(FI-DRO): FI-DRO에서는 사전에 정해진 고정된 시간 간격(fixed interval) 내내 표적행동이 발생하지 않으면 강화가 주어진다. 그러나 정해진 시간 간격 동안에 표적행동이 나타나면 학생은 간격이 끝나는 시간에 강화를 받지 못한다. 새로운 간격은 앞선 간격이 끝나야만 시작한다. 예를 들면, 자신의 손 등을 깨무는 표적행동에 대해 교사는 FI-DRO를 적용한다. 학생의 표적행동이 주로 발생하는 수학시간 40분을 5분 간격으로 나누고 5분 간격 내내 표적행동이 발생하지 않으면 간격이 끝나는 시간에 학생은 선호하는 스마일 스티커를 받는다.
  - 고정-간격 DRO의 변형으로 DRO 재설정 간격 스케줄(DRO-reset interval schedule)이 있다(Donnellan, LaVigna, Negri-Shoultz, & Fassbender, 1988; Repp, Barton, & Brulle, 1983; Repp, Felce, & Barton, 1991). DRO 재설정 간격 스케줄에서는 표적행동이 시간 간격 내내 나타나지 않으면 강화가 제공되지만 시간 간격 동안 표적행동이 나타나면 표적행동을 보인 시간을 기준으로 시간 간격이 재설정된다.
  - 고정-간격 DRO를 적용하여 학생이 진보를 보이면 시간 간격을 점진적으로 늘린다. 이를 DRO 증진 간격 스케줄(DRO-increasing interval schedule) 또

는 DRO 용암 스케줄(DRO-fading schedule)이라고도 한다. 학생은 이전보다 길어진 간격 동안 표적행동을 보이지 않아야만 강화를 받을 수 있다. 표적행동이 나타나면 강화를 받을 수 있는 시간 간격은 동일하게 유지된다. 증진 간격 스케줄은 학생의 진보에 의해 결정되어야 한다. DRO 적용 시 강화할 시간 간격의 길이를 처음에는 짧게 하고 점차 늘려 가는 것이 처음부터 간격을 길게 하는 것보다 더 효과적이다. 시간 간격이 보다 짧은 DRO가 보다 넓은 간격의 DRO보다 약 두 배의 효과를 보인다고 한다(Repp, Barton, & Brulle, 1983; Repp, Felce, & Barton, 1991).

- 변동-간격 DRO(VI-DRO): VI-DRO는 전체 시간 간격 동안 문제행동의 비발생을 강화한다는 점이 앞서 살펴본 FI-DRO와 동일하지만 강화가 주어지는 시간 간격 스케줄의 조건이 변동된다는 점이 다르다. VI-DRO에서는 평균 시간 단위로 변화하는 간격 동안에 표적행동이 발생하지 않으면 강화가 주어진다. 45분의 수업 동안에 평균 5분의 시간 간격에서 학생이 표적행동을 보이지 않으면 강화를 받는 VI-DRO를 적용하는 경우, 교사는 45분의 수업시간을 평균 5분의 간격으로 하여 임의로 간격을 나눈다(예: 3분 간격-4분 간격-3분 간격-5분 간격-4분 간격-7분 간격-4분 간격-7분 간격-8분 간격). 이러한 평균 5분 간격 동안에 표적행동에 비발생에 대해 강화를 한다.

- 고정-순간 DRO(FM-DRO): FM-DRO에서는 고정된 시간 간격의 마지막 순간(시각)에 표적행동의 비발생을 강화한다. 예를 들면, 5분 FM-DRO를 적용하고자 하는 경우 45분의 수업 중 학생은 5분의 고정된 시간 간격의 마지막 순간인 매 5분 정각에 표적행동을 보이지 않으면 강화를 받는다. 고정된 간격 내에 어떠한 때에 표적행동을 보이더라도 이에 상관없이 시간 간격의 마지막 순간인 5분 정각에만 표적행동을 보이지 않으면 강화가 주어진다.

- 변동-순간 DRO(VM-DRO): VM-DRO는 시간 간격의 마지막 순간(시각)에 문제행동의 비발생을 강화한다는 점은 앞서 살펴본 FM-DRO와 동일하지만 강화가 주어지는 시간 간격 스케줄의 조건이 변동된다는 점이 다르다. VM-DRO에서는 평균 시간 단위로 변화하는 간격의 마지막 순간에 표적행동이 발생하지 않으면 강화가 주어진다. 45분의 수업 동안에 평균 5분의 VM-DRO를 적용하는 경우, 교사는 45분의 수업시간을 평균 5분 간격으로 하여 임의로 간격을 나눈 후,

이러한 평균 5분 간격의 마지막 순간에 표적행동 비발생에 대해 강화를 한다(예: 3분 정각-7분 정각-10분 정각-15분 정각-19분 정각-26분 정각-30분 정각-37분 정각-45분 정각).

3. 상반행동 차별강화

상반행동 차별강화(differential reinforcement of incompatible behaviors: DRI)는 바람직하지 않은 표적행동에 형태학적으로 상반되는 행동을 강화하여 표적행동을 감소시키는 것이다. 이는 표적행동에 형태학적으로 상반되는 행동을 강화하는 것이다. 형태학적으로 상반된다는 것은 표적행동과 상반되며 동시에 발생할 수 없는 것을 의미하기에 DRI는 경쟁 행동 차별강화(differential reinforcement of competing behaviors: DRC)라고도 한다(Donnellan et al., 1988). 예를 들어, 수업시간 중 교실을 돌아다니는 표적행동의 상반행동으로는 의자에 앉아 있는 행동이 될 수 있다. 연필을 집어 던지는 표적행동의 상반행동으로는 연필을 가지고 필기하는 행동이 될 수 있다. 또래를 때리는 표적행동의 상반행동으로는 자신의 겨드랑이 사이에 손을 놓는 행동이 될 수 있다. 상반행동을 강화하면 표적행동은 감소될 것이다. DRI는 표적행동의 감소와 더불어 상반행동의 증가를 가져오는 이중 효과를 가지고 있다. DRI에서 상반행동이 표적행동의 대체행동에 포함될 수 있기에 DRA의 유형이라고도 한다(양명희, 2016; Alberto & Troutman, 2014). 상반행동이 행동목록 안에 없을 경우 반드시 지도를 해야 한다. 모든 표적행동이 강화를 위해 적절하게 형태학적으로 상반되는 행동을 가지고 있는 것은 아니다. 선정된 상반행동이 특정 상황에서 부적절한 다양한 행동에 상반되는 행동이 될 수도 있다. 이런 경우에는 DRI보다는 DRA 또는 DRO 절차의 적용을 고려해 볼 수 있다.

DRI 실행을 위해 우선 표적행동에 대한 조작적 정의를 내리고 이에 상반되는 적절한 상반행동을 선정하여 조작적으로 그 행동을 정의한다. 앞서 언급한 예에서 수업 중에 교실 내를 돌아다니는 표적행동에 대한 상반행동을 '자신의 의자에 등과 엉덩이를 붙이고 앉아 있는 행동'으로 정의할 수 있다. 이 상반행동이 학생의 현재 행동목록 내에 없으면 상반행동을 지도해야 한다. 강화 스케줄에서 언급한 바와 같이, 상반행동에 대해 초반에는 연속 강화 스케줄을 적용하여 학생이 상반행동을 보일 때마다 이에 수반하여 즉각적으로 강화를 한다. 상반행동이 확립이 되면 간헐 강화 스케줄을 적용한다. 표적행동에 대해서는 강화제 철회(소거)를 적용한다(Cooper, Heron, & Heward, 2007; Scheuermann & Hall, 2017). 학생이 상반행동을 보이면 학생이 좋아하는 기관차 책을 읽을 수 있는 활동 강화제와 교환할 수 있는 토큰을 받고, 교실을 돌아다니는 표적행동을 보이면 토큰을 받지 못한다. 표적행동이 지속적으로 나타날 경우에는 최소한의 처벌 절차 적용(부적벌을 우선적으로 고려)을 고려한다.

4. 대체행동 차별강화

대체행동 차별강화(differential reinforcement of alternative behaviors: DRA)는 바람직하지 않은 표적행동이 바람직한 형태로 나타날 때 강화하는 것으로, 표적행동과 동일한 기능을 수행하면서 그 형태는 적절한 대체행동을 강화하는 것이다. 표적행동과 동일한 기능을 수행하는 대체행동을 강화하는 것이기에 대체행동이 증가하면 바람직하지 않은 표적행동은 감소하게 된다. 예를 들어, 학생이 원하는 사물을 얻고자 소리를 지르며 우는 행동을 보일 경우, 대체행동은 원하는 사물 획득이라는 표적행동의 기능을 수행할 수 있는 사회적으로 적절한 대체 형태가 되어야 한다. 이 표적행동에 대해서는 학생이 손동작으로 "주세요."라는 요구하기 형태를 대체행동으로 선정할 수 있다. 대체행동의 형태는 학생의 의사소통 수준에 적절하고 사회적으로 타당해야 한다.

대체행동의 선정 기준은 다음과 같다(Alberto & Troutman, 2014; Durand, Berotti, & Weiner, 1993; Horner & Day, 1991).

- 기능의 동일성(response match): 대체행동은 문제행동과 동등한 기능을 가진 행동이어야 한다. 예를 들어, 기능평가를 통해 문제행동의 기능이 어려운 과제 회피일 경우, 대체행동은 "도와주세요."가 아닌 "조금 쉬었다 할래요."가 되어야 한다. "도와주세요."는 획득의 기능으로, 이는 문제행동의 기능과 동일하지 않은 것이기에 대체행동의 선정 기준에 부합하지 않는다.
- 수행의 용이성(response mastery): 대체행동은 의사소통 상대자에게 즉각적이며 성공적으로 작용하여 아동이 쉽게 수행할 수 있는 행동이어야 한다. 대체행동은 문

제행동을 수행하는 것만큼 수행하기 쉬운 형태여야 한다.

- **동일한 반응노력(response recognizability)**: 행동이 의미하는 바를 누구든지 이해할 수 있어서 중재자 이외의 다른 사람들에게서도 적절한 반응을 이끌어 내는 행동이어야 한다. 학생이 수행한 대체행동을 보고 다른 사람들이 어떠한 행동인지를 쉽게 알 수 있어서 이에 대해 적절한 반응을 할 수 있어야 한다.
- **사회적 수용가능성(response acceptability)**: 사회적으로 다른 사람들에게 수용될 수 있는 행동이어야 한다.

문제행동의 기능을 대체하는 행동을 지도하는 기능적 의사소통 훈련(functional communication training: FCT)에서는 DRA를 활용하여 대체행동을 강화한다. 그렇기에 문제행동이 가진 의사소통 기능을 대체할 수 있는 대체행동을 지도한다는 점에서 의사소통 차별강화(differential reinforcement of communication)라고도 한다. DRA는 DRI와 마찬가지로 이중 효과를 갖고 있다. 즉, 표적행동의 감소와 더불어 표적행동의 기능을 대신할 수 있는 적절한 대체행동의 증가를 이끈다(Vollmer, Roane, Ringdahl, & Marcus, 1999). DRA 절차는 다양한 방식으로 시행될 수 있다. 적절한 대체행동은 비율 스케줄 또는 간격 스케줄에 근거하여 강화될 수 있다. 또한 비율 및 간격 스케줄은 고정 또는 변동될 수 있다. DRA 절차는 앞서 살펴본 DRI 절차와 상반행동 대신에 대체행동에 대해 강화를 하는 것을 제외하고는 동일하다. DRA는 앞서 살펴본 다른 유형의 차별강화에 비해 문제행동의 의사소통 기능을 대체할 수 있는 구체적이고 적절한 행동을 강화한다는 점에서 상대적 장점이 있다. 또한 강화를 통해 적절한 행동이 증가되면 동일한 의사소통 기능을 수행했던 문제행동의 발생이 감소되는 이중 효과를 가지고 있다. 이상으로 살펴본 차별강화의 유형과 목적의 요약이 〈표 7-5〉에 제시되어 있다.

〈표 7-5〉 차별강화의 유형과 목적

차별강화 유형	목적	강화 적용 표적행동
저비율 차별강화	표적행동 발생 빈도의 수용 가능한 수준으로의 감소	기준치 이하의 표적행동

타행동 차별강화	표적행동의 비발생 증가	표적행동 이외의 모든 행동
상반행동 차별강화	상반행동 증가를 통한 표적행동의 제거	표적행동과 동시에 발생할 수 없으며 형태학적으로 상반된 행동
대체행동 차별강화	대체행동의 증가를 통한 표적행동 제거	표적행동과 동일한 기능의 대체행동

요약

강화는 행동 발생에 뒤이어 선호하는 자극을 제시하거나 혐오하는 자극을 제거하여 이후에 그 행동의 발생 가능성을 높이는 과정을 의미한다. 이러한 강화를 통해 행동의 비율, 지속시간, 강도, 형태 등을 유지 또는 증가시킬 수 있다. 강화는 행동 발생에 유관하여 선호 자극을 제공함으로써 행동의 미래 발생 가능성을 증진시키는 정적 강화와 행동 발생에 유관하여 혐오 자극을 제거함으로써 행동의 미래 발생 가능성을 증진시키는 부적 강화로 구분된다.

강화의 과정은 기본적으로 행동(반응)에 뒤따르는 후속결과인 정적 자극 간의 2요인 유관을 기본으로 한다. 이는 정적 강화를 의미한다. 이에 더하여 행동을 유발하는 변별자극이라는 변별 조작의 개념이 추가되면 3요인 유관이 된다. 이는 변별자극이 있을 때 행동이 발생하고 뒤이어 정적 자극이 제공되어 이후 행동 발생 가능성을 증진시키는 선행사건 조절에 의해 행동이 통제되는 과정이다. 여기에 아동의 동기와 관련한 요인이 추가되면 동기조작에 의해 유발되는 변별 조작의 정적 강화가 보다 효과적으로 이루어진다. 효과적인 강화를 위해서는 동기-변별자극-반응-후속결과 간의 요건이 연계되어 있다.

강화 스케줄은 표적행동 또는 일반적인 바람직한 행동에 뒤이어 제공되는 강화제 전달의 빈도 또는 시기를 의미한다. 강화 스케줄은 연속 강화 스케줄과 간헐 강화 스케줄로 구분된다. 연속 강화 스케줄에서는 표적행동이 발생할 때마다 매번 강화가 적용된다. 간헐 강화 스케줄은 비율 강화 스케줄과 간격 강화 스케줄로 구분된다. 각 강화 스케줄은 고정 스케줄과 변동 스케줄의 유형을 갖는다.

고정 스케줄은 고정된 발생 횟수 또는 고정된 시간 간격에 근거하여 강화가 이루어지는 것이다. 변동 스케줄은 평균 발생 횟수 또는 평균 시간 간격에 근거하여 강화가 이루어지는 것이다. 간헐 강화 스케줄의 유형으로는 고정 비율, 변동 비율, 고정 간격, 변동 간격이 있다.

　강화제는 표적행동의 증가 및 유지를 위해 적용되는 강화의 과정에서 후속결과로 제시 또는 제거되는 자극을 의미한다. 강화제 근원에 따른 분류를 하면 강화제는 무조건 강화제와 조건 강화제로 분류된다. 학습되지 않은 강화제 또는 일차 강화제라고도 하는 무조건 강화제는 학습이나 조건화 없이 자연적으로 생존을 위해 필요한 자극이나 생물학적 가치를 갖는 자극들을 의미한다. 조건 강화제는 자연적으로 강화되지 않는 자극으로 학습된 강화제 또는 이차 강화제라고도 한다. 조건 강화제에는 사회적 강화제, 활동 강화제, 물질 강화제, 일반화된 강화제라고도 하는 토큰 강화제가 있다.

　효과적인 강화제를 판별하기 위해 선호도 평가를 할 수 있다. 선호도 평가는 영향력 있는 강화제 목록 개발을 위해 선호 강화제와 행동에 대한 강화제의 영향력을 평가하는 것이다. 선호도 평가방법으로는 질문하기, 관찰하기, 시행 기반 평가하기가 있다.

　차별강화는 강화의 원리를 적용하지만 행동 증가가 아닌 행동 감소가 주 목적인 것으로, 바람직한 행동에 대해서는 강화를 제공하고 바람직하지 않은 표적행동에 대해서는 강화를 제공하지 않음으로써 바람직하지 않은 행동을 감소시키는 것이다. 차별강화는 바람직하지 않은 행동의 발생 억제 또는 감소를 목적으로 하여 바람직하지 않은 표적행동이 발생하지 않는 것을 강화하는 것이다. 차별강화의 유형으로는 저비율 차별강화, 타행동 차별강화, 상반행동 차별강화, 대체행동 차별강화가 있다.

연습 문제

- 정적 강화와 부적 강화와 공통점과 차이점을 살펴보고 정적 강화와 부적 강화의 개념에 적합한 사례를 두 가지 이상 찾아 기술해 보자.
- 효과적인 강화를 위한 2요인 유관, 3요인 유관, 4요인 유관을 구체적으로 설명해 보자.

- 간헐 강화 스케줄의 유형별 개념과 효과를 설명해 보자.
- 강화제를 근원에 따라 분류하고 예를 들어 구체적으로 설명해 보자.
- 효과적인 강화제 판별을 위한 선호도 평가방법의 유형을 쓰고 각 유형별로 예를 들어 설명해 보자.
- 차별강화의 목적을 살펴보고 차별강화 유형별 강화가 적용되는 표적행동을 설명해 보자.

제8장

행동 감소 절차

사회적으로 수용되기 어렵거나 자신 또는 타인에게 해가 되는 문제행동은 무조건 없애야 하는 행동이 아니다. 앞서 제7장에서 언급한 바와 같이 우리의 행동은 사회 의사소통 '기능'을 가지고 있기에 바람직하지 않은 문제행동이 갖는 의사소통 기능을 파악하여 적절한 행동을 지도하는 것이 우선되어야 한다. 그러나 심각한 자해 및 공격행동 또는 수업방해 행동의 경우 즉각적인 개입을 요하는 행동이기에 이러한 행동을 감소시키는 전략 또한 함께 고려되어야 한다. 여기서 짚고 넘어가야 하는 것은 행동 감소 절차(behavior reductive procedures)와 벌(punishment)의 개념에 대한 명확한 이해이다. 벌은 행동의 발생 가능성을 감소시키기 위해 행동의 발생에 수반하여 선호 자극을 제거하거나 혐오 자극을 제시하는 것이다. 행동 감소 절차는 벌 절차를 적용하는 중재뿐 아니라 비처벌적 절차를 적용하는 중재도 포함하여 행동 감소를 위해 적용하는 모든 중재의 위계를 의미한다. 이 장에서는 먼저 최소 강제 대안 원칙에 따른 행동 감소 절차를 살펴보고, 비처벌적 접근의 하나인 소거에 대해 살펴보고자 한다. 또한 행동의 발생 가능성을 줄이기 위해 적용되는 벌의 개념과 종류를 살펴보고 구체적인 절차에 대해 알아보고자 한다. 무엇보다도 벌 절차를 적용할 때 가장 중요하게 인식해야 하는 것은 벌의 대상은 사람이 아니라 행동이라는 점이다.

핵심 용어

- 감각적 소거
- 격리 타임아웃
- 고립 타임아웃
- 과잉교정
- 도피 소거
- 반응대가
- 배제 타임아웃
- 보너스 반응대가
- 부적 벌
- 분리 타임아웃
- 비배제 타임아웃
- 비처벌적 절차
- 소거

- 소거 저항
- 소거 폭발
- 원상회복 과잉교정
- 유관 관찰
- 의도적 무시
- 자발적 회복
- 정적 벌
- 정적 연습 과잉교정
- 차별강화
- 최소 강제 대안 원칙
- 타임아웃 리본
- 특정 강화제 제거
- 행동 감소 절차

Ⅰ 행동 감소 절차

행동 감소 절차가 효과적으로 적용될 수 있는 행동으로는 만성적인 부적절한 행동, 아동 자신과 타인에게 상해를 입히는 위험한 행동, 학업과 사회적 수행을 방해하는 행동을 들 수 있다(Scheuermann & Hall, 2017). 행동 감소를 위해 중재를 적용할 때 가능한 한 최소한의 혐오적 중재를 우선적으로 적용하는 것이 바람직하다. [그림 8-1]에서 보는 바와 같이 행동 감소를 위해 강제성이 적은 중재부터 적용하는 것을 '최소 강제 대안 원칙(the principle of the least intrusive alternative)'이라 한다(Alberto & Troutman, 2014; Cowdery, Iwata, & Pace, 1990). 1수준과 2수준은 비처벌적 절차(nonpunishment procedure)를 적용하여 행동을 감소시키는 것이다.

행동을 감소시키기 위한 절차에서는 벌 절차를 먼저 고려하는 것이 아니라 보다 강제성이 적은 절차, 즉 비처벌적 접근부터 고려하여 적용하는 것이 바람직하다. 1수준인 차별강화를 적용했는데 문제행동이 감소되지 않으며 2수준인 소거 절차의 적용을 고려할 수 있다. 그렇게 해도 행동이 감소되지 않으면 3수준으로 부적 벌을, 그다음으로 정적 벌을 고려할 수 있다. 신체적 위해를 가하는 체벌은 정적 벌에 해당하지만 인간 윤리와 관련하여 적용되어서는 안 된다. 심각한 자해 및 공격행동으로 자신과 타인의 생명에 위해를 입히게 되는 경우에 신체적으로 제압하는 경우가 필요할 수 있다. 그런데 이 또한 부모와 관련인의 서면 동의가 있어야 한다. 아동의 문제행동과 관련하여 최소 강제 대안의 위계로 중재를 체계적으로 적용한 후에도 심각한 자해 및 공격행동이 감소되지 않을 경우에 신체적 제지 및 제압을 사용할 수도 있음을 안내하며 부모 및 관련인에게 사전에 설명을 하고 동의를 구해야 한다.

최소 강제 수준의 중재인 1수준의 차별강화(differential reinforcement)는 강화의 원리를 적용하지만 행동 증가가 아닌 행동 감소가 주목적인 것으로, 바람직한 행동에 대해서는 강화가 제공되고 바람직하지 않은 표적행동에 내해서는 강화를 제공하지 않음으로써 바람직하지 않은 행동을 감소시키는 것이다. 차별강화는 강화를 철회하지 않고 혐오 자극을 제시하시 않으면서 행동을 감소시킬 수 있는 절차로, 행동 감소를 위해 최소 강제 대안 원칙에 따라 가장 우선적으로 고려할 수 있는 전략이다. 차별강화는 바람직하지 않은 행동의 발생 억제 또는 감소를 목적으로 하여 바람직하지 않은 표적행동이 발생하지 않는 것을 강화하여 바람직하지 않은 표적행동이 발생하지 않거나 표적행동이 적게 발생하는 상태를 증가시키는 것이다(양명희, 2016; Alberto & Troutman, 2014; Cooper, Heron, & Heward, 2010; Miltenberger, 2018; Scheuermann & Hall, 2017). 다시 말하면, 차별강화는 바람직하지 않은 표적행동이 나타나지 않을 때 강화를 하거나, 표적행동이 적게 나타났을 때 강화를 하거나 상반 또는 대체 행동을 강화하여 바람직하지 않은 표적행동을 감소시키는 것이다. 차별강화의 유형으로는 저비율 차별강화(differential reinforcement of lower rates: DRL), 타행동 차별강화(differential reinforcement of other behaviors: DRO), 상반행동 차별강화(differential reinforcement of incompatible behaviors: DRI), 대체행동 차별강화(differential reinforcement of alternative behaviors: DRA)가 있다. 보다 구체적인 차별강화의 유형과 목적은 제7장을 참조하기 바란다. 이 장에서는 2수준인 소거, 3수준 선호 자극 제거, 4수준 혐오 자극 제시에 대해 살펴보고자 한다.

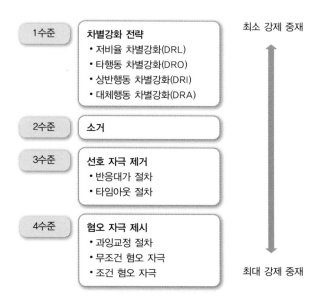

[그림 8-1] 행동 감소를 위한 최소 강제 대안의 위계

Ⅱ 소거

1. 소거의 개념

강화 중단 전략이라고 하는 소거(extinction)는 바람직하지 않은 행동을 발생시키거나 유지시키는 강화요인을 제거하는 것이다(Cooper, Heron, & Heward, 2010). 이는 차별강화와 더불어 비처벌적 절차를 통해 행동을 감소시키는 접근이다. 소거는 강화를 통해 유지된 문제행동의 강화요인을 제거하여 문제행동의 발생을 감소시키는 것이다. 강화요인이 제거되어 해당 행동이 강화를 받지 않게 되면 그 행동은 더 이상 발생하지 않는다. 이러한 강화요인의 제거를 통해 행동과 후속결과 간의 연계를 끊어 주어 행동을 감소시키는 것이다(Kazdin, 2012).

소거라는 용어를 행동 감소와 동의어로 사용하는 경우가 종종 있다(Cooper, Heron, & Heward, 2010). 예를 들어, 부적 벌 절차인 반응대가를 통해 문제행동이 감소되고 발생하지 않았을 때 행동이 소거되었다는 표현을 한다면, 이는 바람직하지 않은 표현이다. 소거는 앞서 언급한 바와 같이 비처벌적 접근으로 강화요인을 제거하는 것이지 벌 접근을 포함하여 행동이 감소되거나 사라진 경우에 적용되는 보편적인 용어가 아니라는 점을 유념해야 한다. 그렇기에 소거 절차를 적용하여 행동이 감소되었다고 표현하는 것이 바람직하다.

소거는 강화요인을 제거하는 것으로, 행동이 정적 강화, 부적 강화, 자동적 강화에 의해 유지되는 경우에 적용할 수 있다(양명희, 2016; Cooper, Heron, & Heward, 2010). 정적 강화를 통해 유지된 행동에 대해서는 행동의 발생에 수반하여 주어졌던 선호 자극을 제거하는 소거 절차를 적용하여 행동을 감소시킬 수 있다. 부적 강화를 통해 유지된 행동에 대해서는 행동의 발생에 수반하여 제거되었던 혐오 자극을 제거하지 않는 것으로 아동이 혐오 자극을 회피하지 못하도록 하여 행동을 감소시킬 수 있다. 이 경우 강화요인이 혐오 자극의 회피이기에 회피를 하지 못하도록 하는 것이 바로 강화요인의 제거에 해당한다. 예를 들어, 쓰기 과제가 주어지면 과제를 찢고 던지는 아동의 행동이 교사가 행동에 발생에 수반하여 과제를 제거해 주는 부적 강화에 의해 유지된 경우를 생각해 볼 수 있다. 이에 대해 소거를 적용하고자 하는 경우에는 아동이 과제를 찢고 던지면 또 다른 과제를 제시하여 아동이 조금이라도 과제를 수행하지 않으면 다른 어떤 활동도 할 수 없게 할 수 있다. 아동이 쓰기 과제를 회피할 수 없게 하여 아동의 과제를 찢고 던지는 행동을 감소시킬 수 있다. 부적 강화에 의해 유지된 행동에 대해 혐오 자극을 제거하지 않으면 아동은 이러한 혐오(비선호)상황에서 도피할 수 없게 되어 이후에 문제행동의 감소가 나타날 수 있다. 이 경우 문제행동을 하여 혐오 상황에서 도피하는 것이 불가능하기에 이를 도피 소거(escape extinction)라 한다 (Anderson & Long, 2002; Dawson et al., 2003; Tereshko & Sottolano, 2017). 감각자극 에 의해 강화된, 즉 자동적 정적 강화를 통해 유지된 행동에 대해서는 감각자극 을 제거하여 문제행동을 감소시킬 수 있다. 이를 감각적 소거(sensory extinction) 이라 한다(Rincover, 1978; Roscoe, Iwata, & Goh, 1998). 문제행동에 수반한 감각적 후속결과를 차단 또는 제거하여 행동을 감소시키는 것이다. 예를 들어, 감각자극 추구를 위해 머리를 책상에 박는 자해행동을 하는 아동에게 감각적 결과를 차단 하고자 보호 헬멧을 쓰게 하여 자해행동을 감소시킬 수 있다. 이 경우 감각적 소 거를 사용한 것이다.

소거는 자신 또는 타인에게 해를 입히는 심각한 행동, 즉 자해행동과 공격행 동, 심각한 수업방해행동에 대해서는 적용하지 않는 것이 바람직하다. 소거는 보 다 덜 심각한 행동의 감소에 적용하는 것이 바람직하다(양명희, 2016). 소거를 적 용하기 전에 먼저 ① 문제행동에 대한 강화요인을 판별할 수 있는지, ② 해당 강 화요인을 제거할 수 있는지, ③ 소거 사용이 아동과 관련인들에게 안전한지, ④ 소거 폭발에 대비할 수 있는지, 그리고 ⑤ 소거를 일관성 있게 적용할 수 있는지 에 대한 질문을 하고, 이에 대해 모두 '그렇다'라고 답을 할 수 있을 때 소거를 적 용해야 한다(Miltenberger, 2018).

소거는 선행사건 중재 또는 차별강화 등과 같은 다른 중재와 함께 적용될 때 효과적이며 소거만을 단독으로 적용할 때 발생할 수 있는 부정적 영향을 줄일 수 있다. 또한 소거를 적용할 때는 소거 폭발과 자발적 회복이 발생할 수 있음을 고 려하여 신중하게 적용해야 한다. 소거의 효과를 높이기 위해서는 일관된 적용이 가장 중요하다(Cooper, Heron, & Heward, 2010). 효과적으로 표적행동을 감소시키 기 위해 표적행동에 대한 기능행동평가(functional behavior assessment: FBA)에 근 거하여 행동이 발생하는 상황에 해당하는 관련인들이 일관되게 강화요인을 제거해야 한다. 표적행동이 어떠한 맥락에서 동일하게 나타나는지를 파악하여 그 맥락 안에서 사회적 환경인 모든 구성원들에게 일관성 있게 적용할 수 있을 때 소거를 적용하는 것이 가장 효과적이다. 일관된 적용이 어려울 경우에는 소거를 적용하지 않는 것이 바람직하다.

2. 소거 폭발

표적 행동에 대해 소거를 적용하면 행동 감소가 바로 이루어지는 않는다. 소거가 적용되면 행동에 수반하여 주어졌던 강화요인이 제거되지만 이전에 받았던 강화요인이 다시 주어질 것으로 여겨 일시적으로 행동의 빈도 또는 강도의 증가를 보인다. 이렇듯 소거 적용 초반에 나타나는 행동의 증가를 소거 폭발(extinction burst)이라고 한다(Lerman, Iwata, & Wallace, 1999; Richman et al., 1999). 원하는 사물을 획득하기 위해 울화행동을 보였던 아동에게 소거를 적용하면, 울화행동이 바로 감소하거나 없어지는 것이 아니라 이전보다 더 심한 울화행동을 보일 수 있다. 소거 적용을 계획할 때는 이러한 소거 폭발을 고려해야 한다. 소거 폭발에 대비할 수 없을 경우, 즉 중재자가 일관되게 인내심을 가지고 소거를 적용하기 어려운 경우에는 소거를 적용하지 않고 다음 수준의 행동 감소 절차의 적용을 고려하는 것이 바람직하다. 그렇기에 앞서 언급한 바와 같이 자신 또는 타인에게 해를 입히는 심각한 행동, 즉 자해행동과 공격행동, 심각한 수업방해해동에 대해서는 소거를 적용하지 않는 것이 좋다.

소거 폭발이 나타났다고 해서 소거가 효과적이지 않다고 판단하고 바로 소거를 철회하는 것은 바람직하지 않다. 오히려 소거 폭발이 나타났다는 것은 강화요인이 효과적으로 제거되고 있고 소거 절차가 표적행동에 영향을 미치고 있음을 확인할 수 있는 표시이다(Zirpoli, 2017). 소거 적용 시 소거 폭발뿐 아니라 다른 바람직하지 않은 행동이 발생할 수 있으므로, 소거와 더불어 바람직한 행동에 대힌 차별강화 등의 중재를 함께 적용할 필요가 있다.

3. 자발적 회복

소거를 적용하여 행동이 감소되거나 나타나지 않게 된 경우에도 갑자기 행동이 나타나는 자발적 회복(spontaneous recovery)이 발생할 수 있다(Cooper, Heron,

& Heward, 2010). 소거 폭발과 마찬가지로 소거 계획 시 자발적 회복에 대해 고려하여 자발적 회복 시에도 소거를 일관되게 적용해야 한다. 자발적 회복이 나타날 때 의도하지 않게 강화가 주어지면 이는 간헐 강화를 받는 것이 되어 소거 적용 이전보다 소거에 대한 저항이 커지게 된다.

4. 소거 저항에 영향을 미치는 요인

행동 중재도 중재에 대한 내성, 즉 저항이 생길 수 있다. 소거 저항(resistance to extinction)은 소거가 적용되는 동안에 표적행동이 지속적으로 나타나는 것을 의미한다. 소거 저항이 작을수록 행동 감소가 빠르게 나타난다(Kazdin, 2012; Lerman & Iwata, 1996). 소거 저항에 영향을 미치는 요인은 다음과 같다.

- 행동을 유지시킨 강화 스케줄: 연속적으로 강화된 행동이 간헐적으로 강화된 행동보다 소거 저항이 작아서 행동 감소가 빠르게 나타난다. 행동 발생에 수반하여 간헐적으로 강화제가 주어짐으로써 유지된 행동보다 매번 강화제가 주어져서 유지된 행동이 소거 적용 시 빠르게 감소될 수 있다. 즉, 간헐 강화가 적용된 행동에 경우 소거 저항이 크다.
- 행동을 유지시킨 강화의 양과 정도: 행동과 연계된 강화의 양이나 정도가 클수록 소거 저항이 크다.
- 행동과 사전에 연계된 강화 시간의 길이: 행동 발생에 수반하여 강화가 적용되었던 행동과 강화 간의 연계 시간이 길면 길수록 소거 저항이 크다. 예를 들어, 2년 동안 지속된 행동이 두 달 동안 지속된 행동에 비해 소거 저항이 클 수 있다.
- 소거 성공의 횟수: 행동과 강화 간의 연계를 끊기 위해 과거에 사용된 소거 성공의 횟수 또한 소거 저항에 영향을 미친다. 소거의 효과가 나타나서 문제행동이 제거된 소거 성공의 횟수가 많을수록 소거 저항이 적다.

소거 저항이 소거 효과에 영향을 미치므로 기능행동평가에서 간접 전략을 통해 소거 저항 관련 요인을 알아보아야 한다. 대상의 문제행동이 언제부터 나타났는지(즉, 행동에 대한 강화가 언제부터 주어졌는지), 행동 발생에 수반하여 연속적으로 강화가 적용되었는지, 소거가 적용된 적이 있는지, 소거를 적용하여 효과적이었던 성공의 횟수가 어느 정도인지 등 소거에 대한 저항의 정도를 파악하는 것이 필요하다.

5. 소거 절차

소거는 계획, 실행, 점검의 과정을 거쳐 시행될 수 있다(Hagopian, Contrucci-Kuhn, Long, & Rush, 2005; Kuhn, Lerman, Vorndran, & Addison, 2006; Sullivan & Bogin, 2010). 계획 단계에서는 ① 기능행동평가 시행, ② 소거 절차 적용이 적절한지 결정, ③ 적절한 대체행동 선정, ④ 대체행동 지도를 위한 촉진 방법 선정, ⑤ 부가적인 증거 기반의 실제 판별, ⑥ 소거에 영향을 미치는 변인 판별, ⑦ 문제행동 발생 시 요구되는 위기관리계획 개발, ⑧ 팀 구성원 훈련의 절차가 이루어진다. 실행 단계에서는 ⑨ 필요시 대상 아동을 위한 중재 계획 기술, ⑩ 모든 강화제를 일관성 있게 제거, ⑪ 적절한 대체행동을 촉진 및 강화, ⑫ 촉진 사용의 점진적 용암, ⑬ 소거 폭발에 대한 대비가 이루어진다. 점검 단계에서는 ⑭ 자료 수집 및 분석, ⑮ 자발적 회복의 신호(signs) 찾기, ⑯ 대체행동에 대한 강화 유지, ⑰ 대상 아동의 진보에 기반하여 다음 단계 결정의 절차가 이루어진다.

Ⅲ 벌의 개념과 종류

벌(punishment)은 행동 발생에 뒤이어 후속 사건으로서 혐오(비선호) 자극을 제시하거나 선호 자극을 제거하여 이후에 그 행동의 발생 가능성을 감소시키는 과정을 의미한다. 이는 정적 벌(positive punishment)과 부적 벌(negative punishment)로 구분된다. 여기에서 정적(positive) 또는 부적(negative)은 앞서 6장에서도 언급한 바와 같이 단순히 긍정적 또는 부정적의 의미가 아니라 후속결과의 조절과 관련하여 자극 제시(+)를 정적으로, 자극 제거(−)를 부적으로 설명하는 것이다. 다시 말하면, 정적이라는 용어는 행동 이후에 주어지는 자극 자체의 본질을 의미하는 것이 아니라 행동에 뒤이어 자극이 제시(+)됨을 의미하며, 부적이라는 용어는 자극의 질을 의미하는 것이 아니라 행동 이후에 자극이 제거(−)됨을 의미한다.

〈표 8-1〉에서 보는 바와 같이 정적 벌은 표적행동(반응)의 발생에 따라(유관하여) 뒤이어 후속결과로서 혐오 자극을 제공하여 행동의 빈도, 비율, 강도, 지속시

간 등을 감소시키거나 없애는 것이다(Skinner, 1969). 앞서 언급한 바와 같이 정적 벌은 행동 발생에 유관하여 비선호(혐오) 자극을 제공하여 행동을 감소시키는 것이다(Alberto & Troutman, 2014; Cooper, Heron, & Heward, 2010).

부적 벌은 표적행동 발생에 유관하여 선호 자극을 제거하여 표적행동의 빈도, 지속시간, 강도 등을 감소시키는 것이다(Alberto & Troutman, 2014; Cooper, Heron, & Heward, 2010; Mayer, Sulzer-Azaroff, & Wallace, 2012; Pfiffner & O'Leary, 1987). 부적 벌 역시 행동을 감소 또는 제거시키지만, 정적 벌과는 달리 표적행동에 대한 후속결과로 선호 자극을 제거해 주거나 회피하게 해 주는 것이다. 이는 표적행동의 이후 발생 가능성을 감소시키기 위해 표적행동 발생에 수반하여 선호 자극을 제거한다는 점에서 부적(−)이라는 용어가 적용되는 것이다.

이러한 벌은 이후의 행동 발생의 감소를 위해 적용되는 것으로, 바람직하지 않은 문제행동에 대해 적용되는 것이다(양명희, 2016). 벌을 적용하여 행동이 감소 또는 제거된 경우에만 벌이 이루어졌다고 할 수 있다. 벌 절차를 적용했는데 행동의 감소 또는 제거가 나타나지 않는다면 이는 벌이 이루어지지 않은 것이다. 행동의 감소 또는 제거 없이 혐오 자극의 제시 또는 선호 자극의 제거만 반복적으로 이루어지는 것은 바람직하지 않다.

⟨표 8-1⟩ 정적 벌과 부적 벌의 공통점과 차이점

구분	공통점	차이점
정적 벌	• 표적행동 발생에 유관하여 벌	혐오 자극 제시
부적 벌	• 표적행동의 미래 발생 가능성 감소	선호 자극 제거

Ⅳ 벌 통제 이론

앞서 살펴본 바와 같이, 벌의 원리는 행동(반응)에 뒤이어 선호 자극이 제거되거나 혐오 자극이 제시되면 미래의 행동(반응) 발생 가능성이 감소된다는 것이다. 벌 통제 또는 벌 통제 이론은 제7장에서 살펴본 강화 통제 이론과 유사하다(Cooper, Heron, & Heward, 2010; Michael, 2004). 벌의 과정은 강화의 과정과 마찬가지로 기본적으로 행동(반응, R)에 뒤따르는 후속결과인 자극(S^{P+}) 간의 2요인 유관을 기본으로 한다. 이는 정적 벌을 의미한다. 이에 더하여 행동을 하면 벌이 주어진다는 것을 신호해 주는 선행사건에 해당하는, 벌에 대한 변별자극(S^{Dp})이라는 변별 조작(discriminated operant)의 개념이 추가되면 3요인 유관이 된다(O'Donnell, 2001). 이러한 벌 통제를 도식으로 나타내면 [그림 8-2]와 같다(Cooper, Heron, & Heward, 2010). 벌 통제가 된 경우에 벌 억제 효과가 나타난다. 즉, 어떤 상황에서는 문제행동(표적행동)이 발생할 가능성이 낮아진다.

2요인 유관은 벌에서 작동행동(operant behavior)의 발생 가능성 감소와 관련한 기본 원리다. 2요인 유관에서는 행동 발생에 유관하여 즉각적으로 벌을 주는 벌의 즉시성이 무엇보다 중요하다(Cooper, Heron, & Heward, 2010; Miltenberger, 2018). [그림 8-2]에서 보는 바와 같이, 사랑이가 교실을 돌아다니는 행동(반응, R)을 하면 그 즉시 후속결과로 혐오 자극인 교사의 질책(S^{P+})이 주어져야 이후 표적행동의 미래 발생 가능성이 낮아진다. 이러한 정적 벌이 개별 학생에 대해 개별화되고 표적행동에 수반하여 이루어질 때 표적행동의 미래 발생 가능성이 효과적으로 낮아질 수 있다(Cooper, Heron, & Heward, 2010; Miltenberger, 2018; Zirpoli, 2017).

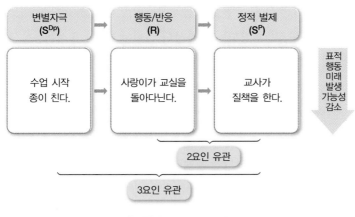

[그림 8-2] 벌 통세

3요인 유관에서는 앞서 언급한 바와 같이 벌이 주어진다는 것을 신호해 주는 변별자극(S^{Dp})이 있을 때 행동을 하면 후속결과로서 혐오 자극인 정적 벌제(S^{P+})

가 주어지고 벌에 대한 변별자극(S^{Dp})이 없을 때에는 반응에 대해 벌이 주어지지 않는다. 벌에 대한 변별자극(S^{Dp})이 있을 때 반응(행동)이 발생하고 뒤이어 벌제(S^{P+})가 제공되어 이후에 행동 발생 가능성을 감소시키는 이러한 변별 조작에 의해 벌 통제가 이루어진다(Cooper, Heron, & Heward, 2010). [그림 8-2]에서 보는 바와 같이, 수업 시작 종이 치는 것이 변별자극(S^{Dp})이 되어 아동이 교실을 돌아다니는 행동(반응, R)을 하면 그 즉시 후속결과로 교사의 질책(S^{P+})이 주어짐으로써 미래에 변별자극이 있을 때 표적행동의 발생 가능성이 감소된다.

벌 절차의 효과에 영향을 미치는 요인은 다음과 같다(Cooper, Heron, & Heward, 2010; Miltenberger, 2018).

- 벌의 즉시성: 벌 절차를 제공하는 초기에는 벌 절차의 효과성을 높이기 위해 표적행동의 발생 즉시 벌이 제공되어야 한다.
- 벌제의 강도: 벌제의 강도가 클수록 문제행동이 나타날 가능성이 적어진다. 즉, 벌제가 벌로서의 효과가 있는 유인력이 클수록 행동 감소가 빠르게 나타날 수 있다. 개별 학생의 특성에 따라 어떤 벌제가 다른 벌제보다 행동 감소에 더 효과적일 수 있으므로 강화제와 마찬가지로 기능행동평가 시에 대상자의 행동 감소에 적절한 벌제를 판별하는 것이 중요하다.
- 표적행동에 대한 유관성: 표적행동인 문제행동의 발생에 유관하여 혐오 자극이 제시되거나 선호 자극이 제거되는 유관성이 있어야 한다. 표적행동을 보일 때마다 매번 벌이 적용되면 행동 감소가 빠르게 나타날 수 있다.
- 대체행동 강화 프로그램과의 연계: 기능행동평가를 통해 문제행동의 기능을 판별하고 이를 대체할 수 있는 대체행동에 대해 강화 절차를 적용하는 중재와 연계하여 문제행동에 대해 벌 절차를 적용할 경우 행동 감소가 빠르게 나타날 수 있다. 물론 이때의 행동 감소는 벌 절차의 효과라 할 수는 없다.

Ⅴ 부적 벌 적용: 선호 자극 제거

3수준으로 선호 자극을 제거하는 부적 벌을 적용할 수 있다. 부적 벌로는 반응대가와 타임아웃이 있다.

1. 반응대가

반응대가(response cost)는 행동 발생에 유관하여 강화제를 체계적으로 제거함으로 행동을 감소시키는 절차이다. 반응대가는 정적 강화와 연계하여 적용하거나 반응대가만을 적용할 수 있다. 정적 강화와 연계하여 적용하는 것이 반응대가만을 적용하는 것보다 행동 감소에 더 효과적이다(Walker, 1983). 토큰 경제 프로그램(token economy program)을 활용하여 바람직한 행동에 대해서는 토큰을 제공하는 정적 강화 절차를 적용하고 문제행동에 대해서는 토큰을 제거하는 반응대가를 함께 적용할 수 있다. 문제행동의 발생에 수반하여 제거되는 토큰의 수는 행동의 심각성에 따라 사전에 정해진다. 토큰 경제 프로그램과 함께 적용 시 바람직한 행동 발생에 수반해서 제공되는 토큰의 수가 문제행동 발생에 유관하여 제거되는 토큰의 수보다 많아야 한다. 그래야 지원 강화제(backup reinforce ment)로 바꿀 수 있는 토큰이 부족하지 않게 되고 문제행동에 대한 벌보다는 바람직한 행동에 대한 강화에 초점을 두게 된다.

반응대가는 일상생활에서 보편적으로 사용되고 있는 벌 절차이다(Scheuermann & Hall, 2017). 예를 들어, 교통법규 위반에 따른 벌금 지불, 기한이 지나서 공과금을 납부한 것에 따른 연체료 지불, 수업 지각 또는 결석에 따른 점수 감점, 과제 제출 기한을 넘김으로 인한 점수 감점, 운동 경기 중 반칙을 한 것에 따라 상대팀 점수 획득 기회를 주어 실점, 학교 규칙 위반에 따른 점수 감점, 수업방해행동에 따른 토큰 제거 등을 들 수 있다.

행동 감소 절차로서 반응대가는 사용의 용이성, 행동 감소에 대한 빠른 효과, 다른 절차와의 연계 가능성, 효과의 지속성, 다양한 연령대 적용 가능성, 적용 시 일과 방해 최소화, 바람직한 행동과 문제행동의 구별 학습에 도움, 다른 벌 절차 관련 부작용 최소화 등 많은 장점을 가지고 있다(Alberto & Troutman, 2014; Reynolds & Kelley, 1997; Scheuermann & Hall, 2017; Sulzer-Azaroff & Mayer, 1991). 반응대가의 장점은 다른 절차, 특히 정적 강화 프로그램과 연계하여 사용될 때 보다 더 분명해질 수 있다.

이러한 장점에도 불구하고 반응대가는 부적절한 문제행동의 발생에 수반하여 강화제를 제거하는 것이므로 중재자가 바람직한 행동보다 문제행동에 주의를 더 많이 둘 수 있다는 단점이 있다. 또한 모든 강화제를 상실하여 바람직한 행동을 하려는 동기를 잃고 포기할 수도 있다는 점이다(Scheuermann & Hall, 2017). 앞서 언급한 바와 같이 장점의 증진과 마찬가지로, 단점을 보완하기 위해서는 정적 강화 프로그램을 함께 적용하는 것이 중요하다.

반응대가의 시행 유형으로는 보너스 반응대가, 정적 강화 프로그램과의 결합, 집단 유관과의 결합이 있다(Cooper, Heron, & Heward, 2010; Pazulinec, Meyerrose, & Sajwaj, 1983). 첫 번째 유형은 보너스 반응대가(bonus response cost)이다. 이것은 특정 시간에 비수반적으로 추가적인 강화제를 제공하고 문제행동 발생에 수반하여 강화제를 제거하는 것이다. 예를 들어, 아동에게 매일 하루 일과가 시작되는 시간에 특정 행동의 발생과 상관없이 토큰을 10개씩 제공한다. 문제행동이 발생하면 이에 수반하여 토큰을 제거한다. 그날 일과가 끝나고 남은 토큰의 수에 따라 강화제가 주어진다. 그러나 이 방법은 다음과 같은 제한점을 가지고 있다. ① 아동이 특정 행동을 하지 않은 상태에서 강화제가 주어지기에 적절한 행동에 대한 지도가 이루어지지 못한다. ② 토큰 획득의 절차가 없음으로 인해 토큰을 모두 상실한 후에도 문제행동이 지속적으로 나타나는 경우에 대처할 수 있는 방안이 없다. ③ 중재자와 아동 모두 문제행동에 대해서만 주의를 두게 된다.

두 번째 유형은 정적 강화 프로그램과의 결합이다. 앞서 언급한 토큰 경제 프로그램과 반응대가를 결합하는 것이다. 보너스로 토큰이 주어지는 첫 번째 유형과는 다르게, 두 번째 유형은 바람직한 행동 발생에 수반하여 토큰이 제공되고 문제행동 발생에 수반하여 토큰이 제거되는 것으로 정적 강화와 부적 벌이 함께 적용되는 것이다. 이때 중요한 것은 제공되는 토큰이 제거되는 토큰보다 많아야 한다는 것이다. 그래서 아동이 남은 토큰의 수에 따라 강화제를 받을 수 있어야 적절한 행동에 주안점이 주어질 수 있다.

세 번째 유형은 집단 유관과의 결합이다. 소집단을 대상으로 두 번째 유형과 마찬가지로, 강화제 획득의 기회와 제거의 기회가 주어지는 것이다. 예를 들어, 학급 학생들을 소집단으로 나누어 구성원이 적절한 행동을 보이면 강화제로 토큰 또는 점수가 제공되고 구성원이 문제행동을 보이면 집단의 토큰 또는 점수를 제거한다. 수업이 끝나고 종례 시간에 교사는 오늘 가장 많은 토큰 또는 점수를 가진 집단 구성원들에게 강화제를 제공한다.

반응대가는 벌 접근이므로 신중히 적용되어야 한다. 신중하고 일관되게 반응대가를 적용하기 위해 고려되어야 할 사항은 다음과 같다(Scheuermann & Hall, 2017; Sulzer-Azaroff & Mayer, 1991).

- 반응대가를 적용할 표적행동을 조작적으로 정의한다.
- 바람직한 행동에 대한 정적 강화 프로그램과 연계하여 바람직한 행동에 대한 강화제를 획득할 수 있는 기회를 제공한다.
- 문제행동 발생에 수반하여 제거될 강화제의 양을 결정한다. 이때 강화제의 양은 반응대가 절차가 효과적일 수 있을 만큼의 수준이어야 한다. 문제행동의 심각성에 따라 제거되는 강화제의 양을 달리할 수 있다.
- 획득한 강화제가 제거되는 것에 대해 나타날 수 있는 아동의 저항에 대비한다. 이 경우 아동이 강화제 제거에 순응하면 제거되는 강화제의 양을 줄여 주어 반응대가에 대한 순응을 이끌 수 있다. 반응대가 순응은 자신의 행동에 대해 책임을 진다는 점에서 의미가 있다.
- 반응대가를 적용하기로 정한 표적행동에 대해서만 절차를 적용한다. 사전에 결정되지 않은 행동에 적용하는 것은 바람직하지 않다.
- 일관된 반응대가 적용을 위해 대상 아동과 관련인들에게 반응대가에 관한 설명을 하는 것이 좋다. 중재자와 대상 아동 그리고 관련인들이 모두 어떤 행동에 대해 반응대가가 적용되고 어느 정도의 강화제가 제거되는지에 대해 명확히 이해하고 소통하는 것이 중요하다.
- 표적행동의 감소 여부를 파악하여 감소가 나타나지 않을 경우 반응대가 중재를 재평가하거나 다른 중재의 적용을 고려한다.

2. 타임아웃

타임아웃(time-out)은 문제행동 발생에 유관하여 일정 시간 동안 강화제로의 접근을 차단하는 것이다. 앞서 언급된 반응대가는 문제행동의 발생에 유관하여 이전에 획득한 강화제를 제거하는 것인 반면에, 타임아웃은 강화제를 제거하지 않고 일정한 시간 동안 강화제로의 접근을 차단하는 것으로 이전에 획득한 강화제를 유지할 수 있다(Scheuermann & Hall, 2017).

타임아웃은 사용의 용이성, 행동 감소에 대한 빠른 효과, 다른 절차와의 연계 가능성, 효과의 지속성, 활동 환경에서 비배제 가능성, 자신의 행동에 대한 조절 능력 회복 기회 제공 등의 장점을 가지고 있다(Alberto & Troutman, 2014; Cooper, Heron, & Heward, 2010; Taylor & Miller, 1997). 이러한 장점이 있지만 과도하고 오랜 시간 타임아웃을 적용하는 것은 바람직하지 않다.

중요한 것은 아동이 참여하고 있는 활동 또는 환경이 아동에게 강화제로서 작용을 할 경우에 타임아웃이 효과적일 수 있다는 점이다. 참여 활동이나 환경을 아동이 비선호하는 경우에 타임아웃을 적용하게 되면 오히려 아동에게는 혐오 자극을 회피하는 부적 강화가 되어 문제행동이 감소가 아닌 증가될 수 있다 (Barbetta, Norona, & Bicard, 2005; Costenbader & Reading-Brown, 1995). 또한 문제 행동을 보인 아동을 단순히 일시적으로 통제하기 위해서 타임아웃을 사용하여 학습 환경에서 배제시키는 것은 오히려 교사에게 수업방해 아동을 제거하는 부적 강화가 되어 아동의 행동 감소에는 효과가 없는데도 불구하고 이 절차를 지속적으로 사용하는 바람직하지 않은 상황을 초래할 수 있다(Zirpoli, 2017). 최소 강제 대안 원칙에 따라 가능한 한 최소한의 혐오적인 타임아웃 유형, 즉 비배제 타임아웃을 적용하는 것이 바람직하다.

강화제로의 접근을 차단하는 타임아웃은 크게 비배제 타임아웃 절차와 배제 타임아웃 절차로 구분된다(Alberto & Troutman, 2014; Cooper, Heron, & Heward, 2010).

1) 비배제 타임아웃

비배제 타임아웃(nonexclusion time-out)은 강화제가 있는 환경에서 격리되지 않고 배제되지도 않고 환경 내에 있으면서 일정 시간 동안 강화제로의 접근을 차단하는 절차이다(Alberto & Troutman, 2014; Cooper, Heron, & Heward, 2010; Kazdin, 2016; Skiba & Raison, 1990; Zirpoli, 2017). 비배제 타임아웃에는 의도적 무시, 특정 강화제 제거, 타임아웃 리본, 유관 관찰이 있다.

- 의도적 무시(planned ignoring)는 문제행동 발생에 수반하여 일정 시간 동안 모든 사회적 강화제를 제거하는 것이다. 문제행동을 보이면 아동은 자리에 그대로 있고 중재자는 일정 시간 동안 아동에게 어떠한 관심이나 상호작용도 하지 않으며

사회적 강화제를 제거하는 것이다.

- 특정 강화제 제거(removal of specific reinforcer)는 문제행동 발생에 수반하여 일정 시간 동안 특정 강화제를 제거하는 것이다. 예를 들어, 아동이 선호하는 과제 수행 중에 문제행동을 보인 경우 아동은 자리에 그대로 있게 하고 아동의 책상 위에 있는 선호 과제를 치우는 것이다.
- 타임아웃 리본(time-out ribbon)은 일과가 시작될 때 모든 학생들이 리본을 받고 문제행동 발생에 수반하여 리본을 제거하는 것이다. 리본이 없는 상황에서는 어떠한 관심과 강화제도 주어지지 않는다. 리본을 가지고 있는 학생들만이 강화제를 받을 수 있다.
- 유관 관찰(contingent observation)은 일명 '앉아서 보기'라고도 하는데, 문제행동 발생에 수반하여 활동에 참여하며 적절하게 행동하는 다른 아동들을 관찰할 수는 있지만 강화제로 접근하지 못하는 곳으로 이동시키는 것이다. 활동 중 문제행동을 보인 아동에게 활동에 참여하고 있는 다른 아동들과 떨어져서 앉게 하고 활동에는 참여하지 못하지만 다른 아동의 활동을 보기만 하도록 한다.

2) 배제 타임아웃

배제 타임아웃(exclusion time-out)은 강화제가 있는 환경 또는 활동에서 다른 환경 또는 활동으로 이동하여 일정 시간 동안 강화제로의 접근을 물리적으로 차단하는 절차이다(Alberto & Troutman, 2014; Cooper, Heron, & Heward, 2010; Kazdin, 2016; Zirpoli, 2017). 배제 타임아웃에는 고립 타임아웃과 격리 타임아웃이 있다.

고립 타임아웃(isolation time-out)은 분리 타임아웃(partition time-out)이라고도 하는데, 문제행동 발생에 유관하여 강화하는 활동으로부터 일정 시간 동안 아동을 제외시키는 것이다. 활동이 이루어지는 상황 밖의 다른 장소로 이동시키는 것이 아니라 활동이 이루어진 상황 내에서 정해진 분리된 고립 위치로 이동시키는 것이다. 이는 비배제 타임아웃 중 유관 관찰과는 다소 차이가 있다. 유관 관찰은 아동을 강화하는 활동 영역 내 가장자리에 앉아서 강화제 접근은 하지 못하지만 활동에 참여하며 적절하게 행동하는 다른 아동들을 관찰하는 것인 반면에, 고립 타임아웃에서는 강화하는 활동 영역에서 제외되어 일정 시간 동안 사전에 정해진 교실 내 구석이나 뒤편에 서 있거나 앉아 있으면서 다른 아동들을 관찰할 수도 있고 그렇지 않을 수도 있다. 교실 뒤편에 칸막이를 설치하고 그곳으로 아동을 이동시키거나 교실 뒤편에 가서 벽을 보고 서 있게 하는 경우에는 활동에 참여하는 아동들의 말소리는 들을 수 있으나 직접 관찰할 수는 없다.

격리 타임아웃(seclusion time-out)은 문제행동 발생에 수반하여 아동을 강화하는 강화제가 없고 안전한 독립된 장소(예: 타임아웃 방)로 일정시간 이동시키는 것이다(Cooper, Heron, & Heward, 2010). 아동이 독립된 장소에 가기를 싫어하고 동료들과 함께 활동하는 것을 선호할 경우에는 격리 타임아웃 시행을 위한 독립된 장소는 격리 타임아웃을 위한 적절한 장소가 될 수 있다. 독립된 공간이 너무 어둡거나 환기가 안 되거나 협소할 경우 윤리적 문제가 대두될 수 있다. 최근에는 윤리적 문제와 학습권 침해 문제로 인해 격리 타임아웃의 사용이 감소하고 있다. 가능한 한 격리 타임아웃의 사용을 자제하는 것이 바람직하다. 이전에 교육 현장에서 남용된 격리 타임아웃은 아동에게 부적 벌의 효과보다는 교사 또는 부모에게 부적 강화가 되어 아동의 행동 감소에는 비효과적임에도 불구하고 지속적으로 사용되는 경우가 많았다. 격리 타임아웃은 아동의 행동 감소와 더불어 신변안전에 한정하여 제한적으로 적용되어야 한다.

벌 접근인 타임아웃은 앞서 언급된 반응대가와 마찬가지로 정확하게 적용되어야 한다. 그렇지 않을 경우 문제행동 감소에 비효과적일 뿐만 아니라 오히려 심각한 문제행동을 유발할 수 있다. 특히 배제 타임아웃 중 격리 타임아웃은 인권 및 학습권 침해의 우려가 있으므로 가능한 한 사용을 자제하는 것이 바람직하다. 불가피하게 사용해야 하는 경우, 예를 들어 신체적 공격과 기물 파괴 등의 신변에 위협이 되는 행동에 대해 적용해야 할 경우에는 정확하고 올바르게 타임아웃을 시행해야 한다. 문제행동 감소를 위한 타임아웃의 정확하고 올바른 사용을 위해 고려해야 할 사항은 다음과 같다(Miltenberger, 2018; Scheuermann & Hall, 2017; Zirpoli, 2017).

- 중재자는 타임아웃의 사용 지침에 대해 명확하게 이해하고 숙지한다.
- 최소한의 혐오적인 타임아웃 방법을 사용한다. 배제 타임아웃보다는 비배제 타

임아웃이 보다 덜 혐오적인 방법이다.

- 아동이 문제행동을 보이는 상황이 아동을 강화하는 활동임을 확인해야 한다. 타임아웃이 효과적이기 위해서는 타임인(time-in) 활동의 강화 가치가 있어야 한다. 타임아웃이 시행되어 제거되는 활동이 아동이 선호하는 활동이어야 타임아웃이 효과적일 수 있다. 효과적이기 위해서는 문제행동이 발생하는 상황에서 이루어지는 활동이 아동의 행동을 강화하는 활동인지를 확인해야 한다. 그래서 아동이 타임아웃에서 빨리 돌아와서 활동에 참여하고 싶어 해야 한다. 타임인 활동에서 가능한 한 타임아웃이 되지 않도록 바람직한 행동에 대한 강화를 함께 적용하는 것이 좋다.

- 타임아웃 시행 전에 적절한 타임아웃 시간을 결정한다. 너무 오랜 시간의 타임아웃은 또 다른 문제행동을 유발할 수 있으므로 타임아웃 시간을 짧게 하는 것이 좋다. 타임아웃 시간은 10분을 넘지 않아야 한다. 어린 아동의 경우 2~8분이 적절하며 10세 이하의 경우 연령에 비례하여 타임아웃을 짧게 하는 것이 바람직하다

- 타임아웃 시행 전에 타임아웃 절차를 지도한다. 타임아웃 절차에 대한 이해 부족으로 타임아웃 거부 행동이 나타날 수 있으므로 시행 전에 타임아웃 절차를 지도한다.

- 타임아웃을 끝내는 방법을 결정한다. 타임아웃을 끝내는 방법으로는 ① 정해진 타임아웃 시간 동안 적절한 행동(예: 타임아웃 영역에서 조용히 있기)을 하면 타임아웃 종료하기, ② 정해진 타임아웃 시간이 지나도 부적절한 행동(예: 소리 지르기, 타임아웃 영역 이탈하기)이 지속될 경우에, 부적절한 행동이 보이지 않을 때까지 타임아웃 시간을 연장하여 종료하기(예: 사랑이의 2분간 타임아웃이 끝났지만 소리를 지르고 있어서 조용할 때까지 타임아웃 자리에 앉아 있게 하고 조용해지면 타임아웃을 종료하는 것), ③ 정해진 타임아웃 시간이 지나도 부적절한 행동이 지속될 경우에 정해진 타임아웃 시간이 지나고 일정 시간 동안(예: 20초 또는 30초) 부적절한 행동이 나타나지 않으면 타임아웃 종료하기(예: 사랑이의 2분간 타임아웃이 끝났지만 소리를 지르고 있어서 추가로 20초간 소리를 지르지 않으면 타임아웃을 종료하는 것) 등이 있다.

- 타임아웃에서 해야 하는 행동(예: 조용히 앉아 있기)을 지도한다. 단순히 아동이 강화제에 접근하는 것을 차단만 하고 방치하면 오히려 역효과를 가져올 수 있다.

타임아웃 공간에서 아동이 어떻게 있어야 하는지를 지도를 하게 되면, 타임아웃 종료 또한 효율적으로 이루어질 수 있다. 즉, 앞서 언급한 종료 방법 중에서 첫 번째 방법을 적용할 수 있다. 어떠한 행동을 해야 하는지를 지도하지 않으면 아동이 타임아웃 공간에서 부적절한 행동을 지속하여 타임아웃 시간이 연장되고(두 번째 또는 세 번째 종료 방법) 적절한 행동을 학습하거나 활동에 참여할 수 있는 기회가 줄어들며 중재자는 지속적으로 타임아웃에 있는 아동과 상호작용을 하는 부정적 결과를 초래할 수 있다.

- 타임아웃이 끝나는 시간을 알려 주기 위한 도구를 사용할 수 있다. 종료 타임을 알려 주는 도구를 사용하면 아동은 자신이 얼마 동안 타임아웃해야 하는지를 명확히 알 수 있고 중재자는 타임아웃 시간을 지속적으로 체크하지 않아도 된다. 타이머, 알람, 비퍼, 모래시계 등을 사용하면 정해진 타임아웃 시간보다 더 많은 시간 타임아웃에 방치되는 것을 예방할 수 있다.

- 타임아웃 시행과 종료 시 중재자는 간단하고 단호하게 타임아웃 시작(예: "사랑아! 너가 …… 행동을 했구나. 타임아웃 장소로 가거라.")과 종료(예: "사랑아! 타임아웃이 끝났다. 너의 자리로 가거라.")를 언급한다. 타임아웃에 대한 사전 지도가 이루어졌기에 부가적인 설명은 필요하지 않다.

- 타임아웃 시행에 따른 행동의 변화를 점검할 수 있도록 자료를 수집한다. 자료에 근거하여 행동 감소가 나타나지 않으면 타임아웃 절차를 재평가하거나 다른 중재의 적용을 고려한다.

VI 정적 벌 적용: 혐오 자극 제시

행동 감소 절차의 4수준인 정적 벌은 가장 부정적이고 혐오적인 벌의 유형으로 문제행동 발생에 유관하여 혐오 자극을 제시하는 것이다. 이 절차의 적용을 권장하지 않는다. 이 장의 앞부분에서 언급한 바와 같이 최소 강제 대안 원칙에 따라 최소한의 강제적인 중재를 적용하고 바람직한 행동에 대한 선행사건 중재와 대체행동 교수 등 강화 중심의 접근을 적용하는 것이 바람직하다. 정적 벌에는 질책하기(야단치기), 과잉교정, 부적 연습, 유관운동, 반응차단, 신체구속 등이 있다 (Alberto & Troutman, 2014; Cooper, Heron, & Heward, 2010). 이 외에도 체벌이 있다. 체벌(corporal punishment)은 문제행동 발생에 수반하여 고통 또는 상해를 주려는 의도로 손이나 막대 등의 사물을 사용하여 때리는 것이다(Robinson, Funk, Beth, & Bush, 2005). 체벌은 문제행동에 대한 후속결과 중재로 매우 부적합하고 바람직하지 않음에도 불구하고 마치 단기적 효과가 있다는 오해와 인식으로 인해 여전히 가정과 학교 등에서 사용되고 있다. 체벌은 행동 감소에 전혀 효과적이지 않고 오히려 부작용이 많다(Kazdin, 2012; Robinson et al., 2005). 그렇기에 어떠한 이유로도 체벌이 사용되어서는 안 된다.

1. 질책하기

야단치기 또는 꾸짖기라고도 하는 질책하기(reprimand)는 언어적인 정적 벌로, 문제행동을 구체적으로 진술하고 기대되는 적절한 행동이 무엇인지를 설명하는 것이다. 질책을 할 때에는 단호한 어조로 하되 인격적인 모독이나 과도한 감정 표현을 하지 말아야 한다. 질책을 잘못 사용하는 경우가 많다. 계획적이며 체계적으로 일관되게 문제행동을 진술하는 간략한 질책을 사용해야 하는데 앞서 언급하였듯이 과도한 감정으로 인격적 모독을 하는 경우가 많다. 이는 매우 바람직하지 않은 질책으로 역효과를 초래할 수 있다. 아동의 바람직한 행동을 구체적으로 기술해 주는 것이 바람직한 칭찬인 것과 마찬가지로 바람직한 질책은 아동의 문제행동을 구체적으로 진술하여 어떤 행동이 문제인지를 아동이 인식할 수 있도록 해 주어야 한다. 질책은 심각하지 않은 문제행동 감소에 효과적이다(Scheuermann & Hall, 2017; Van Houten et al., 1982).

2. 과잉교정

과잉교정(overcorrection)은 문제행동 발생에 유관하여 과도하게 또는 반복적으로 수행을 하는 것이다. 과잉교정에는 원상회복 과잉교정과 정적 연습 과잉교정이 있다(Alberto & Troutman, 2014; Cooper, Heron, & Heward, 2010; Scheuermann & Hall, 2017). 문제행동 발생 이전의 상태로 환경을 되돌려 놓는 원상회복은 아동이 자신에 행동에 책임을 지는 것을 지도하는 것이다(Azrin & Besalel, 1980). 예를 들어, 자신의 책상에 낙서를 한 아동에게 자신이 낙서한 것을 지우도록 하는 것이다. 원상회복은 벌의 의미가 아닌 책임의 의미라면 원상회복 과잉교정(restitution overcorrection)은 원상회복과 더불어 행동 발생 이전 상태보다 더 원상회복된 상태로 만들도록 하는 것이다(Adams & Kelley, 1992; Hagopian, Fisher, Piazza, & Wierzbicki, 1993). 앞선 예에서 아동에게 자신이 낙서한 책상뿐 아니라 교실에 있는 모든 책상의 낙서를 모두 지우도록 하는 것이다. 원상회복 과잉교정은 고의로 저지른 행동에 대해 주로 적용된다.

정적 연습은 문제행동 발생에 수반하여 적절하고 정확한 행동을 수행(연습)하도록 하는 것이다. 예를 들어, 휴지통에 쓰레기를 던져서 휴지통 옆에 떨어지게 한 경우에, 아동에게 쓰레기를 집어서 휴지통으로 걸어가 휴지통에 버리고 자신의 자리로 가서 앉도록 연습을 시킨다. 또 다른 예로, 철자를 틀리게 쓴 경우에, 틀리게 쓴 단어를 정확하게 다시 쓰는 연습을 시킨다. 정적 연습은 벌 접근이라기보다는 교육적 의도로 시행되는 것이라면, 정적 연습 과잉교정(positive practice overcorrection)은 문제행동에 대한 벌 접근으로 적절한 행동을 과도하게 반복적으로 수행하도록 하는 것이다(Alberto & Troutman, 2014). 앞선 예에서 정적 연습 과잉교정은 쓰레기를 들고 휴지통으로 걸어가서 휴지통에 버리고 자리로 돌아가는 행동을 10회 반복하는 것이다. 또한 철자가 틀린 단어를 100번 반복해서 쓰는 것이 정적 연습 과잉교정이다.

과잉교정은 그 효과가 나타나는 데 많은 시간이 요구되고 과잉교정을 시행하는 동안 중재자는 아동에게만 관심을 두어 집단 활동 상황에서는 적용이 용이하지 않으며 대상 아동에게만 관심이 주어지는 것이 오히려 아동의 문제행동 발생의 강화요인이 될 수도 있다. 또한 과잉교정에 따른 반복적 수행을 거부하는 불순응 행동이 발생할 수 있기에 과잉교정은 자주 사용되지 않는다. 과잉교정을 포함하여 4수준에 해당하는 정적 벌 절차는 덜 강제적이고 덜 혐오적인 다른 접근들이 모두 행동 감소에 비효과적이었을 경우에만 적용을 고려하는 것이 바람직하다.

3. 부적 연습

과잉교정으로 오해되는 것이 부적 연습과 유관운동이다. 부적 연습(negative practice)은 아동이 반복 수행하는 것이 문제행동이기에 과잉교정이 아니다. 부적 연습은 문제행동 발생에 수반하여 해당 문제행동을 반복 수행하게 하는 것으로,

반복 수행을 통해 아동이 지쳐서 문제행동의 포만 상태가 되게 하여 문제행동을 감소시키는 것이다(Alberto & Troutman, 2014; Scheuermann & Hall, 2017). 예를 들어, 종이를 찢는 아동에게 문제행동 발생에 수반하여 이면지가 담긴 상자를 주고 상자에 담긴 종이를 다 찢게 하는 것이다.

4. 유관운동

유관운동(contingent exercise)은 문제행동과 관련이 없는 신체 운동 동작을 반복하게 하는 것이다(Cooper, Heron, & Heward, 2010; Scheuermann & Hall, 2017). 유관운동은 아동이 문제행동과 관련 없는 신체 동작을 하는 것이기에 과잉교정이 아니다. 유관운동의 예를 들면, 학교 지각 행동에 대해 운동장 10바퀴를 뛰게 하는 것이다. 부적 연습과 유관운동 모두 벌적이며 행동 감소 효과가 크지 않고 바람직한 행동에 대한 지도와 연계되지 않기에 권장되지 않는 방법이다.

5. 반응차단

반응차단(response blocking)은 문제행동이 나타나려 하면 바로 물리적으로 개입하여 반응을 차폐(blocking)하는 것이다(Cooper, Heron, & Heward, 2010). 물리적 개입은 가능한 한 최소한으로 적용하는 것이 바람직하다. 예를 들어, 손가락을 빠는 행동을 하는 아동을 대상으로 아동이 손을 입으로 가져가려 할 때 아동의 입 앞에 중재자의 손바닥을 대어 아동이 입에 손가락을 넣는 것을 차단한다. 반응차단은 주로 문제행동의 기능이 감각자극 추구(획득)일 경우에 주로 적용된다. 반응차단은 행동 발생에 수반하여 혐오 자극을 제시한다기보다는 덜 구속적이고 적은 양의 물리적 개입을 하여 문제행동과 후속결과의 순환이 발생하는 것을 차단한다는 점에서 벌이 아니라고 보기도 한다(Lalli, Livezy, & Kates, 1996). 그러나 손가락이 입으로 움직인 후에 차단하는 것이므로 억압이 되어 혐오 자극의 제시에 해당하는 벌이 될 수 있다(Cooper, Heron, & Heward, 2010). 반응차단 적용 시 공격성이나 저항 행동이 나타날 수 있기에(Lerman, Kelly, Vorndran, & Van Camp, 2003) 단독으로만 사용하기보다는 신체구속 또는 상반행동에 대한 촉진과 함께 사용하는 것이 보다 행동 감소에 효과적이다(Hagopian & Adelinis, 2001; Rapp et al., 2000).

6. 신체구속

신체구속(physical restraint)은 문제행동과 관련된 신체 부위를 움직이지 못하도록 구속하는 것이다(Cooper, Heron, & Heward, 2010; Miltenberger, 2018). 예를 들어, 옆 친구를 때리는 아동을 대상으로 아동이 문제행동을 보일 때마다 중재자가 1분 동안 아동을 팔을 잡는다. 아동의 팔을 잡고 있는 동안 중재자는 아동에게 어떠한 관심이나 언어적 언급을 제공하지 않는다.

행동 감소 절차의 4수준인 정적 벌 절차를 적용하고자 할 때에는 신중해야 한다. 무엇보다도 먼저 기능적이고 비혐오적인 절차를 적용하고 문제행동에 대한 기능행동평가(FBA)에 근거하여 적용을 고려해야 하며, 혐오 자극을 신중하고 조심스럽게 선택해야 하고, 다른 절차들이 효과적이지 않기에 정적 벌을 적용해야 함을 결정하기 위한 자료 수집이 이루어져야 하며, 정적 벌 절차 적용으로 인해 행동이 빠르게 감소되었음을 평가할 수 있도록 자료 수집을 해야 하고 윤리적 측면을 반드시 고려해야 한다(Miltenberger, 2018).

정적 벌 절차를 사용할 때에는 반드시 벌 중재 사용의 윤리적 지침을 고려해야 한다(Alberto & Troutman, 2014; Bailey & Burch, 2011; Cooper, Heron, & Heward, 2010; Miltenberger, 2018).

- 최소 강제 대안 원칙에 따라 중재를 받을 권리가 있음을 고려한다. 문제행동에 대해 정적 벌을 우선적으로 적용해서는 안 된다. 보다 덜 강제적이고 덜 혐오적인 중재를 먼저 시행하고 이러한 중재들이 효과적이지 않음이 자료에 근거하여 입증될 때 강제적인 중재를 시행해야 한다.
- 대상자가 안전하고 인간적인 중재를 받을 권리가 있음을 고려한다. 적용되는 중재는 신체적으로 안전해야 하고 인권 보호를 중시해야 하며 인권을 제한해서는 안 된다. 중재 효과에만 치중하여 개인의 권리를 침해해서는 안 된다.
- 효과적인 중재를 받을 권리가 있음을 고려한다. 이는 덜 강제적이고 덜 혐오적인 중재가 효과적이지 않다면 강제적이고 벌적인 중재를 선택하여 적용하는 것이 강제적이라는 이유로 사용하지 않고 문제행동을 하도록 그냥 내버려 두는 것보

다 윤리적이라는 의미이다.

- 중재 대상과 관련인들이 정적 벌 절차에 대해 충분히 이해해야 한다. 정적 벌의 개념과 방법, 부작용 등에 대해 중재 대상과 관련인이 이를 인지하고 동의해야 한다. 서면 동의가 반드시 절차 적용 전에 이루어져야 한다. 미성년자나 장애인의 경우 반드시 법적 보호자의 동의가 이루어져야 한다.
- 정적 벌 절차뿐 아니라 행동 감소를 포함한 행동 중재 절차 사용을 위해 엄격한 서면 지침에 따라 시행되어야 한다. 실시 방법, 시기, 장소, 제공자 등이 명확히 명시되어야 한다. 특히 정적 벌 절차의 경우 반드시 지침이 있어야 한다.
- 벌 절차 적용 시 벌 절차 시행자에 대한 훈련과 감독이 이루어져야 한다. 바람직한 행동에 대한 중재뿐 아니라 문제행동 감소를 위해서는 훈련된 중재자의 역할이 매우 중요하다. 벌 절차의 정확한 사용을 위해 체계적인 훈련과 감독이 반드시 선행되어야 한다. 혐오 자극을 제시하는 정적 벌 절차 적용 시 오남용 방지를 위해 전문가의 자문과 감독이 이루어져야 한다.

요약

행동 감소를 위해 중재를 적용할 때 가능한 한 최소한의 혐오적 중재를 우선적으로 적용하는 것이 바람직하다. 행동 감소를 위해 강제성이 적은 중재부터 적용하는 것을 최소 강제 대안 원칙이라 한다. 1수준인 차별강화와 2수준인 소거는 비처벌적 절차를 적용하여 행동을 감소시키는 것이다. 1수준인 차별강화를 적용했는데 문제행동이 감소되지 않으면 2수준인 소거 절차의 적용을 고려할 수 있다. 그렇게 해도 행동이 감소되지 않으면 3수준으로 부적 벌을, 그다음으로 4수준인 정적 벌을 고려할 수 있다.

강화 중단 전략이라고 하는 소거는 바람직하지 않은 행동을 발생시키거나 유지시키는 강화요인을 제거하는 것이다. 소거는 강화를 통해 유지된 문제행동의 강화요인을 제거하여 문제행동의 발생을 감소시키는 것이다. 강화요인이 제거되어 해당 행동이 강화를 받지 않게 되면 그 행동은 더 이상 발생하지 않는다. 이러한 강화요인의 제거를 통해 행동과 후속결과 간의 연계를 끊어 주어 행동을 감소시키는 것이다. 소거를 적용할 때는 소거 폭발과 자발적 회복이 발생할 수 있음을 고려하여 신중하게 적용해야 한다. 소거의 효과를 높이기 위해서는 일관된 적용이 가장 중요하다. 효과적으로 표적행동을 감소시키기 위해 표적행동에 대한 기능행동평가에 근거하여 행동이 발생하는 상황에 해당하는 관련인들이 일관되게 강화요인을 제거해야 한다.

벌은 행동 발생에 뒤이어 후속결과로서 혐오(비선호) 자극을 제시하거나 선호 자극을 제거하여 이후에 그 행동의 발생 가능성을 감소시키는 과정을 의미한다. 이는 정적 벌과 부적 벌로 구분된다. 정적 벌은 행동 발생에 유관하여 혐오 자극을 제공하여 행동을 감소시키는 것이며, 부적 벌은 행동 발생에 유관하여 선호 자극을 제거하여 행동을 감소시키는 것이다.

부적 벌로는 반응대가와 타임아웃이 있다. 반응대가는 행동 발생에 유관하여 강화제를 체계적으로 제거함으로써 행동을 감소시키는 절차이다. 반응대가는 정적 강화와 연계하여 적용하거나 반응대가만을 적용할 수 있다. 정적 강화와 연계하여 적용하는 것이 반응대가만을 적용하는 것보다 행동 감소에 더 효과적이다. 반응대가의 시행 유형으로는 보너스 반응대가, 정적 강화 프로그램과의 결합, 집단 유관과의 결합이 있다. 타임아웃은 문제행동 발생에 유관하여 일정 시간 동안 강화제로의 접근을 차단하는 것이다. 강화제로의 접근을 차단하는 타임아웃은 비배제 타임아웃 절차와 배제 타임아웃 절차로 구분된다. 비배제 타임아웃은 강화제가 있는 환경에서 격리되지 않고 배제되지도 않고 환경 내에 있으면서 일정 시간 동안 강화제로의 접근을 차단하는 절차이다. 비배제 타임아웃에는 의도적 무시, 특정 강화제 제거, 타임아웃 리본, 유관 관찰이 있다. 배제 타임아웃은 강화제가 있는 환경 또는 활동에서 다른 환경 또는 활동으로 이동하여 일정 시간 동안 강화제로의 접근을 물리적으로 차단하는 절차이다. 배제 타임아웃에는 분리 타임아웃이라고도 하는 고립 타임아웃과 격리 타임아웃이 있다.

행동 감소 절차의 4수준인 정적 벌은 가장 부정적이고 혐오적인 벌의 유형으로 문제행동 발생에 유관하여 혐오 자극을 제시하는 것이다. 이 절차의 적용을 권장하지 않는다. 정적 벌에는 질책하기(야단치기), 과잉교정, 부적 연습, 유관운동, 반응차단, 신체구속 등이 있다. 행동 감소 절차의 4수준인 정적 벌 절차를 적용하고자 할 때에는 신중해야 한다. 무엇보다도 먼저 기능적이고 비혐오적인 절차를 먼저 적용하고 문제행동에 대한 기능행동평가(FBA)에 근거하여 정적 벌의 적용을 고려해야 한다. 또한 혐오 자극을 신중하고 조심스럽게 선택해야 하고 다른 절차들이 효과적이지 않기에 정적 벌을 적용해야 함을 결정하기 위해 자료 수집이 이루어져야 하며 정적 벌 절차 적용으로 인해 행동이 빠르게 감소되었음을 평가할 수 있도록 자료 수집을 해야 하고 윤리적 측면을 반드시 고려해야 한다.

연습 문제

1. 행동 감소 절차에서 적용되는 최소 제한 대안 원칙을 설명해 보자.
2. 소거의 개념과 소거 적용의 예를 들어 설명해 보자.
3. 정적 벌과 부적 벌의 공통점과 차이점을 살펴보고 정적 벌과 부적 벌의 개념에 적합한 사례를 두 가지 이상 찾아 기술해 보자.
4. 반응대가의 개념과 적용을 토큰 프로그램과 연계하여 예를 들어 구체적으로 설명해 보자.
5. 타임아웃의 유형별 개념을 예를 들어 설명해 보자.
6. 정적 벌 사용의 윤리적 지침을 설명해 보자.

제 9 장

자극통제와 동기조작

이 장에서는 작동행동이 형성되는 과정을 이해하기 위해 필수적으로 알아야 할 자극통제의 원리를 알아보고, 자극통제가 일어나기 위해 필요한 요소를 작동행동의 핵심 요소인 3요인 유관을 중심으로 설명한다. 또한 자극통제를 촉진하기 위해 사용되는 촉구의 유형과 촉구를 제거하는 절차를 알아보고, 작동행동의 핵심 요소에 영향을 주는 맥락적 요소인 동기조작을 소개한다. 마지막으로, 교육을 통해 형성된 작동행동이 일반화되는 요인과 일반화 훈련 절차를 알아본다.

'자극통제의 원리'에서는 하나의 변별자극에 의해 반응이 촉발되고, 그 변별자극에 대한 반응인 하나의 작동행동을 형성하고 유지하는 차별강화를 설명한다. 이어서 변별훈련의 유형과 직접적 강화 이력이 없는 자극-반응의 관계를 알아보는 자극등가에 관해 설명한다. '자극통제 촉진'에서는 촉구의 유형으로 자극 촉구와 반응 촉구를 소개하고, 제공된 촉구를 제거하는 절차를 설명한다. '자극통제의 맥락적 요인: 동기조작'에서는 동기조작의 유형과 이들에 대한 이해가 임상에서 어떻게 적용되는지를 제시한다. 마지막으로, '일반화'에서는 일반화의 정의와 요건을 설명하고, 교수 상황에서 자극통제로 인해 형성된 작동행동이 가정이나 학교, 그리고 지역사회와 같은 실제 상황에서 일반화가 일어나도록 지도하는 일반화 훈련 절차를 소개한다.

- 3요인 유관
- 개념 형성
- 동기설정조작
- 동기조작
- 동기해지조작
- 모델링
- 무오류 학습
- 반응 일반화
- 반응 유지
- 반응 촉구
- 변별자극
- 샘플매칭
- 시간 지연
- 일반화 훈련
- 자극등가
- 자극 일반화
- 자극 촉구
- 자극통제
- 자극통제 전이
- 작동행동
- 점진적 안내
- 조건 변별
- 차별강화
- 최대–최소 촉구
- 최소–최대 촉구

I 자극통제 원리

Skinner는 인간이 태어나서 주어진 환경 조건과 상호작용을 하는 과정에서 새로운 행동이 습득되며, 습득된 모든 행동은 환경 조건에 의해 조절된다고 보았다. Skinner는 이러한 행동을 작동행동(operant behavior)이라 하였다. 학습이 필요 없이 생득적으로 일어나는 수동적 행동(respondent behavior)과 달리 작동행동은 행동 전에 존재하여 그 행동을 촉발하는 환경자극과 행동 후 따라오는 환경적 변화에 의해 형성되고 유지된다. 즉, 인간의 생후 습득된 모든 행동은 그 행동의 선행자극인 변별자극과 후속결과에 의해 형성되고 유지된다. 이와 같이 한 행동과 그리고 그 행동 전후의 환경적 요인(변별자극과 후속결과)은 기능적 관계를 갖게 되고, 이를 '선행자극-행동-후속결과 간의 3요인 유관'이라 한다. 작동행동은 인간의 행동과 환경 간 기능적 관계의 이해를 가능하게 하는 분석 단위이며, 이러한 Skinner의 작동행동 이론은 인간 행동과 환경 간의 상호작용을 관찰(기록)하고, 이에 기반하여 행동과 환경적 요인 사이의 기능적 관계를 예측한다. 따라서 작동행동 이론은 기능적 관계를 가진 것으로 파악된 환경적 요인을 조절함으로써 그 행동을 조절할 수 있다는 생각의 중요한 이론적 기반을 제공하고 있다.

하나의 작동행동은 특정 자극이 존재하는 선행 조건에서 발생하고, 그 자극이 부재하는 조건에서는 발생하지 않는데, 이 경우 그 행동은 특정 선행자극에 의해 조절되고 있다고 본다. 이때 자극을 변별자극(discriminative stimulus, S^D)이라 하고 이는 특정 강화가 후속결과로 따라옴을 알려 준다. 반대로 선행자극 중 행동 후 강화가 부재함을 알리는 자극을 소거자극(S-delta, S^Δ)이라 한다. 예를 들어, 이제 말을 배우기 시작한 유아가 엄마를 보고 "엄마"라고 부르면 엄마는 기쁜 얼굴로 칭찬을 하면서 달려와 안아 준다. 그러나 이 아기가 이웃의 젊은 여자를 보고 "엄마"라고 부르면 앞의 강화적인 반응을 얻지 못한다. 여기에서 "엄마"라고 부르는 음성 행동에 관심과 칭찬(강화)이 이어짐을 신호하는 자극은 엄마(변별자극, S^D)이고, "엄마" 하고 부르는 음성행동에 강화를 신호하지 않는 자극은 이웃의 젊은 여자(소거자극, S^Δ)다.

특정 변별자극이 특정 행동을 촉발하고, 그 행동에 이어 따라오는 강화 결과가 일관적으로 일어남에 따라 변별자극과 후속결과 사이의 연상이 일어난다. 그렇게 되면 변별자극이 존재할 때 후속강화를 불러오는 행동이 나타날 빈도가 높아진다. 변별자극은 행동을 일관성 있게 통제하고 있다고 할 수 있으며, 이는 곧 변별자극에 의한 자극통제가 일어난 것이다. 자극통제가 일어났다는 것은 학습이 일어났다는 것이며, 이러한 사례는 우리 일상에서 무수히 찾을 수 있다. 한 예로 전화 벨 소리가 전화 받는 행동의 변별자극인 경우, 전화 벨 소리의 유무는 전화 받는 행동의 유무를 통제한다. 또한 전화벨이 울림에 따라 전화를 받는 행동이 일어날 확률은 행동에 따른 환경적 변화, 즉 전화기를 통해 들리는 목소리가 강화적일 경우 더 높게 나타난다. 전화 벨 소리는 변별자극으로 후속결과를 예견하게 하고, 전화 받는 행위에 이어진 후속 경험이 강화적일수록 변별자극에 의한 자극통제는 더욱 확고해진다. 자극통제를 통한 작동행동의 형성은 삼자 요인인 변별자극, 그에 대한 반응으로서의 행동, 그리고 그에 따른 후속결과 간의 긴밀한 상호작용의 반영이다.

1. 선행자극

Skinner는 인간과 동물을 진화 과정의 선상에 공존하는 유기체로 규정하고 동물의 행동과 인간의 행동이 공통적인 행동 원리에 의해 통제된다고 믿었다. 그는 'Skinner 상자'라고 불리는 실험실에서 쥐나 비둘기와 같은 동물을 대상으로 3요인 간의 상호작용을 통제하고 조절하는 행동 원리를 발견하였다. 동물을 이용한 실험실에서의 연구는 인간 대상의 연구보다 용이하게 외적 변인을 통제할 수 있는 이점이 있다. 동물을 대상으로 특정 작동행동의 3요인 유관을 반복적으로 경험시키면 특정 변별자극에 대한 자극통제가 나타난다. 'Skinner 상자'는 쥐나 비둘기와 같은 동물에게 특정 작동행동의 3요인 유관을 반복적으로 경험시킬 수 있는 장치, 대상 유기체의 행동 빈도를 측정하는 레버나 스위치, 반응에 따라 자동으로 모이를 제공하는 장치로 구성되어 있다. 예를 들어, Skinner 상자 안에 있는 쥐가 우연히 벽에 설치된 레버를 눌러 모이를 먹는 경험이 반복되면 이를 통해 쥐는 레버에 의해 모이를 먹는 상황을 연상할 수 있게 되고, 레버를 누르는 행동의 빈도가 증가하게 된다. 즉, 레버를 누르는 행동과 모이를 먹는 후속결과 사이의 기능적 관계에 관한 학습이 쥐에게 일어난다. 이때 레버는 누르는 행동의 변별자극이 되고, 변별자극이 레버를 누르는 행동을 통제하는 자극통제가 형성된다. 이러한 자극통제를 가능하게 하는 원동력은 행동 후에 일어나는 강화에 기인하며, 자극통제가 형성되면 변별(discrimination)이 일어난다.

변별은 특정 자극에 대해서만 강화가 나타날 때 일어난다. 예를 들어, 실험실에서 비둘기가 빨간 불이 켜져 있을 때 단추를 쪼면 모이가 주어지고, 초록 불이 켜져 있을 때 단추를 쪼면 모이가 주어지지 않는다. 그러면 얼마 가지 않아 비둘기는 빨간 불이 켜져 있을 때는 단추를 쪼는 행동을 보이고, 초록 불이 켜져 있을 때는 단추를 쪼는 행동을 보이지 않을 것이다. 이때 빨간 불은 강화가 있음을 신호하는 변별자극이고, 초록 불은 강화가 없음을 신호하는 소거자극이다. 변별자극이 강화를 불러오는 반응을 촉발하는 자극통제, 즉 변별이 비둘기에게 일어난 것이다. 앞으로 비둘기는 빨간 불이 켜진 조건에서는 쪼는 행동이 증가할 것이고, 초록불이 켜진 조건에서는 쪼는 행동이 감소하거나 제거될 것이다.

2. 차별강화와 자극통제

자극이 개인에게 일관성 있게 반응을 일으킬 때 그 반응은 자극의 통제하에 있다고 볼 수 있으며, 이는 개인이 반복적으로 변별자극-특정 반응-후속결과에 노출됨에 따라 3요인 유관을 학습한 결과다. 자극통제는 3요인 유관 학습에 기인한다. 따라서 자극통제를 형성시키기 위해서 3요인 유관의 3요소가 어떻게 상호 영향을 주는지를 이해해야 한다. 인간의 생후 습득된 행동은 행동의 전후 환경적 요인에 의해 조절된다. 즉, 선행자극인 변별자극이 반응을 일으키며, 이러한 반응이 같은 변별자극에 지속적으로 반응하려면 행동 후 따르는 결과, 특히 강화에 따른다. 자극통제로 인해 작동행동이 형성되는 과정에서 중요한 것은 행동 후 강화다. 강화가 선행자극에 따라 차별적으로 작용함으로써 자극통제가 형성되기 때문이다. 변별자극에 대한 반응에 강화가 주어지고, 소거자극에 대한 반응에 강화가 주어지지 않음으로써 변별자극에만 반응하는 학습이 일어난다. 이러한 과정에서 개인은 변별자극과 그것이 신호하는 강화적 사건을 연상하게 됨과 동시에 변별자극의 통제하에 있는 반응과 그에 따르는 강화적 사건을 연상하게 되어 결과적으로 작동행동의 3요인 유관(변별자극-반응-강화)을 학습하게 된다.

유아가 엄마와 책을 보는 중에 호랑이 그림을 보고 "사자."라고 말을 하였을 때 엄마는 간단히 "아니야, 호랑이야."라고 말했다. 유아가 다시 호랑이 그림을 보고 "호랑이."라고 말하면 엄마는 "그렇지, 똑똑하기도 하지!"라고 하며 기쁜 얼굴로 아이를 꼭 안아 주었다. 유아는 이후에 호랑이 그림을 보았을 때 "호랑이."라고 말할 확률이 높아지는 반면, 같은 선행자극에 "사자."라고 말할 확률은 낮아진다. '다리' 단어카드를 보고 '다리미'라고 읽는 아동이 반복된 노출을 통해 '다리'라고 읽을 수 있게 되는 것도 차별강화를 통한 올바른 자극통제가 형성되었기 때문이다. 이와 같이 차별강화는 자극통제를 유도하는 3요인 간의 연상이 일어나도록 하는 주된 환경적 요인이다.

3. 변별

1) 변별훈련

자조 기술, 사회 기술, 자기관리 능력, 학습 능력과 같은 일상의 많은 행동은 변별 능력을 요구한다. 변별훈련에서 주의해야 할 것은 목표 변별 양상을 통해 반응이 통제되도록 자극을 신중히 선택해야 한다. 그리고 자극의 위치에 임의적으로 변화를 주어야 하며, 언어적 지시 또한 다양하게 제시해야 한다. 샘플 자극과 비교 자극에 임의적으로 변화를 주어야 하며, 변별 목표 자극군(stimulus class) 내의 자극을 다양하게 제시하는 동시에 목표 자극군 외의 자극도 다양하게 제시하여 변별과 일반화를 촉진함으로써 효과적으로 개념 형성이 되도록 해야 한다.

(1) 단순 변별

변별자극(S^D)이 제시되면 그에 대한 특정 반응이 일어나 강화를 받고 그 외 자극(S^Δ)에 특정 반응이 일어나지 않으면 변별자극과 관련된 3요인 유관이 학습된 것이며, 변별자극에 대한 단순 변별이 형성된 것이다. 예를 들어, 아침에 알람 소리를 듣고 일어나는 것과 같이 우리는 끊임없이 제시되는 환경적 사건에 대해 차별적인 반응이 요구되며, 이를 위해서 단순 변별 능력이 요구된다. 앞의 사례와 같이 변별자극의 존재 유무에 따라 반응하는 경우도 있지만, 두 개 이상의 다른 자극을 변별하는 경우도 있다. 고양이 그림이 제시되면 "고양이."라고 말하고, 소나 말 그림이 제시되었을 때 반응이 일어나지 않으면 고양이 그림에 대해 단순 변별이 일어난 것이다. 엄마가 "이리 와." 해서 아이가 엄마에게 다가가고 이어 엄마가 아이를 안아 주면 엄마가 일상적으로 말한 다른 지시와 "이리 와."라는 지시를 변별한 것이다. 학습 상황에서 구구단 외우기, 한글 읽기, 역사적 사실 이야기하기 등의 많은 학습 목표는 단순 변별에 의한 것이다. 교수 상황에서 교사는 변별자극의 핵심 양상에 의한 자극통제를 이끌어야 하며, 제시한 자극에 학생이 편중적으로 반응하지 않도록 세심한 교수적 배려가 필요하다. 자극과잉선택성(stimulus overselectivity)은 장애를 갖고 있는 개인의 특징 중 하나이기 때문이다(Lovaas, Schreibman, Koegel, & Rhem, 1971). 예를 들어, 플래시 카드의 '나—비'를 읽도록 했을 때 학생이 첫 글자에만 자극통제가 일어나서 '나—무'가 제시되면 '나—비' '나—무' 두 단어를 변별하지 못하는 경우가 발생할 수 있다. 또한 '나—비'라고 쓰인 카드 위의 얼룩을 기억하고 있다가 카드가 제시되었을 때 카드의 인쇄자극에 반응하기보다는 얼룩에 의해 목표 반응이 일어날 수도 있다. 이와 같이 자극 변별을 지도할 때 자극의 핵심 요소와 상관없는 자극이나 자극의 일부에만 변별이 일어나지 않도록 세심한 주의가 필요하다.

(2) 조건 변별

조건 변별은 변별자극 외에 또 하나의 자극이 선행하거나 동반할 때만 그 변별자극에 대한 반응이 강화를 받을 때 일어난다(Green, 2001). 이 때문에 Sidman과 Tailby(1982)는 조건 변별을 4요인 유관으로 규정하였는데 이는 선행자극으로 또하나의 자극이 존재할 때만 특정 자극에 대한 특정 반응이 강화되기 때문이다. 이러한 조건 변별은 종종 샘플매칭(match-to-sample)을 통해 형성된다. 샘플매칭은 사물, 그림, 글자, 색깔 등을 시청각을 통해 제시하고 샘플과 동일한 것을 매칭하도록 하는 동일성 매칭(identity matching)과 하나 이상의 반응 양상(response modality)과 관련된 임의적 매칭(arbitrary matching)이 있다. 임의적 매칭은 물리적으로 동일하지 않은 자극이 하나의 자극군으로 기능할 때 가능하다. 예를 들어, 사물과 그에 상응하는 그림, 인쇄된 이름과 그에 상응하는 그림, 사물과 인쇄된 이름의 매칭과 같이 동일하지 않은 시각적 자극을 매칭하는 경우 임의적 매칭이라고 할 수 있다. "사과 어디 있어?"라고 했을 때 아동이 청각적 선행자극을 듣고 시각적 자극인 사과 그림을 포인팅하는 경우, 청각적 자극(질문)을 시각적 자극(사과 그림)에 매칭한 임의적 매칭이다. 마찬가지로, "코 어디 있어?" 했을 때 아이가 얼굴의 다른 부위가 아닌 코를 포인팅할 때만 강화가 일어나며, "눈 어디 있어?" 했을 때 눈을 포인팅할 때만 강화가 일어난다. 이 또한 음성언어인 청각적 자극과 얼굴 부위인 시각적 자극 간의 임의적 매칭이 일어난 것이다.

샘플매칭을 교수하기 위한 시도(trial)의 사례를 들자면, 먼저 샘플 자극("사과 어디 있어?")이 제시되고, 샘플자극을 변별자극(S+)(사과 그림)과 매칭하면 강화가 이루어진다. 이때 앞의 샘플자극이 제시된 조건에 변별자극(S+, 사과 그림)이 강화와 연결되지 않는 자극(S-)(사과 그림이 아닌 다른 그림)과 함께 비교 자극(comparison)으로 변별자극(사과 그림)이 함께 제시된다. 이들 비교 자극들 중에 변별자극(S+)에 반응할 때 강화가 이루어지는 것이다. 샘플매칭 교수가 이루어질 때는 샘플 자극이 각 시도마다 임의적으로 제시되며, 비교 자극과 제시된 위치가 각 시도마다 바뀐다.

(3) 개념 형성

교수를 통해 일어나는 학습은 변별훈련을 통해 일어나는 자극통제에 의한 것이다. 예를 들어, 한 아동에게 고양이 그림과 다른 동물의 그림이 제시되었을 때 고양이를 변별하고 '고양이'라고 말하도록 교수하려 한다. 이를 위해 교사는 다양한 고양이 그림을 보여 주면서 아동이 제시된 모든 고양이 그림에 "고양이"라고 말하도록 지도할 것이고, 동시에 '고양이' 그림이 아닌 다른 그림에는 "고양이"라고 말하지 않도록 지도할 것이다. 이는 모든 '고양이' 그림에 '고양이'라는 음성 반응이 일어나는 자극 일반화(stimulus generalization)가 일어남과 동시에 고양이가 아닌 다른 유사한 동물의 그림이 제시되면 그 자극에 목표 반응을 보이지 않는 변별이 일어남으로써 '고양이'에 관한 개념 형성(concept formation)을 유도하기 위함이다. 하나의 자극군에 관한 개념은 한 자극군(stimulus class) 내에서 자극 일반화가 일어났을 때, 다른 자극군들 사이에서는 변별이 일어났을 때 형성된다. 이때 하나의 선행자극군(antecedent stimulus class)은 모두 같은 반응을 이끌어 낸다. 즉, 하나의 자극군의 공통점은 같은 반응군을 촉발시킨다는 것이다. 예를 들어, 자극이 제시되었을 때 음성언어로 그 자극을 명명하는 아동에게 '동그라미'에 관한 개념이 형성되었다면 크기와 색이 다른 동그란 사물이나 그림은 하나의 자극군을 이룰 것이고 이 자극군 내의 어느 자극이 제시되어도 강화 이력에 기인해 '동그라미'라고 말할 것이다. '동그라미'라는 음성언어를 촉발시키지 않는 자극은 이 자극군에 속하지 않는다. 앞의 아동은 '동그라미'에 대한 개념이 형성되었기 때문에 직접적으로 강화 이력이 없는 파란 동그란 접시, 빨간 공, 노란색 색연필로 그린 '동그라미'가 제시되었을 때 '동그라미'라고 말할 수 있다. 아울러 아동은 자극군에 속하는 자극과 속하지 않는 자극을 변별하여 파란 동그란 접시와 파란 네모난 접시를 변별하고, 노란색 색연필로 그려진 동그라미를 노란색 색연필로 그려진 네모로부터 변별할 것이다. 이와 같이 하나의 자극군에 개념이 형성되었다면 목표하는 관련 양상(동그라미)을 가진 모든 자극들에 그 자극들이 가진 비관련 양상(재질, 크기)에 상관없이 목표 반응(동그라미 변별)을 보인다.

앞에서 설명된 변별훈련에서 중요한 것은 개념 형성의 요건인 변별과 일반화를 고려한 자극의 선택이다. 즉, 사례(exemplar)로는 일반화를 목표로 다수의 변별자극으로 이루어진 목표 변별자극(S^D)군을, 그리고 동시에 변별을 위해 목표 변별자극 외의 비 사례로 다양한 소거자극(S^Δ)을 제시해야 한다. 이러한 개념 형성의 원리는 친절함, 사랑스러움, 공정함 등과 같은 추상적 개념 형성에도 적용된다.

자극군은 특징적 자극군(feature stimulus class)과 임의 자극군(arbitrary stimulus class)으로 나눌 수 있다. 특징적 자극군은 한 자극군에 속하는 자극들 사이에 외형적 특징이나 공간 배열과 같은 상대적 관계를 공유하며 그 자극군에 속하는 자극의 수는 무제한적이다. 예를 들어, '사과'라는 개념은 특징적 자극군이다. 사과의 외양적 특징을 공유하고 있는 무한적 수의 자극들이 이 자극군의 멤버가 될 수 있다. 이와 같이 특징적 자극군은 특정 물리적 양상을 공유한다. 컵, 포크, 공, 인형, 자동차 등은 모두 물리적 양상을 공유하는 특징적 자극군의 예다. 더 긴, 낮은, 오른쪽, 앞과 같이 관계적 혹은 상대적 자극군도 다른 유형의 특징적 자극군이다. 임의 자극군의 멤버는 같은 반응을 불러오지만 공통적 자극 특징을 갖고 있지는 않으며 멤버의 수는 제한적이다. Cooper, Heron과 Heward(2010)는 '50%' '1/2' '0.5' '똑같이 나누어진' 등은 물리적 특징을 공유하지 않으나 '반'이라는 같은 반응을 불러오는 임의적 자극군의 예라고 하였다. 여자 화장실 표시, 여자라고 인쇄된 글씨, 여자를 나타내는 그림 문자도 하나의 임의적 자극군이다. 물리적 외양은 다르나 하나의 반응을 촉발하는 임의적 자극군의 다른 유형으로 범주를 들 수 있다. 토끼, 사자, 코끼리, 원숭이 등이 '동물'이라는 반응을 촉발한다면 이때 각 자극은 하나의 임의적 자극군의 멤버가 된다. 개인의 발달 과정에서 개념과 복잡한 언어적 관계의 형성은 중요하다. 특징적 자극군과 인위적 자극군이 관련된 개념과 언어적 관계를 지도하는 데 있어 다양한 행동적 교수 절차의 사용이 필요하다. 특징적 자극군과 관련해서는 기본적인 차별강화 절차를 통해 개념 형성이 가능하다. 즉, '인 것'과 '아닌 것'을 차별적으로 강화함으로써 개념이 형성되고, 이어 자극군 안의 새로운 자극에 대해 직접적인 강화 이력이 없이 자극 일반화가 일어나게 된다. 하지만 멤버들 사이에 물리적 외양의 공통점이 없는 임의적 자극군에서는 단순한 개념 형성을 통해 자극 일반화가 일어나지는 않는다. 물리적 외양의 공통점이 없는 자극들을 하나의 자극군으로 기능하기 위해서는 샘플 매칭 경험을 통해 임의적 자극들 사이의 등가 관계를 학습해야 한다.

2) 자극등가

Sidman(1971)은 자극등가이론(stimulus equivalence theory)을 통해 물리적으로 상이한 특성을 지닌 개체들이 하나의 동일한 개체로 기능하는 현상을 설명할 논리적 근거를 제공하였다. 즉, Sidman은 그의 연구에서 지적장애인을 대상으로 물리적으로 상이한 자극(한 사물의 그림, 그 사물을 지칭하는 인쇄된 단어, 발화된 단어)들이 기능적으로 동일하다는 것을 증명하였다. 이는 하나의 사물을 임의적 상징인 단어를 사용하여 지칭하는 것을 배우는 논리적 근거를 제공하였다는 데 의미가 있다. Sidman은 그의 연구에서 참여자가 등가 관계 안에서 직접적인 강화 이력이 없는 파생적 자극-반응 관계를 보인다는 것을 입증하였다. 그의 연구 참여자는 발화된 단어를 듣고 그와 상응하는 그림을 선택(청각적 자극을 시각적 자극에 매칭)할 수 있고, 그림을 보고 음성적으로 명명(시각적 자극을 청각적 자극에 매칭)할 수 있었다. 그러나 참여자는 발화된 단어를 듣고 그에 상응하는 인쇄된 단어를 선택(청각적 자극에 시각적 자극 매칭)하거나, 그림에 인쇄된 단어를 매칭(시각적 자극을 시각적 자극에 매칭)하거나, 인쇄된 단어를 읽지(시각적 자극을 청각적 자극에 매칭) 못하였다. Sidman은 참여자에게 단어를 읽어 주고 인쇄된 단어를 선택하도록 가르침으로써 발화된 단어(청각적 자극)와 그와 상응하는 인쇄된 단어(시각적 자극)를 매칭하도록 강화 이력을 형성시켰다. 그러자 참여자는 직접적인 강화 이력이 없는 시각적 자극과 시각적 자극의 매칭이라 할 수 있는 인쇄된 단어와 그에 상응하는 그림을 매칭(단순한 유형의 독해)한다거나, 그림을 인쇄된 이름에 매칭한다거나, 인쇄된 이름을 그림에 매칭할 수 있고, 인쇄된 이름을 말할 수 있었다. 참여자는 그림, 발화된 단어, 인쇄된 단어와 같이 물리적으로 상이한 특성을 지닌 자극 간의 등가 관계에서 직접적인 강화 이력이 없는 파생적 반응을 보였다.

(1) 자극등가의 정의와 성립 요건

한 자극군을 이루는 구성 자극들 사이에서 일어날 수 있는 자극-반응 관계 중에서 일부가 교수를 통해 강화 이력이 형성되면 직접적인 강화 이력이 없는 나머지도 자극-반응 관계의 반응이 나타날 수 있다. 이 경우 자극군에 속한 구성 자극들은 등가 관계에 있다고 볼 수 있다. 물리적으로 유사한 특징을 공유하지 않고 임의적인 자극 사이에 반사성(reflexivity), 대칭성(symmetry), 전이성(transitivity)을 보이면 등가 관계가 있다. Sidman과 Tailby(1982)는 앞의 관계를 다음의 수학적 논리를 이용하여 기술하였다.

- A는 B이고
- B는 C다. 그렇다면
- A는 C다.

자극 A를 기준으로 보았을 때 반사성은 A=A의 관계다. 샘플매칭 형태에서는 동일한 자극끼리의 매칭으로 이 관계가 성립된다. 대칭성은 자극 A를 자극 B에 매칭하도록 강화 이력을 형성한 후 직접적인 강화 이력 없이 자극 B를 자극 A에 매칭할 수 있으면 두 자극 사이에 대칭성이 성립된다. 이어 자극 A를 자극 C에 매칭하도록 강화 이력을 형성한 후 직접적인 강화 이력 없이 자극 C를 자극 A에 매칭할 수 있으면 두 자극 사이에 대칭성이 성립되며, 또한 강화 이력 없이 자극 B를 자극 C에 혹은 자극 C를 자극 B에 매칭할 수 있다면 자극 사이에 전이성이 성립되며 따라서 이들 자극 사이에 반사성, 대칭성, 그리고 전이성이 성립되므로 이 자극들의 자극등가성이 증명된다. 이러한 자극-자극 관계가 [그림 9-1]에 표시되어 있다.

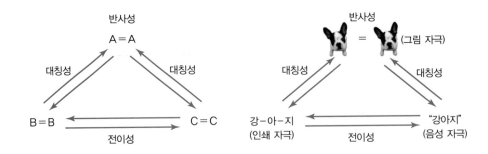

[그림 9-1]   3자극 사이의 자극등가 관계

Sidman(1971)은 샘플 매칭 훈련(match-to-sample) 절차를 이용한 조건변별훈련을 통해 시각적 자극인 고양이 그림, 또 다른 유형의 시각적 자극인 인쇄된 이름 '고-양-이', 그리고 발화된 음성 자극인 '고양이' 사이의 자극 등가 관계에서 형성될 수 있는 자극 기능의 전이를 증명하였다. 즉, 인쇄된 이름(시각적 자극)과 발화된 음성 자극의 매칭이라고 할 수 있는 읽기(인쇄된 이름 '고-양-이')를 보고 소리 내서 '고양이'라고 읽기), 음성이름과 고양이 그림의 매칭인 청각 이해('고양이'라고 발화된 이름을 듣고 고양이 그림을 가리키기), 그리고 고양이 그림과 인쇄된 이름 '고-양-이'의 매칭(고양이 그림을 인쇄된 단어 '고-양-이'와 매칭)인 독해 사이의 기능 전이를 증명하였는데, 다음과 같이 논리적으로 설명할 수 있다. A는 실험에서 사용된 발화된 단어이고, B는 상응하는 그림이고, C는 상응하는 인쇄된 단어를 지칭한다.

• 참여자는 '고양이'(A1)가 주어졌을 때 제시된 비교 자극들 중 자동차 그림(B2)가 아닌 고양이 그림(B1)을 선택하도록 강화 이력이 형성되었다.
• 그리고 고양이 그림(B1)이 주어졌을 때 인쇄된 단어 '자-동-차'(C2)가 아닌 '고-양-이(C1)을 선택하도록 강화 이력이 형성되었다.
• 그러자 직접적인 강화 이력이 없는 자극-반응 관계가 유도되었는지를 점검했을 때 파생적 반응이 입증되었다. 즉, 참여자는 B1이 주어졌을 때 A2가 아닌 A1을 선택하여 대칭성 자극-반응 관계가 증명되었으며, A1이 주어졌을 때 C2가 아닌 C1을 선택하여(혹은 C1이 주어졌을 때 A2가 아닌 A1을 선택하는) 전이성이 증명되었다. 이 경우 A1, B1, C1 사이에 반사성, 대칭성, 전이성이 나타났으므로 3자극

사이에 자극등가 관계가 증명된 것이다.

(2) 자극등가이론과 복잡한 언어행동 및 인지활동

자극등가이론에 의하면 앞의 연구에서 입증된 파생적 반응은 자극등가 관계 안에서 예견된 것이다. Sidman과 Tailby(1982)는 청각-시각 관계의 학습만으로도 독해 반응인 시각-시각 관계의 출현이 가능하며, 이러한 파생적 언어 반응 능력은 '타고난' 것으로 규정하였다. 그러나 인간의 파생적 언어 반응 현상을 단순히 자극 등가관계 논리만으로 설명할 수 없으므로 이에 대해서 논란이 많다 (Barnes-Holmes, Barnes-Holmes, Roche, & Smeets, 2001; Luciano, Gomez Becerra, & Valverde, 2007; Smeet & Barnes-Holmes, 2005). 그럼에도 불구하고 Sidman의 자극등가이론이 인간의 복잡한 언어행동과 인지활동을 설명하는 데 중요한 이론적 기반 중 하나라는 것은 부인할 수 없다. Sidman은 물리적으로 상이한 개체들을 대상으로 하나의 동일한 기능으로 반응할 수 있다는 것을 '상징적 행동'의 기반으로 보았다(Horne & Lowe, 1996). 인간의 모든 사회적 행동이 상징의 사용에 기초한 것으로 본다면, 유아가 자극등가 관계 안에서 반응하는 능력은 '상징적인 것'을 향한 진보의 첫 단계를 형성한 것으로 볼 수 있다(White, 1940). Sidman 이후 자극등가이론은 복잡한 언어행동이나 인지활동 관련 연구에 중요한 기반이 되었다(Barnes-Holmes, Barnes-Holmes, Roche, & Smeets, 2001; Eikeseth & Smith, 1992; Horne, Hughes, & Lowe, 2006; Mackay, 1991; Saunders, Drake, & Spradlin, 1999; Sidman, 1971, 1994; Sidman, Cresson, & Wilson-Morris, 1974; Sidman, Kirk, & Willson-Morris, 1985; Smeets & Barnes-Holmes, 2005; Spradlin, 2003). 그리고 시각, 청각, 촉각, 후각 자극을 이용하여 여러 유형의 장애 아동과 정상 아동을 포함한 다양한 학습자를 대상으로 자극등가 관련 연구가 실행되었다(Sidman, 1994).

Ⅱ 자극통제 촉진

자극통제의 사례는 우리의 일상생활과 교수 상황에서 무수히 찾을 수 있다. 일상생활과 교수 상황에서 자연스럽게 3요인 유관에 노출됨으로써 특정 작동행동에 대한 학습이 일어날 수 있다. 예를 들어, 대부분의 중학생들은 또래와 있을 때 사용하는 말투와 선생님 앞에서 사용하는 말투를 차별적으로 사용할 수 있다. 이는 관련 상황에서 자연스럽게 3요인 유관에 노출됨으로써 특정 작동행동을 학습한 결과다. 마찬가지로, 교수 상황에서 효과적인 교수 절차를 고안하기 위해서 교사는 교수 통제를 일으키는 요인을 파악해야 한다. 자극통제의 기본은 변별자극이 제시될 때와 소거자극이 제시되었을 때 반응이 차별적으로 일어나고 이에 따라 목표하는 강화 이력이 형성될 만큼 차별강화 기회를 충분하게 제시하는 것이다. 즉, 변별자극이 제시되었을 때 강화가 일관성 있게 제시되도록 하는 것이 중요하다.

일관적인 차별강화 외에 자극통제 발생에 영향을 주는 요인으로는 주의집중 능력이 있다. 학생이 학습 능력이나 사회 기술을 습득할 때 관련 변별자극에 주의를 기울이고, 교사가 제시한 지시를 경청하고, 교사의 모델링을 주의 깊게 보며, 일정 시간 동안 착석을 하는 능력은 새로운 기술을 학습하는 데 필요한 선행 능력으로 학생의 능력군에 존재하도록 해야 한다. 문제행동이나 상동행동은 교수 상황에서 방해요인이 된다. 아울러 학생이 주의를 끌도록 뚜렷이 제시된 변별자극은 궁극적으로 자극통제에 영향을 준다. 이때 학생의 감각 처리 능력이나 성향, 과거 학습 이력, 선행자극이 제시되는 환경 등을 고려해야 한다. 이를 위해 학생의 청력, 시력 등을 고려하여 좌석 배치를 하고, 교수 환경에 과도하게 장난감이 비치되어 학생의 주의를 산만하게 하지 않도록 해야 한다.

앞과 같이 선행자극이 제시되는 방법과 학생의 주의력에 관련한 고려사항 외에 서로 상충되거나 방해가 되는 선행자극이 동시에 공존하는 경우가 있다. 차폐(masking)는 하나의 자극으로 인해 자극통제가 일어났다 하더라도 그에 따른 반응을 방해하는 또 하나의 자극이 존재하여 형성된 자극통제가 제대로 표현되지 않는 경우 일어난다. 교사의 질문에 정답을 알지만(교사의 질문과 관련된 자극통제 형성) 또래(방해하는 또 하나의 자극) 앞에서 대답을 꺼려서 결국 답을 말하지 않는 경우가 차폐에 해당한다. 뒤덮기(overshadowing)는 목표 자극통제를 불러올 하나의 자극이 좀 더 강하게 주의를 끄는 다른 하나의 자극의 존재로 인해 어려워지는 경우에 발생한다. 중학교 학생들에게는 나른한 오후 시간에 선생님의 역사적 사건에 대한 장황한 설명보다는 창밖에 울리는 아이돌 가수의 노래 소리가 더욱 강하게 주의를 끌게 할 것이다. 차폐나 뒤덮기가 일어나는 상황을 자연스런 교수 상황에서 차단하기는 어려우나 자극통제에 미치는 영향을 감소할 행동 전략이 있다. 우선, 좌석 배치나 창문에 블라인드를 내려서 창밖으로 주의를 분산시키는 시각적 자극을 차단하는 등의 물리적 환경을 정돈하는 한편, 제시된 교수 자극을 강하게 인식시킬 수 있는 전략을 쓸 수 있다. 즉, 교수 제시를 빠른 속도로 유지하고 학생의 반응 기회를 늘려 주어 주의가 산만해질 여지를 주지 않거나, 스스로 학습 목표나 학습 과제를 선택하게 하는 방법이 있다.

1. 촉구

우리는 일과 중이나 교수 상황에서 환경과의 상호작용을 통해 무수한 작동행동을 학습한다. 하지만 많은 경우, 특히 교수 상황에서 자연스럽게 변별자극이 제시되었을 때 3요인 유관이 성립되지 않는 경우가 많다. 교사는 변별자극에 의해 반응이 안정적으로 산출되지 않을 때, 인위적인 선행자극을 첨가하여 보다 더 확실하게 목표 반응을 이끌어 내려 할 것이다. 인위적이고 첨가적인 선행자극을 제공하는 것을 촉구(prompt)라고 한다. 촉구를 사용하여 정반응을 보여서 강화 받을 확률을 높임으로써 작동적 조건화(operant conditioning)를 효율적으로 실시할 수 있다. 일반적으로 교수 상황에서 일어나는 작동적 조건화의 주된 절차는 잠재적인 3요인 유관을 제시하는 것이고, 아동은 3요인 유관을 경험함으로써 목표로 하는 작동행동을 학습하는 것이다. 교수 상황에서 제공되는 촉구는 3요인 유관이 전개되는 과정, 즉 선행자극을 제시할 때 혹은 선행자극을 제시한 후에 제시할 수 있다. 또한 촉구는 여러 양상으로 제시될 수 있다. 촉구를 제시하는 절차만큼 중요한 것은 촉구를 적절하게 제거하여 교수 통제가 촉구로 사용된 인위적 선행자극에 의한 것에서 일반화 상황에 존재하는 자연적 변별자극에 의한 것으로 전이가 일어나도록 하여 습득된 작동행동이 유지 및 일반화가 되도록 하는 것이다. 촉구는 크게 자극 촉구(stimulus prompt)와 반응 촉구(response prompt)로 나눈다. 자극 촉구에는 위치를 다르게 하거나 부수적인 자극을 첨가하거나, 선행자극 자체를 변화시키는 절차가 있다. 반응 촉구에는 언어적 지시, 신체적 안내, 시각적 촉구, 촉각 촉구 등이 있다. [그림 9-2]는 촉구의 유형이다.

1) 자극 촉구

자극에 부수적인 자극을 첨가하거나 자극의 물리적 양상 중 일부를 제거하거나, 크기나 색의 명도에 변화를 주어 변별자극 자체에 변화를 준다. 이와 같이 자극 촉구를 통해 그 변별자극이 제시된 조건하에 목표 반응이 일어날 확률을 높일 수 있다.

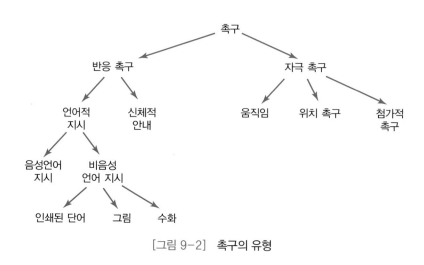

[그림 9-2] 촉구의 유형

(1) 자극 내 촉구와 자극 외 촉구

[그림 9-2]에 소개된 촉구들 중 자극 촉구는 자극 내 촉구와 자극 외 촉구로 사용될 수 있다. 자극 내 촉구(within-stimulus prompts)는 자극의 크기나 질감 등에 변화를 주거나 자극들 사이의 차이점만을 강조하기 위해 두 자극의 외양에 변화를 주는 방법을 통해 변별자극과 그 외의 자극의 차이를 뚜렷하게 만드는 절차를 말한다. 예를 들어, 'ㅁ'과 'ㅂ'을 구별하도록 하기 위해서 두 자극 사이의 유일한 차이를 다른 색으로 강조하다가 점점 같은 색으로 변화시킬 수 있다. 자극 외 촉구(extra-stimulus prompt)는 목표 반응을 안내하기 위해 목표 자극을 가리키거나 변별자극을 더 가까운 위치에 두는 것이다. Schreibman(1975)은 자폐성장애 아동을 대상으로 변별에서 자극 내 촉구와 자극 외 촉구의 효과성을 비교하였다. 그는 시각적 변별의 자극 외 촉구로 변별자극을 포인팅하였고, 자극 내 촉구로는 한 가지 관련 특성만 차별을 둔 두 시각적 자극에서 관련 특성의 크기와 선의 굵

기에 변화를 주었다. 그는 자신의 연구에서 자극에 대한 과민성이 특징인 자폐성 장애 아동이 자극의 한 가지 양상에만 집중하도록 하는 자극 내 촉구가 시각적·청각적 변별에 더 효과적이었음을 증명하였다.

(2) 자극 촉구의 자극통제 전이

아동에게 촉구에 의한 자극통제가 안정적으로 일어나면 부수적 자극에 의한 자극통제에서 자연적 상황의 변별자극에 의한 자극통제로 전이가 일어나도록 하여 아동이 더 이상 촉구에 의존하지 않아야 한다. 진정한 자극통제의 전이를 통해 교수 상황에서 습득한 능력의 안정적인 유지와 일반화를 기대할 수 있다.

① 자극 용암

자극 용암(stimulus fading)은 자연스럽게 목표 반응을 불러오는 선행자극에 의한 자극통제로, 자극통제가 전이되도록 인공적이고 침윤적인 촉구가 체계적이고 점진적으로 제거되는 것을 말한다. 이 제거 과정에서 촉구로 제공된 자극의 뚜렷함(예: 색깔, 그림 단서 등)을 점진적으로 제거하게 된다. 용암은 한 개인이 성공적으로 목표 반응을 보이는 데 필요한 정도의 촉구(보조 선행자극)로 시작하여 곧 점진적으로 촉구가 제거됨과 동시에 본연의 선행자극(변별자극)이 부각되는 것이다(Deitz & Malone, 1985). 용암이 진행되는 동안 목표 반응과 후속결과는 변함이 없고, 일시적으로 반응을 촉발하는 촉구가 점진적으로 제거되거나 자연적 자극과 유사한 자극으로 대체된다. 결과적으로, 용암을 통해서 촉구에 의존하지 않고 의도한 변별자극이 목표 반응을 안정적으로 불러오게 된다. 자극 용암은 언어, 사회 기술, 학습 능력 등 다양한 반응군을 지도할 때 유용한 절차다. 예를 들어, 개 그림을 변별하는 학생에게 영어 단어 'dog'를 읽도록 지도할 때 'D-O-G'라고 인쇄된 단어(자연적 변별자극) 옆에 개 그림(부수적인 선행자극, 자극 촉구)을 제공하여 'dog'라는 음성 반응을 성공적으로 불러온다. 일단 그림 촉구로 인해 'dog'라는 음성 반응이 안정적으로 일어나면 곧 그림을 점진적으로 제거하여 결국 학생은 개 그림이 없이 'D-O-G'라는 자연적 변별자극에 의해 동일한 음성 반응인 'dog'라고 반응하도록 할 수 있다. 자극 용암의 사례가 [그림 9-3]에 제시되어 있다.

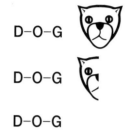

[그림 9-3] 자극 용암의 사례

또 다른 자극 용암의 사례로 인쇄된 '빨-간-색'을 보고 '빨간색'이라고 읽도록 지도할 때 '빨간색'이란 단어를 3글자를 모두 빨간색으로 쓰다가 연속적으로 제시되는 시도마다 점진적으로 단어 글씨를 검정색으로 써 주어 부수적인 자극인 빨간색을 제거하여 단어만 보고도 '빨간색'이란 음성언어를 불러오도록 할 수 있다.

② 자극 형성

자극 형성(stimulus shaping)은 자극이 성공적으로 목표 반응을 일으킬 수 있는 형태로 시작해서 점진적으로 자연스러운 자극 형태로 형성된다. 이 과정에서 전이된 각 단계의 자극은 동일한 목표 반응을 일으킨다. 자극의 형태가 자연스런 자극으로 전이되어 나아갈 때 목표 반응이 정반응을 일으키도록 점진적으로 형성해 나아가야 한다. 자극 형성의 사례가 [그림 9-4]에 제시되어 있다.

[그림 9-4] 자극 형성의 사례(Cooper, Heward, & Heron, 2015, p. 204)

2) 반응 촉구

(1) 언어적 지시

언어적 지시(verbal instruction) 또는 언어적 단서(verbal cue)는 말로 제시되기도 하지만 인쇄된 말, 수화 혹은 그림으로도 제시될 수 있다. 사용 설명서를 읽고 구입한 가구를 조립했다면, 읽어서 이해된 사용 설명서는 가구를 조립한 행동의 언어 촉구다. 배변 훈련을 하는 유아에게 엄마가 "화장실 갈 시간이야." 해서 성공적으로 변기를 사용했다면 엄마의 음성적 지시는 언어적 촉구다. 나눗셈 문제를 풀고 있는 학생이 잠시 머뭇거릴 때 교사가 "그다음은 어떻게 하지?" 하여 학생이 교사의 질문에 답을 하면서 다음 단계를 해결했다면 교사의 질문은 간접적인 언어 촉구를 한 것이다.

(2) 신체적 안내

신체적 안내(physical guidance)는 신체적 안내를 통해 표적행동의 동작을 실행하기 위한 몸의 움직임을 안내함으로써 표적행동을 촉구할 수 있다. 예를 들어, 새로운 장난감을 조작하는 것을 습득하기 위해 교사가 손으로 아동의 손을 잡고 움직임을 안내해서 과제를 완수했다면 이는 전체 신체적 안내(full physical guidance)가 제공된 것이다. 이 아동이 수차례의 시도로 조금 익숙해져서 교사가 아동의 손목을 가볍게 만져서 목표 장난감 조작을 시작하게 하여 같은 동작을 안내했다면 이는 부분 신체적 안내(partical physical guidance)가 제공된 것이다. 신체적 안내는 독립적으로 반응할 기회가 언어 촉구를 포함한 다른 촉구를 제공했을 때보다 적을 수 있다. 개인에 따라 신체접촉을 꺼려 할 수 있으며 이 경우 신체적 안내는 바람직하지 않을 수 있으나 능력 수준에 따라 신체적 안내가 필요할 수 있다.

(3) 시각적 촉구

시각적 촉구(visual prompt)는 우리의 일상생활에서 다양하게 사용된다. 약속을 잊지 않기 위해 벽에 붙여 놓은 메모, 장보기 목록, 외출할 때 잊지 않으려고 문에 걸어 놓은 선물 봉투 등이 그 예다. 학교, 지역사회, 가정에서 다양한 표적행동을 형성하기 위해 시각적 촉구가 사용되는데 시각적 자극에 민감성을 보이는 경향이 있는 자폐성장애 학생을 포함하여 시각을 통한 학습에 강점을 보이는 학생들에게는 시각적 촉구가 효율적으로 사용될 수 있다. 시각적 촉구에는 인쇄된 단어, 그림, 제스처 등이 대표적으로 사용되며, 집단 활동을 위한 의자 배열과 같은 환경 조성이나 미술용품과 같은 교수 자료도 다음에 일어날 교수 활동의 시각

적 촉구가 될 수 있다. 시각적 촉구가 언어적 촉구보다 유리한 점은 언어적 지시
는 순간적으로 제시되지만 시각적 촉구는 개인이 필요하는 한 지속적으로 존재
한다는 것이다. 시각적 촉구를 사용할 때에 음성언어를 함께 제시하여 시각적 촉
구가 전달하는 메시지를 이해하도록 하는 것도 하나의 좋은 교수 전략이다. 하루
일과 중 전이를 용이하게 하는 시각 스케줄, 과제와 보상을 간단하게 나타낸 행
동 계약, 그림으로 나타내거나 간단한 단어로 표기되어 전시된 학급규칙 등이 시
각적 촉구에 해당한다.

(4) 촉각 촉구

Taylor와 Levin(1998)과 Shabani 등(2002)은 자폐성장애 학생이 또래 상호작용
을 개시하도록 촉구하는 데 휴대용 무선 호출기를 이용하였다. 진동을 이용하기
때문에 촉구 사용을 타인이 인식하지 못하는 이점이 있어 다양한 행동을 촉구하
는 데 이용될 가능성이 있다.

2. 모델링

모델링은 모방 반응을 촉구하기 위한 시연, 즉 표적행동 '보여 주기'를 통해 목
표하는 자극통제를 불러오는 절차(Mayer, Sulzer-Azaroff, & Wallace, 2012)로 반응
촉구 절차 중 하나이다. 모방 반응을 통해 새로운 기술을 습득하기 위해 모델링
이 이용된다. 따라서 모델링이 유효하기 위해서는 대상자의 관찰 능력과 모방 능
력이 필요하다. 타인에게 주의를 집중하여 관찰하고 모방하는 능력은 모델링이
효과적이기 위해 학습자에게 필요한 선행능력이다. 모델링은 다양한 사회적 기
술, 언어 능력, 일상생활 능력, 놀이 기술, 자조 기술 등 다양한 반응의 습득을 촉
진시킨다(Cardon, 2012; Mayer et al., 2012).

1) 일반화된 모방 능력

유아는 사회적 맥락에서 모방을 통해 다양한 기술을 습득하며, 아기들에게는
언어 발달이 충분히 이루어지기 전까지는 모방이 주된 상호작용의 수단이다. 또
한 아기에게 일반화된 모방 능력(generalized imitation)의 형성은 발달 과정에서
중요하다. 일반화된 모방 능력은 유아가 다양한 사회적 맥락에서 모방을 통한 강

화 기회를 가짐으로써 형성된다. 일반화된 모방 능력이란 모방하도록 훈련된 행동이 제시되었을 뿐만 아니라 새로운 동작이 제시되었을 때에도 모방할 수 있는 능력을 말하며, 이는 고등 능력군(higher-order operant)에 속한다. 즉, 유아가 까꿍하기, 만세하기 등과 같이 다양한 개별 동작모방(operant)을 통해 모방 관련 강화 이력이 누적됨에 따라 하나의 고등 능력군이 형성되어 어떤 새로운 동작이 주어져도 모방할 수 있는 일반화된 모방 능력이 형성된다. 대부분의 경우 유아에게 모방은 새로운 능력을 습득하는 주요 도구인데, 이러한 모방 능력의 결핍이 자폐성장애 아동이 보이는 특징 중 하나다(Lord et al., 2000). 자폐성장애 아동의 경우 자폐성향의 심각도와 모방 능력의 결핍 정도는 상관관계가 있는 것으로 보고되고 있다(Cardon, 2012; Rogers, Hepburn, Stackhouse, & Wehner, 2003). 모방 능력의 개선이 언어 능력(Stone, Ousley, & Littleford,, 1997), 놀이 기술(Libby, Powell, Messer, & Jordan, 1997), 사회적 기술(Carpenter, Charlop, Dennis, & Greenberg, 2012; Ingersoll, 2011)의 개선을 가져오는 것으로 알려져 있어 모방은 자폐성장애 아동을 위한 중재의 주요 교수 목표가 된다. 모방 능력은 주로 개별시도학습(discrete trial training)으로 지도하였으나 최근의 연구 보고에 의하면 자연스런 환경에서 아동이 주도하는 상호작용을 통해 모방을 습득하는 것이 일반화에 효과적인 것으로 알려져 있다(Cardon & Wilcox, 2011; Charlop-Christy, Le., & Freeman, 2000; Ingersoll, Lewis, & Kroman, 2006; Ingersoll & Schreibman, 2006).

2) 비디오 모델링

비디오를 이용한 모델링은 근거기반 절차이며(Wong et al., 2015) 다양한 맥락에서 다양한 기술 습득을 위한 효과적인 절차다(Ayres & Langone, 2005; Bellini & Akullian, 2007; Charlop-Christy et al., 2000). 비디오 모델링은 실제 모델링(vivo-modeling)에 비해 정확하고 일관적인 표적행동의 모델을 제공하는 이점이 있다. 적절한 또래 교류(Falk, Dunllap, & Kern, 1996), 과제 수행 행동(Clare, Jenson, Kehle, & Bray, 2000), 친사회적 행동(O'Reilly et al., 2005)과 같이 행동 관리를 위해 비디오 모델링 절차가 이용되었고, 독해(Hitchcock et al., 2004), 읽기(Dowrick et al., 2006; Marcus & Wilder, 2009), 쓰기(Delano, 2007), 산수 능력(Schunk & Hanson, 1998)과 같은 학습 능력 개선을 위해 모델링 절차가 이용되기도 하였다.

Hitchcock 등(2004)의 연구에서 또래에 비해 독해 능력 수준이 낮은 4명의 4학년 학생들을 대상으로 읽은 내용을 도표로 요약하고 독해 문제에 정확하게 대답하는 자신이 기록된 비디오를 이용해서 목표 능력에 향상을 가져왔다. 비디오 모델링은 또한 음식하기, 위생관리, 집안일 하기, 고용 관련 능력 등과 같은 자조 능력의 습득을 목표로 사용되었다(Goodson, Sigafoos, O'Reilly, Cannella, & Lancioni, 2007; Rayner, 2011; Rehfeldt, Dahman, Young, Cherry, & Davis, 2003).

3) 모델 선정 시 고려사항

모델링을 통해 표적행동의 모방을 이끌어 낼 가능성은 일반화된 모방 능력과 개인의 교수 이력 외에 모델의 역할을 하는 개안내 주요 요인이 된다. 일반적인 선택 요건으로 관찰자와 공통점이 있으며, 이전에 긍정적 상호작용의 이력이 있고, 모델링할 행동에 능통해야 한다. 또한 모델링을 제시하는 개인 자신이 처음 그 행동을 습득할 때 어려움을 겪었다면 모델링을 제공할 때 관찰자가 가질 수 있는 어려움을 잘 이해할 수 있는 이점이 있다. 그 밖에 가능하면 집단 안에서 인정받는 개인을 선정하도록 권장하고 있는데, 즉 또래나 슈퍼바이저로부터 집단 내의 구성원들이 받는 평균 이상의 비율로 강화를 받는 개인이 적합하다. 이는 집단에서 영향력이 있는 개인이 모델링을 제공하였을 때 표적행동에 영향력을 좀 더 효과적으로 미칠 것이기 때문이다(Mayer et al., 2012). 또한 하나의 표적행동을 모델링하는 사람이 다수일 때 그 표적행동의 형성에 미치는 영향이 더 클 가능성이 높아진다(Barton & Bevirt, 1981).

4) 효과적인 모델링을 위한 고려사항

모델과 관찰자 사이의 경험과 교육적 배경 등에서 공통점이 있고 같은 활동을 하는 점을 강조하여 모델링을 모방할 동기적 맥락을 효과적으로 형성할 수 있다. 연구 문헌에 의하면 모델링을 언어적 단서, 역할극, 피드백 등과 함께 시행할 때 더욱 효과적인 것으로 나타났다(Barton, 1981; Blew et al., 1985; Hanley, Heal, Tiger, & Ingvarsson, 2007). 또한 모델링 내용의 근거나 이유를 설명하거나 규칙을 함께 제공하기도 한다. 예를 들어, Poche, Brouwer와 Swearingen(1981)은 어린 아동들을 대상으로 낯선 사람의 유혹으로부터 자기를 보호하는 행동을 지도할 때 모델링, 연습, 그리고 왜 그러한 보호 행동이 중요한지를 설명하였다. 결과에 의하면 아동들이 중재가 시작된 지 일주일 안에 지역사회 상황에서 일반화를 하고 있음이 파악되었다. 효과적으로 모델링이 시행되기 위해서 무엇보다도 제시되는 행동을 관찰자가 보고 모방하기에 너무 복잡해지지 않도록 주의해야 한다. 모방되는 행동의 요소들 중 부분적으로 이미 관찰자와 사전에 교수 이력이 형성되어 있는 경우 모방을 통한 그 행동의 습득이 훨씬 용이하게 일어난다. 따라서 표적행동이 모방하기에 너무 복잡하면 작은 단위로 나누어서 제시하는 것도 중요하다(Mayer et al., 2012). 연구 문헌에 나타난 모델링의 소요 시간이 길지 않은 것(예: 1분 미만)도 이와 연관이 있는데, 특히 관찰자가 어린 아동인 경우 더욱 그럴 것이다.

모델링을 강화하는 것도 이를 목격한 관찰자의 모방 행동에 미치는 영향이 증가할 것이다. 이는 특히 한 집단 안에서 영향력 있는 개인에 의한 모델링의 경우 더욱 그러할 것이다. 그리고 무엇보다도 모방 행동을 강화하는 것은 강조할 필요가 없을 것이다. Barton(1981)은 어린이집 아동들을 대상으로 장난감 공유하기를 지도하기 위해 모델링과 다른 다섯 가지 행동적 책략을 실행하였다. 결과에 의하면 공유와 관련된 설명, 모델링, 그리고 모델링을 강화하는 것만으로는 충분하지가 않았고, 실제로 모델링된 행동을 연습할 기회가 주어졌을 때 표적행동이 증가하기 시작했고 이에 더해 촉구와 칭찬이 주어졌을 때 더욱 공유를 촉진하였다. Barton의 연구 사례는 모델링이 효과적일 수 있기 위한 요소를 잘 설명해 주고 있다고 할 수 있다.

3. 반응 촉구의 자극통제 전이

응용행동분석에서는 교수 상황에서 새로운 기술을 습득하는 단계에서는 목표 반응의 빈도를 증가시키기 위해 부수적인 선행자극을 촉구로 사용한다. 일단 촉구로 사용된 자극에 의한 자극통제로 인해 목표 반응이 안정적으로 일어나면 본연의 변별자극만을 통해 목표 반응이 안정적으로 그리고 적절한 빈도로 일어나도록 한다. 즉, 인위적인 촉구에 의한 자극통제에서 일반 상황에 존재하는 변별자극에 의한 자연적 자극통제로의 전이가 필요하다. 자극통제 전이는 자극 촉구와 반응 촉구로부터 이루어진다. 자극 촉구 전이는 자료 준비에 시간이 걸리는 단점이 있어 교육 현장에서는 반응 촉구로부터 전이가 좀 더 실용적인 것으로 여겨진다(Cooper, Heron, & Heward, 2007).

1) 다른 유형의 촉구

다양한 유형의 반응 촉구는 그 강도나 학습자가 반응을 주도하는 정도에 있어 다양하다. 목표 반응을 형성하기 위해 언어 촉구, 제스처, 모델링, 신체적 안내 등과 같은 다른 유형의 촉구(촉구에 걸친 촉구 제거) 절차를 단계적으로 이용한다.

(1) 최소-최대 촉구

최소-최대 촉구(least-to-most prompting)는 최소의 인위적 촉구를 사용하고자 할 때 시행되며 특수교육 현장에서 널리 사용하는 촉구 절차다(Fisher, Kodak, & Moore, 2007). 대부분의 경우 간단한 언어적 지시에서 제스처로, 모델링으로, 그리고 신체적 안내와 같이 여러 유형의 촉구를 단계적으로 제공한다. 이때 촉구의 유형이 바뀔 때마다 촉구의 수위가 높아진다. 예를 들어, Tarbox 등(2007)은 자폐성장애 아동의 순응행동을 증가시키기 위해 3단계로 구성된 촉구를 사용하였다. 즉, ① 언어 촉구를 하였고, ② 표적행동이 촉발되지 않아서 모델링을 하였고, ③ 여전히 목표가 달성되지 않으면 신체적 안내를 사용하도록 보호자들을 훈련시켰다. 그들의 연구 결과에 의하면 최소-최대 촉구 절차를 통해 보호자가 제공하는 촉구의 수는 감소한 반면, 아동의 순응행동이 개선되었다.

(2) 최대-최소 촉구

최대-최소 촉구(most-to-least prompting)는 표적행동을 안정적으로 촉발하는 교사가 반응을 주도하는 정도가 높은 촉구를 사용하다가 점진적으로 학습자가 반응을 주도할 수 있는 촉구로 이동하는 절차다. 이 절차는 불필요한 촉구를 제공할 가능성이 있지만 초기 단계부터 표적행동을 좀 더 확실하게 볼 수 있다. 예를 들어, Luyben 등(1986)은 최대-최소 촉구를 사용하여 발달장애 성인에게 촉구 기술을 지도하였는데, 처음에는 신체 촉구, 좀 더 약한 신체 촉구, 모델링, 제스처, 언어적 촉구로 단계적으로 촉구의 강도를 줄여 나갔다. 이러한 촉구 절차는 성공적으로 강화 이력을 쌓을 수 있는 이점이 있다.

2) 점진적 안내

신체적 안내가 사용될 때 점진적 안내(graduated guidance)를 통해 촉구를 제거한다. 점진적 안내를 제공할 때 교사는 손으로 대상자의 신체 부위를 잡아서 특정 목표 동작을 확실하게 일으키도록 안내하다가 점진적으로 신체접촉이 일어나는 신체 부위와 신체적으로 안내할 때 제공된 통제의 정도를 점진적으로 감소시킨다. 신체적 안내는 대상자에 따라 신체접촉을 꺼려 하여 순응하지 않을 수도 있음을 고려해야 한다. 따라서 대상자가 협조적일 때 시도하고 목표 반응을 일으키기 위해 필요한 최소한의 안내를 제공하다가 점진적으로 신체적 안내를 제거한다(Azrin & Foxx, 1972). 신체적 안내의 초기 단계에서는 목표 반응의 움직임이 일어나는 통제 부위인 신체 부위에서 안내를 시작한다. 그리고 조금씩 신체 부위에 가하는 힘을 약화시킴과 동시에 통제 부위에서부터 신체접촉 부위를 멀어지도록 한다. 예를 들어, 글씨 쓰기나 수저 사용하기는 손을 잡고 안내하다가 점점 안내하는 힘을 약화시킴과 동시에 신체접촉 부위도 손목에서 팔로 이동하여 표적행동을 조절하는 통제 부위인 손으로부터 거리를 증가시킨다.

3) 시간 지연: 촉구 지연

부수적인 선행자극에 의한 통제에서 자연적으로 자극에 의한 통제로의 전이를 위해 최대-최소 촉구, 최소-최대 촉구, 점진적 안내를 사용할 때는 촉구의 형태, 위치, 혹은 강도에 변화가 있지만, 시간 지연(time delay)에서는 자연적 선행자극 제시와 제공된 촉구 사이의 시간을 체계적으로 조작함으로써, 궁극적으로 자연적 선행자극에 의한 자극통제로의 전이를 꾀하는 절차다. 시간 지연은 반응 촉구로서 자연적 변별자극을 제시한 후 따라올 촉구 사용을 일정 시간 동안 지연함으로써 촉구에 의존하지 않은 독립 반응이 일어날 기회를 제공한다. Touchette(1971)가 시간 지연 절차를 통해 촉구에 의한 통제에서 변별자극에 의한 통제로의 전이를 시도한 이후 다수의 관련 연구가 시행되었는데, 시간 지연에는 두 가지 절차가 있다(Snell & Gast, 1981). 무변 시간 지연(constant time delay)이 사용된 대부분의 경우 0초 시간 지연으로 여러 시도가 제시된 후에 촉구 제시가 일정하게 지연된다. 즉, 처음 여러 시도 혹은 첫 회기는 실수가 일어날 가능성을 낮춘 무오류 학습 시도(errorless learning trial)를 제시하는데 이를 위해 선행자극과 촉구가 0초 지연된, 즉 동시 촉구(simultaneous prompting)가 제공되어 목표 반응과 관련된 강화 이력을 좀 더 확실하게 형성한다. 무오류 학습 시도를 통해 강화 이력을 형성한 후 자연적 선행자극 제시와 촉구 제시 사이의 시간 지연(예: 2초)이 일정하게 유지되는데, 촉구 제시의 지연이 2초라면, 대상 학생은 그 2초 동안 촉구 없이 독립적으로 자연적 자극에 의한 반응(독립반응)을 할 기회를 갖게 된다. Schuster 등(1988)은 지적장애 청소년을 대상으로 음식준비 행동을 5초 무변 시간 지연 절차를 통해 성공적으로 지도하였다. Doyle 등(1990)은 어린이집 아동을 대상으로 단어 읽기를 지도하였다. 무변 시간 지연 절차가 이용될 때에 첫 회기는 0초 지연이 이용되었다. 교사는 변별자극으로 카드에 인쇄된 단어를 제시하면서 "이거 뭐야?"라고 말한 후 즉시 촉구로 단어를 말해 주었다. 촉구된 정반응은 칭찬으로 강화되었고 오반응이나 정반응이 일어나면 카드를 잠시 동안 제거한 후 후속 시도를 이어 갔다. 첫 회기의 0초 지연에 이어 다음 회기부터 4초 시간 지연을 두었다. 즉, 변별자극 제시 후 4초 동안 대기한 후 반응이 없으면 촉구를 제공하였고 촉구된 정반응에서는 칭찬과 기호물로 강화되었다. 무변 시간 지연 절차는 자폐성장애인을 대상으로 하여 자조기술(Morse & Schuster, 2000), 레저 능력(Wall & Gast, 1997; Wall, Gast, & Royston, 1999), 수 인식(Ault, Wolery, Gast, Doyle, & Eizenstat, 1988), 사물 명명하기(Kurt & Parsons, 2009) 그리고 읽기(Ledford, Gast, Luscre, & Ayres, 2008; Redhair, McCoy, Zucker, Mathur, & Caterino, 2013)와 같은 다양한 행동을 목표로 실행되었다.

점진적 시간 지연(progressive time delay)에서는 지연된 시간이 개별 시도 혹은 단위 시도(회기)에 걸쳐 점진적 · 체계적으로 증가한다. 예를 들어, 첫 시도는 0초 지연, 두 번째 시도는 1초 지연, 세 번째 시도는 2초 지연 등으로 지연 시간을 점진적으로 증가시킴으로써 자극통제의 전이를 꾀할 수 있다. Wolery 등(1992)은 무변 시간 지연과 관련된 36개의 연구논문을 검토하였다. 논문에 나타난 목표 반응들은 단어나 숫자 읽기, 따라 쓰기, 철자, 수화, 구구단 등이었고 다양한 연령대와 연구 상황에서 시간 지연이 사용되었다. 무변 시간 지연과 점진적 시간 지연, 그리고 다른 절차의 효율성과 관련해서 준거도달하기 위해 필요한 시도나 회기 수, 실수의 빈도 등이 비교되었다. 이 검토에서 개별적 차이는 있지만 두 유형의 시간 지연이 비슷하게 효율적이었고, 최소 촉구 절차보다는 더 효율적인 것으로 나타났다.

4. 무오류 학습

학습자의 오류를 최소화할 수 있도록 고안된 교수 절차를 이용하여 특정 변별을 지도하였으면 무오류 학습(errorless learning)이 일어났다고 볼 수 있다. Green(2001)은 최대-최소 촉구 절차나 용암법에 대해 특히 새로운 능력을 무오류 학습으로 습득할 때 적절한 절차로 들고 있다. 표적행동이 일어날 확률을 높여 빈번하게 강화 받을 수 있고, 또한 오반응의 확률을 최소화하기 위해 초기 시도가 제시될 때는 학습자에게 최고도의 도움을 준다. 이어 학습자가 정반응을 보이는 상황에서 도움의 양을 체계적으로 감소시킨다. 일단 오반응이 일어나면 오반응이 다시 일어날 가능성을 감소시키기 위해 다음 시도는 이전의 도움 단계로 돌아감으로써 학습자가 정반응을 보이도록 지원할 수 있는 체계를 유지한다(Green, 2001, p. 78), 무오류 학습 절차는 유아나 장애 아동에게 정교한 변별이 요구되는 새로운 능력을 학습할 때 유효하다. 무오류 학습 절차의 필요성은 일단 학생이 오류를 보이면 그것이 반복될 가능성이 높다는 것이다. 특히 하나의 새로운 능력을 습득하기 위해 촉구와 반복이 필요한 교수 대상군은 더욱 그럴 것이다. 교수 중 오류가 반복되는 것을 방지하기 위해 촉구를 점진적으로 제거하여 표적행동을 일으키는 데 실패할 가능성을 배제하는 것이다.

자극 내 촉구는 정반응의 가능성을 높이기 위해 변별해야 할 자극의 특성을 변화시키는 절차인데 이런 특성 때문에 무오류 학습에 적절한 절차라 볼 수 있다(Green, 2001). 모델링, 반응 지연(response delay), 점진적 안내 등도 무오류 학습을 위해 사용될 수 있다. 반응 지연은 변별자극의 제시와 반응 개시 사이의 계획된 지연을 말다. 이 절차는 학생이 제시된 선행자극에 충분한 주의를 기울이지 않을 때 유효하다. Dyer, Christian과 Luce(1982)는 자폐성장애인을 대상으로 사물의 기능, 남녀 구별, 신체 부위 변별 등의 과제를 선택 반응 등을 통해 지도할 때 반응 지연 절차를 이용하였다. 학생들은 선행자극이 제시되고 3초 후에 반응하도록 지도하였다. 연구결과에 의하면 학생들은 반응 지연 절차가 시행될 때 더 높은 수준의 정반응을 보였다.

Ⅲ 자극통제의 맥락 요인: 동기조작

Michael(1982, 1993)은 변별자극 외에 자극통제에 영향을 주는 환경적 요인으로 동기설정조작(establishing operation: EO)을 제시하였다. 동기설정조작은 변별자극이 신호하는 강화제의 가치에 변화를 줌으로써 결과적으로 변별자극에 의한 자극통제에 영향을 주는 환경적 요인으로, 작동행동의 핵심인 3요인의 상호작용에 영향을 주는 맥락적 역할을 한다. 동기설정조작은 작동행동의 핵심 3요인은 아니나 인간 행동의 발생 빈도에 영향을 주는 환경적 맥락으로 이에 관한 이해는 동기라는 심리적 요인을 행동분석적으로 접근하는 기반이 되었다. 동기설정조작의 중요성은 이 용어가 논문을 통해 처음 발표된 이후 지속적으로 여러 분야에 걸친 행동 중재에 적용됨으로써 증명되었다(Laraway, Snycerski, Michael, & Poling, 2003). 동기설정조작은 인간 언어행동의 형성과 발달을 이해하는 데 있어 언어의 형태보다는 환경적 변인과 인간 간의 상호작용과 관련된 기능적 측면에 중점을 두는 오늘날의 언어행동분석(verbal behavior analysis)에 중요한 개념적 기반이 되었다(Cooper, Heron, & Heward, 2015).

Michael(1993)에 의하면 동기설정조작을 다른 환경적 사건의 강화 혹은 벌적인 효과를 바꿈으로써, 그 사건과 관련된 행동의 빈도를 바꾸는 일시적으로 일어나는 환경적 사건, 조작, 자극 조건으로 정의하였다. 즉, 동기설정조작은 다른 사건의 강화 가치를 변화시켜서, 그 사건이 후속결과인, 유기체의 반응군 중 관련 부분의 발생 빈도를 변화시키는 하나의 환경적인 사건, 작동, 혹은 자극 조건이다(p. 192). 앞의 정의에서 중요한 것은 동기설정조작이 '일시적' 양상을 띤다는 것이고, 이 개념을 적용하는 데 있어 주의할 점은 일시적으로 형성되는 동기설정조작을 '포착'하거나 '고안'하는 것의 중요성이다(Sundberg, 1993). 후에 동기조작(motivational operation)이라는 용어가 새롭게 소개되었다(Laraway, Snycerski, Michael, & Poling, 2001). 강화의 가치를 증가시키고, 따라서 관련 행동의 빈도를 증가시키는 환경적 사건을 동기설정조작으로, 반대로 강화제의 가치를 감소시키고, 따라서 관련 행동의 빈도를 감소시키는 사건을 동기해지조작(abolishing operation: AO)으로 규정하였다. 동기설정조작의 대표적 절차는 특정 강화제에 대해 결핍 상태를 고조시킴으로써 강화제로서의 잠재력을 강화시키거나, 그것에 대한 포만 상태를 조작하여 강화제로서의 가치를 약화시키는 것이다. 동기조작은 각 상황별로 두 가지 작용을 한다. 즉, ① 후속결과의 강도나 가치를 변화시켜서 ② 결과적으로 빈도나 강도와 같은 행동의 관련 양상을 변화시킨다. 다시 말하면, 동기설정조작은 강화제의 가치를 증가시키는 작용과 이에 따른 관련 변별자극하의 행동의 빈도나 강도의 증가를 말한다. 반면, 동기해지조작은 강화제의 가치를 약화시키는 작용과 이에 따른 관련 변별자극하의 행동의 빈도나 강도의 감소를 말한다. 동기조작의 결과로 행동이 증가한 것을 동기유발효과(evocative effect)라 하고, 행동이 감소한 것을 제지효과(abative effect)라고 한다(Laraway, Snycerski, Michael, & Poling, 2001).

변별자극과 동기조작 둘 다 자극통제에 영향을 주는 선행조건이지만 그 역할에 차이가 있다. 변별자극은 행동 후에 따라오는 강화의 유무에 따라 반응에 영향을 미쳐 행동이 촉발된다면, 동기조작은 행동이 일어나도록 하는 강화제의 가치가 일시적으로 변화해 행동 발생에 영향을 주는 것을 말한다. 변별자극에 의해 행동이 촉발되고, 유지, 증가, 혹은 감소하는데 이는 변별자극이 신호하는 강화제나 벌제와 같은 후속자극에 따라 달라진다. 동기조작은 강화제나 벌제의 효력을 증가, 감소, 유지시킨다. 따라서 자극통제를 통한 작동행동의 형성, 유지, 소멸의 과정을 이해할 때 두 선행조건을 간과해서는 안 된다.

예를 들어, 주스 팩은 변별자극으로 손을 뻗어 주스 팩을 들고 마시는 행동이 촉발된다. 변별자극으로서 주스 팩이 주는 신호에 반응하여 시원한 주스가 목에 넘어가는 상황을 기대하고 마시는 행위가 일어난다. 이때 주스 팩, 마시는 행위, 시원한 주스를 마실 때 느끼는 감각자극과 청량감은 작동행동의 핵심 요인인 3요인 유관이다. 그러나 주스 팩이 시야에 있지만 이미 우유에 시리얼을 한 그릇 먹고 난 지 10분도 지나지 않았을 때 일시적으로 주스가 주는 강화의 힘과 더운 여름날 테니스를 친 직후 주스가 주는 강화의 힘에는 큰 차이가 있을 것이다. 따라서 앞에서 설명한 마실 것에 대한 포만과 결핍 상태는 관련 3요인 유관의 강화 위력을 약화시키거나 강화시킴으로써 3요인 유관이 일어나지 않도록 혹은 반대로 좀 더 확실하게 일어나도록 영향을 미친다. 이와 같이 동기조작은 변별자극과 함께 작동행동의 형성과 유지에 중요한 영향을 미친다.

1. 무조건 동기조작

동기조작은 강화제의 유형에 따라 다르다. 하나의 후속자극이 강화제로 작용하기 위해 음식, 잠, 안락함과 같이 원초적인 욕구에 부응하는, 자극, 즉 강화제로 기능하기 위해 학습 이력이 필요 없는 경우 그와 관련된 동기조작은 무조건 동기조작(unconditioned motivating operation: UMO)이라고 한다. 반면에 게임하기, 음악 듣기 등 학습 이력이 필요한 것이 강화제일 경우 그와 관련된 동기조작은 조건화된 동기조작(conditioned motivating operation: CMO)이라 한다. 예를 들어, 건강 검진을 위해 전날 저녁부터 금식을 하고 다음 날 오전 11시가 넘어서 검진이 끝났다면, 음식에 대한 결핍 상태가 극대화되어 있기 때문에 집에 돌아가 음식이 강화제인 행동, 즉 냉장고 문을 열거나 음식을 요청하는 행동을 보일 확률이 높아진다. 이때 관련 강화제인 음식의 가치를 알기 위해 이전 학습 이력이 필요 없으므로 전날부터 시작된 단식은 무조건 동기조작이다.

2. 조건화된 동기조작

강화제와 강화 이력이 필요한 조건화된 동기조작의 예로는 눈과 손의 협응 능력이 또래보다 현저히 떨어지는 4학년에 재학 중인 연수의 사례를 들 수 있다. 연수는 그동안의 학습 이력을 통해 쓰기가 비선호 활동으로 강하게 인식되어 있다. 월요일 1교시 동안 국어시간에 틀린 받아쓰기 문제를 반복적으로 써야 했던 연수에게 2교시에는 산수 보조 선생님으로 부터 틀린 나눗셈을 고치라는 지시가 내려졌다. 한 페이지에 20문제가 빼곡히 있는 나눗셈 문제지를 보는 순간, 과제에서 도피하고 싶은 욕구가 강렬해졌고, 연수는 문제지를 그만 찢어 버리고 말았다. 화가 난 보조 선생님은 연수를 교무실의 교감 선생님에게 보냈다. 연수의 담임 선생님은 연수가 쓰기 과제가 많은 국어나 산수 시간에 유난히 문제행동이 빈번하다는 사실을 깨닫게 되었다. 앞의 사례에서 과제를 찢어 버리는 행동을 직접적으로 촉발한 것은 눈앞에 있는 산수 과제와 쉽게 흥분하셔서는 연수를 교무실에 자주 보내는 산수 보조 선생님, 즉 변별자극이다. 찢어 버리는 행동의 강화는 흥분한 선생님의 훈계와 이어진 교무실 행으로 인한 과제 도피 상황이다. 이와 같은 3가지 핵심 요인 외에 이러한 행동을 촉발시키는 데 큰 영향을 미친 또

하나의 변인은 동기 조작이다. 즉, 이미 앞 시간에 일어난 쓰기 과제 수행으로 인한 환경적 사건 때문에 산수 과제를 도피하고자 하는 욕구, 즉 강화제에 대한 욕구가 급상승한 상태이고, 이러한 상황은 연수의 과제 도피 행동이 일어날 확률을 높이는 결과를 낳았다. 이에 관련된 강화는 원하지 않는 과제로부터의 도피이고, 1교시에 실시한 쓰기 과제는 강화제의 가치를 증가시킨 동기설정조작, 즉 동기조작이다. 과제로부터의 도피는 학습 이력이 필요하므로, 앞 시간 중에 행한 쓰기 과제는 조건화된 동기조작이라고 할 수 있다. 조건화된 동기조작의 유형은 다음과 같다(Cooper, Heron, & Hewad, 2015; Mayer, Sulzer-Azaroff, & Wallace, 2012; Sundberg, 1993).

1) 전이성 조건화된 동기조작

자극의 강화적 효과성을 일시적으로 설정(해지)하는 환경적 사건으로 이로 인해 다른 환경적 사건 혹은 자극에 의해 강화받았던 행동이 유발될 확률이 증가되는데, 이때 그 환경적 사건 혹은 자극에 의해 전이성 조건화된 동기조작(transitive conditioned motivating operation: CMO-T)이라 한다. 예를 들어, 몹시 목이 마른 윤희가 캠핑 차 안에서 주스 팩을 찾았는데, 빨대가 없다는 것을 알았다. 목이 말라서 주스를 마실 필요가 절실했던 윤희는 빨대 찾는 행동을 할 확률이 높아진다. 주스를 마시려는 욕구만큼 빨대에 대한 필요성이 높아진 상황으로 주스라는 하나의 자극은 빨대라는 또 하나의 자극이 가지는 강화적 가치를 일시적으로 증가시켰다. 이와 같이 궁극적으로 필요한 주스 외에 빨대는 주스를 마시는 데 필요한 또 하나의 동기설정조작으로, 이때 빨대에 대한 결핍 상황은 CMO-T이다. CMO-T의 사례는 우리의 일상생활에서 무수히 찾을 수 있다. 예를 들어, 배가 고픈 윤희가 컵라면을 먹으려면 뜨거운 물을 얻는 행동을 할 가능성이 높아질 것이다. 이때 뜨거운 물에 대한 결핍 상황은 CMO-T이라 할 수 있다. CMO-T의 중요성은 맨드 훈련에서 강조되고 있다(Sundberg, 1993).

2) 반사성 조건화된 동기조작

한 자극 조건의 존재 혹은 부재가 어떤 형태로든 악화의 존재 혹은 부재와 정적으로 상관관계가 있는 경우에, 그 자극의 제거가 효과적 강화가 되고 따라서 그 자극이 존재하는 상황의 종료가 강화되는 행동을 야기할 것이다. 이때 그 자극의 존재로 반사성 조건화된 동기조작(reflexive conditioned motivating operation: CMO-R)이 형성되었다고 볼 수 있다(Michael, 1993, p. 203). 즉, CMO-R은 조건화된 부적 강화의 가치를 증가시켜서 현재의 불쾌한 상황의 감소나 제거를 가져오는 행동을 야기시키는 환경 조건이라고 볼 수 있다. 예를 들어, 아이에게 놀이시간의 종료를 알리는 종소리는 그 후에 따라오는 싫어하는 상황인 공부 시간을 예고하여, 결과적으로 종소리는 불쾌한 상황의 제거를 가져온 이력이 있는 행동들(짜증 내기, 공격 등등)을 야기시키는 환경적 자극으로, 이로 인해 CMO-R이 형성된 상황이다. 앞의 사례에서, 교수적 요구 상황이 불쾌한 자극으로 작동되었고, 과거에 그로 인해 요구 상황이 종료된 이력이 있는 문제행동을 야기시킨 것이다. 연구논문에 의하면 발달장애인이 보이는 자해나 공격행동의 33~48%는 이와 같이 과제 회피나 도피의 기능을 하고 있는 것으로 보고되어 있어서 현장에서 CMO-R이 주는 영향을 정확히 이해하고 그에 기초해서 중재를 할 필요가 있다(Derby et al., 1992; Iwata et al., 1994).

3) 대리성 조건화된 동기조작

대리성 조건화된 동기조작(surrogate conditioned motivating operation: CMO-S)은 무조건 동기조작과 자극이 연관되어 있을 때 형성된다고 보며, 정서적 행동의 분석과 관련이 있는 동기조작이다. 즉, 불쾌한 경험과 연관된 자극은 정서적 행동을 야기시키는 변별자극이라기보다는 조건화된 동기조작으로 작동된다. 예를 들어, 아이가 치과 병원 처치실에 들어갈 때 극심하게 운다면, 이는 이전에 처치실 안에 있던 상황과 그곳에서 겪은 고통스러운 자극과 치과와 함께 경험된 이력 때문일 것이다. 이 경우 치과 처치실 자체가 우는 행동의 강화라고 할 수 있는 퇴실의 가능성을 예고하는 것은 아니기 때문에 우는 행동의 변별자극이라고 할 수 없고, 대신 퇴실이라는 강화의 효과성을 높이는 작용을 하므로 동기조작이라 할 수 있다. 이와 같이 하나의 자극이 불쾌한 경험과 동반했을 때 형성되는 동기조작을 CMO-S라고 한다. 앞의 사례에서, 아이가 엄마가 부재하는 상황보다 엄마가 함께하는 상황에서만 더 심하게 운다면, 이는 CMO-S가 형성되었을지라도 퇴실이라는 강화를 예고하는 변별자극인 엄마가 존재할 경우에만 우는 행동이 일어나며,

의사나 간호사와는 일어나지 않으므로 의사나 간호사는 퇴실의 가능성을 예고하지 않는 소거자극이다. 이와 같이 CMO-S에 관한 이해는 자해나 공격과 같은 부적절한 행동을 중재할 때 중요하다. 즉, 부적절한 행동을 소거하고 동시에 기능적 의사소통과 같이 적절한 대체행동을 지도해야 한다.

앞에서 설명하였듯이 UMO나 CMO-T는 기능적 언어행동을 지도하는 데 있어 효과적으로 자극통제를 유도할 수 있다. 예를 들어, 음성언어를 사용한 이력이 없는 3세 아동을 대상으로 '고래밥'에 대한 결핍 상태인 동기적 맥락이 조성되어 있지 않은 상태에서, '고래밥'(S^D)을 보고 '고래밥'이라고 발성을 해서 '고래밥'을 강화제로 얻는 3요인 유관을 습득('고래밥'을 중심으로 하는 자극통제)하는 것은 기대하기 어려울 것이다. 즉, 목표하는 자극통제를 위해서는 동기적 맥락을 포착하거나 고안하기 위해 선호하는 아이템인 '고래밥'에 대한 고도의 결핍 상태, 즉 '고래밥'에 대한 UMO를 조작해야 한다. 마찬가지로, 초기 음성언어 발달 단계에서 (UMO 관련) 음식 이외의 어휘 확장을 위해 CMO-T를 효과적으로 이용하여 '열어' '빨대' '포크' 등과 같은 어휘 관련 자극통제를 유도할 수 있다.

CMO-R이나 CMO-S에 관한 이해는 행동분석가로 하여금 문제행동 관련 자극통제를 효과적으로 조절할 수 있게 한다. 예를 들어, 연수의 사례를 다시 살펴보면 산수 문제지는 과제 도피인 강화를 신호하는 변별자극이 아니고 강화의 가치를 높이는 경고 자극이다. 즉, 따라올 불쾌한 과제를 예고하는 CMO-R이며, 산수 문제지를 찢어 버리는 행동의 강화는 도피이고, 변별자극은 보조 산수 교사다. 이 상황에서 산수 보조 교사와 산수 문제지가 제시된 상황은 모두 선행조건이지만 분명 자극통제를 불러오는 데 있어 다르게 기여한 변인들로, 두 선행조건을 분리하여 이해하고, 그러한 이해에 기초한 중재는 효과적일 수 있다. Skinner(1953, 1957)는 결핍, 포만, 불쾌한 자극과 같은 동기적 조건을 행동분석에서 독립적인 변인으로 취급해야 할 것을 제시하였다. 앞에서 설명한 것 같이 무조건 상화제인 음식을 이용해서 일어나는 동기조작, 특히 학습 이력이 관련된 조건화된 동기조작에 관한 이해는 특수교육 현장과 같이 임상에서 언어가 지연된 발달장애인을 위한 언어지도나 부적절한 행동의 효과적인 중재를 제공하는 데 중요한 기반이 된다.

Ⅳ 일반화

1. 일반화 정의와 요건

Mayer 등(2012)은 인간을 포함한 유기체에게 일반화 능력이 없다면 유기체의 생존 능력에 위협이 올 것이라 했다. 왜냐하면 일반화 능력이 없는 인간은 모든 자극에 대해서 자극-반응 관계를 일일이 습득해야 하기 때문이다. 행동분석적 접근에서 교육은 변별(X가 아닌 것)과 일반화(X인 것)에 집중해 있다고 해도 과언이 아니다. 'X가 아닌 것'이 명확히 습득(명확한 변별의 형성)이 되면, 'X인 것'의 경계도 그만큼 정확하게 파악할 수 있을 것이다. 모든 교수 활동의 궁극적인 목표는 학생이 습득한 능력이나 기술을 교수 상황을 떠나 실제 그 능력을 필요로 하는 상황에서 발휘하는 것이다. 이런 현상은 교수 상황에서 자연적 선행자극에 의한 정확한 자극통제를 형성하고 그것이 유지가 가능할 만큼 강화 이력이 형성된 경우에 가능하다. 즉, 교육 상황에서 특정 표적행동을 위해 형성된 자극통제가 자연적 선행자극에 의한 자극통제로의 전이가 명확하게 일어나서 이것들이 다른 비슷한 환경적 조건에서도 발휘하도록 해야 한다. 따라서 교수 활동을 계획하고 실행하는 과정에서 습득한 행동의 유지나 일반화를 위한 교사의 세심한 배려가 필요하다.

1) 반응 유지

개인의 능력군에 중재 절차를 사용하여 어느 한 행동을 처음으로 형성시킨 경우, 중재 절차의 일부 혹은 전체가 중단된 후에도 그 행동을 계속 수행하고 있다면 반응 유지(response maintenance)가 일어났다고 본다. 예를 들어, 장난감 놀이를 포함한 선호하는 활동의 범위가 제한적인 한 자폐성장애 유치원생이 있다. 교사는 그 아동을 위해 장난감 놀이에 몰두하는 시간을 늘리기 위한 목표로 기존의 선호하는 자극과 중성 자극인 장난감 놀이를 동시에 경험시키는 절차인 자극-자극 페어링(stimulus-stimulus pairing)을 실시하였고, 그 결과 장난감 놀이에 몰두하는 시간을 5분 정도 형성하였다. 그 절차를 중단하고 한 달이 지나서도 유치원생이 장난감 놀이에 5분 정도 몰두하는 것이 관찰되었다면 페어링 절차에 의해 형성된 장난감 놀이가 유지되고 있는 것이다. 얼마나 오랜 시간 동안 습득된 행동이 유지되어야 하는지는 그 행동의 중요성에 달려 있다. 습득된 단어 읽기나 산수 능력, 자조 기술이나 사회 기술, 의사소통 기술 등은 평생 유지되어야 하는 능력일 것이다(Cooper, Heron, & Heward, 2007). 기술이나 능력이 어떤 유관에 의해 습득되었는지, 그리고 얼마나 자주 수행되도록 요구되는지에 따라 유지도가 달라질 것이다. 행동이 소거되지 않고 유지되는 것은 교수 계획 단계에서부터 고려해야 한다. 인위적인 유관으로 형성되어 쉽게 소거되는 행동은 교수 상황에서 습득이 되었다 해도 학생의 삶에 의미 있는 영향을 미치지 않을 것이다.

2) 자극 일반화

한 자극이 존재할 때 그 자극이 부재할 때보다 더 안정적으로 반응을 불러 왔다면, 그 자극과 유사한 물리적 성질을 갖고 있는 자극도 그 행동을 일으키는 경향이 있다. 이러한 경향을 자극 일반화(stimulus generalization)라 한다. 역으로 다른 자극이 그 반응을 일으키지 않을 때 자극변별(stimulus discrimination)이 일어났다고 볼 수 있다. 자극 일반화와 변별은 자극통제의 정도에 따라 자극 일반화나 변별이 결정된다. 이는 자극 일반화와 변별이 상대적 관계이기 때문이다. 자극 일반화는 자극통제가 느슨한 정도를 반영하는 반면, 변별은 상대적으로 엄격한 정도의 통제에 의한다. 즉, 변별이 일어나는 과정은 제한적인 범위의 자극에 의해 특정 행동을 일으키는 과정이 관련된다. 반면에 다양한 환경에서 일반화를 촉진하기 위해서는 특정 행동을 일으키는 자극의 범위를 가능한 한 넓혀야 한다.

자극 일반화는 선행자극의 주된 물리적 특징과 유사한 경우에 발생한다. 예를 들어, 빨간 자극에 대한 반응으로 강화 이력이 형성된 경우라면, 파란색이나 초록색보다 좀 더 옅거나 짙은 빨간색에 자극 일반화가 일어날 것이다. 특정 자극의 주된 물리적 특성에 의한 자극통제가 정확하게 일어나지 않은 경우 자극 일반화의 오류가 일어나기도 한다. 예를 들어, 아이가 "아빠"라 부르기 시작하면서 주변에 젊은 남성들을 "아빠"라 부르는 경우 자극 일반화가 일어났다고 본다. 아이의 이빠에 대해 자극통제가 좀 더 세밀하게 일어나야 한다. 교수 상황에서 '멈-춤'이란 단어를 읽고 따르는 강화 이력이 형성된 아동이 골목길의 '멈-춤' 표지판을 보고 잠시 멈추었다면 교실과 골목길이 관련된 상황간 일반화(generalization across settings)가 일어난 것이다. 비슷한 사례로 교사가 사과 그림을 제시했을 때

"사과"라고 명명하도록 강화 이력이 형성된 아동이 식탁 위의 사과를 보고 엄마에게 "사과야."라고 말했다면 교사와 엄마가 관련된 대상 간 일반화(generalization across subjects)와 교실과 집의 주방이 관련된 상황 간 일반화가 일어난 것이다.

하나의 자극 조건에 의해 강화 받은 반응이 강화 이력이 없는 새로운 자극에도 일어나는 정도, 즉 제시된 자극에 따라 일반화와 변별이 일어나는 정도를 그래픽으로 표현한 것을 자극 일반화 점층(stimulus generalization gradient)이라 한다. 점층의 기울기가 가파를수록 확실한 자극통제가 일어난 것을 반영하며, 기울기가 편평할수록 자극통제가 거의 일어나지 않은 것이다. Hanson(1961)은 실험군과 대조군의 비둘기 두 집단을 먼저 단색파 550Mµ로 불이 켜졌을 때 스위치를 부리로 쪼도록 훈련시켰다. 그리고 나서 실험군 비둘기에게 550Mµ를 S⁺로, 560Mµ과 540Mµ를 S⁻로 제시하여 변별훈련을 하였고, 그동안 대조군은 이전처럼 550Mµ에 반응하도록 하여 두 집단 모두 같은 반응 기회를 가지도록 하였다. 후에 실시된 일반화 실험에서 실험군에게는 545Mµ와 555Mµ 두 자극이 첨가적으로 제시되었다. 결과에 의하면 변별훈련을 받은 실험군의 점층이 대조군보다 가파른 것을 알 수 있었다. Hanson의 실험 결과가 [그림 9-5]에 나타나 있다.

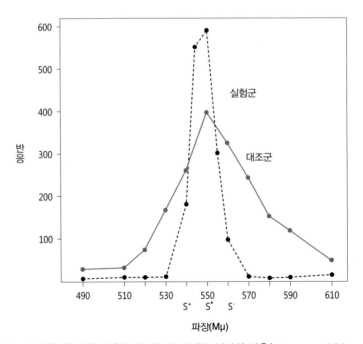

[그림 9-5] 변별훈련을 받은 실험군과 대조군의 자극 일반화 점층(Hanson, 1961, p. 182)

3) 반응 일반화

반응 일반화(response generalization)는 반응 유도(response induction)라고도 한다(Catania, 1975). 반응 일반화란 하나의 행동을 강화하는 유관의 효과가 표적행동과 비슷한 타행동에 전파됨으로써 결과적으로 행동이 더욱 강화되는 것을 말한다(Skinner, 1953). 즉, 반응 일반화란 중재의 효과가 하나의 표적행동에서 비슷하지만 다른 목표하지 않은 행동으로 전파되는 것을 말한다(Geller, 2001). 반응 일반화에서는 자극 일반화에서처럼 표적행동이 형태적으로 동일하지 않다. 표적행동을 증가시키는 강화 이력이 형성됨으로써 이 행동과 유사한 타행동이 또한 증가하였다면 반응 일반화가 일어난 것이며, 물리적·형태적으로 강화 이력이 있는 작동행동과 유사할 필요는 없다. 반응 일반화를 통해 강화된 타행동은 표적행동과 같은 반응군(response class)에 속하며, 이들 멤버들은 같은 유관을 공유한다. 즉, 반응군은 같은 기능을 하는 행동들의 집단이다. 페달을 발로 밟아서 브레이크를 작동시켜 차를 정지시킨 강화 이력이 있는 사람은 손으로 스틱을 움직여 작동시키는 브레이크를 접했을 때 관련 강화 이력이 없는 개인보다 더 용이하게 브레이크를 작동시켜서 차를 세울 것이다. 수도꼭지를 위아래로 움직여 물을 사용한 강화 이력이 있을 때 옆으로 움직여 사용하는 수도꼭지를 접했을 때 어려움 없이 수도꼭지를 조작하여 물을 사용할 수 있는 것도 반응 일반화의 예다.

2. 일반화 훈련

행동 변화를 목표로 하는 중재 계획을 수립할 때, 습득된 행동의 일반화는 중요하다. 그러나 일반화는 자동적으로 이루어지지 않으며, 중재 계획 단계에서 일반화를 위한 프로그래밍이 필요하다. 특히 특수교육 교사는 통합교육에서 일반화를 필수적으로 꾀하여야 한다. 이를 위해 특수교육과 일반교육 상황 간의 차이점이 일반화를 위한 프로그래밍에 반영되어야 한다. 일반화가 요구되는 환경은 교수 상황에서 제공될 수 있는 인위적인 유관(촉구의 부재, 변별자극의 제시, 강화제의 유형, 강화 계획 등)의 존재를 기대할 수 없는 경우가 많을 것이기 때문이다. 현실적으로 훈련 혹은 교수 상황과 일반화 상황의 조건 차이를 모두 만족하는 일반화 프로그래밍은 어려울 수 있다. 그러나 약간의 노력과 일반화 환경에 경미한 변화를 주어 습득된 행동이 유지된다면, 일반화 목적이 이루어졌다고 할 수 있겠다. 일반화를 위한 프로그래밍을 계획할 때 몇 가지 고려해야 할 사항은 먼저, 교수 상황에서 표적행동이 정확도와 능숙도 기준을 만족시키면서 안정적으로 일어나야 하고, 또한 일반화 환경에서 학생이 표적행동을 하지 않으면 관련 강화를 획득할 수 없는 조건이 바람직하다. 일반화 상황에서 표적행동의 일부만 일어난다면, 부족한 부분을 다시 훈련하여야 한다. 그때 일반화 상황에 존재하는 잠재적 강화제를 파악하고 효과적으로 그것을 활용하면 재훈련이 더 효과적일 수 있다(Haring & Liberty, 1990).

Stokes와 Baer(1977)는 일반화 관련 문헌 중 120여 개의 논문에 나타난 절차들을 분류하여 일반화 기술(technology of generalization)을 제시하였다. 즉, 일반화를 진단하거나 일반화를 프로그래밍할 때 이용할 수 있는 절차들을 다음과 같이 9개의 항목으로 분류하여 제시하였다.

1) 훈련하고 희망하기

훈련 후 계획 없이 자동적으로 일반화가 되는 경우가 있다. 훈련된 행동이 특별히 유용했거나, 그 행동 자체가 강화적인 것이 되었거나, 혹은 훈련 대상이 일반 학생이거나 경도 장애를 가진 경우에 일반화를 위한 훈련자의 노력 없이 일반화가 일어나기도 한다. 그러나 희망하기만으로 일반화가 일어나지 않는 경우가 많다. 특히 중도 장애를 지닌 학생들은 더욱 그럴 것이다. 만약 일반화가 일어나지 않았다면 그에 대한 대처가 중요하다. 즉, 일련의 소단위 프로그래밍들이 끊이지 않고 시도되어야 한다. 이를 '순차적 수정'이라는 항목에서 설명하겠다.

2) 순차적 수정

자극 일반화 혹은 여러 상황에 걸친 훈련의 전이를 꾀하는 절차가 순차적 수정이다. 즉, 한 상황에서 성공적으로 행동 변화를 꾀한 절차를 그 행동이 일반화되지 않은 것으로 파악된 조건을 대상으로 순차적으로 일반화를 점검하고 유도한다. 이는 상황 간, 대상자 간, 행동 간 중다기초선 설계를 사용했을 때와 같은 절차다. 예를 들어, Meichenbaum, Bowers와 Ross(1968)의 연구에서 시설에 수용되어 있는 사춘기 여성의 과제 수행 행동을 목표로 실시된 강화 체계(표적행동에 유관적으로 기계에서 돈이 지급)로 오후에는 표적행동이 개선되었으나 오전에 일반화가 되지 않아 같은 강화 체계를 오전에도 실시하여 상황 간 순차적 수정이 이루어졌다. 순차적 수정 절차는 행동분석가의 실제 실행을 잘 반영한다. 즉, 개인을 대상으로 특정 조건에서 목표하는 행동 변화가 일어났다면, 그 절차를 여러 조건에 걸쳐 시행할 것이기 때문이다. 예를 들어, 특수교육 교실에서 운용되는 강화 체계 덕분에 특수교육 교실에서는 과제를 잘 수행하나 조건이 다른 일반교실에서는 목표하는 행동을 보이지 않는 학생이 있다면, 교사는 특수교실의 것과 비슷한 강화 체계를 일반교실에서도 시도하려 할 것이다. 이어 이와 비슷한 강화 체계를 부모도 사용하도록 훈련이 필요한 상황이 올 것이다. 이 사례에서 일반교실의 교사나 가정에서의 보호자가 특수교사만큼 정확하게 중재 절차를 수행하지는 못하더라도 표적행동을 유지할 정도의 통제를 획득할 수 있다. 상황 간 중다기초선설계를 이용한 연구들이 순차적 수정의 사례를 보여 준다.

3) 자연적으로 유지되는 유관에 노출

교사가 주도하는 행동 통제에서 학생이 중재가 끝나고 돌아갈 자연적 환경 안에서 작동하는 자연적 유관을 통한 행동 통제로의 전이를 위한 노력은 일반화를 위한 노력 중 가장 적절한 것일 것이다. 이러한 노력은 중재 후에도 자연스러운 강화를 획득할 수 있는 행동을 목표로 한 경우 더욱 성공적일 수 있다. 예를 들어, 유치원 환경에서 또래와 관련된 자연적 유관에 노출을 유도한 간단한 행동을 지도하였다. 유치원 교사가 처음에는 또래들이 대상 아동과 상호작용을 하도록 유도하고 적절한 상호작용을 강화하였다. 시간이 지나자 교사는 표적행동과 관련해서 통제력을 상실하였으나 표적행동은 높은 빈도를 기록하였다. 여기서 대상 아동의 표적행동을 통제한 것은 또래 집단과 연계된 자연적 후속결과인 것이다(Baer & Wolf, 1970). 이런 경우 일반화를 위한 프로그래밍이 필요 없고, 또래들과의 놀이와 상호작용을 통해 얻을 수 있는 자연적 강화에 적절히 노출시키는 것으로도 충분할 것이다.

4) 충분한 사례를 이용해서 훈련하기

하나의 사례를 이용해서 교수를 했지만 표적행동이 다른 사례로 일반화가 일어나지 않았다면, 일반화가 일어날 때까지 다수의 사례를 이용하여 그 표적행동을 지도해야 할 것이다. 일반화가 일어나지 않은 것으로 파악되면 모든 일반화되지 않은 영역에 걸쳐 직접적인 중재를 좀 더 시행함으로써 일반화가 가능해질 것이다. 예를 들어, 인사하기를 지도할 때 한 사람의 연구자에 의해 실행된 행동 지도를 통해서는 일반화를 기대하기 힘들 것이다. 그러나 두 번째 연구자에 의해 같은 중재가 시행되었을 때 연구에 참여한 아동은 연구에 참여하지 않은 20명의 직원들에게 표적행동의 일반화를 보였다(Stokes, Baer, & Jackon, 1974). Allen(1973)은 이상 음성언어행동을 보이는 소년에 대해 이상행동은 무시하고 적절한 상호작용은 칭찬하였더니 한 캠프 활동 중에는 이상행동이 감소되었으나 다른 캠프 활동 중에는 일반화가 되지 않았다. 두 번째 캠프 상황에서 중재를 시작하자 다른 상황에서 일반화가 일어나기 시작했다. 세 번째 상황에서 중재를 시작하자 일반화가 확장되었음이 관찰되었다. 이는 충분한 사례를 이용한 상황 간 일반화 프로그래밍의 좋은 사례다.

일반사례훈련(general case training)은 충분한 사례를 사용하여 일반화를 촉진하는 절차다. 예를 들어, 아동에게 '빨간색'을 지도할 때 '빨간색'을 띤 여러 자극을 제시(충분한 수로 이루어진 자극군)함으로써 이 아동이 훈련받지 않은 다른 자극에 일반화를 보일 수 있도록 한다. 일반사례훈련 외에 다양한 상황, 교사, 그리고 활동을 제시하여 일반화를 유도할 수 있다.

5) 느슨하게 훈련하기

행동분석 교수법은 교수 요소의 엄격한 통제를 강조해 왔다. 특히 특수교육 상황에서의 교수법은 더욱 엄격하게 구조화되어 있는 경우가 많다. 구조화된 특성의 예로 같은 교수 형태가 반복되고, 계획된 순서대로 자극이 제시되며, 다른 행동을 목표로 하기 전에 엄격한 기준에 표적행동이 도달해야 하는 등의 중재 충실도 관련한 통제가 요구된다. 이러한 교수법은 특히 중증의 장애인에게 효과적일 것이다. 그러나 이런 교수법은 일반화를 위해서는 최선의 것이 아닐 수도 있다. 예를 들어, 음성 모방을 지도할 때 회기 내에 여러 자극을 제시할 때가 각각의 모방을 순차적으로 준거에 기준해서 지도할 때 보다 더 효과적으로 새로운 음성자극에 대한 모방을 형성시킬 수 있다(Schroeder & Baer, 1972). '느슨하게 훈련하기'는 다양한 상황에서 다양한 행동을 목표로 실행될 수 있다. Alberto와 Troutman(2013)은 후에 이와 같은 덜 구조화된 교수접근을 우발적 교수, 자연적 교수, 최소 중재와 같은 자연적 교수 접근과 같은 맥락으로 해석하였다.

6) 구분이 불분명한 유관 사용

간헐 강화 스케줄에 의해 강화 받은 행동은 연속 강화 스케줄에 의해 강화 받은 행동보다 소거에 더욱 저항적이고 더 오래 지속되는 유지를 불러오는 것으로 알려져 있다(Kazdin & Polster, 1973). 소거에 대한 저항은 학습 후 이어진 시간적 차원에서 일종의 일반화로 보았다. 그리고 이러한 유형의 일반화에 기여한 간헐 강화의 특성은 강화가 일어나는 것을 예측할 수 없는 강화계획의 '불규칙성'일 것이다. 즉, 강화 혹은 벌 유관이 적용되고 있는지와 적용되고 있지 않는지를 구분할 수 없다는 것은 일반화가 일어나고 있다고 볼 수 있다. 이와 같은 논리를 상황에 적용하면 대상자는 행동이 강화를 받는 상황과 그렇지 않은 상황을 구분할 수 없게 할 수 있다. Schwarz와 Hawkins(1970)의 연구에서 6학년 학생의 행동이 산수시간과 철자시간에 비디오로 기록되고 학교가 끝난 후 산수시간의 비디오를 보여 주며 적절한 행동에 강화를 하였다. 강화가 산수시간의 행동에 기초해서 주어졌지만 행동의 개선이 철자시간에도 관찰되었다. 강화가 지연되었기 때문에 그 학생은 어떤 시간에 행동이 강화되는지 분간하기 어려워졌고 이렇게 강화유관을 구분할 수 없는 요인은 일반화의 관점에서 중요한 것이다. 빈도가 높지 않은 간헐 강화 스케줄은 강화유관을 분간하기 어렵게 만들기 위해 빈번하게 사용한다. 연구 문헌에 의하면 유관이 언제 작동될지 예측하지 못하게 하는 절차는 목표하는 행동 변화를 중재가 시행된 상황과 일반화 상황에서 오래 지속되도록 하는 데 효과적인 것으로 알려져 있다.

7) 공통적 자극을 이용하여 프로그램 짜기

훈련 상황과 일반화가 필요한 상황 사이에 공통적인 자극 요소가 충분히 존재하는 조건에서 일반화가 일어난다고 가정한다면 두 상황에 공통적이고 뚜렷한 자극을 보장하는 것은 일반화를 위해 당연한 일이다. Walker와 Buckley(1968)는 연구가 진행된 특수학급과 일반학급에 같은 교수 자료를 사용하여 공통적 자극을 제공함으로써 사회적·학습적 학급행동의 일반화를 꾀하였다. 일반화를 위해서 공통적 자극을 이용하기와 관련된 연구 문헌에 의하면 훈련 상황과 일반화 상황에 공통된 자극으로 또래를 이용하는 사례가 보고되고 있다(Johnston & Johnston, 1972; Stokes & Baer, 1976). 일반화 상황에서 기능적이고 중요한 물질적 자극을 훈련 상황에 도입하는 것도 공통적 자극을 이용한 일반화 프로그래밍의 절차다.

8) 언어를 매개로 한 일반화

언어적 표현과 행동 사이의 상응에 강화를 제공함으로써 언어 규칙에 의해 행동이 통제되도록 할 수 있다. Israel과 O'Leary(1973)는 학령기 전 여아를 대상으로 언어적 보고와 그에 이어진 장난감을 가지고 보이는 행동이 그 보고와 일치하도록 강화 이력을 형성함으로써 중재에 포함되지 않았던 다른 장난감에 놀이 행동의 일반화를 유도하였다. 언어적 보고와 행동 사이의 상응을 형성시키는 것 외에 자기관리나 자기관찰 능력 형성도 훈련을 통해 습득된 행동의 일반화와 유지에 유효할 수 있다. 자기관리나 자기관찰 능력은 자신이 공개적으로 혹은 은밀하게 말한 대로 행하는 능력과 관계가 있는데, 이러한 행동은 언어행동에 매개가 된다.

9) 일반화 훈련하기

'일반화하기'를 형성해야 할 행동으로 본다면 강화 유관을 통해 행동을 형성할 수 있다는 논리가 형성된다. Goetz와 Baer(1973)의 연구에서 3명의 유치원 아동을 대상으로 블록 쌓기 형태의 일반화를 지도하였다. 이를 위해 아이들이 이전의 형태와 다른 새로운 형태의 블록 쌓기를 하였을 때만 강화를 하였다. [레그(lag) 강화 스케줄이 반응의 다양성을 목표로 이용될 수 있는 책략임이 연구 문헌에 보고되어 있다]. 이를 통해 아이들은 꾸준히 새로운 형태의 블록 쌓기를 보여 주었다. 일반화를 직접적으로 훈련하는 또 하나의 방법은 일반화를 촉진하는 설명과 지시를 체계적으로 이용하는 것이다. 만약 행동을 습득했으나 일반화가 일어나지 않았다면 대상자에게 일반화가 일어날 수 있다고 설명하고 일반화를 요구하는 것이다. 이 절차를 통해 일반화가 일어나면 이는 '지도된 일반화'인 것이다.

요약

자극통제, 변별, 그리고 작동행동의 형성과 3요인 유관이 어떻게 관련되는지 알아보았다. 자극통제에서 변별자극이 강화를 포함한 후속결과와 연관되는 경로에 따라 3요인 유관과 관련된 단순 변별과 3요인 유관 속의 변별자극 외의 또 하나의 선행자극이 후속결과에 영향을 주는 조건 변별로 나뉜다. 변별을 통제하는 3요인 유관(단순 변별) 혹은 4요인 유관(조건 변별) 외에 자극통제를 조절하는 환경적 요인에 동기조작이 있다. 동기조작은 강화의 가치에 영향을 줌으로써 결과적으로 행동 발생 빈도에 영향을 준다. 동기조작의 세 가지 유형을 이해하고 적용하는 것은 교육적 활동에서 중요한 요소다. 교수 상황을 포함한 다양한 상황에서 일어나는 개념 형성을 위해 변별과 일반화는 필수적이다. 이때 관련된 자극통제를 촉진하기 위해 촉구를 제시하고 제거할 때 자극통제의 원리를 이해하는 것은 중요하다. 즉, 자극 촉구와 반응 촉구가 변별 과정에서 기여하는 원리를 이해함으로써 촉구를 효과적으로 사용할 수 있다. 정확한 변별을 형성하고, 따라서 안정적인 일반화를 불러오는 것은 교육이나 그 밖의 행동 변화가 목적인 전문적 활동의 중요한 과제이다. 많은 경우 습득된 새로운 능력이 자동적으로 일반화되지 않는다. 일반화 프로그래밍을 통해 일반화 능력을 지도할 수 있다.

연습 문제

1. 자극통제, 변별, 3요인 유관, 작동행동은 서로 어떻게 관련되어 있는지 설명해 보자.
2. 학습 상황에서 차별강화를 효율적으로 사용하려 할 때 고려해야 할 사항이 무엇인지 알아보자.
3. 개념 형성이 일어나기 위한 요건에 관해 설명해 보고 개념 형성의 사례를 들어보자.
4. 지극등기의 정의는 무엇인기? 임의적 지극들 시이에 지극등기 관계기 설립하기 위해 필요한 요소는 무엇인지 알아보고, 자극등가이론이 교육 분야에 어떤 공헌을 할 수 있을지 생각해 보자.
5. 촉구의 정의와 유형을 설명해 보자.

6. 모델링을 정의하고 모델링을 촉구로 사용하기 위해 필요한 선행능력에 관해 설명해 보자.

7. 촉구를 제거하는 방법에는 어떤 절차들이 있는지를 각 절차들이 기초하는 행동 원칙과 연결해서 설명해 보자.

8. 무오류 학습의 정의와 그것이 필요한 이유를 설명해 보자.

9. 동기조작이 어떻게 응용행동분석 분야에 공헌을 하였나? 발달장애인의 의사소통 교육과 문제행동 중재 관련해서 특히 어떤 유형의 조건화된 동기조작(CMO)이 관련되어 있나 설명해 보자.

10. 일반화의 정의와 요건을 설명해 보자.

11. 일반화 훈련을 위한 절차들에는 어떤 것들이 있는지를 사례와 함께 설명해 보자.

제10장

개별시도학습과 교수전략

이 장에서는 짧은 시간 범위 안에서 빠른 속도와 반복 학습으로 대상을 변별하는 개별시도학습 (discrete trial teaching: DTT)을 설명한다. ABC 3요인 유관분석과 같은 기본적인 3요소로 구성된 패러다임을 적용하여 수행하는 개별시도학습은 다섯 가지 요소로 구성되어 있다. 이들 요소는 변별자극, 표적행동과 반응, 보상자극, 오류수정 절차, 시도 간 휴지기다. 일반적으로 변별자극은 세 가지로 구분하고 있는데 그중에서 가장 중요한 것은 S^D이다. 이는 이어지는 반응과 연합하여 발생할 때 강화를 받으면서 후에 S^D가 나타날 때마다 같은 반응을 유발시키는 변별자극이다. 즉, 강화가 유발될 수 있는 선행사건을 말하는 것으로서 개별시도학습에서는 교사의 지시나 명령어, 샘플자극, 매칭모델, 언어모델 등이 여기에 속한다. 정의 소개와 아울러 변별자극의 제시 요령과 변별자극을 시작으로 구조적으로 시행되는 개별시도학습의 분석 단위를 살펴보았다. 개별시도학습은 응용행동분석 이론과 더불어 긍정적인 검증을 바탕으로 한 근거기반 중재 방법으로서 추천되고 있다. 개별시도학습을 수행하기 위한 초기 구조적 환경 조성에 대한 전략과 반응 유지 및 일반적 환경으로 전이할 전략을 소개하고 있다. 마지막으로, 개별시도학습의 효과성을 극대화하기 위한 전문적 지침 중에서 중요한 열 가지 고려사항을 설명하였다.

- 4요인 유관분석
- S-델타(S^Δ)
- 강화자극(S^R)
- 벌 자극(S^P)
- 개별시도학습
- 경과시간
- 관찰자 IOA
- 교수세팅
- 교수환경
- 동작 촉구
- 무오류 학습
- 반복성
- 반응 유지
- 변별자극
- 분절성
- 샘플매칭
- 샘플자극

- 시도 간 휴지기
- 시도대시도 IOA
- 여러 가지의 연쇄되어 구성된 학습
- 위치 촉구
- 일반화
- 일반화 세팅
- 자극등가이론
- 점진적 접근 유형
- 정반응
- 제로시간지연 방법
- 조건변별
- 조건자극
- 지속시간
- 집중학습
- 최대−최소 촉구
- 최소−최대 촉구

I 개별시도학습

1. 개별시도학습의 정의

개별시도학습은 일반적인 교육환경에서 학업 성취가 어려운 아동들에게 그들의 특성과 역량에 맞는 교수환경(teaching environment)을 구조화하면서 학습을 위한 최적의 조건을 맞추어 분절된 학습내용을 제공해 주는 교수방법이다. 이를테면, 개별시도학습은 여러 가지 연쇄로 구성된 학습(chained learning)을 통해서 많은 양의 정보를 습득하기 어려운 아동에게 적은 단위와 단계로 나누어서 집중적으로 반복하여 학습시키는 방법이다. 따라서 개별시도학습의 중요한 핵심은 분절성과 반복성이다. 개별시도학습은 각각의 학습 기술과 내용을 분명하게 구분된 작은 단위로 수월하게 터득하도록 유도할 뿐 아니라 같은 범주의 기술과 내용을 수월하게 습득할 수 있을 때까지 반복하게 한다(양문봉, 신석호, 2011).

Smith(2001)는 개별시도학습에 대해 짧은 시간 범위 안에서 집중적인 교수법을 허용하여 빠른 속도와 반복 학습에 의해 대상을 변별하게 하는 교육적 실행방법이라고 정의하였다. Gongola와 Sweeney(2012)는 개별시도학습에 대해 육상대회에 출전하여 기량을 발휘하기에 앞서서 반복적이고 자세한 영역까지 집중적으로 훈련 과정을 거치는 육상종목과 비교하였다. 그들은 자폐스펙트럼장애 학생이 교수세팅에서 배웠던 기술을 일반적인 세팅에서 발휘하고 드러내기에 앞서서 효율적인 세팅에서 각 기술을 자세하게 반복하여 연마하는 과정이라고 정의하였다.

반복과 숙달이라는 목표로 구조적이고 공식화된 교수방법인 개별시도학습이 결코 단순화된 교수방법은 아니다. Brown-Chidsey와 Steege(2004)는 개별시도학습을 수행하는 교사에게는 다양한 중재 방법을 복합적으로 개인에게 맞도록 잘 조합하여 적용하는 숙련된 전문성이 필요하다고 주장했다.

2. 개별시도학습의 절차

개별시도학습은 3요인 유관분석의 패러다임을 변형한 교사의 지시(instruction), 아동의 반응(response), 후속결과(consequence)의 3요소로 구성되어 있다. 교사의 지시는 3요인 유관분석의 선행사건에 해당되며, 개별시도학습에서는 변별자극(discriminative stimulus: S^D)이라고 부른다. 교사의 지시에 아동이 보이는 반응은 3요인 유관분석의 행동에 해당한다. 후속결과는 두 가지의 유형으로 나타난다. 아동의 반응이 정반응이면 강화자극(reinforcing stimulus: S^R)으로 나타나고, 오반응이거나 무반응이면 잠시 무관심한 후에 이어서 오류수정(error correction)을 제시한다. 오류수정은 도움을 제공하여 정반응을 유도해야 하고 그에 따른 강화도 제공한다. 개별시도학습은 다음과 같은 절차를 따른다.

- 정반응일 때의 공식

  변별자극(S^D) → 정반응(R) → 강화자극(S^R)

- 오반응 혹은 무반응일 때의 공식

  변별자극(S^D) → 오반응(R) → 무관심 → 오류수정

개별시도학습은 같은 내용의 프로그램을 여러 번 반복하여 시도한다. 무반응/오반응일 경우에 잠시 무관심 휴지기를 갖고 이어서 정반응을 유도하기 위해서 자극 촉구, 반응 촉구, 무오류 학습(errorless teaching)을 사용한다. 개별시도학습은 반복학습 혹은 집중학습(massed practice)을 사용하기 때문에 시도 간 휴지기(inter-trial pause)도 중요한 요소가 된다. 또한 아동의 기능 및 역량 수준에 따라 휴지기 지속시간을 잘 선정해서 적용하는 것이 중요하다. 무오류 학습방법을 철저히 적용하여 오류수정을 진행하면 아동은 시도 간 휴지기가 강화제를 즐기는 시간이 된다.

3. 개별시도학습의 구성 요소

개별시도학습의 절차를 질서 있고 집중적으로 진행하기 위해서 다음의 다섯 가지 요소를 고려해야 한다(양문봉, 2000; Brown-Chidsey & Steege, 2004).

첫째, 변별자극을 제공한다. 변별자극에 대한 반응이 강화를 동반할 수 있도록 유도한다. 변별자극에 대한 반응이 강화를 동반할 때 학습이 발생한다.

둘째, 표적행동과 반응을 발현한다. 반응에는 정확한 목표 반응뿐만 아니라 목표 반응과 유사하게 접근할 수 있는 점진적 접근 유형(approximation)과 유사 반응군(response class)도 포함된다.

셋째, 옳은 반응을 보였다면 즉시 보상자극(Sᴿ)을 제공한다. 즉시 강력한 강화제를 제공하는 것이 중요하며, 해당 기술이나 행동이 형성된 후에는 강화 스케줄을 점차 줄인다.

넷째, 올바르지 않은 반응을 보이거나 무반응일 때에는 잠시 무관심 휴지기(3~5초)를 제공한다. 이어서 오류수정을 실시한다. 올바르지 않은 반응을 보이면 무관심을 주고 무오류 교수법을 적용한 오류수정 절차를 통해서 정반응을 유도하고 이에 따른 보상자극을 제공해야 한다.

다섯째, 시도 간 휴지기(5~20초)를 가진다. 정반응을 보이면 강화제를 받고, 오반응을 보이면 무관심의 짧은 휴지기를 갖고 오류수정으로 정반응을 유도해 강화제를 받는다. 따라서 다음 시도로 넘어가기 전에 강화제를 즐길 시간을 갖거나 다음 시행의 준비 시간이 있어야 한다. 집중훈련 방법을 사용하여 끊임없이 시도를 반복하면 학습의욕이 감소될 수 있기 때문에 휴지기를 갖는 것이 중요하다.

4. 변별자극

1) 선행사건의 종류

변별자극(Sᴰ)은 이어지는 반응과 연합하여 강화 받음으로써 후에 Sᴰ가 나타날 때마다 같은 반응을 증가하게 하는 자극이다. 개별시도학습에서는 교사의 지시나 명령어, 샘플자극, 매칭모델, 언어모델 등이 여기에 속한다. S-델타(Sᐞ)는 이어지는 반응과 연합하여 강화 받지 못함으로써 후에 S^Δ가 나타날 때마다 같은 반응을 사라지게 하는 변별자극으로서 일반적인 행동의 소거와 연결되거나 차별강화와 연결하여 사용되기도 한다.

벌자극(S^P)는 이어지는 반응과 연합하여 벌제를 받도록 유도하는 선행사건으로 후에 S^P가 나타날 때마다 같은 반응을 회피하게 하는 변별자극이다. 예를 들어, 과거 예능 프로그램에서 틀린 답의 스위치를 누르면 위에서 물 폭탄이 떨어지기 때문에 스위치 누를 때 몸을 사리는 모습이 나타는 것이다. S^P는 처벌에 대한 변별자극이라는 용어로 사용되고 있으며, 교육 현장에서는 S^P를 거의 사용하지 않는다(Cooper, Heron, & Heward, 2007).

2) 변별자극의 제시 요령

개별시도학습 3요인 유관으로 새로운 기술을 가르칠 때 먼저 선행사건으로 변별자극을 제시한다. 이 변별자극은 교사가 아동에게 제시하는 첫 자극이고, 이 자극을 시작으로 개별시도학습의 첫 번째 시도가 시작된다. 이때 아동이 변별자극을 전적으로 수용하고 이해해야 이어서 반응이 나타나고, 그에 따른 강화가 일어나 학습이 발생한다. 다음은 변별자극 제시 요령이다(양문봉, 2000).

첫째, 소수의 단어(2~5단어 이내)로 구성한 변별자극 혹은 지시를 제공하는 것이 중요하다. 아동의 집중력 역량에 따라서 단어의 수를 탄력성 있게 확장할 수 있으나 가능하면 최소화하는 것이 유리하다.

둘째, 초기에는 변별자극을 통일하여 사용해야 한다. 예를 들어, "빨간색 주세요!"라는 변별자극을 정했다면 모든 상황과 교사들은 같은 변별자극을 사용해야 한다. 이를테면, "빨강 줘!" "붉은 것 줄래!" 등으로 S^D를 일부 수정할 경우에는 아동은 혼동하게 되고 이에 따른 정반응을 보일 가능성이 낮아진다.

셋째, 천천히 또박또박 말해 준다. 너무 빠르거나 너무 느리면 주변 자극에 집중력을 상실할 수 있다. 연극배우와 같이 중립적이고 굵은 목소리로 S^D를 전달하면 효과적일 수 있다.

넷째, 변별자극 앞에 아동을 호명하여 눈맞춤을 확인한 후 즉시 변별자극을 제시한다. 호명과 변별자극 간의 시간이 지연되면 안 된다. 눈맞춤을 확인하자마자 즉시 변별자극을 제시한다.

다섯째, 변별자극을 제시하고 반응이 나올 때까지의 경과시간은 아동의 역량 수준에 따라 다르게 할 수 있지만 일반적으로 5초의 여유를 준다.

여섯째, 변별자극을 전달할 때 문장이 끝날 때까지 아동이 주의집중을 잃지 않도록 유념해야 한다.

일곱째, 변별자극은 한 차례만 제시한다. 아동이 처음이나 중도에 집중하지 못했다고 판단되면 잠시 시도를 취소하고 다시 시작하는 것이 좋다. 변별자극을 반복하여 주지 말아야 한다.

5. 개별시도학습의 분석 단위

제6장에서 소개한 3요인 유관분석을 사용하여 개별시도학습 적용 사례를 살펴보도록 한다.

선생님이 "영희야, 나 같이 해 봐!"라고 지시하고 손가락을 코끝을 가리켰더니 영희가 손으로 코를 가리켰고, 선생님은 영희에게 칭찬하고 사탕을 강화제로 주었다.

〈표 10-1〉 개별시도학습 3요인 유관의 사례 1

선행사건 (Antecedent)	행동 (Behavior)	후속결과 (Consequence)	미래에 선행사건(A)이 존재할 때 행동(B)이 발생할 확률
선생님이 "영희야, 나 같이 해 봐!(S^D)" 하고 지시하면서 손으로 코를 가리켰다.	영희가 코를 손으로 가리켰다.	칭찬하고 사탕을 강화제로 주었다.	정적 강화, S^R 증가

선생님이 변별자극으로 "영희야, 나 같이 해 봐!"(S^D)라고 지시하면서 손으로 코를 가리켰다. 교사는 수업시간에 아동에게 행동을 유발하고 강화의 기회를 주

기 위한 선행사건으로 이러한 지시를 변별자극으로 사용한다. 이때 아동이 정반응을 보이면 강화를 주어 미래에 유사한 반응이 다시 나오도록 유도한다. 영희는 이 시도를 반복하면서 이에 대한 유창성을 습득하게 될 것이다.

영희가 처음에 변별자극에 대해서 잘 반응하지 못한다면 개별시도학습 절차를 수정할 필요가 있다. 이때 보상자극 대신에 무관심을 주고 무오류 학습, 반응 촉구 등을 활용한 오류수정을 제공한다. 무오류 학습은 오류가 발생하지 않게 올바른 반응을 주는 교수 절차다. 예를 들어, 컵과 포크를 변별하는 과제에서 교사가 "영희야!~ 컵 줘 봐!"라고 변별자극을 제시했다. 아동이 손을 포크 쪽으로 향하거나 무반응을 보인다면, 무관심 제공 후 오류수정 과정 중에 컵을 지목해 주거나(위치 촉구), 아동이 컵을 집기 쉽게 이동시켜 주거나(동작 촉구), 교사의 손으로 포크를 가려서 아동이 컵을 가리킬 수 있게 바른 반응을 보이게 하고 강화를 제공하는 절차가 무오류 학습이다. 교사는 무오류 학습의 절차에서 다양한 유형의 촉구를 중재 방법으로 사용하였다.

아동이 오반응을 보여서 오류수정을 한다면 다음과 같은 다양한 방법을 적용할 수 있다.

첫째, 완전한 무오류 학습방법을 사용할 수 있다. 오류수정 절차에서 변별자극으로 컵만 제시하여 오류가 완전히 배제되게 할 수 있다. 아니면 큰 컵과 작은 컵을 제시하여 차이가 나게 하는 자극 촉구를 사용할 수 있다.

둘째, 최대-최소 촉구를 사용하는 방법이다. 오류수정을 보통 2~4차례 반복하는데, 첫 오류수정 시도에서 최대 촉구를 제시하여 정반응을 유도한다. 즉, 아동에게 컵을 잡도록 신체적 촉구를 준다. 두 번째 오류수정 시도에서는 덜 제한적인 촉구인 포인트를 사용한다. 마지막 오류수정 시도에서는 언어적 지시만 사용하여 점차로 독립적인 수행을 유도한다.

셋째, 최소-최대 촉구를 사용하는 방법이다. 아동이 어느 정도 도움을 주면 완성할 수 있을 정도의 유창성을 갖고 있다면 처음부터 최대 촉구를 사용하기보다는 최소 촉구를 사용하여 독립적으로 수행하게 한다. 앞의 절차와 반대로 먼저 언어적 촉구를 사용한다. 여기서 오류가 발생할 것 같으면 촉구 수위를 높여서 포인트 촉구를 사용한다. 그래도 어려우면 신체적 촉구를 사용한다.

넷째, 시간 지연(time delay)을 사용하는 방법이다. 오류수정의 첫 절차에서는 변별자극을 주면서 동시에 촉구를 같이 제시한다. 즉, 0시간 지연부터 시작한다. 그리고 변별자극을 제시하고 촉구를 제시하는 시간 차이를 점점 늘린다. 시간 지연 방법은 아동에게 과제를 독립적으로 수행할 수 있는 기회를 제공한다.

6. 개별시도학습의 선행연구

해밀턴연구소의 Gongola와 Sweeney(2012)는 현재까지 다양하게 소개된 많은 중재 방법 중에서 응용행동분석이 근거기반의 교육방법에 가장 접근한 이론이며, 응용행동분석 중재 방법 중에서 개별시도학습을 체계적이고 과학적으로 수행할 경우 강력한 효과를 나타낸다고 주장하였다.

개별시도학습에 관한 최초의 연구는 조기집중행동중재(early intensive behavior intervention: EIBI)를 제창한 Lovaas(1987)에 의해서 수행되었다. 그는 2~4세 자폐스펙트럼장애 아동 59명을 대상으로 2년간 개별시도학습에 근거한 집중적 조기 중재 프로그램을 실시한 후, 사후검사를 통해서 19명(47%)의 아동들이 '초등학교 1학년 동급생들과 구별하기 어려운 수준'으로 발전되었다고 보고했다.

이후 성공적으로 변화된 것으로 판명된 19명에 대한 사후조사(follow-up study)를 McEachin, Smith와 Lovaas(1993)가 실시하였다. 그들은 19명 모두가 6년이 지난 13세까지도 여전히 구별하기 어려운 수준(indistinguishable level)을 유지했다고 보고했다.

「낙오방지법」(2002)이 통과된 후에 증거 기반의 중재방안을 사용하는 치료 인구가 증가하였다. 그중에서 근거기반 중재로 각광받아 온 응용행동분석과 개별시도학습에 대한 관심도가 높아졌으며, 응용행동분석과 개별시도학습은 「미국특수교육법」(IDEA)에 적합한 요소를 갖고 있다고 평가되어 왔다(양문봉, 신석호, 2011; Dunlap, Kern & Worcester, 2001; Gongola & Sweeney, 2012; Kimball, 2002).

2007년에 Barbara는 "자폐아동의 연구 기반 중재 중에서 응용행동분석과 개별시도학습과 비교할 만한 치료법은 없다."고 보고했다. 많은 사람들은 개별시도학습과 응용행동분석 중재 방법의 비용 부담을 지적하고 있다. 그러나 Jacobson 등(1998)은 Lovaas 방식이 단기간에는 비용부담이 클지라도 장기적인 관점으로 보면 비용이 절감되는 중재 방법이라고 주장했다.

Ⅱ 조건변별을 통한 개별시도학습의 적용

1. 개별시도학습 교수

인지적 · 지적으로 지연이 있는 아동들은 개별시도학습 절차를 적용하여 학습효과를 얻을 수 있다. 이들이 일반적인 교수방법으로 학습에 성공하지 못하는 이유는 대부분의 일반 교수법이 높은 수준의 인지적 · 지적 역량을 필요로 하기 때문이다(양문봉, 2000). 따라서 발달장애 혹은 자폐스펙트럼장애 아동에게는 인지적 역량에 의존하는 교수 절차보다는 비인지적 절차인 개별시도학습을 적용하는 것이 유리하다.

어린 영아나 발달장애 아동에게 세모를 가르치는 것은 쉬운 일은 아니다. 일반적으로 세모의 개념을 지도할 때 우선 같은 모양의 세모를 찾게 한다. 그리고 세모와 다른 모양을 변별하는 과정을 거쳐 세모를 학습한다. [그림 10-1]은 개별시도학습으로 세모를 지도하는 절차다.

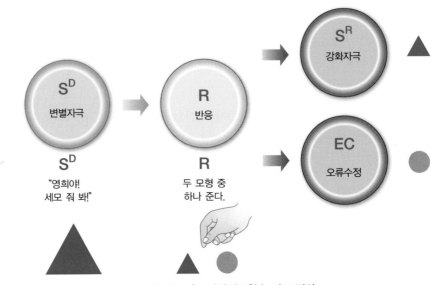

[그림 10-1] 개별시도학습 지도 절차

다음은 1차 시도에서는 정반응을 보였고, 2차 시도에서는 오반응을 보인 개별시도학습 절차에서의 교사와 학생의 대화 내용이다.

교사: 영희야! 세모 줘 봐!(이러한 S^D를 제공한 후에 세모와 다른 자극인 동그라미를
영희 앞에 놓는다.)

학생: (2개 중에서 세모를 집어 교사에게 건네준다.)

교사: 그래! 세모를 주니 잘했구나! (강화제, 칭찬)

학생과 교사: (시도 간 휴지기 동안에 학생은 강화제를 즐기고 교사는 정반응을 기록
한다.)

교사: (교사는 2차 시도를 실시한다. 이번에는 세모와 원의 위치를 바꾼다.)
영희야! 세모 줘 봐!

학생: (2개 중에서 원을 집어 교사에게 건네준다.)

교사: (잠시 눈을 돌리고 데이터를 체크
한다. 틀린 것에 대해서 코멘트를
할 때도 있다. 그러나 틀린 경우
무관심으로 대응한다.)

교사: (3차에 걸쳐 오류수정을 한다. 최
대-최소 촉구를 사용한다.)
영희야! 세모 줘 봐! (오류수정 1차,
S^D와 함께 영희의 손을 잡아 세모 위에 놓아준다.)

학생: (2개 중에서 세모를 집어 교사에게 건네준다.)

교사: 그래! 세모를 주니 잘했구나! (강화제, 칭찬)

교사: 영희야! 세모 줘 봐! (오류수정 2차, S^D와 함께 세모를 포인트 한다.)

학생: (2개 중에서 세모를 집어 교사에게 건네준다.)

교사: 그래! 세모를 주니 잘했구나! (강화제, 칭찬)

교사: 영희야! 세모 줘 봐! (오류수정 3차, S^D와 함께 세모를 고갯짓한다.)

학생: (2개 중에서 세모를 집어 교사에게 건네준다.)

교사: 그래! 세모를 집어 주니 잘했구나! (강화제, 칭찬)

[이러한 방식으로 정해진 시도 수를 채우고 최종적으로 정확도(%)를 계산한다.
예를 들어, 총 10회 시도에서 정반응이 6회기 관찰되면 데이터는 60%가 된다.]

2. 3요인 유관분석

개별시도학습은 3요인 유관분석을 통해 지도할 수 있다. 〈표 10-2〉는 앞의 사

례를 3요인 유관분석으로 설명한 것이다.

〈표 10-2〉 개별시도학습 3요인 유관의 사례 2

변별자극(S^D)	반응(R)	강화자극(S^R)	미래에 선행사건(A)이 존재할 때 행동(B)이 발생할 확률
영희에게 보여 준 세모 모형(동시에 "영희야! 세모 줘 봐!"라고 지시한다.)	세모와 동그라미 중에 세모를 집는다.	칭찬하고 사탕을 강화제로 준다.	정적 강화, S^R 증가

아동이 정반응을 보일 때 〈표 10-2〉처럼 강화자극(S^R)을 제공한다. 앞으로 아동에게 세모라는 변별자극이 제시될 때 세모 모형을 집는 반응의 빈도수가 높아진다. 오반응이 발생하면 무관심 반응을 잠시 보여 준 후(이 시간에 데이터를 기록하면 된다.) 오류수정 절차로 들어간다. 앞서 소개한 대로 무오류 학습 절차나 자극 촉구 및 반응 촉구 방법을 사용하여 정반응을 유도한다. 이러한 방식으로 시도수가 증가되면 반응의 빈도수가 유의미한 수준으로 올라가 학습되었다고 말할 수 있다. 이러한 과정에서 높은 수준의 인지적 역량이 동원되지 않았다. 개별시도학습은 기본적인 변별 기술만 있으면 학습할 수 있으므로 지적·인지적으로 지연이 있는 아동들에게 적합한 방법이다.

3요인 절차는 전형적인 개별시도학습 절차이며, 현장에서 많이 사용하는 유관분석이다. 최근에는 3요인 유관과 같은 기초적인 절차로는 환경적 맥락을 파악하는 데 제약이 있어 자극등가이론에 근거한 교수방법이 소개되고 있다. 3요인 유관의 조건변별에 조건자극 혹은 샘플자극이라는 분석 단위를 추가한 4요인 유관분석을 사용하여 완성도를 높일 수 있다(Sidman, 1994). 조건변별은 다음에 소개하는 4요인 유관으로 조절할 수 있다.

3. 조건변별 4요인 유관분석

〈표 10-2〉와 비교하여 분석 단위를 4요인 유관으로 대응해 본다면, 우선 아동에게 보여 준 세모 모형은 샘플자극이면서 조건자극이 된다. 이것이 3요인 유관에 추가된 요소가 된다. 그러면 아동 앞에 제시된 2개의 모형 중에 세모 모형이

변별자극이고, 동그라미는 델타자극이다. 그렇다면 아동이 조건자극과 동일한 세모 모형을 집어서 교사에게 주는 행동은 정반응이고, 이로 인해 강화를 받는다.

〈표 10-3〉 개별시도학습 4요인 유관의 사례

조건자극	변별자극	반응	강화자극
교사가 영희 앞에 보여 준 세모 모형.	영희 앞에 있는 세모 모형은 변별자극이다 (동그라미 모형은 델타자극이다).	앞에 있는 세모 모형을 준다.	칭찬하고 사탕을 강화제로 주었다.

이러한 4요인 유관 과정으로 학습시키는 방법을 샘플매칭(sample to matching)이라고 하며, 자극등가이론에서 많이 적용되는 교수방법 중에 하나다. 이러한 4요인 유관분석을 통해서 완성도 높은 학습을 성취할 수 있다(Cooper et al., 2007).

4. 일반화

개별시도학습은 집중적이고 반복적인 교수방법이다. 따라서 일반적이고 자연적인 상황에서 특정 기술을 지도하기 위해 반복적인 시행을 계획하고 실행하는 데 어려움이 있다. 개별시도학습은 자연적 상황에서 교육하기보다는 인위적이고 구조적인 상황에서 교육할 가능성이 높은 것이 사실이다. 그러나 Cooper 등(2007)은 일반화 과정을 도입하면 이를 극복할 수 있다고 주장한다. 그들은 개별시도학습이 표적 기술을 습득하고 유지시킬 뿐 아니라 일반적인 상황에서도 전이하도록 구성된 근거기반의 교육방법이라고 설명하고 있다. 개별시도학습은 목표행동의 습득으로 종결되는 것이 아니고 유지와 일반화가 되어야 종결한다. 따라서 초기에는 집중적이고 반복적인 방법으로 기술과 행동을 습득시킨 다음에 이 기술을 오래 유지하면서 실제적인 삶의 다양한 현장에서 이를 발휘할 뿐 아니라 이미 습득한 레퍼토리 범위를 벗어나는 배우지 않은 연관된 기술과 행동도 구사할 수 있어야 한다(양문봉, 신석호, 2011).

개별시도학습의 계획 초기뿐 아니라 정의, 목표, 방법, 적용, 마지막 평가 과정에 이르기까지 일반화 절차를 포함시켜야 한다. 아울러 아동이 새로운 환경에 적절히 적응할 수 있도록 신축성 있는 프로그램 수정 기회를 가져야 한다.

5. 일반화 전략

개별시도학습 초기에는 구조적이고 제한적인 환경에서 시작할 필요가 있다. 교육 환경에는 학생의 집중력을 빼앗는 혼돈 자극들이 넘쳐나기 때문에 구조적인 환경을 조성할 필요가 있다. 초기 기술 습득 단계에서는 혼돈 자극이 넘쳐나는 자연적 환경과 일반적 환경보다는 구조적 환경을 추천한다. 구조적 환경의 단점은 아동이 배운 기술과 지식을 교수환경 이외의 환경에서 활용하는 데 어려움이다. 따라서 아동이 필요한 기초 기술을 습득한 다음에 이를 유지하고 다른 상황에서 일반화하여 적용할 수 있게 해야 한다. 이를 위해서 다음의 절차를 고려할 필요가 있다(Gongola & Sweeney, 2012).

1) 구조적 환경 조성

발달장애 아동들은 미세한 자극의 변화와 제시에 의해서 바로 주의력을 상실하는 특성이 있다. 따라서 기초 기술을 습득하는 초기 회기에는 최대한 혼돈 자극의 유입을 막을 수 있는 제한적이고 구조적인 환경 조성이 필요하다.

교수환경에서 개별시도학습을 실행할 때 소음이 발생하는 환경보다는 소음이 차단되는 환경, 즉 파티션을 사용하거나 구조적으로 사람들의 움직임이 적은 위치를 선정하는 것이 좋다. 또한 시각적으로 제한적인 환경, 즉 복도의 창이 높은 교실은 지나가는 학생들의 이동으로부터 혼란을 최소화하고, 교실 벽의 장식이 최소화될 뿐 아니라 학습도구, 놀잇감, 전시물을 수납장에 보관할 수 있는 최소 시각 자극 환경이다.

시간적으로도 주변 집단의 활동과 타 교사와 직원들의 이동과 출입이 적은 시간을 선택해야 한다. 아울러 아동이 각성이 일어나고 집중력이 좋은 시간대에 개별시도학습 시간을 선택한다(양문봉, 2000). 외국의 사례를 보면 점심시간 이외에는 왕래가 뜸한 카페테리아를 개별시도학습 교육 장소로 사용하는 경우가 많다.

2) 일반적 환경으로 전이

교육 초기에는 다양한 자극이 차단되고 혼란스러운 상황이 제거된 교수환경에서 집중력과 반응도를 이끌어 내는 것이 유리하다. 이러한 상황에서 목표가 성취되었다면 다음에는 좀 더 자극 수준이 높고 다양한 환경으로 전이하여 교육한다. 이는 일반화 원리(principle of generalization)뿐만 아니라 최소제한환경(Least Restrictive Environment) 원리에도 적합한 방안이기도 하다. 예를 들면, 아동이 1:1 환경에서 교사에게 반응하고 답변하고 과제를 수행하는 역량이 일정 수준까지 발전했다면 다음에는 1:1, 1:3 환경으로 확장한다. 이와 더불어 새로운 장소로의 이동을 통하여 좀 더 자연적 환경인 통합 환경을 경험할 수 있는 장소까지 확장한다.

개별시도학습 상황에서 주로 사용하던 자료를 통합 상황에서 사용하는 자료로 서서히 대체한다. 말하자면, 개별시도학습에서 사용하던 토큰 경제의 지원 강화제가 주로 1차적이라면 다음에는 일반학급에서 사용하는 활동참여나 휴식 공간 확보와 같은 또래 수준에 맞는 이차적 지원 강화제를 포함한다.

학습내용도 일반화 환경에 적합하도록 수정하는 과정이 필요하다. 학생이 교사가 사용하는 동일한 지시어에 잘 반응하기 시작하면 교사가 사용하던 지시어를 다양화시켜야 한다. 아울러 수업활동방법도 개별 활동 위주에서 팀 활동 위주로 서서히 전환시킬 필요가 있다.

개별시도학습을 특정 장소에서만 사용하다가 다양한 세팅과 환경에서 사용하면 습득된 기술을 일반화시킬 가능성이 높아진다. 예를 들면, 처음에는 특수학급에서 특수교사가 개별시도학습을 시행하고, 다음에는 언어치료 중재실에서 언어치료 교사가, 일반 통합반에서 실무사가, 집에서 부모가 개별시도학습을 시행하여 자극과 반응의 일반화가 자연스럽게 나타나도록 한다.

Lovaas(2003)는 1:1 상황에서 개별시도학습을 통해 배운 기술이나 행동을 통합반에 가서 다시 연습하는 기회를 갖게 된다면 쉽게 일반화된 기술을 유지할 수 있게 된다고 주장했다.

Ⅲ 효과적 개별시도학습을 위한 고려사항

1. 개별시도학습 준비 자료

일반적으로 개별적이든 소집단이든 센터 중심이든 학교 중심이든 개별시도학습 수업을 진행할 때 필수적으로 준비해야 할 품목이 있다.

- 데이터 기록용지(data sheet): 데이터 기록용지는 개별시도학습을 실행하면서 각 프로그램의 날짜, 단계에 맞게 정반응 혹은 오반응에 대한 데이터를 직접 기입할 수 있는 구조화된 기록 용지다. 데이터 기록용지는 프로그램의 수만큼 소책자(data book)로 만들어 준비해야 한다.

- 교육자료 바구니: 개별시도학습을 수행할 때 각 프로그램별로 필요한 교육 자료를 담은 바구니를 준비한다. 각 용품을 한눈에 찾아서 제시할 수 있게 교육자료 바구니를 정리 정돈해야 한다.

- 선호도 목록과 강화제 상자: 2주에서 1개월 정도의 주기로 선호도 검사를 한 후에 작성한 선호도 목록에 따라 강화제를 상자에 넣는다. 아동에게 제공할 수 있는 일차적 강화제를 담는 플라스틱 통을 구비하고, 여러 가지 강화 활동과 강화 도구를 준비한다.

- 단순과제 상자(mundane task box): 단순과제 상자는 아동의 문제행동이나 감정적 행동에 사용할 수 있는 벌제로 사용할 수 있는 단순 반복과제를 담은 통이다. 예를 들어, 플라스틱 저금통에 여러 개의 단추 넣기, 여러 종이 카드를 카드 봉투에 넣기, 빨래집게를 일직선 줄에 걸기 등의 과제들은 간단한 부적응 행동의 중재효과를 가질 뿐 아니라 강한 감정 상태를 누그러뜨리는 데 효과적이다(양문봉, 2000).

- 개별 수납장과 학습 교구(책상과 걸상): 개별시도학습 교수 코너에 학습과제에 필요한 교구와 필요한 자료를 꺼내서 제시할 수 있는 작은 수납장을 교사가 앉은 자리 바로 옆에 위치시킨다. 아동의 집중력 향상을 위해 교구장 혹은 수납장을 외부 공간 차단막으로 사용할 수 있고, 파티션을 사용하여 개별시도학습 공간을 다소 폐쇄적 구조로 조성한다.

- 작은 매트: 장시간 앉아서 과제를 수행한 아동이 휴식 시간에 앉아서 활동할 수 있도록 개별시도학습 학습 장소에 바로 작은 매트를 위치시킨다.

- 각종 양식과 서류: 필요한 양식과 서류에는 개별화교육계획(IEP)과 단기목표(short-term objectives: STO)가 있으며, 케이스 북(아동의 평가결과, IEP, 그래프를 포함한 모든 행동관련 서류철), 그래프 기록 용지, 성취도 보고서 양식, 그림교환의사소통체계 책(PECS book)과 그림카드 등이 있다.

- 기타: 개별시도학습은 전적으로 개별화교육 계획에 의해서 실행되기 때문에 필요

한 교육 자료는 아동에게 적용되는 IEP와 STO마다 다르다. 따라서 교육 자료를 공동으로 사용하기보다는 아동만을 위한 수납 공간이 필요하다.

2. 개별시도학습 실행 절차

효과적인 개별시도학습 학습을 위해서 계획 수립 단계에서부터 교육을 완료한 후 평가 단계까지의 과정은 다음의 8단계 절차를 거친다. 이는 정확한 프로토콜이라기보다는 아동의 특성과 프로그램 성격에 따라 일부 순서와 구성 요소가 다를 수 있지만 양문봉과 신석호(2011)와 Bogin 등(2010)의 두 가지 자료를 기초로 해서 다음과 같이 단계를 정리했다.

- 제1단계 IEP에서의 교수내용 결정과 목표 설정: 아동의 현행 수준, 역량, 요구에 맞는 교수내용을 열 가지 기술 영역 내에서 편성한다. 이를 중심으로 IEP와 STO를 구성하고 각 프로그램별로 교육목표를 설정한다.
- 제2단계 최적의 과제분석 구성: 과제분석(task analysis)은 개별시도학습의 개별 시도 기반의 교육내용을 아동이 수월하게 학습할 수 있는 작은 단위와 단계로 나누어 분석한 것이다. 과제분석의 기준은 아동이 숙지하기 좋은 수준으로 나누어야 한다. 학습 강도와 양은 학생의 역량과 수준에 맞추고 각 학습 단계를 난이도 순으로 분석한다.
- 제3단계 측정방법 설정: 데이터베이스 절차를 위해서 적절한 측정치를 선정하고, 측정방법도 데이터 처리 프로그램 내용에 맞도록 선정한다.
- 제4단계 교육 자료 준비 및 환경 조성: 초기에는 구조적이고 집중적인 교육방법에 맞추어 학습 환경을 조성한다. 아동의 선호 자극을 감안하여 학습 분위기를 조성하고 산만한 자극에 의해 학습이 방해받지 않도록 환경을 조성한다.
- 제5단계 개별시도학습 실행 및 실행 원리 숙지: 개별시도학습의 원리와 절차를 잘 숙지하고, 개별시도학습 친화적인 IEP와 STO의 내용을 숙지한다.
- 제6단계 데이터 측정 및 그래프: 매 회기에 데이터를 측정한 후에 이를 그래프로 그려서 역동적인 변화를 인지하는 것이 중요하다. 급격한 변화가 일어났을 때 이에 신속하게 대처하고 필요에 따라 수정·보완할 수 있게 한다.
- 제7단계 발달 평가: 정기적으로 중간·종료 발달 평가(progress report)를 실시하여

현재의 중재 방법이 효과적인지를 파악하거나, 교육과정과 IEP/STO에서의 진전이 없는 내용을 수정하거나, 과제분석을 재구성할 수 있다.

• 제8단계 문제해결(trouble-shooting): 현재 진행되는 교수방법에서 학습 방해 요소가 발생하거나 학습효과에서 퇴행이 목격될 때에는 즉시 수정할 수 있도록 철저한 관리 점검이 필요하다.

3. IEP에서의 교수내용과 목표 설정

IEP에서는 프로그램을 열 가지 기술영역으로 분류하여 관리할 수 있다. 기술영역에 맞는 프로그램의 연간 목표를 설정하고, 프로그램 내용을 아동이 수월하게 학습할 수 있도록 과제분석을 한다.

1) 기술영역

• 부적응행동 극복 기술
• 의사소통과 사회성 기술
• 자조 기술
• 여가 · 오락 기술
• 주의집중력 기술
• 인지 · 학업 기술
• 대 · 소근육 기술
• 작업 기술
• 공동사회 기술
• 일상생활 기술

2) 목표설정

연간 목표를 작성할 때 다음의 네 가지 기준을 염두에 둘 필요가 있다.

• 선행사건 요소와 학습할 기술 · 행동 요소
• 목표 기준
• '안다' '이해한다' '인지한다' 등의 단어 사용 자제
• 측정 가능한 방법으로 표시

다음은 네 가지 기준에 맞는 IEP 목표의 예다.

"영희는 여러 개의 색 카드 중에서 색 카드를 달라는 교사의 지시에 따라 3일 연속 80% 이상의 정확도로 색 카드를 줄 수 있다(혹은 색을 변별할 수 있다)."

앞의 목표에서 선행사건 요소(S^D)는 '색 카드를 달라.'라는 지시이며, 학습할 기술·행동 요소는 지시에 따라 영희가 '색 카드를 줄 수 있다.'가 된다. 목표 기준은 '3일 연속 80% 이상의 정확도'다. 아울러 '색을 줄 수 있다.' 혹은 '색을 변별할 수 있다.'라는 행동 수행 중심의 동사를 사용했다. 마지막으로, 색을 선택하는 행동·기술은 빈도 혹은 시행 숫자로 셀 수 있어 측정 가능한 방법으로 표기하였다. 따라서 앞에 제시한 예시는 네 가지 목표 설정 기준에 부합하는 목표 진술이다.

4. 개별시도학습 친화적인 IEP/STO 구안

개별시도학습은 개별화 교수방법으로 실행해야 하기 때문에 IEP 작성이 필수적이다. 효과적인 개별시도학습을 위한 IEP/STO가 구성되기 위해서는 시도 기반의 프로그램 방식으로 구성할 필요가 있다. [그림 10-2]는 개별시도학습 친화적 IEP/STO의 예다. 개별시도학습 친화적 IEP/STO에 포함되어야 할 요소는 다음과 같다.

- 작성 대표자
- 프로그램 시작일(프로그램 분기별 평가일의 자료)
- 아동 이름
- 프로그램이 속한 기술영역(앞에서 소개한 열 가지 기술영역 중 하나를 선정한다. 때로는 관련된 과목명을 병기한다.)
- 프로그램 제목(프로그램의 내용을 대변하는 제목을 정한다.)
- 연간목표
- S^D를 정확하게 기술
- 교육자료(강화제 목록과 개별시도학습에 필요한 교육자료 목록을 포함한다.)
- 교육방법(구체적으로 명시하여 다른 사람이 실시해도 차이가 나지 않게 한다.)

- 기초선 방법
- 측정 방법(퍼센트, 촉구 수, 맞은 단계 수 등 측정 가능한 측정치 선정)
- 강화제(정기적인 강화제 평가에 의해 결정된 강화제 목록을 적는다.)
- 과제분석(단계와 분기를 나누어서 명기한다)
- 사후점검(3주의 내용을 넣는다.)

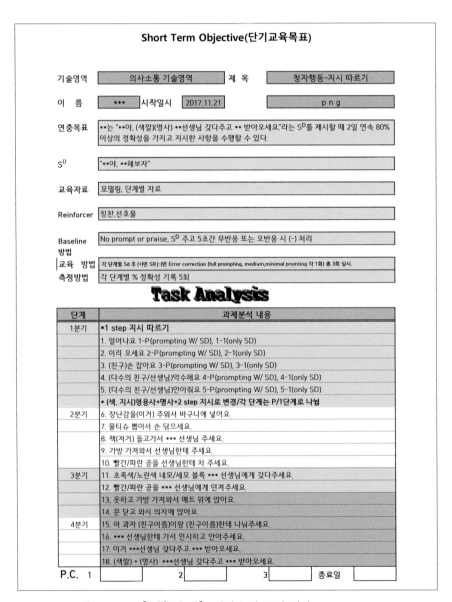

[그림 10-2] 단기목표(STO) 예시

5. 개별시도학습 교육에 필요한 사전 기술

IEP에 포함된 교육내용을 실행하기 위해서는 아동이 필수적인 기초 기술을 갖추고 있어야 한다. 우선, 아동이 20분 정도 자리에 앉아 있어야 다양한 개별시도학습 교육내용을 학습할 수 있다. 교사와의 기본적인 의사소통 역량 없이는 교수적 상황과 교육적 상호작용이 발생할 수 없다. 따라서 개별시도학습을 사용하는 기관들은 초기 1~3개월간 필수적인 기초 기술을 사전에 학습시키는 과정을 운영하고 있다.

다음에 소개하는 선행기술의 대부분은 기능적 의사소통 기술과 관련이 있다. 아동이 이 부분의 기초적인 역량 없이 개별시도학습을 실시한다면 학업 성취와 학습 행동이 발생하기 어렵다. 아동이 기능적 의사소통 기술의 역량이 부족하면 개별시도학습 상황에서 자신의 욕구를 채우기 위해서 의사소통 기술을 활용하기보다는 같은 기능으로 작용하는 문제행동에 의존하게 된다. 따라서 교사는 문제행동을 우선 지도해야 되기 때문에 개별시도학습 수업은 지장을 받을 수 있다. 따라서 IEP를 작성하는 초기에 아동의 기본적인 학습태도를 점검하는 것이 중요하다.

- 주의 끌기(attending): 교사, 부모, 가족, 친구의 주의를 끌기 위한 기능적 의사소통 능력으로서 일반적으로 손을 들어 표하거나 다가가서 어깨를 두드리는 기술이다. 언어 사용이 가능하다면 상대에게 호명하는 기술도 여기에 속한다.
- 요구하기/도움 청하기(requesting for help): 주의 끌기의 선행기술을 배운 아동은 상대에게 요구하기와 도움 청하기와 같은 기술을 병행할 필요가 있다. 이는 학습활동에서 요구와 필요 충족을 위한 중요한 기술이며, 이를 통해서 교수적 안정화가 가능해진다.
- 가리키기(pointing): 가리키기는 자신이 요구하거나 선호하는 것을 상대에게 알리는 기술이다. 이는 가장 기초적인 기능적 의사소통 기술로서 훈련 초기에 아동에게 지도해야 할 필수 교수내용이다.
- 기다리기(waiting): 학교와 단체 생활에 적응하기 위해서는 기다리거나 줄 서기 등의 기초적인 사회적 활동 기술이 필요하다. 특별히 감정을 동반한 문제행동을 극복할 수 있는 선행기술이기 때문에 기다리기는 우선적으로 지도해야 할 훈련 내

용이다(양문봉, 2000).

- **지시 따르기(compliance):** 교수활동의 기본은 교사의 지시에 따라 학생이 활동하는 상호작용일 것이다. 이러한 기본적인 상호작용이 효율적일 때 활발한 교수 · 학습 활동이 일어난다.

- **반납하기(protesting):** 자신이 사용했던 물품이나 교구를 제자리에 놓거나 교사에게 반납하는 기술도 학습활동에서 중요한 요소다. 이를 적절히 지도하면 탠트럼 행동이나 파괴행동을 줄일 수 있다(양문봉, 신석호, 2011).
- **착석(sitting still):** 상대적 개념으로서 아동마다 서로 다른 정도의 역량을 갖고 있으며, 교수 · 학습 활동의 필수 요소다. 착석은 교육활동에 방해가 되는 혼란행동과 상반되기 때문에 효율적인 교수 · 학습 활동을 증진시키는 부가효과가 있다.
- **긍정/부정 기술하기(describing Yes/No):** 긍정/부정의 표현은 교사 혹은 부모와의 기본적인 의사소통 및 상호작용에 필요한 요소다. 일상생활 속에서 수많은 질문에 응답하고, 이를 통해서 사회적 활동 속에서 자신의 필요를 적절히 표현할 수 있기 때문에 긍정/부정의 표현 역량을 훈련시킬 필요가 있다.

6. 새로운 기술 지도에 필요한 변별 교수 지침

새로운 개념이나 기술을 지도할 때 변별자극을 활용한 방법으로 시작하는 것이 유리하다. 대부분의 자폐스펙트럼장애 아동들은 시각장애를 갖고 있지 않으며, 어느 정도의 시각적 변별 역량을 갖고 있다. 이를 테면, 세모의 개념을 교육하기 위해서 아직 개념은 모르지만 형태적으로 세모와 네모의 차이를 알고 있다면 변별 과정으로 학습을 시작할 수 있다(양문봉, 2000). 세모 개념을 교육하기 전에 변별학습을 효과적으로 운영하기 위해서는 다음과 같은 교수 절차를 사용할 수 있다.

- 세모 모형(target shape)과 이와 상이한 모형(distractor shape)으로 네모를 같이 제공한다. 어느 정도 표적 모형의 변별 가능성이 높아지면 상이한 모형의 수를 늘

려 간다.

- 반응 직전에 제시하는 반응 촉구(response prompting) 혹은 변별자극과 같이 제공하는 추가적인 도움 지침이 되는 자극 촉구(stimulus prompting)를 적절하게 혼합하여 아동이 정반응을 하도록 유도한다. 신체적 안내, 모델링, 언어적 지시 등 아동의 역량에 맞는 반응 촉구를 사용한다. 자극 촉구에는 변별자극에 해당하는 세모 모형을 더 크게 만들거나 두드러진 색을 칠하는 자극 내 촉구와 변별자극에 해당하는 세모 모형을 손가락으로 가리키거나 아동 쪽으로 움직여 주는 자극 외 촉구가 있다. 지도 초기에는 이 두 가지를 혼합하여 사용하고 다음에 소개하는 용암법(fading)을 적용하여 독립적 수행역량을 높여 준다.

- 용암법을 적용한다. 용암법은 일종의 조력 줄이기 전략이다. 용암법 전략의 한 가지 예를 들면, 최대−최소 촉구(most-to-least prompting)가 있다. 처음에는 네모를 멀리 위치시키면서 세모는 아동에게 가까이에 놓고 변별학습을 시킨다. 시행 수가 증가하고 정반응 응답률이 높아지면 세모와 네모를 점점 가까이 제시하면서 변별자극의 부각성을 감소시킨다. 결국에는 인위성을 제거하고 자연적인 선택 과제만 주어진 상태에서 반응하게 한다. 또 다른 방법은 처음에는 세모(target shape)를 크게, 네모(distractor shape)는 작게 제시했다가 서서히 모양을 비슷한 크기로 조정해 간다.

- 서서히 한 가지 이상의 다른 모양(distractor)을 제공하여 개념을 훈련시킨다.

- 용암법과 배치되는 사물(distractor)의 단계를 높이는 조건은 '일관적이고, 지속적인 정반응'이 나타나야 한다. 그리고 촉구를 제시했을 때 나타난 정반응에도 강화를 제공해야 한다.

- 상위 단계(advanced step)에서는 앞 단계에서 학습한 모형들(target shapes)을 무선적으로 제시하여 복습한다. 이를 통해 학습한 내용을 유지하고 일반화할 수 있다.

- 최종 단계에서는 목표 자극(target stimulus)의 요소를 다양화하거나(모양, 색, 크기 등) 혼합하여 지도한다. 예를 들면, 빨간색 작은 세모 혹은 노란색 중간 크기의 네모 등을 변별하도록 한다. 시행 단계가 높아지면서 단순 변별에서 복합 변별로 나아간다.

7. 효과적인 개별시도학습을 위한 열한 가지 팁

개별시도학습은 이름에서 시사하는 바와 같이 핵심 기술을 반복적으로 시도하여 목표기술을 습득시키는 절차다. 여러 전문가들이 개별시도학습을 효과적으로 실행하기 위한 팁을 제시하고 있다(양문봉, 신석호, 2011; Dunlap, Kern, & Worcester, 2001; Gongola & Sweeney, 2012; Kimball, 2002). 여기에서는 열한 가지로 소개한다.

① 학생의 자신감을 진작시키고 개별시도학습으로 습득한 반응을 유지시키는 방안의 일환으로 이미 학습된 기술을 개별시도학습 초기 세션의 세션 전 과제 활동으로 제시한다. 이렇게 하면서 이미 배운 내용을 고확률 요구 연쇄로도 활용할 수 있다. 이전 단계의 기술 중에서 가장 자신 있게 반응할 수 있는 것부터 시도를 실시하고 나서 본 세션을 시작한다. 새롭게 학습을 시작한 기술이나 반응은 정반응이 나올 확률이 적기 때문에 '저확률 과제(low probability request sequence: L-P)'다. 그러나 이미 학습했고 반응 유지가 가능한 기술과 과제는 정반응이 나올 확률이 높기 때문에 '고확률 과제(High Probability request sequence: H-P)'다. 고확률 과제는 선행사건 중재(antecedent intervention) 중 하나로 어려운 과제를 수행하기 전에 쉬운 과제를 제시하여 과제 완성도에 탄력성과 동기 수준을 높여 주는 방법이다(Cooper, Heron, & Heward, 2007).

② 새로운 단계의 초기 시도에서 변별자극(S^D)을 제공할 때 아동 역량에 맞추어 적절하게 촉구를 제공하고, 어느 정도 학습된 후에는 학습 진보에 따라 용암법을 적용한다. 최종 단계에서는 변별자극만 제공하여 독립적으로 과제를 수행하게 한다.

③ 개별시도학습의 IEP에 제시된 수행 목표가 '3일 연속 90% 이상의 정확도'의 기준을 성취했어도 습득도를 검증하기 위해 90% 이상의 관찰자 일치도(inter-observer agreement: IOA)를 확보하는 것이 좋다. 개별시도학습에서는 시도 대 시도 관찰자 일치도를 구한다. 시도 대 시도 관찰자 일치도 공식은 일치한 총시도 수를 일치한 총수와 일치하지 않은 총수의 합계로 나눈 후 100을 곱하는 것이다.

④ 변별자극(S^D)을 제공하고 나서 반응이 나올 때까지 일정 시간을 기다려 주어

야 한다. 이를 반응 지연시간(response latency)이라고 한다. 예를 들어, "영희야! 세모 줘!"라고 지시하고 나서 적어도 아동에게 5초 이상 반응 지연시간을 주어야 한다. 아동의 기능이 낮을 때에는 반응 지연시간을 길게 제시하고 기능이 높을 때에는 반응 지연시간을 줄인다. 반응 지연시간이 지나도 반응이 없으면 오반응으로 간주하고 잠시 무관심 휴지기 후 오류수정에 들어간다.

⑤ 변별자극(S^D)을 제공하고 나서 아동이 오반응을 보이거나 무반응을 보이면 오반응에 대한 언어적 피드백이나 정반응을 유도하기 위한 언어적 지시를 제공하기보다는 잠시 동안 무관심을 보이는 것이 좋다. 잠시 동안 무관심을 보이는 휴지기 직후에 오류수정을 한다. 무관심 휴지기를 제공하는 이유는 아동이 언어적 피드백을 이해하는 데 어려워할 수 있기 때문이다. 개별시도학습에서는 집중적 연습(massed practice)을 해야 하므로 자칫 반복된 언어적 피드백이 아동의 좌절감 증가, 개별시도학습 학습에 대한 회피, 문제행동으로 연결될 수도 있지만, 때로는 이것이 관심 유관으로 작용하여 반대로 문제행동을 강화시키는 결과를 낳게 된다. 교사는 휴지기 시간을 데이터 표기(−) 시간으로 활용하여 무관심의 시간을 효율적으로 사용할 수 있다.

⑥ 변별자극(S^D)을 제공하고 나서 아동이 오반응을 보이거나 무반응을 보이면 잠시의 무관심 휴지기를 가진 후에 오류수정을 일반적으로 기능 수준에 따라 2~4회 실시한다. 오류수정은 변별자극(S^D) 제시와 더불어 전반적인 도움이나 촉구(full assistance or prompting)를 제공하는 무오류 방식으로 실시하며, 정반응을 유도하기 위해 강화를 제공한 후에 도움 수준(assistance level)을 서서히 낮추면서 자연스러운 환경으로 전이시킨다.

⑦ 새로운 기술을 학습하거나 새로운 단계로 올라갈 때, 혹은 초기에 진전이 없거나 멈추었을 때에는 과제분석으로 그 단계를 세분해서 지도한다. 세분화된 단계는 1-1, 1-2와 같이 새로운 단계 명칭을 붙이고, 그래프에는 점선으로 단계 표시선을 그어 구분한다(Cooper, Heron, & Heward, 2007).

⑧ 단계별로 목표 기술이나 반응을 모두 숙지했다면 일반화를 위한 과정과 절차를 단계에 포함시킨다. 장소, 교사, 시간, 집단 형태를 다양화한 일반화 상황에서 개별시도학습을 실행하도록 계획한다.

⑨ 마지막 단계를 완성했다면 이를 일주일 간격으로 실행하는 사후점검(post

check)을 실시한다. 관찰자 일치도 측정과 더불어 목표 기준에 도달했을 때 프로그램을 종료한다. 그래프에서는 사후점검 자료점 간에 선으로 연결하지 않는다.

⑩ 아동의 무반응이 지속되면 자발의지 증진 차원에서 오류수정에서 최소–최대 촉구와 같이 조력 늘이기를 적용한다. 예를 들면, 첫 번째 변별자극("명사니?")을 제시하고 나서 5초 이상 무반응을 보이면 반응과 연관성이 적은 촉구(자동차, 사탕, 책 등)를 제공한다. 그래도 무반응을 보이면 두 번째 촉구("자동차와 같이 볼 수 있는 사물은?")를 제시한다. 여전히 무반응을 보이면 세 번째 촉구("자동차, 사탕, 책은 명사인데, 이것도 명사지?")를 제공한다.

⑪ 오반응을 지속적으로 보이면 기술 확립 및 증진 차원에서 오류수정에서 최대–최소 촉구와 같이 조력 줄이기를 적용한다. 예를 들어, 첫 번째 변별자극("명사니?")을 제시하고 나서 오반응을 보이면 정확한 반응을 유도할 수 있는 정보를 갖고 있는 최대 촉구("자동차, 사탕, 책은 명사인데, 이것도 명사지?")를 제공하여 정답을 반응하게 돕고 강화를 제공한다. 그런 후에 도움이나 촉구를 점차적으로 줄여 가면서 독립적으로 정반응하도록 유도한다.

8. 유지 전략

개별시도학습을 통한 학습의 주요 목표 중 하나는 학습한 기술과 행동을 시간이 지나면서 약화되지 않고 오래 유지하는 것이다. 다음은 현장에서 적용할 수 있는 유지 전략이다.

• 개별시도학습 세션에서 이미 학습했거나 종료된 기술(고확률 과제)을 2~3회 시도하여 이어서 실시할 단계의 동기와 실행 탄력성을 확보한다. 이러한 절차는 새로운 단계에 대해 동기를 부여함과 더불어 이전 세션에서 습득한 기술과 행동을 유지시키는 장점을 갖는다.

• STO 실시 과정에서 아동이 시도해서 반복적으로 실패할 경우 개별시도학습에 대한 선호도가 떨어질 수 있다. 이를 방지하기 위해서 세션 중간에 이전에 습득한 고확률 과제와 기술이 포함된 시도를 간헐적으로 1~2회 실시한다.

• 종료 직전에 마지막 단계를 통과한 기술과 내용을 일주일에 한 번씩 3주간 연속

사전점검을 한다.

9. 일반화 전략

아동이 STO에서의 과제분석 마지막 단계의 내용을 학습하고 수행했다고 프로그램을 종결하지 말고, 유사한 기술 내용을 일반화 세팅에서도 성공적으로 수행하도록 지도한 후에 프로그램을 종결한다.

- 개별시도학습을 위한 STO의 기술을 실행할 수 있게 환경을 다양화한다. 프로그램에 다음의 세 가지 요소를 포함시킨다. 다양한 장소(예: 교실, 특별실, 책상, 바닥, 놀이 공간, 놀이터, 가정, 응접실, 방, 교회, 공원 등), 다양한 시간(오전, 오후, 저녁, 평일, 주말 등), 다양한 성인(교사, 부모, 다른 성인, 형제 등)과 집단 안에서 수행할 수 있도록 계획한다. 더 높은 단계에서는 주변 사람(짝, 동료, 친지 등)과 환경(다른 반, 지역사회, 시장, 농장, 동물원, 식물원 등)을 복합적으로 조합하여 다양화시켜 실행한다.
- 유사한 개념과 기술을 지도할 때 사용하는 교육자료는 사진-그림-모형-실물-현장의 순서로 제시하여 시간이 지나면서 사실적이고 일반적인 환경에서 교육을 수행할 수 있게 한다.
- 개별시도학습 훈련 초기에는 다양한 강화제를 제공하고 기술을 습득한 후에는 강화제를 용암시킨다(강화 내용의 변화와 스케줄 비율 축소). 훈련 후반에는 실제 환경 조건과 유사하게 조성해 아동이 자연스럽게 강화를 받을 수 있게 한다.
- 개별시도학습 훈련 초기에는 습득률을 높이기 위해서 일관적이고 고정적인 변별자극(S^D)을 사용하다가 훈련 후반에는 다양한 변별자극(S^D)을 제공한다. 이와 더불어 교육자료와 교육방법도 다양화시키면서 충분한 사례를 통한 교육방법을 적용한다.
- 개별시도학습 훈련 초기에는 전형적인 개별시도학습 유형(format)과 구조적 환경 조건을 사용하다가 훈련 후반에는 자연환경교수(natural environmental teaching: NET) 혹은 우발적 유형(incidental format)으로 전환한다. 예를 들면, "주세요!"라는 반응을 얻기 위해서 훈련 초기에는 변별자극(S^D)을 제시하여 표현적 반응과 기술을 습득하게 한다. 다음 단계에서는 특정한 변별자극(S^D)의 제시 없이 단지

선호물을 아동 앞에 제시함으로써 자극만으로 동기 변인을 변화시켜 자발적인 반응을 유도하는 우발적 교수법을 사용한다. 아동이 바르게 반응하지 않더라도 변별자극(S^D) 혹은 촉구를 제시하기보다는 "뭐가 필요해?"와 같이 자연적 반응을 유도하는 지시어를 사용한다.

10. 팀 모임을 통한 수정 전략

개별시도학습은 근거기반 및 데이터베이스 기반 교수방법이다. 따라서 데이터를 통한 수정과 정기적인 팀 모임으로 프로그램을 조정하는 시간을 갖는다. 팀 모임과 관련된 지침과 수정 전략은 다음과 같다.

- 개별시도학습 수행 과정과 관리감독을 위해서 매주 혹은 적어도 2주에 한 번 개별시도학습 팀 모임을 개최한다. 팀 모임에서는 교사와 치료사의 IEP 프로그램 진행에 대한 종합적인 검토를 한다. 팀 모임에서는 아동의 과거부터 현재까지의 모든 데이터를 그래프로 그린다. 문제행동 중재, 개별시도학습 교수 절차 혹은 IEP 조정과 교육방법의 수정에 대한 제안이 필요할 때에는 그래프를 준비해야 한다. 정기적인 팀 모임이 필요한 이유는 학생의 발전 상황과 전개 과정도 검토하면서 현행 교수방법과 단계 구안에 대한 효과적인 전략과 아이디어를 공유할 수 있기 때문이다. 팀 모임에서는 특정 아동에 대한 개별시도학습 프로그램의 수정 제안과 수정 제의에 타당한 단서와 근거가 되는 이슈를 그래프로 제시해야 한다.
- 일반적으로 아동의 IEP 및 행동 중재방안을 검토한 후에 타당한 근거 제시와 더불어 발전과 성취에 문제가 있다고 판단될 때 전체 참석자의 일치된 견해와 다양한 의견을 중심으로 제안된 방향으로 STO/IEP 내용을 수정할 수 있다. 예를 들어, 아동이 특정 프로그램에서 성취를 보이지 않는다면 단계를 재분석하거나 세분화해야 한다. 반면에 빠른 성취가 나타난 프로그램은 새로운 단계를 추가한다. 표적행동 중재에서 장기간 그래프가 직선 상태이거나 상향(하향) 경향을 나타낸다면 중재 방법을 교체한다.
- 그래프에서 종결 기준에 도달한 프로그램(closed-out program)은 종결시키며 새로운 프로그램을 추가할 수 있도록 지침과 아이디어를 제공한다. 종결 프로그램 제안 때에도 그래프를 제시하고 팀 모임에서 종결 여부를 결정한다.

• 지속적으로 추진하기 어려운 프로그램이라고 판단되면 근거를 제시한 후에 프로
  그램 제외 혹은 유보를 결정한다. 이때 추가적 프로그램을 준비한다. 여기에는
  이미 습득한 기술에 대한 IEP/STO 내용이나 현행 프로그램에 포함된 기술을 배
  우기 위한 선행기술이 포함된다. 선행기술 학습 후에는 팀 모임에서 유보된 프로
  그램을 재개한다.

요약

이 장에서는 개별시도학습과 연관된 다양한 개념을 사례와 함께 소개하였다.
개별시도학습은 짧은 시간 범위 안에서 빠른 속도와 반복학습으로 대상을 변별
하는 방법이다. 개별시도학습은 비인지적인 변별교수 방법으로 학습하기 때문에
인지 능력이나 언어 능력이 지연된 특수교육 대상 아동에게 친화적인 교육방법
이다. 연구자들은 연구를 통해 개별시도학습이 증거 기반 교수방법임을 입증하
고 있다.

개별시도학습은 3요인 유관분석의 패러다임을 변형한 교사의 지시, 아동의 반
응, 후속결과의 3요소로 구성되어 있다. 교사의 지시는 3요인 유관분석의 선행사
건에 해당되며, 개별시도학습에서는 변별자극(S^D)이라고 부른다. 교사의 지시에
아동이 보이는 반응은 3요인 유관분석의 행동에 해당한다. 후속결과는 두 가지의
유형으로 나타난다. 아동의 반응이 정반응이면 강화자극으로 나타나고, 오반응이
거나 무반응이면 오류수정을 제시한다.

개별시도학습에는 변별자극, 표적행동과 반응, 보상자극, 오류수정 절차, 시도
간 휴지기의 다섯 가지 구성 요소가 있다. 선행사건에 해당되는 변별자극은 세
가지로 구분하고 있으며, 그중에서 가장 중요한 것은 변별자극(S^D)이다. 개별시
도학습에서의 변별자극(S^D)은 교사의 지시나 명령어, 샘플자극, 매칭모델, 언어모
델 등이다. 이와 아울러 S^Δ, S^P도 설명하였다.

개별시도학습을 실행하는 과정에서 필요한 다양한 전략과 개념을 설명하였고
개별시도학습의 분석 단위를 살펴보았다. 개별시도학습을 수행하기 위한 구조적
환경 조성에 대한 전략을 알아보았다. 아울러 4요인 유관분석에 기초한 교수 모

델인 조건 변별을 통한 매칭 교육을 적용할 수 있는 절차를 설명하였다. 개별시도학습을 통해 습득한 기술을 유지시키고 일반적 환경에서 적용할 수 있는 전이 전략과 개별시도학습의 효과를 극대화하기 위한 전문적인 지침 열한 가지를 설명하였다.

연습 문제

1. 개별시도학습에 대해 정의를 내리고 예시를 통해 설명해 보자.
2. 개별시도학습에서 정반응일 때와 오반응일 때의 절차를 설명해 보자.
3. 개별시도학습의 다섯 가지 구성 요소를 나열하고, 각 요소를 설명해 보자.
4. 조건 변별의 정의를 예시를 통해 설명해 보자.
5. 일반화의 정의를 예시를 통해 설명해 보자.
6. 개별시도학습 교수환경에서 필요한 자료를 제시하고 그 사용 용도를 설명해 보자.

제11장

언어행동분석

이 장에서는 먼저 행동주의적 언어 이해를 설명하기 위해 언어이론과 언어의 진화 과정에 관해 설명 하였다. 행동주의적 언어 이해를 설명하기 위해 언어이론과 언어의 진화 과정에 관해 설명하였다. 이 어 언어행동을 환경과 화자 사이의 상호작용으로 보고 언어행동도 일반 행동처럼 행동 원칙에 의한 유 관으로 본 Skinner가 제시한 언어작동행동을 알아보았다. 그리고 언어행동분석이 언어훈련과 조기 중재에 적용되어 나타나는 언어훈련과 조기중재의 특징과, 평가 및 교과과정을 위해 사용되는 도구들 을 소개하였다. 마지막으로, 직접적인 강화 이력 없이 일어나는 파생직 인이행동이나 복잡한 언어행동 을 이해하는 이론적인 기반인 자극등가이론, 네이밍, 관계 틀 이론을 설명하였고, 관련 연구 활동을 소 개하였다.

- 강화이력
- 개별시도학습
- 고등작동행동
- 관계 틀 이론
- 기능전이
- 네이밍
- 다중반응교수
- 다중통제
- 대칭성
- 대화 단위
- 동기설정조작
- 맨드
- 반사성
- 분기다중통제
- 분석 단위
- 상관 틀
- 상호수반
- 수렴다중통제

- 언어능력
- 언어능력 발달단계
- 언어작동행동
- 에코익
- 오토클리틱
- 의미적
- 인쇄에 대한 반응
  (텍스츄얼, 트랜스크립션)
- 인트라버벌
- 자극등가이론
- 자연적 환경훈련
- 전이성
- 조기집중행동중재
- 조합수반
- 택트
- 행동적 진화
- 형태적

■Ⅰ 행동주의적 언어 이해

1. 언어 이론과 언어의 진화

언어를 이해하는 관점에는 크게 생물학적, 인지적, 환경적 접근이 있다(Cooper, Heron, & Heward, 2007). 인지심리학자들은 인간의 언어는 일상 체험에 근거를 두고 있기 때문에 언어는 인간의 체험을 반영한다고 믿었다. 또한 언어능력은 인간의 일반 인지 능력에 포함되어 있다고 보았으며, 언어정보를 수용, 분류, 암호화하거나 해독하는 인지적 정보처리 시스템에 의해 언어가 통제된다고 보았다. 그들은 언어를 수용적·표현적으로 보았으며, 인지처리과정에 의한 의사소통 행동으로 설명하였다. 이와 같은 인지주의 입장의 언어에 관련된 이해는 현재 언어 평가나 중재를 주도하는 있는 기본적인 틀이기도 하다.

Chomsky(1980)와 Pinker(1994)는 모든 언어에는 공통적 메커니즘이 작동하고 있다고 보고 이것을 '보편 문법(universal grammar)'이라고 하였다. 또한 인간의 언어는 유전자를 통해 전달된 생물학적 구조에 의해 조절된다고 보았다. Pinker(1994)는 인간의 언어가 보이는 복잡성은 생물학적인 진화 과정을 거쳐 축적된 잘 설계된 생물학적 본능의 산물에 기인한 것이라고 보았다. 이와 같이 생물학적인 관점에서 언어능력의 발달은 인간에게 내재하는 생물학적인 메커니즘에 의한 것으로 생물학적 변인이 환경적 변인보다 중요하다고 보았다(Chomsky, 1980; Pinker, 1994).

Palmer와 Donahoe(1992)는 Chomsky와 Pinker의 언어 이론은 언어학의 형태적 요소에 기초한 것으로 환경적이고 행동적인 사건에 대한 분석은 아니며, 유아가 일생을 통해 행동적·사회문화적 과정을 걸쳐 언어능력의 복잡성을 더해 가는 과정을 설명할 수 없다고 보았다. 또한 Palmer와 Donahoe(1992)는 Skinner의 저서 『Verbal Behavior』에 표명된 언어행동 단위의 분석은 본질적으로 하나의 언어사회 속의 변동적인 환경과 인간 간의 상호작용을 잘 설명하고 있다고 보고, 인간의 언어행동이 형성, 발달되는 메커니즘을 분석하는 데 적절하다고 보았다.

전통적인 언어 관점에서는 '무엇'을 말하는지가 주된 관심사로 반응 형태나 구조에 관심을 갖는다. 언어를 평가하고 측정함에 있어 관련된 것은 음소, 의미소, 어휘, 구문론, 문법, 의미론 등이다. 언어는 그 의미와 문장구조에서의 기능에 따라 명사, 동사, 전치사, 형용사, 부사 등으로 분류한다. 환경주의적 접근에서 언어는 학습된 행동이며 다른 일반적인 행동처럼 환경적 변인에 의해 형성되고 유지된다고 보았다. 예를 들어, Skinner(1957)가 제시한 언어행동에 관한 해석은 한 개인의 언어 사용에 영향을 주는 환경 속의 통제 변인을 강조하였다. 즉, 화자는 청자의 행동을 통해 강화를 획득함으로써 환경을 통제한다고 보았다. Skinner가 제시한 언어행동관을 통해 한 특정 언어사회 속의 환경적 맥락에서 일어나는 인간의 언어 사용을 이해할 수 있다. 여기서 환경적 맥락에는 단순히 물리적 요소뿐만 아니라 같은 언어를 쓰는 타인의 행동과 같은 사회적 요소도 포함된다고 보았다(Greer & Ross, 2008; Michael, 1984; Sundberg & Michael, 2001). 이는 화자의 언어행동은 청자를 포함한 환경에 의해 통제된다는 이해에 기초한다. 언어는 인류 특유의 행동이며 인간의 행동과 삶에 밀접하게 관련되어 있다. 인간은 본질적으로 사회적 존재다. 따라서 한 사회에서 일어나는 행동적 사건은 그 사회 속에 공존하는 다른 사람의 행동적 환경을 이루는데, 언어행동은 이러한 사회적 행동에서 유래한다(Glenn, 2004). 따라서 인간의 언어가 보이는 복잡성은 인간이 처한 행동적 · 문화적 환경을 반영하고 있다(Lieberman, 1975).

인간의 언어가 세대에 걸쳐서 혹은 한 개인의 일생 동안 어떻게 진화하는지를 알아보면 인간의 언어행동을 좀 더 정확히 이해할 수 있다(Alessi, 1992; Catania, 1994; Donahoe, 1991; Glenn, 2004; Glenn, Ellis, & Greenspoon, 1992; Holden, 2004). 언어의 진화는 행동적 · 사회적 진화와 함께 이루어진다. 진화는 선택(selection)을 통해 일어나고, 선택의 단위는 인간의 언어행동과 환경 간의 상호작용의 발현인 작동행동이다. 즉, 특정 사회 환경 속에서 작동행동의 선택을 통해 행동적 · 언어적 진화가 일어난다. 이러한 진화의 과정은 개인의 일생 동안 일어나며, 또한 생식을 통해 세대 간에 걸쳐 이어진다(Catania, 1994; Glenn, 2004; Pohl, Greer, Du, & Moschella, 2018; Skinner, 1988). 언어의 진화를 좀 더 설명하려면 앞에 언급된 행동적 · 문화적 변인과 함께 인간 삶의 다른 양상과 관련시켜야 한다. 예를 들어, 구강 기관을 포함한 생물학적 진화는 오늘날 인류의 언어를 가능하게 한 또 하나의 중요한 변인이다(Holden, 2004). 자연적 진화는 생존을 위해 환경적 조건에 적응할 수 있는 특징이 유전자에 새겨지고 이것이 생식을 통해 세대에 걸쳐 전달된다는 것이다(Alessi, 1992).

한 개인의 일생 동안 일어나는 진화를 Catania(1994)는 생후발생(ontogenic) 혹은 작동행동의 선택이라 하였으며, 한 개인의 일생 동안 행동은 그 결과에 의해 영향을 받는다고 하였다. 즉, 일생 동안 일어나는 진화 과정의 행동적 단위는 행동과 사전-사후 환경적 조건의 상호관련성이 있는 작동행동이다(Alessi, 1992; Donahoe, 1991). Glenn(2004)은 이러한 진화를 강화, 소거, 벌을 통해 개인의 작동행동군의 복잡성이 더해지는 행동적 진화로 보았다. 요약하자면 인간의 행동은 유전자를 통해 전달되는 생물학적 복잡성과 함께 일생 동안 일어나는 행동적 진화를 통해 더욱 복잡해진다. 이와 같이 인간의 생물학적 · 행동적 · 사회적 진화 과정에 대한 이해는 인간의 언어행동에 관한 생물학적 관점과 행동적 관점의 상대적 위치를 이해하는 데 도움을 주며, 이러한 이해는 특정 언어사회에서 언어가 지연된 개인을 위한 중재를 계획하고 실행하는 데 있어 행동적 접근이 가지는 우월함을 인식시킨다.

Skinner의 언어행동에 대한 해석은 언어를 이해하는 데 있어 인간의 내부에서 일어나는 인지적 작용에 중점을 두는 전통적인 언어적 접근과 달리, 언어의 기능이나 언어행동이 일어나는 원인으로서의 환경적 통제 변인을 설명하는 데 중점을 둔다(Greer & Du, 2015; Greer & Ross, 2008). 다시 말하면, 전통적 언어 접근에서는 '무엇'을 '어떻게' 말하는가에 중점을 둔다면 행동주의적 언어 접근에서는 언어사회에서 어떤 상황에서 '왜' 언어행동이 일어나는지의 문제에 집중한다고 하겠다. 이러한 기능에 기초한 언어행동의 이해는 대상을 음성언어에만 국한하지 않으며 제스처와 같은 비음성언어도 기능에 따라 언어행동에 포함시킨다(Greer & Ross, 2008). 이러한 언어행동에 대한 이해는 기능에 기초한 문제행동 중재에 도움이 된다(예: 기능적 의사소통 훈련). 또한 언어행동이 생물학적으로 주어진 개인적 조건보다 환경적 변인에 의해 형성되고 유지된다는 환경주의적 접근은 언어 발달 지연 및 언어장애에 대한 중재를 고안할 때 중요한 이론적 기반이 된다.

2. Skinner의 언어행동분석

Skinner는 1957년에 발간한 그의 저서 『Verbal Behavior』에서 "청자에 미치는 영향에 의해 발화, 음성반응 혹은 그 외의 반응이 파악되는, 즉 의사소통을 그것이 가지는 기능에 기초한 해석을 제시하였다"(Greer & Ross, 2008). Skinner는 언어행동을 기능에 따라 맨드, 택트, 에코익, 인트라버벌, 오토클리틱, 인쇄에 대한 반응(텍스츄얼, 트랜스크립션)으로 구분하였다. 후에 Greer와 Ross(2008), Horn과 Lowe(1996), Michael(1982), Hayes, Barnes-Holmes와 Roche(2001)는 네이밍(Naming), 대화 단위(conversational unit), 관계 틀(relational frame)과 같은 고등작동행동(higher order operants)에 대한 이해를 더함으로써 Skinner가 제시한 언어행동에 관한 해석을 확장하였다(Lawson, 2008).

1) 언어행동 기능 및 분석 단위

Skinner는 작동행동과 관련해서 두 유형의 현상을 들었다. 하나는 한 개인이 처한 환경에서 타인의 중개 없이 직접적으로 전달되는 후속결과에 의해 행동의 효과가 결정되는 비언어적인 행동이다. 또 하나의 유형은 타인의 행동에 의해 행동의 효과가 중개되는 언어행동이다. 언어행동은 "(특정 언어사회에서 청자로 기능할 수 있는) 타인의 중재로 강화가 이루어지는 행동"(Skinner, 1957)으로 하나의 언어 에피소드에 관련된 화자와 청자가 겪는 유관은 다르다. 따라서 언어 에피소드의 화자와 청자의 행동은 분명히 구분된 유관에 의해 통제된다. 언어행동은 자극통제, 동기조작, 강화, 벌, 소거, 조건강화 등과 같이 비언어적 행동을 조절하는 같은 행동 원리에 의해 통제된다(Greer & Ross, 2008; Michael, 1984; Sundberg & Michael, 2001). Skinner에 의하면 두 유형의 행동 모두 신체 내부와 외부의 생물학적, 물리적, 행동적 사건에 의해 형성되고 유지된다고 보았다. 예를 들어, 오렌지가 존재하는 물리적 사건은 개인의 배고픈 생물학적 사건이 그리고 청자가 존재하는 행동적 사건이 있을 때 "오렌지 먹어도 돼요?"라는 언어행동을 야기시킨다. 같은 상황에서 청자가 없는 상황이라면 개인은 직접 손을 뻗어 오렌지를 가져다 먹는 행동(비언어행동)을 할 것이다.

앞에서 언급되었듯이 Skinner(1957)의 언어행동에 대한 이해는 언어 형태와 구조보다는 언어행동의 발생원인, 즉 개인이 언어형태를 어떻게, 왜 사용하는지에 중점을 두었다. 이렇게 Skinner의 언어에 대한 설명이 기능적 측면을 강조하고 있다고 해서 Skinner가 전통적인 언어 분류를 거부한 것은 아니다. 단지 동사, 명사, 형용사, 구문 등의 기능이나 그러한 언어형태가 쓰이는 이유에 대한 설명을 제공하지 않기 때문에 언어 이론으로서 만족스럽지 않다는 것이 Skinner의 관점이다. 즉, 개인이 단어를 어떻게, 왜 사용하는지에 관한 분석이 심리언어학(psycholinguistics) 분야의 중점이 아니라는 것을 지적했다. 언어작동행동(verbal operant)은 3요인 유관으로 발현되며, 비언어행동과 마찬가지로 언어행동과 환경적 변인 사이의 기능적 관계를 밝힐 수 있는 분석 단위다. Skinner의 언어행동분석의 핵심은 맨드, 택트. 인트라버벌 사이의 구분이다. 전통적 관점에서 보면 모두 표현적 언어이지만, Skinner의 관점에서는 각기 다른 선행자극과 후속자극의 통제에 의한 다른 기능의 언어다.

Skinner(1957)는 언어행동을 "타인의 중재에 의해 강화되는 행동이며, 화자의 행동을 강화하기 위해서 청자는 정확하게 학습된 대로 반응해야 한다."라고 정의하였다. 예를 들어, 더운 여름날 밖에서 뛰어놀다 온 아이가 엄마에게 "물 주세요."라고 한 경우를 생각해 보자. 이 아이는 목이 말랐을 터이고 엄마를 보자 물을 달라고 하였고 엄마는 들은 대로 물을 주었을 것이다. 이 상황에서 "물 주세요."라는 음성언어를 산출하도록 한 '원인(cause)'인 환경적인 상황은 더운 여름날 뛰어놀다 돌아온 아이의 물을 마시고 싶은 동기적인 상황, 물이 엄마에 의해 전달될 수 있다는 인식, 화자의 언어행동에 반응할 청자인 엄마의 존재, 무엇보다도 이전에 이러한 언어행동을 통해 물을 얻었던 결과를 경험한 강화 이력일 것이다. 언어행동분석에서는 "물 주세요."라는 음성반응과 그를 둘러싼 환경적인 요인(동기적 맥락, 변별자극, 반응에 따른 후속결과)을 하나의 분석 단위(unit of analysis)로 본다. 언어행동을 하나의 단위로 분석하는 언어행동분석이 언어가 지체된 아동을 위한 중재에 기반이 되었을 때 강도 높고 반복적인 교수를 가능하게 한다. 또한 교수 중 학생의 반응과 교사의 수행을 수량화함으로써 교수 중재의 효과성 및 학습 과정을 긴밀히 모니터할 수 있게 하여 자료에 기초한 교육을 가능하게 하는 이점이 있다(Greer & Ross, 2008).

2) 청자 역할과 화자 역할

Skinner의 언어행동 정의는 화자 중심으로 내려져 있다. 하지만 언어행동의 이해에 청자의 역할은 배제할 수 없다. 전통적인 언어행동에 관한 이해는 화자와 청자에게 기본적으로 공통적인 언어학적인 과정이 일어나서 청자와 화자 둘 다에게 동일한 의미가 존재할 때 의사소통이 성공적으로 일어난다고 보았다. 전통적인 접근의 언어학자들은 언어를 들었을 때 그 말이 의미하는 것이 무엇인지, 그 문장이 문법적으로 올바른지 판단하는 것처럼 근본적으로 청자의 행동에 관심이 있다고 할 수 있다. 전통적인 언어학자는 의사소통이란 생각, 의미, 정보를 청자에게 전달하는 과정이라 생각하였다(Skinner, 1978). 따라서 전통적인 언어학자들이 화자와 청자의 개념을 구분한 것은 아니지만, 결론적으로 청자 입장에서 분석이 이루어진 것처럼 여겨진다. 행동적 관점에서 청자의 행동이 관련된 유관과 화자의 행동 유관은 닮은 점이 없으며, 청자의 행동은 언어적이 아니라고 보았다(Skinner, 1957). 하지만 Skinner는 언어 에피소드가 완성되기 위해서 청자의 역할을 필수적인 것으로 보았다. 따라서 청자는 화자 행동에 대해 강화를 포함한 후속결과를 제공함으로써 강화를 중개하므로 청자는 언어행동이 관찰되는 상황에서 필수적인 요소다. 화자 행동의 유관을 살펴보면 청자의 존재는 언어행동의 변별자극이면서 동기조작이다. 즉, 청자의 존재는 화자 행동을 촉발하고 유지시키며 강화시킨다. 이러한 효과를 지니는 청자 행동은 화자 행동에 대한 반응으로 보이는 감정적 반응일 수도 있고, 비언어적인 반응(수용적 언어)일 수도 있으며, 언어적인 반응일 수도 있다. 또한 중요한 것은 개인이 화자와 청자 역을 동시에 할 수도 있다. 이것을 사고 작용이라 하며 개인의 내면 혹은 외부로 나타날 수 있다(Skinner, 1957).

3) 기본적 언어행동

Skinner(1957)는 화자가 언어행동을 통해 청자를 포함한 환경적인 요인에 미치는 기능에 따라 언어행동을 다음과 같이 분류하였다.

각 언어행동의 반응 형태와 환경적 요인이 〈표 11-1〉에 요약되어 있다.

〈표 11-1〉 언어행동의 반응 형태와 환경적 변인

언어행동	선행자극(S^D)/조건	반응형태	후속결과	S^D-반응 간의 유사성 및 상응성
에코익 (echoic)	음성 변별자극	듣기-말하기	자동강화 혹은 일반화된 사회적 강화	• 형태적으로 유사 • 1:1 상응
맨드 (mand)	• MO(결핍 혹은 불쾌한 상황) • 비언어적 S^D • 강화제의 유용성	음성, 수화, 제스처, 발화장치, 그림 등등	화자에 의해 특정화된 강화제	
비순수맨드 (impure mand)	비언어 S^D와 타인의 언어 행동에 의한 통제(맨드 상황에 "뭐 줄까?" 첨가)			
택트 (tact)	비언어 변별자극(S^D)			
비순수택트 (impure tact)	비언어 변별자극(S^D) + 타인의 언어행동 ("이것은 뭐지?")	보기-말하기 (보기 외 듣기, 냄새 맡기, 촉감 느끼기, 맛보기)	일반화된 사회적 강화, 관심, 청자의 수긍	
인트라버벌 (intraverbals)	언어적 변별자극(S^D)	듣기-말하기	일반화된 사회적 강화, 상대방의 관심	• 형태적 유사성 • 1:1 상응성 부재
오토클리틱 (autoclitics)		보기-말하기 듣기-말하기		주요 언어행동에 수반하여 그 언어행동을 수식함
텍스츄얼 (textual responding)	인쇄 자극, 단어	인쇄 자극 보기-말하기		• 형태적 유사성 부재 • 1:1 상응성

(1) 맨드

맨드(mand)는 '명령하다'의 'command'와 '요구하다'의 'demand'에서 파생된 용어로 맨드는 특정 후속결과에 의해 강화되며, 결핍 상태나 불쾌한 자극과 같은 동기적 상황에 의해 조절되는 언어행동이다(Skinner, 1957). 즉, 결핍 상태나 불쾌한 자극이 존재하는 상황에서 벗어나고자 하는 동기적 조건이 맨드의 주된 통제 변인으로 작용한다. 맨드는 화자에게 직접적인 혜택을 주는 언어행동으로(Greer & Ross, 2008), 아기가 가장 먼저 습득하는 언어행동이다(박혜숙 외, 2018; 최진혁, 2013; 최진혁, 박혜숙, 2013; Lee, Luke, & LeePark, 2014; Sundberg & Michael, 2001). 신발이 꽉 끼어 발이 아픈 아동이 엄마에게 "발이 아파요."라고 말해서 엄마가 끈을 느슨하게 고쳐 주었다면 아동은 맨드를 행한 것이다. 발이 아픈 불쾌한 상황에서 엄마한테 신발 끈을 고쳐 달라고 요구하고 청자인 엄마의 행동을 통해 발이 아픈 고통스런 상태에서 벗어났다. 이와 같이 아동은 맨드를 구사하여 자신이 처한 환경을 조절한다. 맨드가 가장 먼저 습득하는 언어작동행동인 것을 고려하면 언어행동분석 중재 모델에서 맨드가 초기에 교수해야 할 능력이라는 것은 당연하다고 할 수 있다(Greer, 2008; Greer & Keohane, 2005; Greer & Ross, 2004; Greer & Ross, 2008). 맨드는 가장 기초적인 형태의 의사소통 행위로 초기 사회행동이라 할 수 있기 때문이다. 또한 언어행동분석 중재 모델에서 맨드를 통해 최초의 음성언어를 형성하려 할 때 중재 프로그램 초기의 음성언어 형성의 유무는 아동의 교육적 성과의 예후를 결정하는 주요 요인이다(Frea & McNerney, 2008).

(2) 택트

택트(tact)는 특정 사물이나 사건 혹은 특질에 의해 유발되는 언어행동으로 명명하기나 언급하기를 뜻하나 이들 용어 자체가 택트의 선행자극과 후속결과의 의미를 내포하고 있지 않으므로 완전하게 택트를 의미하지 못한다(Greer & Ross, 2008). 택트는 형태의 반응이 특정 사물이나 사건 혹은 사물이나 사건의 특징에 의해 촉발되는(혹은 최소한 강화되는) 언어행동이다(Skinner, 1957). 또한 맨드가 특정 강화제에 의해 유지된다면 택트의 환경적 효과는 일반화된 강화제인 사회적 강화제다. 예를 들어, 엄마와 길을 가던 유아가 소방차 소리를 듣고 고개를 돌려 소방차를 가리키며 "소방차다."라고 하니 엄마가 "그래, 맞아."라고 응대를 해주었다면 택트가 일어난 것이다. 이와 같이 개인이 시각을 포함한 오감을 통해 수용된 비언어적 선행자극에 대해 언어적으로 반응하여 언어적 반응에 대한 후속 결과로 타인의 사회적 반응(예: 눈맞춤, 응수, 칭찬, 관심 등)을 얻은 경우 택트가 일어났다고 할 수 있다. 언어행동중재 모델에서는 수용적·표현적 반응을 목표로 사물이나 사건을 제시하고 있다(Greer, & Ross 2008; Greer & Keohane, 2005; Greer & Ross, 2004; Greer & Ross, 2008; Sundberg, 2008). 맨드가 초기 음성언어를 유도하는 데 유용하다면 광범위한 범위의 택트 능력군의 형성은 언어능력의 심층 발달은 물론 복잡한 행동을 학습목표로 할 수 있고 인트라버벌 형성의 기반이 된다.

(3) 인트라버벌

타인의 언어행동에 반응해서 산출되었으나 반응형태가 타인의 언어행동과 같지 않은 언어반응을 인트라버벌(intraverbal)이라 한다(Greer & Ross, 2008). 예를 들어, 교사가 "어디서 잠을 자나요?" 하면 아동이 "침대"라고 했다면 아동은 교사의 언어행동에 대한 언어반응인 인트라버벌을 보인 것이다. 노랫말 잇기는 초기 인트라버벌 프로그램의 좋은 예다. 초기 인트라버벌의 발달은 타인의 언어행동에 의해 촉발되지만 아이가 성장하면서 자신의 언어행동에 대한 반응으로 나타난다. 이는 타인과 청자로서 화자로서 번갈아서 반응함으로써 대화를 가능하게 한다. 독백도 개인이 청자역과 화자역을 교대로 할 때 일어나며, 독백이 내면화가 되면 사고 작용의 초기 형태라 할 수 있다. 원활한 택트가 형성되면 목표로 할 수 있고, 일단 원활한 인트라버벌이 형성되면 관련 학습목표 영역도 넓어진다(Greer & Ross, 2008).

(4) 에코익

에코익(echoic)은 인트라버벌처럼 타인의 언어행동에 반응해서 산출되며 타인의 반응과 그 형태가 같다. 음성, 단어, 문장을 흉내 내었다면 에코익 반응을 보인 것이다. 이는 초기 언어중재 프로그램에서 목표하는 주된 언어행동이며, 후에 복잡한 언어행동을 지도할 때 유용한 언어행동이기 때문이다(최진혁, 박혜숙, 한윤선, 2015; Greer & Ross, 2004, 2008; Sundberg, 2008; Sundberg & Michael, 2001). 에코익은 맨드 기능으로 혹은 택트 기능으로 훈련할 수 있다. 예를 들어, 냉장고 앞에서 엄마가 아이에게 우유를 주기 전에 "우유."라고 말하고 아이가 "우유."라고 따라하여 엄마가 우유를 주었다면 에코익이 맨드 기능으로 훈련되었다고 말할 수 있다. 엄마가 아이와 그림책을 보다가 책에 나와 있는 딸기 그림을 손가락으로 가리키며 "딸기."라고 하였더니 아이가 "딸기."라고 에코익 반응을 보이고 이어 엄마가 "그렇지."라고 미소 지으며 말했다면 택트 기능으로 에코익이 일어났다고 볼 수 있다. 이와 같이 맨드와 택트 기능 훈련을 통해 효과적으로 에코익을 형성시킬 수 있다.

(5) 오토클리틱

오토클리틱(autoclitics)은 수식하고, 수량화하고, 긍정하고, 부정하며, 소유를 나타내거나 혹은 맨드나 택트와 같은 일차적 언어행동이 좀 더 구체적인 의미를 지닐 수 있도록 하는 언어행동이다. 예를 들어, 초코칩 쿠키를 원하는 아이는 "쿠키." 대신 "초코칩 쿠키."를 맨드해야 정확히 원하는 쿠키를 얻을 수 있을 것이다. 이때 오토클리틱의 기능을 하는 '초코칩'은 일차적 언어행동 맨드인 '쿠키'보다 더 구체적이 의미를 지닌다. 또한 오토클리틱은 청중으로부터 부정적 혹은 벌적 반응을 피하기 위한 기능을 하기도 한다(예: "내 생각에는……"). 마지막으로 청자의 행동을 좀 더 효과적으로 영향을 주는 기능을 한다(예: "_____ 좀 주세요."). 이와 같이 오토클리틱은 맨드나 택트와 같은 기본적인 언어행동이 청자에게 미칠 영향을 변경한다.

(6) 텍스츄얼

텍스츄얼 반응(textual responding)은 인쇄 자극이 주어졌을 때 소리 내어 읽는 반응으로 시각적 · 촉각적 언어 자극(인쇄 혹은 점자)이 언어행동의 청각적 패턴을 조절하는 것이다. 즉, (소리 내서 읽는) 음성반응인 텍스츄얼은 비청각적 언어자극인(인쇄 자극의) 통제하에 있다고 볼 수 있다(Skinner, 1957: Greer & Ross, 2004에서 인용. 괄호는 저자가 첨가한 부분을 표시). 텍스츄얼 반응은 인쇄 자극의 이해가 반드시 내포된 것은 아니고 '디코딩(decoding)'에 가깝다고 할 수 있다. 텍스츄얼 반응은 선행자극과 그에 대한 반응 사이에 일대일 상응 관계가 있으나 물리적, 즉 형태적 유사성은 없다. 인쇄된 단어(시각적 자극)인 '고양이'를 보고 "고양이."(청각

적 반응)라고 소리 내어 읽었다면 자극과 반응 사이에 상응성은 있으나 형태적 유
사성은 없다.

(7) 트랜스크립션

트랜스크립션(transcription)은 발화된 단어를 적는 언어행동이다(Skinner, 1957).
말하자면 트랜스크립션은 발화된 언어적 자극이 쓰인, 타이핑된, 손가락으로 쓰
인 언어반응을 촉발하는 언어행동이다(Sundberg, 2008). 예를 들어, 교사가 말한
"모자."를 듣고 아이가 '모자'라고 쓰면 트랜스크립션이 일어난 것이다. 트랜스크
립션은 선행자극과 반응 사이에 일대일 상응성은 있으나 물리적 유사성은 없다.

4) 다중통제

인간의 복잡한 행동을 반영하는 언어행동은 형태에서도 다양하지만 무수히 다
른 상황에서 일어나므로 복잡한 언어행동 통제 양상을 과학적으로 해석하는 것
에는 어려움이 있다. 실험실 상황이 아닌 현실에서 일어나는 언어행동을 하나의
주도적인 유관에 의해 설명하거나, 언어행동이 일어나는 맥락을 단순화하는 데는
언어행동을 통제하는 복잡성을 반영하는 데 한계가 있을 것이다. Skinner(1957)
는 언어행동이 하나의 언어반응은 하나 이상의 변인에 의한 것일 수도 있고, 하
나의 변인이 하나 이상의 언어반응에 영향을 미친다고 기술하였다. Skinner가 제
시한 이러한 현상이 후에 수렴다중통제(convergent multiple control)와 분기다중통
제(divergent multiple control)로 명명되었다(Esch & Esch, 2016; Michael, Palmer, &
Sundberg, 2011).

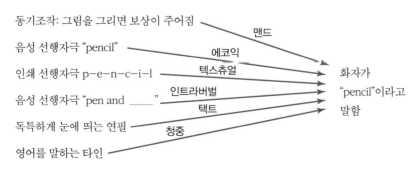

동기조작: 그림을 그리면 보상이 주어짐 ——— 맨드
음성 선행자극 "pencil" ——— 에코익
인쇄 선행자극 p-e-n-c-i-l ——— 텍스츄얼 화자가
음성 선행자극 "pen and ___" ——— 인트라버벌 "pencil"이라고
독특하게 눈에 띄는 연필 ——— 택트 말함
영어를 말하는 타인 ——— 청중

[그림 11-1] 수렴다중통제의 사례

Michael, Palmer와 Sundberg(2011)는 다중통제 관련 논문에서 Skinner가 제시한 수렴다중통제의 예를 소개하였는데(p. 6), 누군가 "pencil"이라고 하나의 언어반응을 보이게 하는 변인은 ① 그림을 그리면 보상을 받는 상황으로 연필에 대한 결핍이 설정된 동기조작(맨드), ② 음성언어 자극인 "pencil" 제시(에코익), ③ 인쇄자극 p-e-n-c-i-l 제시(텍스츄얼), ④ 음성언어 자극인 "pen and ____" 제시(인트라버벌), ⑤ 독특하게 생긴 연필(택트), 그리고 ⑥ 영어권의 청중임을 알리기 위해 단순히 "pencil"이라고 말하는 상황이 그것이다([그림 11-1] 참조).

Michael 등(2011)은 이어서 앞에 든 예를 형태적(formal) · 의미적(thematic) 통제요인에 의해 영향 받는 언어반응으로 구분하여 설명하고 있다. 즉, "pencil"이란 음성언어 반응이 형태적 · 의미적 통제요인(controlling source)에 의해 동시적으로 영향을 받고 있다고 하였다. 음성 선행자극과 인쇄 선행자극은 에코익과 텍스츄얼 반응을 조절하는 형태적 통제요인이며, 반면 다른 청각적 선행자극, 시각적 자극, 동기적 변인은 인트라버벌, 택트, 맨드 반응을 조절하는 의미적 요인으로 설명하고 있다. 이 예에서 언어 형태는 모두 같은 "pencil"이며, 이 반응을 통제하는 변인들은 서로 상호보완적이다. 수렴다중통제에서 다른 변인들이 상호보완적으로 하나의 언어반응을 통제하는 예로 배가 고픈 아이가 부엌에 있는 빵을 보고 "샌드위치 주세요."라고 말한 경우를 들 수 있다. 언어반응은 부분적으로는 배가 고픈 동기적 변인에 의해 또한 부분적으로 시각적 자극인 눈앞의 빵에 의해 일어난 반응으로 해석할 수 있다[수렴다중통제에 관한 좀 더 자세한 설명은 Michael 등(2011) 논문 참조].

분기다중통제는 하나의 변인이 다양한 반응을 일으킬 때 일어난다. Michael 등(2011)은 그 예로 치와와와 마주친 경우를 들고 있다. 작고 갈색인 치와와는 음성 택트, 인쇄된 택트, 수화 택트 등을 촉발시킬 수 있음은 물론 '개' '갈색' '치와와' '작은' 등의 언어반응을 일으키는 것처럼 일반적으로 하나의 택트 자극이 다양한 택트를 불러온다. 분기다중통제로 인한 각기 다른 반응은 서로 상충적으로 치와와를 보았을 때 앞에 언급된 각기 다른 택트를 동시에 말할 수는 없다. 하나의 자극에 대해 일어날 수 있는 다양한 언어반응을 하나의 반응 시스템으로 보았을 때 그 시스템 안의 반응 중 하나가 반응에 대해 화자가 지니는 조건화 이력이나 순간적인 촉발 요인의 동시적 영향에 의해 우세해진 것으로 이해할 수 있다.

Skinner(1957)의 언어에 대한 해석은 문제해결, 유추, 유머, 범주화와 같은 복잡하고 직접적인 강화 이력이 없는 언어행동의 출현을 설명할 때 부적절하다는 비평을 받기도 하였다. 다중통제에 관한 이해는 현실 세계에서 복잡한 변인에 의해 촉발되는 사회적 행동, 인식, 창의력, 문제해결, 기억, 사고 작용 등을 이해하는 데 중요한 역할을 한다(Esch & Esch, 2016; Michael et al., 2011). 또한 다중통제에 관한 이해가 자폐스펙트럼장애 아동의 언어평가와 언어중재에 적용되고 있다(Greer & Ross, 2008; Sundberg, 2008).

Ⅱ 언어행동분석의 적용

1. 언어행동분석에 기초한 언어훈련

아동이 한 언어사회에서 기능적으로 언어를 사용하기 위해서는 '효과적인 화자와 청자'가 되는 학습이 필요하다(Greer & Ross, 2008; Greer & Speckman, 2009; Sundberg & Michael, 2001). 언어행동분석 교육과정에서는 '능숙하게 화자와 청자로서 언어사회에서 기능한다.'는 것을 목표로 하고 있다. 다시 말하면 화자에 의해 제시된 언어자극에 청자로서 반응하도록, 그리고 역으로 청자의 행동을 조절하는 화자로 반응하도록 지도하는 것이 언어행동분석적 교육과정의 주된 목표다. 또한 이러한 목표를 향해 교육과정을 운영할 때 간과해서 안 되는 것은 화자 혹은 청자 행동이 독립적으로 학습되는 별개의 기능적 관계라는 것이다. 즉, 하나의 언어 행태를 각기 다른 기능으로 또한 화자 · 청자로서 구사할 수 있도록 각각 독립적인 학습 목표로 교육한다. 예를 들어 '사과'라는 하나의 언어 형태를 맨드(혹은 택트)를 하는 화자로서 혹은 화자의 맨드(혹은 택트)에 반응하는 청자로서 반응하도록 지도한다. 아동이 교육과정에 따라 진전을 보이면서 청자 행동의 확장이라 할 수 있는 독자, 그리고 화자의 확장이라 할 수 있는 필자 행동을 지도한다. 아동의 언어능력이 발전하면서 학습영역의 난이도가 높아지고 범위도 확대된다(Greer, 2008; Greer & Keohane, 2005; Greer & Ross, 2004; Greer & Ross, 2008).

어휘와 그 의미에 중점을 두는 전통적인 언어에 대한 접근 방식은 언어가 사회적 맥락에서 기능적으로 쓰이는 것과 관련된 복잡성을 간과하기 쉽기 때문에 언어가 지체된 아동의 언어중재에서 실패할 가능성이 높다(Greer & Ross, 2008; Sundberg & Michael, 2001). 기본적인 분석 단위로 언어행동을 이해하는 언어적 접근은 기본적인 언어행동을 독립적인 단위로 지도한 후 그 기본적인 단위를 결합하고 확장하여 좀 더 복잡한 언어행동을 지도하는 것을 가능하게 한다.

2. 조기집중행동중재

1) 조기집중행동중재의 역사

1981년 Lovaas가 『Teaching Developmentally Disabled Children: The Me Book』을 출간하면서 응용행동분석이 장애아동을 위해 집중적이고 체계적인 중재로 응용되는 사례가 널리 퍼지기 시작하였다. 1987년 Lovaas가 조기집중행동중재(early and intensive behavioral intervention: EIBI)의 성과를 보고하는 논문이 발표된 이후, 그리고 Catherine Maurice가 1993년에 자폐성장애 자녀를 양육한 수기인 『Let Me Hear Your Voice』를 발간한 이후 행동분석적인 중재와 효과성을 미국 내에서 대중적으로 알리는 계기가 되었다. 또한 Leaf와 McEachin(1999)의 『A Work in Progress』와 Maurice, Green과 Luce(1996)의 『Behavioral Intervention for Young Children with Autism: A Manual for Parents and Professionals』는 Lovaas 방식의 행동 중재 교육과정을 전파하는 데 중대한 역할을 하였다(Petursdottir & Carr, 2011).

Lovaas 방식의 행동 중재는 주로 개별시도학습(discrete-trial training: DTT)을 통해 아동 발달 순서에 따른 교육과정을 기반으로 교육한다(Carr & Firth, 2007; Petursdottir & Carr, 2011). 발생 빈도나 양상의 변화가 필요한 표적행동을 구체적이고 측정이 가능하도록 정의하고, 촉구를 통해 목표 반응이 산출되도록 보조하며, 적절한 목표 반응은 강화하고, 부적절한 반응은 강화의 중단인 소거를 하는 등 행동 중재 전략을 사용하여 표적행동의 발생 빈도를 형성시키고 유지한다. 이 과정에서 표적행동에 대한 자료가 수집되며, 교수 결정은 이에 기초해서 이루어진다.

Lovaas 방식 행동 중재의 초기 교육과정 영역을 보면 눈맞춤과 모방과 같은 기본적인 사회적 반응과 지시 따르기, 음성언어 모방, 지시한 아이템 가리키고 명명하기 등의 수용언어와 표현언어 능력을 포함한 의사소통 능력의 형성에 중점을 두고 있다. 아동이 교육과정을 따라 발전함에 따라 표적행동이 복잡해지고 점진적으로 정상아동의 언어와 흡사한 수준까지 목표로 한다(Lovaas, 1981).

1984년에 Jack Michael은 그의 논문 'Verbal Behavior'에서 Skinner(1957)의 저서 『Verbal Behavior』에 제시된 언어행동의 개념, 용어, 그리고 인간의 언어행동과 사회 환경 간의 기능적인 관계 분석이 언어중재에 관한 연구에 반영되지 않았다고 지적하였다. Skinner는 한 개인의 언어행동은 개인이 속한 사회 환경에 미치는 영향에 의해 형성·유지된다고 보고, 언어행동을 기능에 따라 기본적인 언어작동행동(예: 맨드, 택트, 에코익 등)을 구분해 놓았다. Jack Michael을 포함한 언어행동분석자들은 1980년대를 시점으로 언어행동분석에서 Skinner(1957)에 의해 제시된 인간 언어에 대한 행동적 해석을 장애아동을 위한 행동주의적 교육과정에 반영하기 시작하였고 이로써 오늘날의 언어행동분석적 모델이 형성되고 발전하였다(Greer & Ross, 2008; Sundberg & Partington, 1998). 이러한 모델은 Lovaas 방식 접근과 함께 EIBI의 대표적인 유형이다(Frost & Bondy, 2007).

언어행동분석적 EIBI의 기반은 언어행동이 환경 속에서 갖는 기능을 분석하는 데 있어 하나의 언어행동과 그것을 일으키고 유지시키는 환경적 맥락을 하나의 분석 단위로 본다. 이러한 언어에 대한 이해가 언어·사회·인지 영역에 장애를 보이는 아동의 교육에 적용되었을 때 여러 이점이 있다(정미숙, 이정해, 이성봉, 2017; Sundberg & Michael, 2001).

2) 조기집중행동중재의 특징

(1) 교육내용 선정에서의 특징

언어행동분석에 기초한 EIBI 프로그램에서 볼 수 있는 첫 번째 특징은 평가에서 찾아볼 수 있다(Sundberg & Michael, 2001). 언어를 기본적인 언어작동행동을 통한 화자와 청자 간의 상호작용으로 이해하는 행동주의적 접근은 언어지체 아동의 언어능력을 평가할 때 기본 언어작동행동의 유무 파악이 주된 목표 중 하나다. 가장 먼저 목표되는 언어행동은 맨드로 어떤 형태의 행동을 통해, 어떠한 동기적인 맥락에서 맨드를 보이는지, 그리고 빈도는 어떠한지를 평가한다. 음성 맨드 평가를 통해 에코익의 유무를 판단할 수 있는데, 아동이 원하는 아이템을 보여 주면서 이름을 말해 주며 따라 하도록 한다. 에코익에 어려움을 보이는 아동은 다른 언어행동에도 문제가 있을 가능성이 높고, 이후 언어중재에서도 장애요소가 된다(Greer & Ross, 2008; Partinton & Sundberg, 1998; Sundberg & Michael, 2001; Sundberg, 2008). 택트의 유무, 범위와 빈도를 파악함으로써 비언어적 자극통제에 의한 언어행동 능력 평가가 가능하며, 인트라버벌의 강도와 범위 그리고 수용언어 수준을 파악함으로써 아동이 타인에 의한 언어자극에 반응하는 능력을 파악할 수 있다(Sundberg, 2008). 이와 같이 언어능력 평가를 통해서 아동이 각 언어작동행동을 화자로서 그리고 청자로서 사용하는 능력을 파악할 수 있으며, 나아가 화자 혹은 청자 역이 확장된 형태인 읽기와 글쓰기 능력을 파악할 수 있다. 이는 아동이 특정 언어를 쓰는 사회에서 독립적으로 기능하는 정도를 평가하는 것이며, 차후 EIBI 프로그래밍의 기반이 된다.

두 번째 특징은 음성언어를 보이지 않는 아동의 초기 중재 목표로 맨드를 강조한다는 것이다. 그 이유는 맨드가 아동에게 즉각적인 혜택을 주기 때문에 언어교수 중 가장 강한 동기적 맥락을 유지할 수 있기 때문이다. 또한 아동이 독립적으로 자신의 환경을 조절하는 능력을 형성하기 위한 첫 단계이기도 하다. 자신의 필요성이나 욕구에 관해 적절하고 원활하게 의사소통할 수 있는 능력이 형성되면 문제행동의 원인이 되는 많은 부분이 제거된다. 맨드를 통해 최초의 음성언어를 형성하고 그를 기반으로 다른 언어작동행동(예: 택트, 인트라버벌 등)을 형성·확장시킨다. 맨드를 통해 일단 음성언어를 통한 강화 이력이 형성되면, 다른 기능의 음성언어 형성이 용이해진다. 기존의 전통적인 교육과정에서 수용언어와 명명 행위인 택트에 강조를 두는 것과 대조된다(Sundberg & Michael, 2001).

세 번째 특징은 각 언어행동을 독립적으로 가르친다는 것이다. 하나의 언어 형태를 하나의 언어기능으로 습득했다고 해서 습득된 언어 형태를 자동적으로 다른 기능으로 사용할 수 있다고 말할 수 없다(Lamarre & Holland, 1985; Twyman, 1995). 특히 언어능력이 충분히 발달되지 못한 아동은 더욱 그럴 것이다. 반대로 이런 기능 전이 능력도 중요한 교육목표가 된다(Greer & Ross, 2008; Greer & McCorkle, 2013; Greer & Speckman, 2009; Greer, et. al., 2019).

네 번째 특징은 각 언어행동을 유발시키는 동기적 맥락을 인위적으로 혹은 자연스럽게 구성하여 각기 다른 동기적 상황에 반응하도록 하는 것이 언어중재의 주된 부분을 이룬다는 것이다(Greer & Ross, 2008; Sundberg & Michael, 2001). 예를 들어, 결핍 상태나 불쾌한 자극의 존재에 의해 촉발되는 맨드를 훈련시키기 위해서 결핍 상태나 불쾌한 상태를 인위적으로 조작하여 맨드를 위한 동기적 맥락을 제공한다. "과자."라고 말하는 하나의 음성언어 형태를 교수하기 위해 일정 시간 동안 과자를 주지 않음으로서 과자에 대한 결핍 상태를 통한 동기설정조작(establishing operation)이 그 예라고 할 수 있다. 선호하는 놀이를 위해 필요하나 없어진 아이템 요구하기, 정보를 맨드하는 의문사 질문, 거부 등도 맨드의 일종으로 특유의 동기적 맥락에 의해 조절된다. 이러한 노력으로 언어행동을 보이지 않던 아동에게 맨드를 성공적으로 지도했다면 아동은 좀 더 적극적으로 언어교수에 임하게 될 것이며(Sundberg, 2008), 이미 형성된 음성 맨드를 발판으로 택트, 인트라버벌, 에코익과 같은 다른 언어행동을 용이하게 지도할 수 있게 된다.

다섯 번째 특징은 복잡한 언어행동 형성의 시점으로 인트라버벌의 습득을 강조하는 것이다(Greer & Ross, 2008; Sundberg & Michael, 2001). 택트는 화자로 하여금 실제로 눈앞에 존재하는 사물과 사건에 관해 말하는 것이라면, 인트라버벌은 물리적으로 눈앞에 존재하지 않는 사물과 사건에 관해 말할 수 있게 하는 것으로 복잡한 언어행위나 사고행위의 발판이라 할 수 있다. 인트리버벌을 습득한 아동은 대화와 같은 발전되고 복잡한 언어행동을 습득하는 데 요구되는 중요한 선행행동을 습득한 것이며, 사고행동의 기반을 형성한 것이다. 언어지체 아동은 능숙하게 지시어를 따르는 등 수용언어 능력과 광범위한 택트를 보인다 하더라도 인트라버벌이 부재하거나 미약한 경우가 많다(Greer & Ross, 2008; Greer & Speckman, 2009; Sundberg & Michael, 2001). 정상적으로 발달하는 아동은 복잡한 언어사회에서 언어를 매개로 한 사회적인 상호작용을 통해 자연스럽게 인트라버벌을 습득한다. 사회성과 사회적 능력이 부족한 아동들에게는 사회적 상호작용이 강화제로 작용할 수 없으므로 사회적 강화에 의해 조절되는 인트라버벌을 형성시키기 위해서 사회적 상호작용이 환경적 요인을 직접적으로 강화제가 될 수 있도록 조작해야 한다(Sundberg, 2008). 다시 말해서, 사회적 강화제에 의해 통제되는 인트라버벌을 위해서 우선 사회적 상호작용이 선호되도록 조건화하는 과정이 우선되고, 그를 발판으로 언어를 매개로 하는 사회적 상호작용의 기회를 늘림으로써 타인의 언어반응에 언어반응을 보임으로써 얻는 강화 이력을 형성하고 강화시켜야 한다.

(2) 교수 전달 방식에서의 특징

Skinner가 제안한 기능적인 언어적 접근, 즉 Skinner는 하나의 언어행동과 그를 촉발하는 동기적인 상황과 행동을 촉발하는 환경적 요인인 선행자극과 언어행동에 따르는 또 하나의 환경적 요인인 후속결과를 하나의 분석 단위로 정의하였다. 이는 EIBI 상황에서 진행되는 프로그램의 기반이며, EIBI 교수 방식의 특징을 이루는 요소다. 즉, Skinner가 제시한 언어행동에 관한 기능적 해석은 반복적이고 고도로 구조화된 교수, 자료에 기반한 교수를 가능하게 한다. 또한 아동의 수행 능력과 선행 능력 수준에 따라 교수 형태를 달리할 수 있다. 프로그램 초기에는 각 목표 반응을 위해 제시되는 선행자극과 후속결과가 명확하고 습득 목표 반응이 개별적으로 제시되는 개별시도학습의 형태로 시작하지만, 아동의 언어 능력 수준이 진보함에 따라 하나의 회기에 다수의 행동을 목표로 하며, 선행자극과 후속결과가 자연스러운 상황에서 제시되는 자연환경훈련(natural environmental training: NET) 형태로 옮겨 갈 수 있다(Sundberg, 2008). 예를 들어, 아동이 처음에 교육을 받기 시작할 때에는 모방하기, 언급된 물건 가리키기, 맨드, 택트, 지시 따르기 등을 개별시도학습으로 교수를 하다가 교육과정에 따라 진전을 보이면 맨드, 인트라버벌, 수용언어 능력을 하나의 회기 동안에 목표로 해서 NET 형태로 지도가 가능해진다. 따라서 대부분의 경우 개별시도학습과 NET의 적절한 혼합이 효과적인 언어중재를 가능하게 한다(Sundberg & Partington, 1998). 행동적 언어훈련 상황에서 이루어지는 교수 형태와 이론적 배경에 관한 자세한 설명은 LeBlanc 등(2006)을 참고하길 바란다.

3) 언어행동분석에 기반한 EIBI 교육과정 및 평가도구

EIBI 상황에서 평가도구이자 교육과정으로 쓰이는 것에는 Verbal Behavior Milestones Assessment and Placement Program(VB-MAPP) 2nd Edition(Sundberg, 2016), CABAS®International Curriculum and Inventory of Repertoires for Children from Pre-School through Kindergarten: C-PIRK(Greer & Speckman, 2014)의 7판인 Early Learner Curriculum and Achievement Record(ELCAR) (Greer, Speckman, Dudek, Cahill, Weber, Du., & Longano, 2019), 그리고 Assessment of Basic Language and Learning Skills(ABLLS) (Partington & Sundberg, 1998)이 있다.

VB-MAPP은 다섯 부분으로 이루어져 있다. 가장 주된 부분으로 발달단계 평가(Milestone Assessment)가 있다. 이를 사용하여 16개 발달 영역과 3단계(0~18개월/18~30개월/30~48개월)의 발달 수준에 따라 구성된 170개의 발달단계를 기준으로 아동의 현재 발달 수준을 평가할 수 있다. 두 번째 부분으로 방해요인 평가(Barriers Assessment)가 있는데 이를 사용하여 24개의 학습에 방해되는 요인을 평가할 수 있다. 또한 전이 평가(Transition Assessment)를 이용하여 통합적인 교육 상황으로 전이할 때 필요한 18가지 영역을 평가한다. 과제분석 및 기술 추적(Task Analysis and Skills Tracking)에는 각 발달단계를 이루는 세부 기술이 수록되어 중재 계획과 실행에 있어 유효한 가이드라인이 된다. 마지막으로, 배치 및 IEP 장기목표(Placement and IEP Goals)를 이용하여 적절하고 구체적인 중재 프로그램을 고안하고 교수 형태 및 교육적 배치를 결정할 수 있다.

ELCAR는 언어행동분석에 기초한 EIBI의 한 모델인 Comprehensive Application of Behavior Analysis in Schooling(CABAS®)에서 쓰이는 평가도구이자 교육과정으로 유치원과 저학년에 속하는 능력군을 교육의 목표로 하고 있다. 목표 영역은 인지와 의사소통, 아동이 선호하고 흥미를 보이는 물품, 활동, 놀이의 목록인 강화제군, 사회적 능력과 자조 능력, 필기 능력을 포함한 소근육과 대근육의 민첩성을 포함한 신체적 발달이다(Greer & Speckman, 2014). CABAS®에서는 ELCAR를 이용하여 아동의 교과과정을 계획하고 실행함에 있어 아동이 처해 있는 언어능력 발달단계(developmental milestone)는 교수 형태와 장기목표 선정의 기반이 된다. 아동은 ELCAR에서 선정된 장기 목표를 성취함에 따라 학습능력이라 할 수 있는 언어능력(verbal capabilities)이 형성되고 확장되며, 이와 같이 언어능력이 축적됨에 따라 아동은 언어 발달단계를 따라 학습능력이 진보하게 된다[언어 발달단계와 언어능력에 관한 자세한 정보는 『언어행동분석』(Greer & Ross, 2011, pp. 81-82) 참조].

Petursdottir와 Carr(2011)는 VB-MAPP과 ELCAR의 이전 판인 C-PIRK을 간략히 비교하였다. VB-MAPP과 C-PIRK을 비교했을 때 주요 공통점은 첫 번째, 음성 맨드의 습득을 중시하며, 맨드를 기반으로 다른 음성 언어작동행동을 형성시켜 나감으로써 음성언어를 확장하고 복잡한 언어행동을 형성시킨다는 점이다. 두 번째 공통점은 아동의 언어능력 수준이 향상됨에 따라 학습영역에서 선택될 수 있는 목표가 다양해지고 복잡해진다. 즉, 학습영역 목표는 언어 수준에 따라 선택된다. 예를 들어, 아동이 원활한 음성언어가 발달하기 전에는 일반 사물이나 그림을 짝 짓기, 일반화된 동작 모방, 지시 따르기 등과 같은 기초 단계의 인지 학습 능력을 맨드와 함께 주요 교수 목표로 하지만, 아동이 원활한 인트라버벌이 가능할 정도가 되면 읽기, 쓰기 등의 영역을 학습목표로 선택한다.

두 도구의 차이점은 첫째, C-PIRK는 2~5세 혹은 초등학교 저학년 수준에서 요구되는 언어 영역을 포함한 전 영역을 위한 하나의 독립적인 교육과정으로 쓰일 수 있는 반면에 VB-MAPP이 포함하고 있는 영역은 읽기, 쓰기 능력과 같은 언어 영역과 그 밖의 영역인 놀이 능력, 자족 능력, 신체 발달과 같은 영역이 하나의 독립적인 교육과정으로 쓰일 수 있을 만큼 포괄적이지 않다. 둘째, C-PIRK는 언어능력 발달단계와 아동의 발달단계를 따라 언어발달이 일어나는 데 요구되는 각 발달단계의 언어능력에 관한 이해에 기초해서 사용된다. 예를 들어, 한 아동의 교수 프로그램을 위해 C-PIRK로 평가를 하고 그를 기반으로 C-PIRK에서 학습목표를 선정해서 프로그램을 운영한다. 만약 아동이 학습목표에서 진전을 보이지 않으면, 선행 언어능력을 파악하고 중재하기 위한 프로토콜을 완수한다. 그 후 다시 이전의 학습목표로 돌아가서 학습목표를 성취하도록 한다. 언어능력의 유무를 판단하고 중재하기 위해 사용되는 프로토콜은 언어행동분석(Greer & Ross,, 2011)에 자세히 설명되어 있다.

Ⅲ 생성적 언어행동 이해

1. 자극등가이론

인간의 언어행동이 강화 이력에 의해 통제된다고 본 Skinner(1957)의 언어이해는 직접적인 강화 이력이 없이 일어나는 생성적 언어행동과 파생적 언어행동을 설명하는 데 제한점을 드러내는 듯하다. 자극등가이론(stimulus equivalence theory)은 행동적 접근에서 언어행동을 설명할 수 있는 이론 중 하나이다.

하나의 자극군이 자극등가 관계를 이루기 위해서는 자극군에 속하는 자극 사이에 반사성(reflexivity), 대칭성(symmetry), 전이성(transitivity)을 충족시켜야 한다(자극등가에 관한 구체적 설명은 9장 참조). 자극등가 관계에 있는 자극−자극 관계들 중 일부에 강화 이력이 형성되면 나머지 자극−자극 관계는 직접적인 강화 이력 없이 파생적으로 출현한다고 보았다(Sidman & Tailby, 1982). 이러한 파생적 반응은 자극등가 관계 속에서 일어나는 자극 기능의 전이(transformation of stimulus function)로 설명될 수 있고, 이는 자연적 언어 현상을 설명할 때 유용한 개념이다(Kohlenberg, Hayes, & Hayes, 1991). 예를 들어, Sidman과 Cresson(1973)은 실험에서 연구 참여자에게 발화된 이름에 상응하는 그림을 매칭하도록 지도하였다. 그리고 나서 발화된 이름에 상응하는 인쇄된 단어를 매칭하도록 지도하였다. 그러자 연구 참여자들은 직접적인 교수 없이 인쇄된 단어를 읽을 수 있었고, 그림과 상응하는 인쇄된 단어를 매칭함으로써 독해 능력을 보여 주었다. 이러한 파생적 반응은 행동적 산물로 자극등가이론으로 설명할 수 있으나 행동적 산물이 발생하는 과정 자체를 설명하고 있지는 않다고 보았다(Horne & Lowe, 2000; Sidman, 1994). 파생적인 언어행동이 일어나는 메커니즘을 설명하기에 자극등가이론만으로 충분하지 않을 수 있지만 자극등가이론에 기초한 교육은 경제적 효율성을 가지고 있어 교육적 잠재력을 지니고 있다고 할 수 있다. 자극등가이론은 정상 발달 아동이나 장애아동을 대상으로 개념적 연구(Howarth, Dudek, & Greer, 2015)나 응용연구의 주제가 되었다(Rehfeldt, 2011: Rehfeldt & Barnes-Holmes, 2009; Sidman, 1994). 그 예로는 인트라버벌(Zaring-Hinkle, Carp, & Lepper, 2016), 정서적 자극과 불안증 치료(Tyndall, Roche, & James, 2009), 읽기와 철자법(de Rose, de Souza, & Hanna, 1996), 분수−소수 관계(Lynch & Cuvo, 1995), 뇌손상을 입은 성인의 이름−얼굴 매칭(Cowley, Green, & Braunling-McMorrow, 1992), 수화(Elias, Goyos, Saunders, & Saunders, 2008), 동전 인식(Keintz, Miguel, Kao, & Finn, 2011) 등이 있다.

2. 네이밍

Horne과 Lowe(1996)은 네이밍(naming) 현상에 기초하여 복잡한 언어행동을 설명하였으며, 언어행동의 기본 단위를 'name' 관계로 보았다. 그들에 의하면 '네이밍'은 고등 행동 관계로 하나의 자극에 대한 화자와 청자 기능이 양방향적으로 이루어지고, 새로운 이름이 형성되기 위해 화자와 청자 행동 모두와 강화 이력이 필요하지 않으며, 사물군이나 사건군과 관련 있다고 하였다. 네이밍은 언어행동의 기본 단위라고 제시하였고, 어떻게 유아에게 네이밍 능력이 형성되고, 그로 인해 사물과 사건을 상징화하고, 파생적 언어행동을 보이는지를 설명하려 하였다. 예를 들어, 그들의 논문에서 하나의 자극에 대해 형성된 반응이 물리적으로 상이하나 공통된 이름의 자극에 일반화하는 과정을 네이밍 현상을 통해 설명하였고, 더 나아가 유아가 특정 맥락에서 다른 사물과 사건을 하나의 자극인 양 동일하게 반응하는 과정을 설명하였다. 따라서 네이밍 관계는 등가 관계를 포함한 임의적인 자극군의 형성을 가능하게 한다고 보았다(Lowe, Horne, & Hughes, 2006; Stromer, Mackay, & Remington, 1996). 네이밍은 또한 범주화(categorization)와 같이 복잡한 언어행동을 촉진하는 것으로 밝혀졌다(Horne, Hughes, & Lowe, 2006; Horne, Lowe, & Harris, 2007; Horne, Lowe, & Randle, 2004; Lowe, Horne, & Hughes, 2005; Lowe, Horne, Harris, & Randle, 2002). 예를 들어, Miguel 등(2008)은 3세에서 5세 아동들에게 익숙하지 않은 그림에 대해 청자 반응과 화자 반응을 별도로 가르친 후 범주화가 일어나는지를 점검하였다. 결과에 의하면 아동들이 시각적 자극에 대해 청자와 화자로 반응할 수 있을 때 범주화가 일어났다. 이는 Horne 등(2004, 2006, 2007)과 Lowe 등(2002, 2005)에 의한 선행연구의 결과와 일치한다.

3. 관계 틀 이론

자극등가 관계를 포함하여 다양한 파생적 자극-반응 관계와 생성적(혹은 파생적) 언어반응 간에는 관련성이 있다. 파생적인 관계적 반응이 무엇이고 인간이 어떤 경로로 이러한 능력을 형성하는지에 관한 행동분석 이론에는 관계 틀 이론 (relational frame theory: RFT)이 있다. RFT의 관점에서는 파생적인 관계적 반응을 일반화된 반응 패턴과 맥락으로 통제되는 반응 패턴으로 설명하고 있다(Barnes, 1994; Stewart & McElwee, 2009). 아동들은 다중반응 경험을 통해 맥락적 단서에 의해 한 반응 패턴으로 반응을 하고 이것이 강화되는 과정에서 그 반응 패턴을 학습한다. RFT는 복잡한 언어행동과 인지를 행동분석 입장에서 설명하려는 이론으로 자극등가이론에 비해 다양한 관계적 반응 패턴이 형성되는 메커니즘을 설명한다.

RFT에서는 등가 관계를 관계적 반응이 샘플매칭(match-to-sample) 상황에서 임의적으로 적용된 결과로 보았다(Hayes, 1989). Hayes나 Barnes-Holmes를 중심으로 RFT가 형성되었다. RFT 관점에 의하면 등가 관계 안에서 교수 이력이 없이 나타나는 반응을 포함한 파생적 언어행동은 맥락적 단서에 따른 관계적 반응에 의한 것이며, 이러한 관계적 반응은 차별강화 이력에 의해 형성된 관계 틀 안에서 일어난다고 보았다. 즉, 파생적 행동은 관계 틀 안에서 나타나며, 이러한 관계 틀은 일반 작동행동처럼 교수 이력에 의해 형성되는 고등 작동행동이다(Barnes & Holmes, 1991; Hayes, 1991; Hayes & Hayes, 1989, 1992). 일련의 연구를 통해 비교, 대조, 비유와 같이 파생적 행동을 불러오는 다양한 관계 틀을 강화 이력을 통해 형성할 수 있음이 증명되었다(Dymond, Roche, Forsyth, Whelan, & Rhoden, 2007; Doughoer, Hamilton, Fink, & Harrington, 2007; McHugh, Barnes-Holmes, Barnes-Holmes, & Stewart, 2006; O'Hora, Barnes-Holmes, Roche & Smeets, 2004; Steele & Hayes, 1991; Stewart, Barnes-Holmes, Roche & Smeets, 2004)

RFT의 관점에서는 자극등가 관계 안에서의 파생적 언어행동을 다중 사례 간에 일어난 강화 이력에 의해 형성된 일반화된 반응군으로 보고 있다. 일단 이런 반응군이 형성되면 하나의 자극군에 속하는 자극들의 물리적 특징과 상관없이 훈련된 자극-반응 관계와 대칭 관계에 있는 훈련되지 않은 파생적 자극-반응 관계가 출현한다. 이것이 자극등가 관계 안에서 나타나는 파생적 명명하기다. RFT 관점에서는 네이밍이 맥락적으로 통제되는 일반화된 반응군으로 보고, 이는 자극등가 관계의 전조 현상으로 보고 있다. 네이밍은 대칭 관계 반응 사례다(LeePark, 2014a). 대칭 관계 반응은 자극등가 관계가 성립되기 위한 주요 요소이기 때문이다. 물론 네이밍이 있는 유아는 자극등가 관계의 전이관계(transitivity)에서 파생적 언어행동을 보일 것이다(LeePark, 2005, 2014b). RFT 관점에서는 이 또한 대칭 관계에서 보이는 파생적 언어행동을 설명했던 것과 같은 논리로 설명이 가능하다. 즉, 상화가 동반되는 다중반응 경험을 통해 일반화된 전이관계 반응 패턴을 형성했기 때문이다. 이와 같이 RFT 관점에서는 네이밍이나 자극등가 관계에서의 반응은 일반화된 맥락에 의해 통제되는 관계적 반응이며, 이것은 단지 한 유형의 파생적 관계다. 이 외에 다양한 파생적 관계가 있으며 이러한 관계가 연구를 통해 입증되고 있다(Barnes-Holmes, Barnes-Holmes, Smeets, Strand, & Friman, 2004;

Barnes-Holmes, Barnes-Holmes, & Smeets, 2004; Barnes & Hayes, 2007; Carpentier, Smeets, & Barnes-Holmes, 2003; Roche & Barnes, 1997; Dymond, May, Munnelly, & Hoon, 2010; Rehfeldt & Barnes-Holmes, 2009).

RFT 관점에서 설명될 수 있는 파생적 관계가 다양하지만, 이들 관계는 공통적인 세 가지 특징적 요소를 충족한다. 즉, 상호수반(mutual entailment), 조합수반 (combinatorial entailment), 기능전이(transformation of function)가 그것이다. 상호수 반은 자극 A가 자극 B와 어떤 맥락에서 관련이 있다면 새로운 관계가 B와 A 사이에 파생한다. 예를 들어, 색깔이 칠해진 작은 원판을 동전으로 사용하는 게임 상황에서 만약 동전 A가 동전 B보다 값이 더 나간다고 아이에게 말해 준 후 어떤 동전이 값이 덜 나가는지를 묻는다면 이는 동전 A와 동전 B 사이의 상호수반 관계를 시험한 것이다. 조합수반은 최소 두 자극 관계가 연합하여 새로운 관계가 파생될 때 일어난다. 예를 들어, 동전 A가 동전 B보다 값이 더 나가고, 동전 B가 동전 C보다 값이 더 나간다고 한다면, 동전 A와 동전 C 사이의 조합수반 관계에서 동전 A가 동전 C보다 더 값이 나간다는 관계가 파생적으로 형성된다. 자극 기능전이는, 예를 들어, 자극 A와 자극 B가 어떤 맥락적 관계에 있고, 자극 A가 어떤 심리적인 기능을 획득했을 때 자극 A와 자극 B 사이의 관계에 따라 자극 B의 기능이 전이될 것이다. 예를 들어, 앞의 사례에서 아이에게 어떤 동전을 선호하냐고 물었을 때 '값이 더 나가는' 동전을 선택했다면 이는 자극 기능전이가 일어난 것이다. 자극 기능전이(transformation of stimulus function)에 대한 이해는 객관적으로 관찰이 불가한 반응을 행동분석적 입장에서 설명할 수 있는 이론적 기반을 제공하였다. Blackledge(2003)는 생각, 감정, 느낌, 그리고 행동 사이에 존재하는 인과관계(causal relationship), 조합의 관계(relationship of coordination), 그리고 위계적 관계(hierarchical relationship)가 존재한다고 하였는데 이로써 Blackledge 는 생각, 감정, 감각적 느낌, 그리고 관찰 가능한 행동 등이 어떻게 관계 틀에 포함되는지를 설명하고 있다. 예를 들어, 공포의 감정과 뛰는 행동은 인과관계를 이루고, '뱀'과 '공포'는 같은 하나의 반응(달리기)을 촉발시키기에 조합의 관계가 형성되고, 위계적 관계는 '뱀'과 '숲'과 같이 하나의 자극이 더 큰 자극의 일부일 때 형성된다고 하였다. 이어서 Blackledge는 앞에 기술된 관계에 따라 하나의 자극이 다른 자극의 기능을 획득할 수 있다고 하였는데, 앞의 예에서 '숲'에 있는 상황이 '공포'를 느끼고 이어 달리는 행동을 촉발하는데, 이는 '뱀'과 '공포'가 가지는 자극 기능이 '숲'에 전이가 되었다고 볼 수 있다는 것이다. 앞의 예와 같이 RFT는 자극등가이론에서 설명된 자극 간의 관계를 자극 사이에 임의적으로 적용 가능한 관계로 확장하였다고 볼 수 있다(Barnes-Holmes, Barnes-Holmes, & Murphy, 2004).

Stewart, McElwee와 Ming(2013)은 파생적 언어 현상을 관계틀 안에서 직접적인 강화 이력이 없이 나타나는 '파생된 관계적 반응'으로 설명될 수 있는 언어 현상으로 보았고, 이 현상은 결국 '일반화된 그리고 맥락적으로 조절되는 임의적으로 적용되는 관계적 반응'으로 설명되는 것이 적절하다고 주장하였다. RFT 관련 초기 연구 활동은 정상적인 성인이나 아동의 관계 틀 안에서 일어나는 파생적인 반응이 강화 이력을 통해 형성된다는 것을 증명하였다(Barnes-Holmes, Barnes-Holmes, Smeets, Strand, & Friman, 2004; Barnes-Holmes, Barnes-Holmes, & Smeets, 2004). 이러한 고등 작동행동이 형성되는 메커니즘에 대한 이해는 발달장애나 언어지연이 있는 개인을 대상으로 파생적인 관계 반응에 결함이 있을 때 중재를 위한 노력의 기반이 되었다(Rehfeldt & Root, 2005; Rosales & Rehfeldt, 2007).

RFT에 의하면 '사물 명명하기'는 아동의 언어 발달단계 중 가장 초기의 중요한 형태의 관계 틀 안에서 적용되는 반응이다. 예를 들어, 보호자와의 상호작용을 통해 명명하기를 배우는 것은 유아의 언어 학습 초기 단계에서 일어나는데, 명명하기를 배우는 동안에 어린아이가 보이는 각각의 명명하기 행동에 분명한 강화가 주어진다면 아이의 명명하기에 강화 이력이 형성될 것이고 이로 인해 그 아이의 행동 능력군에 명명하기가 형성될 것이다. 즉, 여러 사례의 이름-사람(예: "민호 어디 있어?" 하면 아이가 민호 혹은 민호 그림을 가리킬 것이다.) 그리고 사람-이름(예: "이 사람 누구야?" 하면 "영민이야."라고 말한다.)을 경험하면서 유아는 직접적으로 가르쳐 주지 않았던 사례를 명명하는 일반화된 작동행동군을 형성하게 된다(Barnes-Holmes & Barnes-Holmes, 2000).

다중반응교수(Multiple Exemplar Instruction: MEI)는 맥락에 의해 반응이 통제되는 고등 작동행동인 관계 틀을 강화 이력을 통해 습득시키는 절차다. 다음의 연구를 통해 관계 틀의 형성과 다중반응교수 간의 기능적 관계가 증명되었다(Barnes-Homes, Barnes-Holmes, Roche, & Smeets, 2001; Barnes-Holmes, Barnes-Holmes, & Cullinan, 2000; Greer & LeePark, 2003; Greer, Stolfi, Brown, & Rivera,

2005; Greer, Yuan, & Gautrequx, 2005; LeePark, 2005; Lipkins, Hayes & Hayes, 1993; Nuzzolo & Greer, 2004; Singer-Dudek, LeePark, Lee, & Lo, 2017). LeePark(2005)은 자폐성장애가 있는 영어권의 학령기 전 아동들을 대상으로 다중반응교수가 자극 등가 관계에 있는 파생적 언어행동의 형성에 미치는 영향을 점검하였다. 상징이 나 익숙하지 않은 그림으로 이루어진 3개의 자극 세트가 이용되었다. 각 자극 세 트는 시각적 자극인 그림이나 상징, 그에 상응하는 발화된 음성자극, 또 다른 시 각적 자극인 음성자극에 상응하는 인쇄자극으로 구성되었다. 먼저, 아동들은 시 각적 자극에 대해 청자 혹은 화자로 반응하도록 교수되었고 이어 대칭 관계인 파 생적 반응으로 네이밍 형성 유무를 점검하기 위한 프로브(probe)를 받았다. 프로브 결과는 화자 훈련을 받은 아동들은 모두 청자 네이밍을 보였지만, 청자 훈련을 받 은 아동들 중에는 화자 네이밍이 부재하는 아동이 있었고, 이들에게 청자와 화자로 반응하도록 교수한 후 파생적 전이 관계인 그림-인쇄자극 매칭을 프로브하였다. 아동들은 다른 자극 세트를 이용하여 다중반응교수를 통해 대칭 관계와 전이 관계 틀을 학습하는 강화 이력을 형성한 후에야 목표하는 파생적인 언어반응을 보였다.

요약

오늘날 우리가 알고 있는 언어행동분석이 우리에게 어떤 의미가 있는지를 생 각할 때 언어행동분석이 보이는 가장 기본적인 특징을 고려해 볼 필요가 있다. 언어행동분석은 Skinner(1957)의 저서 『Verbal Behavior』에서 제시된 언어행동의 해석에 기초한다. Skinner는 언어행동을 화자와 화자가 처한 환경 간의 상호작 용에서 일어나는 작동행동(operant)으로 정의하였고, 따라서 언어행동도 일반 행 동을 조절하는 같은 행동 원리에 의해 조절된다고 보았다. Skinner는 언어작동 행동을 선행조건과 후속결과에 따라 여러 유형으로 분류하였다. 이와 같이 언어 행동이 일반 행동처럼 선행조건과 후속결과에 의해 조절된다는 Skinner의 기능 적인 언어관은 언어행동을 화자와 화자가 처한 환경 간의 상호작용의 '분석 단위' 로 조명할 수 있게 하였고, 이는 교수 상황에서 특정 언어행동을 목표로 선행조 건과 후속결과를 조작할 수 있는 이론적 근거를 제공하여 데이터에 기초한 집중 적이고 구조적인 언어훈련을 가능하게 한다. 이 장에서 언어행동분석 평가도구

66

가 조기중재의 주요 교육과정으로 쓰이게 되는 이유를 설명하였고, VB-MAPP과 ELCAR를 간략히 소개하였다. Skinner의 언어관은 앞서 기술된 장점이 있지만 끊임없이 비판을 받아 온 것도 사실이다. 즉, 직접적인 강화 이력에 의해 인간의 언어행동이 조절된다고 본 그의 언어 이론은 직접적인 강화 이력이 부재하는 파생적이고 복잡한 언어행동을 설명하는 데 제한적이라는 것이다. 이 장에서는 최근에 행동분석 전통 안에서 이러한 언어행동을 설명할 이론으로 자극등가이론, 관계 틀 이론, 네이밍, 다중통제에 대한 이론을 소개하였다. 이 장에 소개된 이러한 이론을 통해서 이전에는 행동분석적 접근으로는 다루지 못했던 인간의 복잡한 인지행동 및 언어행동에 대해 일반 작동행동을 조절하는 행동 원리를 그대로 사용하여 조작할 수 있는 기반이 형성되었다고 보는데, 이는 언어행동분석도 끊임없이 진화하고 있다는 것을 보여 주는 것이기도 하다.

연습 문제

1. 행동주의적 언어관과 생물학적 언어관을 비교 설명해 보자.
2. Skinner가 제시한 언어행동에 관한 이해는 어떤 것인지 설명해 보자.
3. 인간의 언어행동의 생후 발생적(ontogenic) 진화와 유전자를 매개로 한 (pylogenic) 진화를 설명해 보자.
4. Skinner가 제시한 기본적인 언어작동행동들이 무엇이었는지 기술하고 각 언어작동행동을 정의하고 예를 들어 보자.
5. 맨드와 택트를 비교 설명해 보자. 초기 언어중재 프로그램에 맨드가 왜 중요한지를 설명해 보자.
6. 택트와 인트라버벌을 비교 설명해 보자. 복잡한 언어행동을 형성하기 위해 택트와 인트라버벌이 지니는 중요성을 설명해 보자.
7. EIBI의 특징을 설명해 보자.
8. 네이밍을 설명해 보고 예를 들어 보자.
9. 네이밍이 범주화나 등가관계의 파생적 언어행동의 형성에 미치는 영향을 설명해 보자.
10. 자극등가이론, 네이밍이론, 관계 틀 이론을 비교 설명해 보자.

제12장 **윤리**

응용행동분석은 학습이론의 과학적 원리를 사회적으로 의미 있는 행동의 변화를 위해 적용하는 것을 목적으로 한다. 이 정의 자체는 행동분석 전문가의 역할이 연구자인 동시에 임상가여야 함을 시사한다. 연구자로서의 연구윤리와 임상가로서 지켜야 하는 임상윤리는 각각 분명하고 명확한 부분이 있지만, 때로 연구자와 임상가의 역할에 충돌이 생기는 경우도 없지 않다. 국제응용행동분석가 자격증 관련 위원회에서는 '행동분석 전문가의 전문성과 윤리 이행 관련 규정'[1]을 제정하고 이를 지속적으로 수정 및 보완하고 있으며, 동시에 이를 다양한 언어로 번역하여 배포하고 있다. 행동분석 전문가는 상기 윤리 규정뿐 아니라 국내 임상 및 연구 윤리규정과 법률을 지켜야 할 의무가 있다. 법률과 윤리는 중복되나 동일하게 적용되지 않으며, 경우에 따라 하나가 다른 하나에 선제적으로 적용되므로 이 두 가지 적용기준과 사례에 대해 익숙해질 필요가 있다. 윤리는 상황에 따라서 다르게 해석되기도 하고 다양한 측면이 고려되어야 하는 복잡한 과정으로, 실제 현장에서의 적절한 적용은 해당 이슈에 대한 민감성 증진과 많은 시행착오를 통한 경험의 축적을 요한다. 실제 연구와 임상 현장에서 내리는 의사결정에 윤리적인 측면이 관여되는 경우는 매우 빈번하며, 대체로 이런 결정은 규정에서 명시하지 않지만 윤리성을 테스트하는 판단이 많다. 행동분석 전문가는 반드시 윤리 규정을 숙지하고 있어야 하며, 연구나 임상 현장에서 모든 활동 시 이를 준수해야 하고, 지속적으로 동료 전문가에 의한 자문이나 슈퍼비전을 통해 자신의 전문적인 활동에 대해 평가하고 판단을 내릴 수 있게 준비해야 한다.

---

1) 한국어판 규정 링크

  https://www.bacb.com/wp-content/uploads/2017/09/160525-compliance-code-korean.pdf

- 비밀보장
- 연구윤리
- 윤리규정
- 임상윤리
- 특수 이슈

I 응용행동분석 윤리

행동분석 전문가의 주요 활동은 연구와 임상서비스 제공으로, 활동의 주 대상이 사람이고 활동의 범위가 매우 광범위하므로 이를 규정하고 제한하는 가이드라인이 필수적이다. 해외에서는 일찍부터 윤리와 관련된 규정을 만들고 시행하고 있으나, 국내에서는 윤리와 관련된 규정은 최근에서야 활성화되고 있다. 이런 추세는 2011년도의 「개인정보보호법」[2]과 2013년의 「생명윤리 및 안전에 관한 법률」[3], 2014년의 「아동학대범죄의 처벌 등에 대한 특례법」[4] 등 행동분석 전문가의 활동에 영향을 미치는 다양한 법이 발효되면서 그 필요성이 부각되고 있다. 예를 들어, 「개인정보보호법」으로 다양한 현장에서 동의서 작성이 법적으로 의무화되고 있고, 「생명윤리 및 안전에 관한 법률」 등으로 연구 수행 시 동의서가 필수적인 과정으로 자리 잡기 시작하였다. 그러나 국내의 경우, 응용행동분석 분야에서 윤리규정은 상당히 제한적이다. 국내에서 응용행동분석과 관련된 민간자격증으로는 한국행동분석학회에서 관리하는 행동분석 전문가와 한국정서행동장애학회에서 관리하는 심리행동적응지도사[5]가 있다. 이들 단체에 자격증 관련한 윤리규정은 부재하나, 이들 학회는 연구윤리규정을 두고 관리하고 있다(한국행동분석학회 윤리규정[6] 및 한국정서행동장애학회[7] 윤리규정 참조). 한국 내 국제응용행동분석 자격증을 취득한 전문가들의 협회인 한국응용행동분석전문가협회(www.bcba.co.kr) 역시 국내 규정 없이 국제응용행동분석 윤리규정을 따르고 있다. 국제 규정의 포괄성과 구체성 그리고 일반화 가능성을 고려하였을 때, 국내에서도 적용되는 것이 적절하다고 판단되므로, 이 장에서는 국제 규정을 기준으로 임상 및 연구 현장에서 행동분석 전문가가 숙지해야 할 가장 기본적인 이슈에 대해 다루려고 한다.

---

2) http://www.law.go.kr/

3) http://www.law.go.kr/

4) http://www.law.go.kr/

5) 이 학회는 2003년에는 국제행동분석학회(Association for Behavior Analysis International)의 승인 결정(2003.05)으로 국제행동분석학회 한국지부(Korean ABA Chapter)로 공식 기록되어 있다.

6) http://www.kaba.or.kr/

7) http://www.ksebd.org/home/ethics.asp

Ⅱ 응용행동분석 윤리규정

　'행동분석 전문가의 전문성과 윤리 이행 관련 규정'은 행동분석가자격증위원
회(BACB)에서 행동분석 전문가들에게 윤리 기준과 지침 그리고 전문성 징계 기
준을 제시하기 위해 만들어진 응용행동분석의 대표적인 윤리규정이다. 이 규정
은 기존의 여러 학회, 특히 미국심리학회의 윤리규정에 근거하여 개발되었으며,
2014년에 처음 발표되었고, 2016년 1월에 개정판이 공표되었다. 규정은 행동분
석 전문가가 행하는 주요 10개 활동 영역에서 전문성 및 윤리적 행동에 대한 가
이드라인과 그에 따른 세부조항을 포함한다(〈표 12-1〉 참조). 각 조항은 1개의 문
장으로 간단하게 핵심이 되는 원리를 설명하며, 세부조항은 그보다 구체적인 행
동 가이드라인을 제공한다.

〈표 12-1〉　행동분석 전문가의 전문성과 윤리 이행 관련 규정의 세부조항 수와 내용

조항	세부조항 수	내용
1	7	행동분석가로서 책임 있는 행동
2	15	고객에 대한 행동분석가의 책임
3	5	행동평가
4	11	행동분석가와 행동 변화 프로그램
5	7	슈퍼바이저로서의 행동분석가
6	2	행동분석가의 직업에 대한 행동분석가의 윤리적인 책임
7	2	행동분석가의 동료와 관련한 윤리적인 책임
8	6	공적인 진술
9	9	행동분석가와 연구
10	7	행동분석가의 BACB에 대한 윤리적인 책임

　이 윤리규정은 행동분석 전문가가 업무를 수행하면서 경험할 수 있는 다양한
이슈에 대해 인식하고 주의하게 만드는 효과가 있으나, 규정은 어디까지나 일반
적인 방향을 제시할 뿐 실제 현실에서 적용할 때, 전문가의 의사결정 능력에 의
존한다. 예를 들어, 〈표 12-2〉에서 1조의 세부조항을 보면, '높은 기준'을 언급하
고 있는데, 실제 임상현장에서 이것이 어떤 형태로 나타나며, 어느 정도 수준으로

유지되어야 하는지 등에 대한 정보는 제공되지 않는다. 이는 윤리도 상황에 따라 관련된 문제에 따라 융통성 있게 적용됨을 시사하는데, 이 특성 때문에 윤리적 의사결정이 어렵기도 하다. 전문가들은 계속교육 이수 조건[8]을 충족하기 위해 윤리 교육을 받아야 하는데, 인터넷 강의 수강이나 학회 참석 등을 통해 보다 구체적이고 실질적인 교육을 받을 것을 권장한다. 또한 윤리규정은 지속적으로 개정되므로, 관심을 가지고 계속 새로운 정보를 습득하는 것이 필요하다.

〈표 12-2〉 각 조항과 세부항목 내용

1조항	행동분석가로서 책임 있는 행동	행동분석가는 직업 행동에 관한 높은 기준을 유지한다.
1.01	과학적 지식에 근거함	행동분석가는 인적 서비스에 있어서 과학적 판단 또는 전문가적 판단을 내릴 때, 학문적인 노력과 전문가적인 노력을 할 때, 과학과 행동분석의 기반을 둔 전문적인 지식을 신뢰해야 한다.

Ⅲ 임상서비스 현장에서의 윤리적 쟁점

응용행동분석의 발생 초기부터 강조되었듯이(Baer, Wolf, & Risley, 1968), 이 학문 분야는 사회적으로 의미 있는 행동의 변화를 추구한다. 발달장애 집단의 평가와 개입에서 시작된 응용행동분석은 현재 발달장애 개입 및 특수교육뿐 아니라 산업현장, 조직 및 병원 등에서 활발하게 적용되고 있다. 각기 다른 세팅에서는 서로 다른 집단을 대상으로 그 대상에 특정적인 문제에 대해 서비스를 제공하므로, 각 세팅마다 직면하는 윤리적 쟁점에 차이가 있다. 여기에서는 세팅에 관계없이 서비스 현장에서 공통적으로 경험하면서 가장 의사결정이 어려운 주요 윤리적 쟁점에 대해 다루기로 한다. 특히 각 쟁점에 대해 관련된 윤리규정이 있는 경우, 규정의 번호를 삽입하여, 필요 정보를 쉽게 찾을 수 있게 하였다.

1. 동의서

비록 규정에는 동의서 관련 조항이 분명하게 명시되어 있지 않으나, 행동분석

---

8) BCBA의 경우, 2018년 현재 2년마다 32시간의 계속교육을 받아야 하며, 그중 3시간은 반드시 윤리교육을 받아야 한다.

전문가는 서비스를 제공하기 전에 제공하는 서비스에 대해 서비스 수요자와 동의서를 작성해야 한다. 서비스 동의서에는 서비스의 종류, 대상, 기간, 기대되는 효과 및 부작용 등에 대해 가능한 한 자세하게 언급하되, 너무 구체적이어서 서비스 제공이 제한되지 않게 작성한다. [그림 12-1]에는 서비스 동의서 예가 제시되어 있다. 각 제공자가 제공하는 서비스 종류에 따라 동의서 내용에 차이가 있어야 하지만, 기본적인 형식에서는 큰 차이가 없다.

행동분석 전문가는 제공하는 모든 서비스에 대해 동의서를 작성해야 하는데, 이를 위해서는 동의서 작성 이전에 어떤 서비스가 제공될 것인지에 대해 분명히 해야 한다. 예를 들어, 문제행동에 대해 기능평가가 의뢰되었다면, 기능평가 관련 동의서를 작성한다. 기능평가 후에 추가적으로 개입에 대해 의뢰되었다면 개입에 대한 동의서를 추가적으로 작성한다. 하지만 의뢰 초반부터 기능평가와 개입이 의뢰되었다면, 평가와 개입을 포함하는 1개의 동의서를 작성하면 된다.

서비스 동의서는 두 가지 기능을 한다. 첫째, 행동분석 전문가가 서비스 수요자에게 행동분석 전문가가 지향하는 개입 방향과 이를 실현하기 위한 구체적인 절차에 대해 설명하는 기회를 준다. 응용행동분석 절차는 보호자나 관련 전문가들에게 다소 생소할 수 있으며, 일부에게는 실제로 효과를 직접 확인할 때까지 받아들이기 어려울 수 있다. 사전에 이에 대해 설명하고 안내하는 절차는 보호자나 의뢰자에게 새로운 절차에 대해 준비시키고 받아들이기 쉽게 만들어 줄 수 있다. 둘째, 행동분석 전문가와 의뢰자 사이에 갈등이 생겼을 경우, 이를 조정하고 해결하는 단서를 제공해 준다. 예를 들어, 행동분석 전문가가 충분히 설명을 하고 시작해도, 단시간에 개입의 효과가 없거나 혹은 효과가 없거나 느리게 관찰된다면, 의뢰자는 서비스 질에 대해 만족하지 못하고 이에 대해 불만을 제시할 수 있다. 이때 제공되는 서비스에 대한 범위와 종류 등을 명시한 동의서는 행동분석 전문가와 서비스 수요자 간 발생한 갈등 해소의 실마리를 제공할 수 있다.

서비스 대상자가 미성년자 또는 법적으로 보호자가 필요한 성인인 경우, 동의서는 서비스 대상자와 보호자에게 모두 받는 것이 원칙이다. 보호자의 동의서 작성은 반드시 필요하며, 동의서 작성 전에는 서비스를 제공하지 않는다. 또한 가능한 한 서비스 대상자에게도 서비스에 대해 대상자가 이해할 수 있는 수준으로 설명하고 구두 동의와 함께 서명을 받는 것을 권한다. 서비스 대상자와 보호자가 서명한 후, 서비스 제공자인 행동분석 전문가 역시 동의서에 서명한다. 동의서는 반드시 2부를 준비하고, 관련자가 2부에 모두 서명을 한 후 서비스 대상자와 보호자에게 1부를 제공하며, 행동분석 전문가가 1부를 보관하는 것이 원칙이다.

서비스 동의서 부분에서 가장 민감한 부분 중 하나는 동영상이나 녹음과 관련된다. 최근 강화된 행동분석 전문가 슈퍼비전 요건에는 반드시 직접 관찰을 통한 슈퍼비전을 받게 되어 있다(https://www.bacb.com/wp-content/uploads/BACB_Newsletter_101317.pdf). 독립적인 슈퍼바이저에게 슈퍼비전을 받아 수련 시간을 채우는 경우 동영상 촬영이나 녹음은 필수적이다. 서비스 수요자의 경우, 특히 국내에서는 동영상 촬영에 대해 매우 민감하다. 독립적인 슈퍼바이저는 기관 외부인이므로 기관 내에 관련 규정이 있을 수도 있으나, 개별적인 서비스 제공에 대한 슈퍼비전이 필요한 경우 서비스 제공 당사자는 서비스 수요자와 이에 대해 사전에 분명하게 소통하고 이를 동의서에 명시해 놓을 필요가 있다.

슈퍼바이저가 동일한 기관에 근무하는 경우에도 여러 가지 목적으로 동영상 촬영이 필요할 수 있는데, 그 목적에는 수련생 슈퍼비전 및 교육, 혹은 동 기간 내 치료자 간 전문적인 의견 교환 등이 있다. 이 경우, 먼저 기관 내 동영상 촬영과 관련된 규정을 확인하고 이를 서비스 수요자에게 알리고 이에 따른다. 규정이 없거나 그 외 추가적인 조항이 필요한 경우, 동영상 촬영에 대해 서비스 동의서에 분명하게 명시하여 서비스 제공자와 수요자 쌍방이 이를 이해하고 진행할 것을 권한다.

평가 및 개입 서비스 동의서

평가 및 개입 서비스는 아동이 보이는 심리사회적 문제나 적응의 어려움을 파악하고 이를 효과적으로 다루기 위한 치료방법을 찾아내기 위해서 행해집니다. 심리평가는 아동이 보이는 문제를 아동이나 보호자의 면담이나 설문지, 관찰 혹은 직접적인 자료 수집을 통하여 진행됩니다. 기능평가 및 개입 과정에서 발생할 수 있는 문제로 인한 부정적인 결과는 최대한으로 방지하도록 노력할 것이며, 이 과정에서 수집한 정보는 다음 세 가지 조건에 충족되지 않는 한 절대적으로 비밀이 유지될 것입니다: 자해나 타해, 아동학대 및 방임, 그리고 법에 의한 정보 요청. 또한 평가 및 개입 효과를 보다 객관적으로 진행하기 위하여 보호자와 아동의 동의하에 아동의 행동이 동영상으로 녹화될 수 있습니다. 보호자나 아동은 평가 및 개입 서비스 중에 언제든지 평가 및 개입 서비스를 거부할 권리가 있습니다.

나, (아동 이름) 의 보호자 (보호자 이름) 는 (아동 이름) 의 문제행동을 보다 정확하게 이해하고 그에 합당한 개입방법을 찾기 위하여 평가가 필요함을 이해합니다.

나, (아동 이름) 의 보호자 (보호자 이름) 는 평가나 개입 과정에 적극적으로 참여할 것을 동의합니다. 나 (보호자 이름) 는 개입방법에 대한 훈련을 받고 이를 정확하게 수행하기 위해 지속적으로 전문가와 상담을 할 것이며, 언제든지 질문과 의논을 할 권리를 가집니다.

나는 개입 서비스가 (기관명과 전문가) 에 의해서 행해질 것을 알고 있습니다. 나는 평가 및 개입 서비스에 대한 과정과 절차, 그리고 개입에 대한 반응 등에 대해 지속적으로 정보를 제공받을 것입니다.

아동 이름 및 서명

보호자 이름 및 서명

전문가 이름 및 서명

날짜

[그림 11-1] 평가 및 개입 서비스 동의서 예

2. 비밀보장(2.06⁹⁾ 비밀보장의 유지)

비밀보장은 서비스 제공자가 서비스와 관련하여 수집한 모든 서비스 수요자 및 그 가족에 대한 정보를 제3자에게 공개하지 않는 것을 의미한다. 비밀보장 그 자체는 매우 분명하고 간단하게 인식되지만, 실제 현장에서 의도적 혹은 비의도적으로 비밀보장에 대한 의무를 어기는 경우가 빈번하다. 여기에서는 비밀보장과 관련해 특히 주의를 기울여야 하는 네 가지 사항에 대해 심도 있게 논의하고자 한다.

1) 일상에서 개인 정보유출

자신이 서비스를 제공하는 서비스 수요자에 대해 비밀을 보장해야 한다는 것은 가장 기본적인 윤리 조항으로, 전문가 훈련 시 가장 많이 반복해서 전달받는 사항일 것이다. 하지만 현장에서는 이 조항을 위반하는 사례를 빈번하게 관찰할 수 있는데, 대부분의 경우 의도적인 위반이라기보다는 임상 현장에서 이 조항을 어떻게 적용해야 하는지에 대해 깊이 생각하지 않고 행동함으로써 발생하는 비의도적인 실수가 대부분이다. 예를 들어, 공공장소에서 서비스를 제공하는 아동에 대해 대화를 한다든지, 개인 휴대폰에 치료 목적과 무관하게 아동의 사진을 보관한다든지, 혹은 타 전문가나 다른 부모와 다른 사례에 대해 실명으로 대화하는 것이 있을 수 있다. 자신과 가까운 주변 인물과 자신의 일과 관련해서 대화를 나누는 것은 일반적이므로 다른 직업이라면 큰 문제가 되지 않을 수 있는 주제이다. 하지만 행동분석 전문가라는 전문인의 관점에서 보면 이런 행위는 심각한 윤리 조항 위배가 될 수 있다. 특히 국내의 경우 사회적 관계망이 매우 좁아 서비스 수요자들이 서로에 대해 알고 있을 가능성이 높으므로 이에 대한 세심한 주의가 필요하다. 가장 명백해 보이는 윤리 조항이 가장 지키기 어려운 조항임을 명심하고, 항상 전문가로서 자신의 행동이 의미하는 바와 파급효과에 대해 생각하는 연습이 필요하다.

2) 전자기기 및 기타 매체를 통한 개인정보 유출

최근 전자통신 기술의 발전으로 서비스 수요자와 그 가족의 개인정보가 문서, 동영상 및 녹음 파일 등의 형태로 서비스 수요자나 그 관련자에게 전달되는 것이 빈번해졌다. 이전에는 생각하지 못했던 형태의 정보 전달의 형태로, 정보 유출은

---

9) 제목에 표기된 번호는 '행동분석 전문가의 전문성과 윤리 이행 관련 규정'의 조항번호를 뜻한다.

개인이 자료를 보관이나 전달하는 과정에서 비의도적인 형태가 될 수도 있고, 개인 계정 해킹 등 의도하지 않은 형태가 될 수도 있다. 그 형태가 무엇이든 최선의 방법은 예방이다. 실제적으로 적용할 수 있는 예방법으로 개인정보가 담긴 컴퓨터와 문서파일 디렉토리 그리고 문서파일의 암호화를 권한다. 적어도 다중 접근 차단을 통해 비관련자가 정보에 접근하는 것을 최대한 방지할 수 있다. 하지만 다중 접근 장치는 사용자에게 불편함을 줄 수 있어, 필요성에도 불구하고 잘 이용되고 있지 않다. 컴퓨터에 대한 익숙한 정도에 개인차가 있기 때문에, 유형화된 한 가지 형태의 보안체계를 제안하기는 어렵다. 적어도 기관 차원에서는 사용자의 이용을 쉽게 하면서, 개인정보의 유출을 방지하는 시스템 구축이 필요하다. 특히 강조하고 싶은 것은 정보통신기술 매체를 이용한 문서 교환인데, 최근 활용도나 빈도 측면에서 급격한 증가가 관찰되므로, 이에 대한 보다 적극적인 대처가 필요해 보인다. 외국에서는 교환되는 문서 자체를 암호화하는 시스템을 구축하기도 하는데, 이는 바람직하나 현실성이 떨어진다. 개인정보관리 전문가를 통한 자문을 권하지만 이 또한 개인 차원에서는 현실성이 낮다. 현재로서는 적어도 문서 교환을 최소화하거나, 교환문서를 암호화하는 것이 최선으로 파악된다. 다만, 암호 전달 시 적어도 전달되는 문서와 동시에 전달되는 일이 없도록 다른 방법이나 시차를 달리하는 전달법을 권한다.

3) 비밀이 보장되지 않는 조건에 대한 이해

내담자의 개인정보가 보장되지 않는 예외적인 조건이 있는데, 자해나 타해의 위험이 있거나 학대가 의심 혹은 보고될 때, 그리고 법정에서 지정한 자료일 때이다(https://www.bacb.com/wp-content/uploads/BACB_Newsletter_101317.pdf). 이 세 가지 조건은 미국에서 발생한 임상 현장에서의 사건이 법적 소송과 연결되어 법적인 판결이 내려진 것과 관련된다. 예를 들어, 자해나 타해의 경우는 1974년 Tarasoff 대 캘리포니아 버클리대 사건[10]의 판결을 통해 비밀보장을 지키지 않아

---

10) https://en.wikipedia.org/wiki/Tarasoff_v._Regents_of_the_University_of_California. 버클리대 대학생인 Tarasoff가 전 남자친구에게 살해된 사건으로, 이 남자친구가 대학 상담소의 상담원에게 타살 의도를 밝혔으나, 상담원이 경찰에게만 알렸을 뿐 Tarasoff나 가족에게 알리지 않았다. Tarasoff가 살해된 후 부모가 대학을 고소했고, 판결 결과 상담원은 경찰뿐 아니라 당사자나 가족에게도 이를 사전에 보고해야 할 의무가 있다고 판결했다.

도 되는 조건으로 명시화되었으며, 학대의 경우 다양한 아동학대 사건의 결과로
「아동학대 예방 및 치료법(Child Abuse Prevention and Treatment Act)」이라는 연방
법과 이와 관련된 각 주의 주법에 의해 영향을 받게 되었다. 임상 현장에서 일하
는 전문가는 법에 따라 법정에서 요청하는 자료를 제출할 의무가 있다. 행동분석
전문가 역시 자신이 준수해야 할 법률과 규정에 대해 사전에 미리 숙지하고 이를
따라야 할 의무가 있음을 강조한다. 특히 법률과 규정을 모르는 경우, 실제 법정
에서 이를 요구했을 때 사전에 이를 대비하지 못해 적절하게 대처하지 못하는 경
우가 있다.[11] 따라서 몇 가지 관련된 법률과 규정은 숙지하고 있을 것을 권한다.
국내의 경우도, 앞에서 언급한 세 가지 조건을 기본으로 따르는 것이 일반적이
다. 미국에 비해 관련 법률이 다르거나 비구체적일 수 있으나, 법을 준수해야 한
다는 기본적인 원리에서는 다르지 않다.

행동분석 전문가의 경우, 자신의 전문 영역에 따라 상기 언급한 세 가지 조건
이 적용될 수도 있고 아닐 수도 있다. 적어도 자신의 전문 영역에 해당하는 법률
과 규정이 있는지 확인하고 이에 대해 익숙해질 것을 권한다.

4) 아동/청소년 및 기관에서 의뢰된 경우의 비밀보장

행동분석 전문가의 경우, 의뢰인과 서비스 대상자가 일치하지 않을 가능성이
높다. 예를 들어, 의뢰인은 부모거나 교사 혹은 교육청과 같은 기관이 될 수도 있
고, 회사나 국공립 단체 등 기관이 될 수도 있다. 의뢰인과 서비스 대상자가 일
치하지 않을 경우, 여러 가지 윤리적인 문제가 발생될 가능성이 높다. 예를 들어,
청소년 내담자가 서비스 대상자이고, 의뢰인이 부모인 경우, 부모는 청소년의 보
호자로서 회기 내 발생했거나 청소년이 보고한 모든 내용에 대해 알기를 원할 수
있다. 따라서 전문가는 청소년 내담자가 부모와 공유하고 싶지 않은 정보를 보고
할 수 있다. 학교가 학생을 평가나 개입에 의뢰한 경우나 혹은 기관에서 고용인
을 평가나 개입에 의뢰한 경우, 문제는 더 복잡해질 수 있다. 학교나 기관은 비용
을 지불하는 주체로서 학생이나 고용인의 평가 결과나 개입에 따른 향상 정도에
대해 정보를 요구할 권리를 가진다. 그러나 미성년자인 학생과 학생 부모의 경

---

11) 미국심리학회 윤리규정에서는 서비스 제공 후 적어도 2년 동안 서비스 대상자와 가족과의 개인적인 관
    계를 금하고 있다.

우, 평가나 개입으로 얻은 결과 혹은 그 일부를 학교와 공유하지 않고 싶을 수 있다. 기관의 고용인의 경우도 마찬가지이다. 이 같은 갈등은 항상 발생 가능하며, 발생 후 이를 해결하기는 쉽지 않다. 따라서 가장 적절한 방법은, 의뢰 시 의뢰인과 서비스 대상자에게 어떤 정보가 공유되며 어떤 정보가 공유될 수 없는지를 사전에 분명히 명시하고 이에 대해 양측에 모두 동의를 구하는 것이다. 이 과정은 시간과 노력이 소요될 수는 있으나, 추후 발생할 문제를 방지한다는 측면에서 가장 권하는 방법이다.

3. 이중관계(1.06 다중 관계와 관심사 충돌/1.07 착취하는 관계/5.0 슈퍼바이저로서의 행동분석가)

이중관계는 임상 장면에서 가장 많이 보고되는 윤리적인 문제로(https://www.bacb.com/wp-content/uploads/BACB_Newsletter_101317.pdf), 행동분석 전문가와 내담자 혹은 내담자의 가족 간뿐 아니라 슈퍼바이저로 활동하는 행동분석 전문가와 수련생, 혹은 의뢰인인 기관 관계자와 응용행동분석 전문가 사이 등 다양한 관계에서 발생할 수 있다. 예를 들어, 기관에 근무하는 전문가에게 서비스를 제공하는 아동의 부모가 주말에 기관을 통하지 않고 개별적인 서비스 제공을 요청했고, 전문가가 이를 수락했다면 이는 이중관계라고 할 수 있다. 행동분석 전문가가 서비스를 제공하는 곳의 가족이나 친지와 개인적인 관계를 시작했다면 이것도 이중관계라 할 수 있다. 응용행동분석 전문가가 가족이나 친지의 슈퍼바이저가 되는 것이나, 수련생과 개인적인 관계를 시작하는 것도 이중관계로 볼 수 있다. 특히 후자의 경우, 개인적인 관계를 시작하지 않는 것이 적절하지만, 부득이하게 관계가 시작되었을 경우, 슈퍼바이저 역할을 더 이상 지속해서는 안 된다. 특정한 관계가 이중관계인지 아닌지 불명확할 경우, 슈퍼바이저나 동료 전문가들의 의견을 구하고 이에 따라 판단할 것을 권한다.

4. 동료관계(7.0 행동분석가의 동료와 관련한 윤리적 책임)

행동분석가를 위한 윤리규정 제7조에서는 동료와 관련된 윤리 문제, 즉 동료 관계에 대해 고려해야 할 사항을 구체적으로 명시하고 있다. 특히 동료의 활동으로 인해 서비스 대상자나 가족의 권리가 위반되었거나 혹은 잠재적 위험에 처해있다고 판단되는 경우, 대상자를 보호하기 위한 행동을 취하도록 안내하고 있다. 이론적으로는 적절하게 들리지만, 실제적으로 이를 파악하고 실행하는 것은 생각처럼 명확하지 않다. 예를 들어, 행동분석 전문가가 동료 행동분석 전문가의 개입 서비스가 행동분석의 원리에 위배된 것이라 판단했다 하자. 행동분석 전문가는 해당 동료 행동분석 전문가와 이 문제에 대해 해결을 시도해야 하며, 해결이 되지 않을 경우 다른 동료 및 선배 전문가에게 자문을 구하거나 해당 동료 전문가가 속한 기관에 보고하는 등 추가 문제해결을 시도해야 한다. 지속적으로 문제가 해결되지 않는다면, 자격증을 발부하는 협회나 학회의 윤리위원회에 보고하는 것이 적절하다. 그러나 현실에서 이 절차가 쉽지 않다. 특히 우리나라의 경우, 문화적인 차이로 인해 아주 심각한 문제가 아니라면 윤리 문제를 기관이나 협회/학회에 보고하는 일은 매우 드물며, 그나마 국제행동분석전문가 자격증을 가지고 있다면 이를 행동분석가자격증위원회(BACB)에 보고해야 하는데, 이는 언어적인 문제 등으로 쉽지 않다. 행동분석 전문가가 관찰한 문제가 동료 행동분석 전문가에 의한 것이 아니라 타 직역의 전문가에 의해 행해진 것이라면 문제는 해결이 더 어렵다. 일단, 타 직역의 전문가의 경우, 전문 영역과 자격증이 다르므로, 해당 영역의 자격증 관리협회나 학회에 보고해야 하는데, 자기 직역을 넘어서 타 직역에 윤리 문제를 보고하는 경우는 매우 드물다.

중요한 것은 모든 행동분석 전문가가 윤리규정을 철저하게 지키며 타인들도 이 규정을 인식하게 돕는 문화를 형성하는 것이다. 특히 우리나라처럼 자격증의 종류가 많고, 통제기관이 없거나 그 수준이 매우 다양하여 공통적으로 지켜야 할 윤리규정이 없고, 서로 다른 직역에서 온 전문가들이 공존하는 경우, 서로 간의 이견과 다른 관점으로 인해 오해와 갈등의 소지가 높다. 소통을 통해 문제를 미연에 방지하는 자세가 필요하다.

5. 슈퍼비전(5.0 슈퍼바이저로서의 행동분석가)

행동분석 전문가 자격증의 취득 요건 중 하나는 현장에서의 슈퍼비전으로, 자격증에 따라 요구되는 시간은 1,000시간(행동분석 준전문가)에서 1,500시간(행동분석 전문가)이며, 2022년부터 슈퍼비전 충족 시간이 약 20~30% 정도 확대될 예정이다.[12] 이 중 5%에 해당하는 시간에 반드시 슈퍼바이저로부터 슈퍼비전을 받아야 한다. 행동분석가자격증위원회는 지속적으로 교육 여건과 더불어 슈퍼비전 시간을 강화하고 있는데, 특히 슈퍼비전의 질을 높이기 위한 다양한 방법을 적용하고 있다. 예를 들어, 2016년에는 슈퍼바이저가 되기 위한 훈련 요건을 추가하였고, 슈퍼비전의 질을 통제하기 위해 슈퍼바이저와의 면대면 슈퍼비전 시간의 비율을 높였으며, 슈퍼비전 내용을 자세하게 기록하게 만드는 새로운 추적 시스템을 도입하고 있다. 또한 감사(audit) 제도를 도입하여 슈퍼바이저의 수행에 대해 모니터링하고 있으며, 이를 윤리 강령에서 반영하여 슈퍼비전과 관련한 구체적인 조항을 제공함으로써 효과적인 질 통제를 꾀하고 있다.

슈퍼비전 상황에서 가장 빈번하게 보고되는 윤리 문제로 슈퍼바이저와 수련생의 부적절한 관계, 슈퍼비전 비용의 부적절성, 그리고 슈퍼비전 내용의 부실 등을 꼽을 수 있다. 아직까지 수련생들의 수가 많지 않기 때문에 수련생과 슈퍼바이저 간의 윤리 문제가 크게 대두되지는 않았으나, 추후로 수련생과 슈퍼바이저 수가 많아지고 다양화되면 슈퍼비전과 관련된 문제는 보다 심각한 윤리 문제로 나타날 가능성이 높다. 특히 슈퍼비전 내용 측면에서의 윤리 문제가 염려되고 있는데, 이는 전문가들에게 의뢰되어 온 문제가 다양한 것에 비해, 슈퍼바이저들의 경험이나 전문 영역이 제한되기 때문이다. 이 문제는 역량과 능력과 관련 있으므로 다음에서 논의하였다.

6. 역량(1.02 능력의 범주/1.03 전문성 개발을 통한 능력 유지)

역량은 '효과적이거나 만족스런 방법으로 어떤 것을 하는 능력'으로, 행동분석 전문가에 적용시켜 보면 자신의 전문분야에 대한 지식과 이를 행할 수 있는 능력을 의미한다. 윤리규정에서는 행동분석 전문가는 자신의 교육과 임상 경험에 의거하여 자신의 역량 범위를 규정하고, 이 범위를 넘어서는 분야에 대해선 연구나 임상 서비스를 제공하지 않으며, 또한 슈퍼바이저 역할을 하지 않을 것을 명시한다. 만약 전문가가 자신의 역량을 확대하고 싶다면 추가적인 교육과 경험을 통해 진행할 것도 제시한다.

---

12) https://www.bacb.com/bcba-eligibility-requirements-january-2022/

개별 전문가의 역량은 전문가 자신이 제일 잘 알고 있다. 윤리적으로 개별 전문가는 자신이 역량 있다고 판단되는 영역에서는 활동을 하지만, 그렇지 않은 영역에서는 하지 못한다고 인정하고 거절할 수 있어야 한다. 이론적으로는 분명하지만, 현장에서는 여러 가지 이유로 의도하지 않았으나 비윤리적인 결정을 할 가능성이 높다. 예를 들어, 10년 이상을 발달장애인의 문제행동 개선 서비스를 제공해 온 행동분석 전문가에게, 심한 우울증을 보이는 발달장애인의 보호자가 의뢰되었다고 가정해 보자. 이 전문가는 오랫동안 가족과 상호작용을 했으므로, 발달장애인의 보호자가 겪는 정서나 현실적인 문제에 대해 잘 알고 있다. 그럼, 이 전문가는 보호자에게 서비스를 제공할 만큼의 역량이 있다고 볼 수 있는가? 만일 이 전문가가 우울증 개입에 대해 경험이 있다면, 역량이 있다고 볼 수 있다. 하지만 보호자의 문제와 상황을 알고 있지만, 보호자의 주 호소 요소인 우울증 개입에 대해 잘 알지 못한다면, 보호자에게 서비스를 제공해서는 안 된다. 단, 서비스가 가능한 지역 내에 이 보호자에게 서비스를 제공할 역량이 있는 전문가가 없을 경우, 예외적으로 서비스가 가능하다. 다른 사례로는 심각한 문제행동을 가진 아동이 의뢰되었고, 의뢰 받은 전문가는 문제행동을 가진 대상자에게 직접적인 서비스를 제공한 경험이 매우 제한된 경우가 있다. 해당 의뢰 사유에 대해 경험이 있는 전문가가 제한되어 있는 경우, 가장 먼저 유능한 다른 전문가를 찾아 의뢰하는 것이 적절하지만, 적절한 의뢰가 불가능할 경우, 제한된 경험을 가진 전문가도 해당 사례에 대해 서비스를 제공할 수 있다. 단, 이 경우 서비스를 시작하기 전에 서비스 대상자나 보호자에게 자신의 역량이 제한됨을 분명히 밝힌 후 이들이 서비스를 받을 것인지에 대해 스스로 선택하게 기회를 주어야 한다. 또한 서비스를 제공하기로 결정되면, 문헌 조사는 물론 가능하면 국외라도 이 분야의 슈퍼바이저를 찾아 슈퍼비전을 받을 것을 권한다.

전문가인 행동분석가는 응용행동분석에 관련한 기본적인 이론 교육을 받은 사람들이다. 일부는 같은 이론을 적용하므로 대상과 표적행동 또는 문제가 무엇이든 해결할 수 있다고 생각할 수 있지만, 대상과 표적행동 또는 문제의 차이는 접근 방식이나 절차 등에 큰 차이를 만들 수 있고, 이런 차이는 서비스의 질에 결정적인 영향을 준다. 행동분석 전문가는 새로운 대상과 표적행동에 서비스를 제공하기 전에 교육이나 경험 및 슈퍼비전을 통해 역량을 먼저 키워야 한다. 얼마나 오랫동안 어떤 형식으로 역량을 키워야 하는지는 전적으로 행동분석 전문가에게 달려 있다. 정답은 없으나 스스로에게 부끄럽지 않고 효과적으로 서비스를 제공할 수 있을 때까지 역량에 대한 지속적인 고민이 필요하다. 특히 국내처럼 전문가의 수가 제한되고 수요가 많을 때, 현실적인 이유로 역량에 대한 고민이나 평가를 게을리할 수 있다. 역량이 부족한 상태에서 제공되는 서비스는 효과적일 수 없고, 이런 서비스는 비윤리적일 뿐 아니라 장기적으로 전문가의 활동에 부정적인 영향을 미친다.

Ⅳ 연구 관련 쟁점(9.0 행동분석가와 연구)

미국에서는 1970년대에 그리고 국내에서는 2006년 황우석 박사 사건 이후로 연구윤리에 대한 법률과 규정이 생기거나 강화되었다. 연구윤리의 문제가 가장 먼저 대두된 것은 제2차 세계대전 이후 나치의 인체실험을 진행했던 다수의 연구자들이 전범재판에 회부되고, 이들이 한 일들이 세상에 알려지면서부터이다. 이후 연구와 관련된 아홉 가지 기본 조항을 뉘른베르크 강령(Nuremberg Code)[13]이 발표되었고, 이 강령은 이후 연구윤리와 관련된 규정이나 법률의 근거가 되었다. 그 이후 연구윤리 위반사례들이 보고되면서 규정과 법률이 정교화되고 강화되고 있다. 기본적인 쟁점은 연구 참가자의 인권에 대한 것으로, 과학이라는 이름으로 일반적인 사실을 밝히기 위해서, 소수의 참여자의 인권이 어느 정도 허용될 수 있는가에 대한 것이다. 나치의 인체실험[14]과 같이 그 결과가 과학적이며 인류를 위해 필요한 지식을 생성했다고 할지라도, 이를 위해 소수를 희생할 만큼의 가치가 있는가에 대한 물음이 필요하다. 이에 따라 연구자들의 교육이 강화되었고, 연구 수행 전 연구제안서를 승인하는 절차를 만드는 등의 절차가 생겨난 계기가 되었다. 기존의 연구윤리에 대한 접근이 연구 부정행위에 초점을 맞추었다면, 최근에는 연구진실성(Research Integrity)이라는 이름으로, 자발적으로 윤리적인 연구를 수행하는 분위기와 환경을 조성하는 긍정적인 측면이 보다 강조되고 있다(한국연구재단, 2014, 2015; 한국학술단체총연합회, 2010).

---

13) http://www.nibp.kr/xe/info4_5/4780
14) https://en.wikipedia.org/wiki/Nazi_human_experimentation

국가 차원에서도 한국연구재단 산하 연구윤리정보센터(http://www.cre.or.kr)에서는 연구윤리 관련된 다양한 정보와 지원을 제공하고 있으며, 특히, 개별 연구자가 연구진실성을 포함해 연구 관련 모든 질문에 대해 전문가로부터 답변을 들을 수 있는 질의응답란을 운영하고 있다. 『연구윤리 질의응답집』(이인재, 이원용, 2014)은 개인정보를 제외하고 질의응답란에 올라왔던 문의사항과 답변을 정리해 책자로 발표된 것이다.

기관윤리심의위원회(Internal Review Board: IRB)

국내에서도 연구윤리에 대한 관심과 절차가 있었으나(과학기술부, 2006), 2006년 황우석 사태 이후에 본격적인 법률과 시행세칙이 공표되었고, 2013년부터 「생명윤리 및 안전에 관한 법률 시행규칙」[15]이 적용되기 시작하였다. 이 법률이 가져온 가장 큰 변화는 첫째, 연구윤리교육의 의무화이고, 둘째, 연구 시작 전 연구 계획서를 기관윤리심의위원회(Internal Review Board)의 승인절차를 겪게 된것이다. 연구윤리교육은 모든 연구자에게 필수적으로 요구되고 있고, 실제로 대학 등 연구를 진행하는 기관에서는 기관 종사자들에 대한 연구교육을 제공하게 되어 있다. 국가로부터 지원을 받은 과제의 경우, 필수적으로 연구 수행 전 연구계획서를 기관윤리심의위원회로부터 승인을 받은 후 진행하게 되어 있는데, 이로 인해 대학이나 병원 등 연구 진행이 빈번한 기관은 산하 기관으로 기관윤리심의위원회를 두고, 기관 내에 행해지는 연구의 심의를 담당하고 있다. 단, 기관 내에 기관윤리심의위원회가 없는 경우, 국가생명윤리심의위원회(https://bioethics.go.kr/user)에서 심의를 받을 수 있다.

기관윤리심의위원회의 구성이나 심의 절차나 일정 등은 연구자가 속한 기관에 따라 다소 차이가 있으나, 역할이나 활동은 대동소이하다. 각 연구자는 자신이 속한 기관의 연구윤리 관련 규정을 숙지하고 심사 절차나 과정을 파악한 후 이를 따라야 할 의무가 있다. 연구자가 가장 빈번하게 범하는 실수는 기관윤리심의위원회의 승인이 나기 전에 자료를 수집하는 것과 승인 신청서에 기입된 것과 다른 방법이나 다른 수의 연구대상자를 모집하는 것이다. 또한 기관윤리심의위원회에서 가장 중요하게 심사하는 부분은 '동의서'로 연구 참가자가 연구에 대해 충분히

---

15) http://www.law.go.kr

이해하고 이익과 손실을 따져 자발적인 의사결정을 할 수 있게 보장했느냐의 여부이다. 실제로 많은 연구윤리 위반사례들이 연구의 정확한 목적과 절차, 그리고 연구 참여로 인한 가능한 결과와 보상에 대해 연구 참가자들에게 연구 시작 전에 정확하게 고지하지 않은 것과 관련이 있다. 연구자는 동의서에 반드시 포함되어야 할 내용이나 기술 방식 그리고 설명 절차에 대해서 익숙해질 필요가 있다. 이 모든 절차가 연구자에게 부담으로 다가올 수 있으나, 실제로 이 절차는 연구자 스스로를 보호하는 장치가 되기도 한다. 즉, 기관윤리심의위원회의 규정에 따라 승인을 받은 연구는 추후 연구 진행 시 발생하는 다양한 문제에 대해 연구자의 책임이 아님을 밝히는 근거가 될 수 있다. 기관윤리심의위원회의 심사는 시간과 노력이 드는 추가적인 절차임에는 분명하나, 연구 참가자와 연구자 모두에게 과학이라는 이름으로 행해지는 행동에 정당성을 부여하며, 연구 절차가 과연 적절한 것인가를 재고하게 하는 기능을 함을 잊지 말아야 한다.

요약

이 장에서는 행동분석가가 임상 현장에서 서비스를 제공할 때와 연구를 수행할 때 지켜야 할 기본적인 윤리규정에 대해 살펴보았다. '행동분석 전문가의 전문성과 윤리 이행 관련 규정'은 행동분석가자격증 위원회에서 행동분석 전문가들에게 윤리 기준과 지침 그리고 전문성 징계 기준을 제시하기 위해 만들어진 응용행동분석의 대표적인 윤리규정이다. 국내에서는 응용행동분석 관련 몇 개 학회에서 연구윤리규정은 가지고 있으나, 연구와 임상을 포괄하는 규정이 따로 개정된 적은 없다. 상기 규정은 총 10개로 구성되어 있으나, 이 장에서는 가장 빈번하게 경험하는 동의서, 비밀보장, 이중관계, 동료관계, 슈퍼비전, 역량 등 총 6개 쟁점에 대해 핵심적인 문제와 관련 대책 등에 대해 구체적으로 살펴보았다. 임상 현장에서 윤리 문제는 예방이 최선의 대책이므로, 행동분석가는 이 규정에 대해 익숙해질 필요가 있으며, 선제적인 대응을 위한 전략을 확립해 미리 적용할 필요가 있다. 과학이라는 이름으로 소수의 연구 참가자의 권리를 침해하는 사건으로 인해 연구윤리라는 개념이 소개되었고, 국내에서는 2013년에 법령이 적용되기 시작하였다. 이로 인해 연구윤리교육이 의무화되었고, 특히 국가에서 지원받은 연구의 경우, 연구 수행 전에 연구계획서에 대해 기관윤리심의위원회의 승인을 받아야 한다. 연구자는 연구 참가자에게 해를 끼치지 않는 범위 내에서, 그리고 연구 수행을 정당화할 수 있는 범위 내에서 연구 문제에 답을 할 수 있는 연구방법을 선택하고 이를 시행해야 할 의무가 있다. 기관윤리심의위원회의 절차는 연구 참가자뿐 아니라 연구자를 보호하는 절차임을 인지하는 것이 필요하다.

연습 문제

1. 행동분석가자격증위원회는 행동분석가가 지켜야 할 윤리규정을 발표하고, 이를 준수할 것을 강조한다. 윤리규정에서 포함하는 10개 조항의 내용에 대해 설명해 보자.

2. 동의서는 왜 중요하며, 어떤 내용이 포함되어야 하는지 설명해 보자.

3. 비밀보장이 지켜지지 않는 세 가지 상황과 그 근거에 대해 조사해 보자.

4. 이중관계 중 해결하기 어려운 상황의 예를 들고, 이에 대한 적절한 대처방법을 적어 보자.

5. 동료가 윤리에 어긋나는 행동을 하는 것을 보았을 때, 이를 해결하는 가장 적절한 방법에 대해 생각해 보자.

6. 슈퍼바이저와 수련생들 사이에 가장 빈번하게 발생하는 윤리적 문제는 무엇이며 이를 적절하게 해결할 수 있는 방법은 무엇인지 고민해 보자.

7. 역량은 무엇이며, 행동분석가가 역량을 증대시키기 위해 어떤 방법을 사용할 수 있는지 찾아보자.

8. 기관윤리심의위원회의 역할과 기능에 대해 설명해 보자.

부록

Ⅰ 한국행동분석학회 행동분석전문가 기본역량 리스트

#	행동분석전문가 역량 리스트	관련 원어 키워드
1	1차 조건화의 이해와 수행 능력	First-order Conditioned stimulus (CS)
2	1차 조건화의 이해와 수행 능력	First-order conditioning
3	1차적 강화제의 이해와 수행 능력	Primary reinforcer
4	2차적 강화제의 이해와 수행 능력	Secondary reinforcer
5	2차적 스케줄의 이해와 수행 능력	Second-order schedule
6	AB 설계 구안 능력	AB design
7	ABA 설계 구안 능력	ABA design
8	ABAB 설계 구안 능력	ABAB design
9	ABC 기록의 이해 및 수행 능력	ABC record
10	BAB 설계 구안 능력	BAB design
11	Counting time의 이해와 수행 능력	Counting time
12	CS-US 간격의 이해와 수행 능력	CS-US interval
13	DRI/DRA 반전기법의 이해/수행 능력	DRA/DRI Reversal design
14	정확한 간격당 횟수 관찰자 일치도의 이해와 수행 능력	Exact count-per-interval interobserver agreement (IOA)
15	Hand-over-hand 촉구의 이해와 수행 능력	Hand-over-hand prompt
16	Overmatching의 이해와 수행 능력	Overmatching
17	Overselectivity의 이해 능력	Overselectivity
18	Planned activity check의 절차 이해 및 수행 능력	Planned activity check
19	regression의 절차 이해 및 적용 능력	Regression
20	Response-shoc 간격의 절차 이해 및 수행 능력	Response-shock (R-S) interval
21	running rate의 절차 이해 및 적용 능력	Running rate
22	S-델타의 이해와 적용 능력	Stimulus delta (S-delta)

23	Temporal discounting의 절차 이해 및 적용 능력	Temporal discounting
24	가리키기를 통한 반응의 절차 이해 및 적용 능력	Point-to response
25	가변성의 이해	Variability
26	가변적 기초선의 이해	Variable baseline
27	가설을 모르는 관찰자의 이해	Naive observer
28	가설적 구조의 이해와 구안 능력	Hypothetical construct
29	간격 관찰자 일치도의 이해와 적용 능력	Interval interobserver agreement
30	간격 내 빈도기록법의 이해와 적용 능력	Frequency-within-interval-recording
31	간격기록법의 이해 및 적용 능력	Interval recording
32	간격 대 간격 관찰자 일치도의 이해와 적용 능력	Interval-by-interval interobserver agreement (IOA)
33	간격 스케줄의 이해 및 적용 능력	Interval schedule
34	간격유지 저비율 차별강화(DRL)의 적용 능력	Spaced-responding DRL
35	간접 기능 평가의 이해와 적용 능력	Indirect functional assessment
36	간접 측정법의 이해와 적용 능력	Indirect measures
37	간접 측정의 이해와 적용 능력	Indirect measurement
38	간헐 강화 스케줄의 이해와 적용 능력	Intermittent schedule of reinforcement
39	간헐 강화의 이해와 적용 능력	Intermittent reinforcement
40	간헐중다기초설계법의 구안 능력	Multiple Probe baseline design
41	감각 소거의 이해와 적용 능력	Sensory extinction
42	감각 양식의 이해 능력	Sense modality
43	감각 전조건화의 이해와 적용 능력	Sensory preconditioning
44	강도 크기의 법칙의 이해 능력	Law of intensity magnitude
45	강화 기능의 이해 능력	Reinforcement function
46	강화 빈도의 이해와 적용 능력	Frequency of reinforcement
47	강화 상대성의 이해와 적용 능력	Reinforcement relativity
48	강화 스케줄의 이해와 적용 능력	Reinforcement schedule
49	강화 유관의 이해와 적용 능력	Contingency of reinforcement
50	강화 이력의 이해와 적용 능력	History of reinforcement
51	강화 후 휴지의 이해와 적용 능력	Postreinforcement pause
52	강화 간 간격(IRI)의 이해와 적용 능력	Interreinforcement interval (IRI)
53	강화비율의 이해와 적용 능력	Reinforcement rate
54	강화제 비율의 이해와 적용 능력	Reinforcer ratio

55	강화제 상관 비율의 이해와 적용 능력	Relative rate of reinforcement
56	강화제 크기의 이해와 적용 능력	Reinforcer magnitude
57	강화제 평가의 이해와 적용 능력	Reinforcer assessment
58	개방 경제의 이해와 적용 능력	Open economy
59	개별 시도의 이해	Discrete trial
60	개별 유관의 이해와 적용 능력	Individually based contingencies
61	개별시도학습(DTT)의 이해와 적용 능력	Discrete trial teaching or instruction
62	개별화 교육 계획(IEP)의 구안 능력	Individualized education plan
63	거리 두기의 이해와 적용 능력	Distancing
64	격리 타임아웃의 이해와 적용 능력	Exclusion time-out or exclusionary time out
65	결과에 따른 선택의 이해와 적용 능력	Selection by consequences
66	결과의 법칙의 이해 능력	Effect law
67	결정론의 이해 능력	Determininsm
68	결핍 조작의 이해 능력	Deprivation operation
69	경고 자극의 이해 능력	Warning stimulus
70	경쟁적 반응의 이해 능력	Competing response
71	경향 결정의 이해 능력	Trend determination
72	경험주의의 이해 능력	Empiricism
73	계획된 무시의 이해와 적용 능력	Planned ignoring
74	고비율 차별강화(DRH)의 이해와 적용 능력	Differential reinforcement of high rates of behavior (DRH)
75	고비율 차별 벌의 이해와 적용 능력	Differential punishment of high rates
76	고속 동작 모방의 이해와 적용 능력	Rapid motor imitation
77	고안된 강화제의 이해와 적용 능력	Contrived reinforcer
78	고안된 유관의 이해와 적용 능력	Contrived contingency
79	고안된 중개 자극의 이해와 적용 능력	Contrived mediated stimulus
80	고전적 조건화의 이해와 적용 능력	Classical conditioning
81	고정 순간 타행동 차별강화(DRO)의 적용 능력	Fixed momentary differential reinforcement of other behavior (DRO)
82	고정 간격 강화 스케줄의 이해와 적용 능력	Fixed interval schedule of reinforcement (FI)
83	고정-결과 행동형성 절차의 이해와 적용 능력	Procedure of fixed-outcome shaping
84	고정된 연속번호의 이해 능력	Fixed consecutive number
85	고정된 행동패턴의 이해 능력	Fixed action pattern

86	고정비율 강화 스케줄의 이해와 적용 능력	Fixed ratio schedule of reinforcement (FR)
87	고정비율 반응의 이해와 적용 능력	Fixed-ratio responding
88	고정비율의 이해와 적용 능력	Fixed ratio
89	고정시간 강화 스케줄의 이해와 적용 능력	Fixed-time schedule of reinforcement (FT)
90	고정시간 스케줄의 이해와 적용 능력	Fixed time schedule
91	고지된 동의의 적용 능력	Informed consent
92	고확률 연쇄의 이해와 적용 능력	High-probability sequence
93	고확률 요구 연쇄의 이해와 적용 능력	High-probability request sequence
94	고확률 요구의 이해와 적용 능력	High-probability request
95	공동 관심의 이해와 적용 능력	Joint attention
96	과잉교정의 이해와 적용 능력	Overcorrection
97	과제 수행 행동의 이해 능력	On-task behavior
98	과제분석의 이해와 적용 능력	Task analysis
99	관계 변별 또는 관계 학습의 이해와 적용 능력	Relational discrimination or relational learning
100	관심에 의해 유지되는 행동의 이해 능력	Attention-maintained behavior
101	관찰 반응의 적용 능력	Observing response
102	관찰값의 이해 능력	Observed value
103	관찰기간의 이해와 적용 능력	Observation period
104	관찰자 반응성의 이해	Observer reactivity
105	관찰자 신뢰도의 이해와 적용 능력	Interobserver reliability
106	관찰자 일치도의 이해와 적용 능력	Interobserver agreement (IOA)
107	관찰자 표류의 이해	Observer drift
108	관찰학습의 이해와 적용 능력	Observational learning
109	교대중재 설계의 이해 및 구안 능력	Alternating treatments design
110	교정 절차의 이해 및 적용 능력	Correction procedure
111	규칙-지배 행동의 이해	Rule-governed behavior
112	그래프의 이해와 수행 능력	Graph
113	집단 유관의 이해	Group contingency
114	집단행동에 기인한 후속결과의 이해 능력	Group-oriented consequences
115	그림교환 의사소통체계(PECS)의 적용 능력	Picture exchange communication system (PECS)
116	그림 촉구의 이해와 적용 능력	Picture prompt
117	근접행동의 이해 능력	Approximation

118	긍정적 행동 지원의 이해와 적용 능력	Positive behavior support
119	기능 기반 중재의 이해와 적용 능력	Function-based treatment
120	기능 변환의 이해 능력	Transformation of functions
121	기능변화효과의 이해 능력	Function-altering effect
122	기능분석의 이해와 적용 능력	Functional analysis
123	기능분석적인 심리치료의 이해 능력	Functional analytic psychotherapy
124	기능의 등가성의 이해 능력	Functional equivalence
125	기능적 관계의 이해 능력	Functional relation
126	기능적 독립의 이해 능력	Functional independence
127	기능적 반응군의 이해 능력	Functional response class
128	기능적 의사소통 훈련의 이해 및 적용 능력	Functional communication training
129	기능적 자극의 이해 능력	Functional stimulus
130	기능행동평가의 이해 및 적용 능력	Functional behavior assessment
131	기록법의 이해 및 적용 능력	Recording
132	기술적 기능행동평가의 이해 및 적용 능력	Descriptive functional behavior assessment
133	기이한 발성의 이해 능력	Bizarre vocalizations
134	기준 도달 런유닛의 이해 및 적용 능력	Learn units to criterion
135	기준 도달 시도 수의 이해 및 적용 능력	Trials to criterion
136	기초선 로직의 이해 능력	Baseline logic
137	기초선의 이해 능력	Baseline
138	내적 가변성의 이해 능력	Intrinsic variability
139	내적 강화의 이해 능력	Intrinsic reinforcement
140	내적 강화제의 이해 능력	Intrinsic reinforcer
141	내적 타당도의 이해 능력	Internal validity
142	내현 행동의 이해 능력	Covert behavior
143	네이밍의 이해 및 적용 능력	Naming
144	논리 실증주의의 이해 능력	Logical positivism
145	누가기록기의 이해 및 수행 능력	Cumulative recorder
146	누가기록의 이해 능력	Cumulative record
147	누적 그래프의 이해 능력	Cumulative graph
148	다요소 설계의 구안 능력	Multi-element design
149	다중 기능(자극)의 이해 능력	Multiple function (stimulus)

150	다중 자극 선호도 평가의 수행 능력	Multiple stimulus preference assessment
151	다중 통제의 이해 능력	Multiple control
152	단계 내 반복의 이해와 적용 능력	Within-phase replication
153	단계 변경선의 이해와 적용 능력	Phase change lines
154	단기 유관의 이해 능력	Short-circuiting the contingency
155	단기 지연 조건화의 이해 능력	Short-delay conditioning
156	단순 기초선 설계의 구안 능력	Simple baseline design
157	단일대상연구의 이해 및 구안 능력	Single-subject research
158	단일요인 이론	One-factor theory
159	단축형 기능분석의 이해 능력	Brief functional analysis
160	대리성 조건화된 동기조작의 이해 능력	Surrogate conditioned motivating operation
161	대리학습의 이해 능력	Vicarious learning
162	대상 일반화의 이해 능력	Generalization across subjects
163	대상 간 중다기초선 설계의 구안 능력	Multiple baseline across subjects
164	대상자 내 설계의 구안 능력	Within-subject design
165	대외변수의 이해 능력	Foreign variable
166	매칭법칙의 이해 능력	Matching law
167	대체 스케줄의 이해 능력	Alternative schedule
168	대체행동 차별강화의 이해 및 적용 능력	Differential reinforcement of alternative behavior (DRA)
169	대체행동의 이해 능력	Alternative behavior
170	대칭 관계의 이해 능력	Symmetrical relation
171	대칭성의 이해 능력	Symmetry
172	대화 단위의 이해 능력	Conversational unit
173	데이터 샘플링의 이해 및 적용 능력	Data sampling
174	데이터 점의 이해 능력	Data point
175	데이터의 이해 능력	Datum, data
176	도구 학습의 이해 능력	Instrumental learning
177	도구적 행동의 이해 능력	Instrumental behavior
178	도달 발생 비율의 이해 능력	Terminal rate
179	도달점 행동의 이해 능력	Terminal behavior
180	도약형 후진 행동연쇄의 이해 능력	Backward chaining with leaps ahead
181	도피 소거의 이해 능력	Escape extinction

182	도피 유관의 이해 능력	Escape contingency
183	도피에 의해 유지되는 행동의 이해 능력	Escape-maintained behavior
184	도피의 이해 능력	Escape
185	독립 집단 유관의 이해 능력	Independent group contingency
186	독립변수의 이해 능력	Independent variable
187	독백 대화 단위의 이해 능력	Self-talk conversational units
188	독자 집중훈련의 이해 능력	Reader immersion
189	동간격 그래프의 이해 및 적용 능력	Equal-interval graph
190	동기 조작의 이해 및 적용 능력	Motivating operation
191	동기 증진 효과의 이해 능력	Evocative effect (of a motivating operation)
192	동기설정 자극의 이해 능력	Establishing stimulus
193	동기설정 조작의 이해 능력	Establishing operation
194	동기해지조작의 이해 능력	Abolishing operation
195	동시 변별 절차의 이해 능력	Simultaneous discrimination procedure
196	동시 변별의 이해 능력	Simultaneous discrimination
197	동시 유관의 이해 능력	Concurrent contingencies
198	동시 작동의 이해 능력	Concurrent operants
199	동시 조건화의 이해 능력	Simultaneous conditioning
200	동시 강화 스케줄의 이해 능력	Concurrent schedules of reinforcement
201	동시 스케줄의 이해 능력	Concurrent schedules
202	동시적 자극 촉구의 이해 능력	Simultaneous stimulus prompts
203	동시-행동연쇄 스케줄의 이해 능력	Concurrent-chain schedules
204	두 자극조합 선호도 평가의 이해 능력	Paired-stimulus preference assessment
205	둔감화의 이해 능력	Desensitization
206	런유닛(learn unit)의 이해 능력	Learn unit
207	런유닛(학습단위) 맥락의 이해 능력	Learn unit context
208	레그 강화 스케줄의 이해 능력	Lag reinforcement schedule
209	레퍼토리의 이해 능력	Repertoire
210	막대 그래프의 이해 및 적용 능력	Bar graph
211	말하기-행하기 상응의 이해 능력	Say and do correspondence
212	매개분석의 이해 능력	Parametric analysis
213	매개설계의 이해 능력	Parametric design

214	매개행동의 이해 능력	Mediating behavior
215	매칭반응의 이해 능력	Match-to-sample responding
216	매칭의 이해 능력	Matching
217	매크너 기록법의 이해 및 적용 능력	Mechner notation
218	맥락주의의 이해 능력	Contextualism
219	맨드의 이해 및 적용 능력	Mand
220	명명하기의 이해 및 적용 능력	Name
221	모델링 촉구의 이해 및 적용 능력	Modeling prompt
222	모델링의 이해 및 적용 능력	Modeling
223	모방 강화제의 이해 및 적용 능력	Imitative reinforcers
224	모방의 이해 및 적용 능력	Imitation
225	무결점 교수 제시의 이해 및 적용 능력	Faultless instructional presentation
226	무선−간격 스케줄	Random-interval schedule
227	무선−비율 스케줄의 이해 및 적용 능력	Random-ratio schedule
228	무오류 변별 학습의 이해 및 적용 능력	Errorless discrimination learning
229	무오류 변별의 이해 및 적용 능력	Errorless discrimination
230	무오류 학습의 이해 능력	Errorless learning
231	무조건 반사의 이해 능력	Unconditional reflex
232	무조건 벌제의 이해 능력	Unconditioned punisher
233	무조건적 강화제의 이해 능력	Unconditioned reinforcer
234	무조건적 동기조작의 이해 능력	Unconditioned motivating operation
235	무조건적 반사의 이해 능력	Unconditioned reflex
236	무조건적 반응의 이해 능력	Unconditioned or unconditional response (UR)
237	무조건적 반응의 이해 능력	Unconditioned response (UR)
238	무조건적 부적 벌제의 이해 능력	Unconditioned negative reinforcer
239	무조건적 자극 사전노출 효과의 이해 능력	Unconditioned stimulus (US) preexposure effect
240	무조건적 자극의 이해 능력	Unconditioned stimulus (US)
241	무조건적 정적 보상의 이해 능력	Unconditional positive reward
242	미신적 행동의 이해 능력	Superstitious behavior
243	민감화의 이해 능력	Sensitization
244	바이오피드백의 이해 능력	Biofeedback

245	반복가능성의 이해 능력	Repeatability
246	반복된 습득의 이해 능력	Repeated acquisition
247	반복의 이해 능력	Replication
248	반복제시 없는 다중 자극 선호도 평가의 이해 능력	Multiple-stimulus wihtout replacement preference assessment
249	반사성의 이해 능력	Reflexive relation or reflexivity
250	반사의 이해 능력	Reflex
251	반사적 공격성의 이해 능력	Reflexive aggression
252	반사적 조건화된 동기조작의 이해 능력	Reflexive conditioned motivating operation
253	반사행동 변별의 이해 능력	Respondent discrimination
254	반응 감소율 차별강화의 이해 능력	Differential reinforcement of diminishing rates of responding (DRD)
255	반응 강도의 이해 능력	Response strength
256	반응 결핍 이론의 가설	Response-deprivation hypothesis
257	반응 결핍 이론의 이해 능력	Response deprivation theory
258	반응 결핍의 이해 능력	Response deprivation
259	반응 경쟁의 이해 능력	Response competition
260	반응 계층의 이해 능력	Response hierarchy
261	반응 규제 선호평가의 이해 능력	Response restriction preference assessment
262	반응 기회의 이해 능력	Opportunity-to-respond
263	반응 노력의 이해 능력	Response effort
264	반응대가의 이해 능력	Response cost
265	반응 빈도의 이해 및 적용 능력	Frequency of responding
266	반응 생략의 이해 및 적용 능력	Response omission
267	반응 수준의 이해	Respondent level
268	반응 습득의 이해	Respondent acquisition
269	반응 연쇄의 이해 능력	Reaction chain
270	반응 유도의 이해 능력	Response induction
271	반응 유지의 이해 능력	Response maintenance
272	반응 일반화의 이해 능력	Respondent generalization
273	반응 지연시간의 이해 능력	Response latency
274	반응 차단의 이해 능력	Response blocking
275	반응 차별의 이해 능력	Response differenciation

276	반응 촉구의 이해 및 적용 능력	Response prompt
277	반응 출현 빈도의 이해 능력	Probability of response
278	반응 할당의 이해 능력	Response allocation
279	반응 형태의 이해 능력	Response topography
280	반응 간 시간 이론의 이해 능력	Interresponse time theory
281	반응 간 시간(IRT)의 이해 능력	Interresponse time (IRT)
282	반응—강화제 상관 이론의 이해 능력	Response-reinforcer correlation theory
283	반응군의 이해 능력	Response class
284	반응률의 이해 능력	Rate of responding
285	반응 무관 강화제의 이해 능력	Response-independent reinforcer
286	반응성의 이해 능력	Reactivity
287	반응 유발의 이해 능력	Elicitation
288	반응의 이해 능력	Response
289	반전기법의 이해 능력	Reversal technique
290	반전 설계의 구안 능력	Reversal design
291	발생/비발생 관찰자 간 일치도의 이해 능력	Occurrrence/non-occurrence interobserver agreement
292	방법론적 행동주의의 이해 능력	Methodological behaviorism
293	방어적 조건화의 이해 능력	Defensive conditioning
294	백분위 스케줄의 이해 능력	Percentile schedule
295	백분율 강화의 이해 능력	Percentage reinforcement
296	벌 유관의 이해 능력	Punishment contingency
297	벌(벌제)의 이해 및 적용 능력	Punishment (Punisher)
298	변동 간격의 이해 및 적용 능력	Variable interval
299	변동비율	Variable ratio
300	변동비율 강화 스케줄	Variable ratio schedule of reinforcement (VR)
301	변동비율 반응	Variable-ratio responding
302	변동 시간 스케줄	Variable time schedule
303	변동 간격 강화 스케줄	Variable interval schedule of reinforcement (VI)
304	변동—간격 반응	Variable-interval responding
305	변동 간격 타행동 차별강화	Variable interval differential reinforcement of other behavior (DRO)

306	변동-결과 행동형성 절차	Procedure of variable-outcome shaping
307	변동-순간 타행동 차별강화	Variable-momentary differential reinforcement of other behaviour (DRO)
308	변동-시간 스케줄	Variable-time schedule
309	변동-시간 자극 제시	Variable-time stimulus presentation
310	변별 가설의 이해 능력	Discrimination hypothesis
311	변별 기능의 이해 능력	Discriminative function
312	변별 불가능한 유관의 이해 능력	Indiscriminable contingency
313	변별 소거의 이해 능력	Discriminated extinction
314	변별자극의 이해 능력	Discriminative stimulus (SD)
315	변별 작동의 이해 능력	Discriminated operant
316	변별 지수의 이해 능력	Discrimination index
317	변별학습(훈련)의 이해 능력	Discrimination learning (training)
318	변별 회피의 이해 능력	Discriminated avoidance
319	변별훈련의 이해 능력	Discrimination training
320	변별의 이해 능력	Discrimination
321	변화에 대한 저항의 이해 능력	Resistance to change
322	병렬 계약의 이해 능력	Paralell contract
323	보완대체의사소통의 이해 및 적용 능력	Augmentative and alternative (AAC)
324	보완자극의 이해 능력	Augmenting stimulus
325	보장적 자극의 이해 능력	Prosthetic stimulus
326	복도 타임아웃의 이해 능력	Hallway time-out
327	복원적 과잉교정의 이해 능력	Restitutional overcorrection
328	복합 스케줄의 이해 능력	Compound (Multiple) schedule
329	복합적인 조건화 자극	Compound conditioned stimulus (compound CS)
330	부분간격기록법의 이해 및 적용 능력	Partial interval recording
331	부분 강화 효과의 이해 및 적용 능력	Partial reinforcement effect
332	부분 반응률의 이해 및 적용 능력	Local rate or local response rate
333	부적 강화의 이해 및 적용 능력	Negative reinforcement
334	부적 강화제의 이해 및 적용 능력	Negative reinforcer
335	부적 대조의 이해 및 적용 능력	Negative contrast
336	부적 벌(벌제)의 이해 및 적용 능력	Negative punishment (punisher)

337	부적 연습의 이해 및 적용 능력	Negative practice
338	부적 자극의 이해 능력	Negative stimulus
339	부적 자동유지의 이해 및 적용 능력	Negative automaintenance
340	분당 반응수의 이해 및 적용 능력	Responses per minute
341	분석 단위의 이해	Unit of analysis
342	불연속 관찰(측정)의 이해 및 적용 능력	Discontinuous observation (measurement)
343	비디오 모델링의 이해 및 적용 능력	Video modelling
344	비밀보장의 이해 능력	Confidentiality
345	비발생 간격 관찰자 일치도의 이해 및 적용 능력	Unscored-Interval interobserver agreement
346	비배제 타임아웃의 이해 및 적용 능력	Nonexclusionary time-out
347	비변별적 회피의 이해 능력	Nondiscriminated avoidance
348	비보 둔감화의 이해 능력	In vivo desensitization
349	비순수 맨드의 이해 능력	Impure mand
350	비순수 택트의 이해 능력	Impure tact
351	비유관적 강화의 이해 능력	Noncontingent reinforcement (NCR)
352	비유관적 도피의 이해 능력	Noncontingent escape
353	비율 긴장의 이해 능력	Ratio strain
354	비율 스케줄의 이해 능력	Ratio schedule
355	비율 의존성의 이해 능력	Rate dependency
356	비율의 이해 능력	Rate
357	비차별적 훈련의 이해 능력	Nondifferential training
358	비탄력 요구의 이해 능력	Inelastic demand
359	빈도의 이해 및 적용 능력	Frequency
360	사건기록법의 이해 및 적용 능력	Event recording
361	사회적 강화제의 이해 및 적용 능력	Social reinforcers
362	사회적 참고능력의 이해 능력	Social referencing
363	사회적 타당도의 이해 및 적용 능력	Social validity
364	산출물 기록법의 이해 및 적용 능력	Product recording
365	산포도의 이해 능력	Scatter plot
366	상관 자극 또는 상관 강화제의 이해 및 적용 능력	Correlated stimuli or correlated reinforcers
367	상대적 반응 비율의 이해 및 적용 능력	Relative rate of response
368	상대적 비율의 이해 능력	Relative rate

369	상대적 자극통제의 이해 및 적용 능력	Relative stimulus control
370	상동행동의 이해 능력	Stereotypy
371	상반행동 차별강화(DRI)의 이해 및 적용 능력	Differential reinforcement of incompatible behavior (DRI)
372	상반행동의 이해 능력	Incompatible behavior
373	상보적 유관의 이해 능력	Reciprocal contingency
374	상응 계약의 이해 능력	Quid pro quo contract
375	상응의 이해 능력	Correspondence (between saying and doing)
376	상징적 매칭의 이해 능력	Symbolic matching
377	상향 기초선의 이해 능력	Ascending baseline
378	상호 맞물린 스케줄의 이해 능력	Interlocking schedule
379	상호수반의 이해 능력	Mutual entailment
380	상호의존적 집단 유관의 이해 능력	Interdependent group contingency
381	상호의존적 스케줄의 이해 능력	Interdependent schedules
382	상황 간 중다기초선 설계의 구안 능력	Multiple baseline across settings
383	샘플매칭의 이해 능력	Matching to sample
384	선그래프의 이해 능력	Line graph
385	선수행동의 이해 능력	Prerequisite behavior
386	선택이론의 이해 능력	Selectionism
387	선행사건의 이해 능력	Antecedent event
388	선행사건의 이해 능력	Antecedent
389	선행자극군의 이해 능력	Antecedent stimulus class
390	선행중재의 이해 능력	Antecedent intervention
391	선행통제의 이해 능력	Antecedent control
392	선형 간격 척도의 이해 능력	Linear interval scale
393	선호도 평가의 이해 및 적용 능력	Preference assessment
394	성립된 반응 방법의 이해 능력	Established response method
395	셔틀 박스의 이해 능력	Shuttle box
396	소거 자극의 이해 능력	Extinction stimulus
397	소거 저항의 이해 능력	Resistance to extinction
398	소거 점층의 이해 능력	Extinction gradient
399	소거 폭발의 이해 능력	Extinction burst
400	소거의 이해 및 적용 능력	Extinction

401	속도조절 반응의 이해 능력	Paced response
402	속박의 이해 및 적용 능력	Physical restraint
403	수동 조건화의 이해 능력	Respondent conditioning
404	수동 행동	Respondent behavior
405	수동적	Respondent
406	수동적 소거의 이해 및 적용 능력	Respondent extinction
407	수동적 회피	Passive avoidance
408	순간 극대화 이론의 이해 능력	Momentary maximization theory
409	순간시간표집법의 이해 능력	Momentary time sampling
410	순간적인 결핍의 이해 능력	Momentary deprivation
411	순서 효과의 이해 능력	Sequence effect
412	순수 맨드의 이해 능력	Pure mands
413	순수 택트의 이해 능력	Pure tacts
414	순응의 이해 능력	Compliance
415	쉐도잉 기법의 이해 능력	Shadowing
416	스캘럽핑의 이해 능력	Scalloping
417	스케줄 약화의 이해 능력	Schedule thinning
418	스케줄 통제의 이해 능력	Schedule control
419	스케줄-유도 행동의 이해 능력	Schedule-induced behavior
420	스키너 상자의 이해 능력	Skinner box
421	습관 반전의 이해 능력	Habit reversal
422	습관화의 이해 능력	Habituation
423	습득 단계의 이해 능력	Acquisition phase
424	습득준거의 이해 능력	Mastery criteria
425	시각적 분석의 이해 능력	Visual analysis or inspection
426	시각적 촉구의 이해 및 적용 능력	Visual prompt
427	시각적 추적의 이해 능력	Visual tracking
428	시간 지연의 이해 및 적용 능력	Time delay
429	시간적 변별의 이해 능력	Temporal discrimination
430	시간적 위치의 이해 능력	Temporal locus
431	시간적 인접성의 이해 능력	Temporal contiguity
432	시간적 조건화의 이해 능력	Temporal conditioning

433	시간적 통합의 이해 능력	Temporal integration
434	시간표집법의 이해 및 적용 능력	Time sampling or time sample recording
435	시도 오류 학습의 이해 및 적용 능력	Trial-and-error learning
436	시도 간 간격의 이해 능력	Intertrial interval (ITI)
437	시도 대 시도 관찰자 일치도의 이해 능력	Trial-by-trial interobserver agreement(IOA)
438	시도의 이해 능력	Trial
439	신뢰도의 이해 능력	Reliability
440	신체적 안내의 이해 및 적용 능력	Physical guidance
441	신체적 촉구의 이해 및 적용 능력	Physical prompt
442	신호−추적 이론 이해 능력	Sign-tracking theory
443	실시간 기록법의 이해 및 적용 능력	Real-time recording
444	실험 내 반복의 이해 및 적용 능력	Within-experiment replication
445	실험 조건의 이해 및 적용 능력	Experimental condition
446	실험 질문의 이해 및 적용 능력	Experimental question
447	실험 통제의 이해 및 적용 능력	Experimental control
448	실험적 행동분석의 이해 능력	Experimental analysis of behavior (EAB)
449	안정된 기초선의 이해	Stable baseline
450	안정된 반응의 이해	Steady-state responding
451	안정 상태의 수행의 이해	Steady-state performance
452	앵무새 말하기의 이해	Parroting
453	양방 계약의 이해	Two-party contract
454	양적 효과의 법칙의 이해	Quantitative law of effect
455	억제 자극의 이해	Inhibitory stimulus
456	억제성 점층의 이해	Inhibitory gradient
457	언더 매칭의 이해	Undermatching
458	언어 공동체의 이해	Verbal community
459	언어 기능의 이해	Verbal functions
460	언어 변별의 이해	Verbal discrimination
461	언어 에피소드의 이해	Verbal episode
462	언어 작동의 이해	Verbal operant
463	언어적 촉구의 이해 및 적용 능력	Verbal prompt
464	언어적의 이해	Verbal

465	언어행동	Verbal behavior
466	언어행동분석	Verbal behavior analysis
467	언페어링의 이해 및 적용 능력	Unpairing
468	에코익-맨드의 이해 및 적용 능력	Echoic-to-mand
469	에코익의 이해 및 적용 능력	Echoic
470	에코익-택트의 이해 및 적용 능력	Echoic-to-tact
471	역치의 법칙의 이해 능력	Law of threshold
472	역통제 반응의 이해 능력	Countercontrol responses
473	역할극의 이해 능력	Role-play
474	연상 학습의 이해 능력	Associative learning
475	연속기록법의 이해 및 적용 능력	Continuous recording (measurement)
476	연속 강화의 이해 및 적용 능력	Continuous reinforcement
477	연속 변별의 이해 능력	Successive discrimination
478	연속 변별 절차의 이해 능력	Successive discrimination procedure
479	연쇄 강화 계획의 이해 능력	Chained schedule of reinforcement
480	연습 효과의 이해 능력	Practice effects
481	연습의 법칙의 이해 능력	Law of exercise
482	연합 자극통제의 이해 능력	Joint stimulus control
483	조합수반의 이해 능력	Combinatorial entailment
484	연합주의의 이해 능력	Associationism
485	영구산물 측정의 이해 능력	Measurement by permanent product
486	영구산물기록법의 이해 능력	Permanent product recording
487	예비 연구의 이해 및 구안 능력	Pilot research
488	예측 자극의 이해 능력	Predictive stimulus
489	예측의 이해 능력	Prediction
490	오류 수정의 이해 및 적용 능력	Error correction
491	완료반응의 이해 능력	Consummatory response
492	외재 변수의 이해 능력	Extraneous variable
493	외적 가변성의 이해 능력	Extrinsic variability
494	외적 강화의 이해 능력	Extrinsic reinforcer
495	외적 타당도의 이해 능력	External validity
496	외현행동의 이해 능력	Overt behavior

497	요소 분석의 이해 능력	Component analysis
498	용암 절차(진행)의 이해 및 적용 능력	Fading procedure
499	용암법의 이해 및 적용 능력	Fading
500	우발 강화의 이해 및 적용 능력	Adventitious reinforcement
501	우발 학습의 이해 및 적용 능력	Incidental learning
502	우발적 연쇄 또는 우발 강화의 이해 능력	Incidental chaining or incidental reinforcement
503	유관 계약의 이해 능력	Contingency contract o contingency contracting
504	유관 공간의 이해 능력	Contingency space
505	유관 관찰의 이해 능력	Contingent observation
506	유관 반응의 이해 능력	Contingent response
507	유관 운동의 이해 능력	Contingent exercise
508	유관 자극의 이해 능력	Contingent stimulus
509	유관 지연의 이해 능력	Contingent delay
510	유관 특정 자극의 이해 능력	Contingency-specifying stimulus
511	유관관리의 이해 능력	Contingency management
512	유관성의 이해 능력	Contingency
513	유관식별의 이해 능력	Contingency discriminability
514	유관언어의 이해 능력	Contingency language
515	유관연상의 이해 능력	Contingent associations
516	유관통제의 이해 능력	Contingency control
517	유관형성행동의 이해 능력	Contingency-shaped behavior
518	유심론의 이해 능력	Mentalism
519	유지 간격의 이해 능력	Retention interval
520	유지의 이해 능력	Maintenance
521	유창성의 이해 능력	Fluency
522	윤리의 이해 능력	Ethics
523	은유적 확장의 이해 능력	Metaphorical extension
524	음성언어행동의 이해 능력	Vocal verbal behavior
525	음성행동의 이해 능력	Vocal behavior
526	음성행동형태의 이해 능력	Vocal topographies
527	의도적 학습의 이해 능력	Intentional learning

528	의사 시도의 이해 능력	Pseudotrial
529	의사 조건화의 이해 능력	Pseudoconditioning
530	의사소통 차별강화의 이해 능력	Differential reinforcement of communication
531	이동성 관계의 이해 능력	Transitive relation
532	이동성 조건화된 동기조작의 이해 능력	Transitive conditioned motivating operation
533	이완 훈련의 이해 능력	Relaxation training
534	이종 행동연쇄 스케줄의 이해 및 적용 능력	Heterogenous chains schedule
535	이중맹검 통제의 이해 및 구안 능력	Double-blind control
536	인위적 강화제의 이해 능력	Artificial reinforcer
537	인위적 산물의 이해 능력	Artifact
538	인접성의 이해 능력	Contiguity
539	인트라버벌의 이해 및 적용 능력	Intraverbal
540	일대일 대응의 이해 및 적용 능력	Point-to-point correspondence
541	일련 분석의 이해 능력	Sequence analysis
542	일반적 확장의 이해 및 적용 능력	Generic extension
543	일반화 세팅의 이해 능력	Generalization setting
544	일반화 점층의 이해 능력	Generalization gradient
545	일반화 프로브의 이해 능력	Generalization probe
546	일반화된 강화제의 이해 능력	Generalized reinforcer
547	일반화된 대응법칙의 이해 능력	Generalized matching law
548	일반화된 매칭의 이해 능력	Generalized matching
549	일반화된 모방의 이해 능력	Generalized imitation
550	일반화된 사회적 강화제	Generalized social reinforcement
551	일반화된 조건 강화제	Generalized conditioned reinforcer
552	일반화된 조건 벌제	Generalized conditioned punisher
553	일반화된 행동 변화	Generalized behavior change
554	일반화의 이해 및 적용 능력	Generalization
555	일화 관찰의 이해 능력	Anecdotal observation
556	임상적 행동분석의 이해 능력	Clinical behavior analysis
557	임의 자극군의 이해 능력	Arbitrary stimulus class
558	임의적 매칭의 이해 능력	Arbitrary matching
559	자극 대체 이론의 이해 능력	Stimulus substitution theory

560	자극 등가의 이해 능력	Stimulus equivalence
561	자극 변별훈련의 이해 능력	Stimulus discrimination training
562	자극 선호도 평가의 이해 능력	Stimulus preference assessment
563	자극 연속의 이해 능력	Stimulus continuum
564	자극 용암법의 이해 능력	Stimulus fading
565	자극 일반화 점층의 이해 능력	Stimulus generalization gradient
566	자극 중첩의 이해 능력	Stimulus superimposition
567	자극 촉구의 이해 능력	Stimulus prompt
568	자극통제의 관계 이론의 이해 능력	Relational theory of stimulus control
569	자극통제의 이해 능력	Stimulus control
570	자극 포만의 이해 능력	Stimulus satiation
571	자극 형성의 이해 능력	Stimulus shaping
572	자극군의 이해 능력	Stimulus class
573	자극-반응 연쇄의 이해 능력	Stimulus-response chain
574	자극 외 촉구의 이해 능력	Extra-stimulus prompt
575	자극-일반화 점층의 이해 능력	Stimulus-generalization gradient
576	자극 일반화의 이해 능력	Stimulus generalization
577	자극-자극 페어링의 이해 능력	Stimulus-stimulus pairing
578	자극통제 전이의 이해 능력	Transfer of stimulus control
579	자기강화의 이해 능력	Self-reinforcement
580	자기계약의 이해 능력	Self-contract
581	자기관리의 이해 능력	Self-management
582	자기교수 훈련의 이해 능력	Self-instructional training
583	자기자극 행동의 이해 능력	Self-stimulatory behavior
584	자기점검의 이해 능력	Self-monitoring or self-recording
585	자기 주도 선택의 이해 능력	Self-control choice
586	자기통제의 이해 능력	Self-control
587	자기평가의 이해 능력	Self-evaluation
588	자동유지의 이해 능력	Automaintenance
589	자동적 강화(물)의 이해 능력	Automatic reinforcement (reinforcer)
590	자동적 벌의 이해 능력	Automatic punishment
591	자동행동형성의 이해 능력	Autoshaping

592	자료 수집의 이해 및 적용 능력	Data collection
593	자발적 모방의 이해 능력	Spontaneous imitation
594	자발적 회복의 이해 능력	Spontaneous recovery
595	자생적 일반화 매개 변인의 이해 능력	Self-generated mediator of generalization
596	자연스러운 환경 언어 중재의 이해 능력	Naturalistic language intervention
597	자연적 강화제의 이해 능력	Natural reinforcer
598	자연적인 존재하는 유관의 이해 능력	Naturally existing contingency
599	자유 선택의 이해 능력	Free choice
600	자유 작동 방법의 이해 능력	Free operant method
601	자유 작동 절차의 이해 능력	Free operant procedure
602	자유 작동 회피의 이해 능력	Free operant avoidance
603	자유 작동행동의 이해 능력	Free operant
604	자해의 이해 능력	Self-injury
605	작동 가변성의 이해 능력	Operant variability
606	작동 모방, 조작 모방의 이해 능력	Operant imitation
607	작동 선택의 이해 능력	Operant selection
608	작동 수준의 이해 능력	Operant level
609	작동행동의 이해 능력	Operant behavior
610	작동적 공격의 이해 능력	Operant agression
611	작동행동 실험실의 이해 능력	Operant chamber
612	작동행동군의 이해 능력	Operant class
613	잠재능력의 유도의 이해 능력	Induction of capabilities
614	장기 지연 조건화의 이해 능력	Long-delay conditioning
615	재지시의 이해 및 적용 능력	Redirection
616	저비율 동간격 차별강화의 이해 능력	Interval differential reinforcement of low rates
617	저비율 차별강화의 이해 능력	Differential reinforcement of low rates (DRL)
618	전-간격기록법의 이해 및 적용 능력	Whole-interval recording
619	전-간격 타행동 차별강화의 이해 능력	Whole-interval differential reinforcement of other behavior (DRO)
620	전반적 반응 비율의 이해 능력	Overall response rate
621	전이 상태 수행	Transition-state performance
622	전이 상태의 이해 능력	Transition state

623	전이의 이해 능력	Transfer
624	전진 행동연쇄의 이해 능력	Forward chaining
625	전청자의 이해 능력	Pre-listener
626	전체과제 제시(연쇄)의 이해 능력	Total task presentation (chaining)
627	전체과제 행동연쇄의 이해 능력	Total-task chaining
628	전회기 저비율 차별강화의 이해 능력	Full session Differential reinforcement of low rates (DRL)
629	절대 자극통제의 이해 능력	Absolute stimulus control
630	절약의 이해 능력 및 적용 능력	Parsimony
631	절차적 충실도의 이해 능력	Procedural integrity
632	점진적 간격 스케줄의 이해 능력	Progressive-interval schedule
633	점진적 강화 스케줄의 이해 능력	Progressive schedule
634	점진적 근육 이완의 이해 능력	Progressive muscular relaxation
635	점진적 비율 스케줄의 이해 능력	Progressive-ratio schedules
636	점진적 시간 스케줄의 이해 능력	Progressive-time schedules
637	점진적 안내 감소의 이해 능력	Graduated guidance
638	정밀 교수의 이해 및 적용 능력	Precision teaching
639	정보적 자극의 이해 능력	Informative stimulus
640	정적 강화로부터의 타임아웃의 이해 및 적용 능력	Time-out from positive reinforcement
641	정적 강화의 이해 및 적용 능력	Positive reinforcement
642	정적 강화제의 이해 및 적용 능력	Positive reinforcer
643	정적 대조의 이해 및 적용 능력	Positive contrast
644	정적 자극의 이해 및 적용 능력	Positive stimulus
645	정적 벌(제)의 이해 및 적용 능력	Positive punishment (reinforcer)
646	정적 연습 과잉교정의 이해와 적용 능력	Positive practice overcorrection
647	정적 연습의 이해와 적용 능력	Positive practice
648	정확도의 이해 및 적용 능력	Accuracy
649	제스처 촉구의 이해 및 적용 능력	Gestural prompt
650	제스처 형태의 이해 능력	Gestural topography
651	제한 있음의 이해 능력	Limited hold
652	조건 반응의 이해 능력	Conditional response
653	조건 변별의 이해 능력	Conditional discrimination

654	조건 억압의 이해 능력	Conditioned suppression
655	조건 자극의 이해 능력	Conditional stimulus
656	조건 확률의 이해 능력	Conditional probability
657	조건반응의 이해 능력	Conditioned response (CR)
658	조건부 억제의 이해 능력	Conditioned inhibitor
659	조건화된 강화(제)의 이해 능력	Conditioned reinforcement (reinforcer)
660	조건화된 동기조작의 이해 능력	Conditioned motivating operation
661	조건화된 동기설정조작의 이해 능력	Conditioned establishing operation
662	조건화된 반사의 이해 능력	Conditioned reflex or conditional reflex
663	조건화된 벌제의 이해 능력	Conditioned punisher
664	조건화된 보상 반응의 이해 능력	Conditioned compensatory responses
665	조건화된 부적 강화제의 이해 능력	Conditioned negative reinforcer
666	조건화된 상응이론의 이해 능력	Conditioned opponent theory
667	조건화된 자극의 이해 능력	Conditioned stimulus (CS)
668	조건화된 정서 반응의 이해 능력	Conditioned emotional responce
669	조건화된 혐오자극의 이해 능력	Conditioned aversive stimulus
670	조건화의 이해 능력	Conditioning
671	조기집중행동중재의 이해 능력	Early intensive behavioral intervention (EIBI)
672	조작기의 이해 능력	Manipulandum
673	조작적 정의의 이해 능력	Operational definition
674	작동적 조건화의 이해 능력	Operant conditioning
675	조절된 호흡의 이해 능력	Regulated breathing
676	조정 스케줄의 이해 능력	Adjusting schedule
677	조직 행동 관리의 이해 능력	Organizational behavior management
678	종속변인의 이해 능력	Dependent variable
679	종속 집단 유관의 구안 능력	Dependent group contingency
680	준거 변경 설계의 구안 능력	Changing criterion design
681	중다간헐 설계의 구안 능력	Multiple probe design
682	중다 반응 교수의 이해 능력	Multiple exemplar instruction
683	중다 예시 훈련의 이해 능력	Multiple exemplar training
684	중다 중재 간섭의 이해 능력	Multiple treatment interference
685	중다중재반전 설계의 구안 능력	Multiple treatment reversal design

686	중다기초선 설계의 구안 능력	Multiple baseline design
687	중단된 행동연쇄의 이해 능력	Interrupted chain
688	중독 강화제의 이해 능력	Addictive reinforcer
689	중성자극의 이해 능력	Neutral stimulus
690	중심축 반응의 이해 능력	Pivotal response
691	중재 수용성의 이해 능력	Treatment acceptability
692	중재 충실도의 이해 능력	Treatment integrity
693	중재 패키지의 이해 능력	Intervention package
694	중추적 행동의 이해 능력	Behavioral cusp
695	지속시간기록법의 이해 및 적용 능력	Duration recording
696	지속시간의 이해 및 적용 능력	Duration
697	지역사회 행동분석의 이해 능력	Community behavior analysis
698	지연 강화의 이해 능력	Delayed reinforcement
699	지연 반응의 이해 능력	Delayed response
700	지연 조건형성의 이해 능력	Delay conditioning
701	지연된 모방의 이해 능력	Delayed imitation
702	지연된 샘플매칭의 이해 능력	Delayed matching to sample(MTS)
703	지연된 조건화의 이해 능력	Delayed conditioning
704	지연된 중다기초선 설계의 구안 능력	Delayed multiple baseline design
705	지연시간 기능분석의 이해와 적용 능력	Latency-based functional analysis
706	지연시간의 이해 능력	Latency
707	지연시간의 법칙의 이해 능력	Law of latency
708	직접 교수의 이해 능력	Direct instruction
709	직접 측정의 이해 능력	Direct measurement
710	직접 측정의 이해 능력	Direct measures
711	직접적 반복연구의 이해 능력	Direct replication
712	집중적 런유닛의 이해 능력	Massed learn units
713	집중행동중재의 이해 능력	Intensive behavioral intervention
714	차별 반응의 이해 능력	Differential response
715	차별 벌 절차의 이해 능력	Differential punishment procedure
716	차별강화 스케줄의 이해 능력	Differential reinforcement schedules
717	차별강화의 이해 능력	Differential reinforcement

718	차별적 조건화의 이해 능력	Differential conditioning
719	차별화된 반응의 이해 능력	Differentiated response
720	차폐의 이해 능력	Masking
721	철회 설계의 이해 및 구안 능력	Withdrawal design
722	청각 매칭 훈련의 이해 능력	Auditory matching
723	청각 자극통제의 이해 능력	Auditory stimulus control
724	청자 네이밍의 이해 능력	Listener component of naming
725	청자 식별능력의 이해 능력	Listener literacy
726	청자 행동의 이해 능력	Listener behavior
727	청자 훈련의 이해 능력	Listener training
728	청자로서의 화자의 이해 능력	Speaker-as-own-listener
729	체계적 둔감화의 이해 능력	Systematic desensitization
730	체계적 반복의 이해 능력	Systematic replication
731	초기 주의집중 프로그램의 이해 능력	Basic attention programs
732	초유관의 이해 능력	Metacontingencies
733	촉구 용암법의 이해 및 적용 능력	Prompt fading
734	촉구 의존성의 이해 능력	Prompt dependency
735	촉구 지연의 이해 및 적용 능력	Prompt delay
736	촉구 간 용암법의 이해 및 적용 능력	Fading across prompts
737	촉구 내 용암법의 이해 및 적용 능력	Fading within prompt
738	촉구되지 않은 반응의 이해 능력	Unprompted response
739	촉구의 이해 및 적용 능력	Prompt
740	총 지속시간 관찰자 일치도의 이해 능력	Total duration interobserver agreement
741	총 횟수 관찰자 일치도의 이해 능력	Total count interobserver agreement
742	최소 촉구 시스템의 이해 능력	System of least prompts
743	최소-최대 촉구의 이해 능력	Least-to-most prompting
744	추적 조사의 이해 능력	Follow-up (tracking)
745	측정 단위의 이해 능력	Unit of measurement
746	측정 신뢰도의 이해 능력	Interrater reliability
747	측정 일치도의 이해 능력	Interrater agreement
748	측정 편향의 이해 능력	Measurement bias
749	치료 표류의 이해 능력	Treatment drift

750	코딕의 이해 능력	Codic
751	크기의 이해 능력	Magnitude
752	타당도의 이해 및 적용 능력	Validity
753	타임아웃 리본의 이해 및 적용 능력	Time-out ribbon
754	타임아웃의 이해 및 적용 능력	Time-out
755	타행동 순간 차별강화의 이해 및 적용 능력	Momentary differential reinforcement of other behavior (DRO)
756	타행동 차별강화 반전기법의 이해 및 적용 능력	Differential reinforcement of other behavior (DRO) reversal technique
757	타행동 차별강화의 이해 및 적용 능력	Differential reinforcement of other behavior (DRO)
758	탈억제의 이해 및 적용 능력	Disinhibition
759	택트의 이해 및 적용 능력	Tact
760	텍스츄얼 반응의 이해 능력	Textual responding
761	텍스츄얼 촉구의 이해 및 적용 능력	Textual prompt
762	텍스츄얼의 이해 및 적용 능력	Textual
763	토큰 강화제의 이해 및 적용 능력	Token reinforcer
764	토큰 경제의 이해 및 적용 능력	Token economy
765	통제 변인의 이해 능력	Controlling variable
766	통제 자극의 이해 능력	Controlling stimulus
767	통제 행동의 이해 능력	Controlling behavior
768	통제된 행동의 이해 능력	Controlled behavior
769	특정 기간 연속기록법	Continuous recording for specified periods
770	특징적 자극군의 이해 능력	Feature stimulus class
771	특징－정적 자극의 이해 능력	Feature-positive stimulus
772	파블로프식 조건화의 이해 능력	Pavlovian conditioning
773	파생된 관계의 이해 능력	Derived relations
774	파생된 관계적 반응의 이해 및 적용 능력	Derived relational responding
775	파생된 등가 관계의 이해 및 적용 능력	Derived equivalence relation
776	파생된 자극행동 관계의 이해 능력	Derived stimulus relation
777	패턴 분석의 이해 및 적용 능력	Pattern analysis
778	페어링의 절차 이해 및 수행 능력	Pairing

779	평균 간격당 횟수 관찰자 간 일치도의 이해 능력	Mean count-per-interval inter observer agreement (IOA)
780	평균 발생당 지속시간 관찰자 간 일치도의 이해 능력	Mean duration-per-occurrence inter observer agreement (IOA)
781	폐쇄경제의 이해 및 적용 능력	Closed economy
782	포만의 이해 및 적용 능력	Satiation
783	폭발(행동의)의 이해 능력	Burst (of behaviors)
784	샘플자극의 이해 능력	Sample stimulus
785	표본 지향 행동의 이해 능력	Sample-specific behavior
786	표적행동의 이해 및 적용 능력	Target behavior
787	표준 셀러레이션 차트의 이해 및 적용 능력	Standard celeration chart
788	프로그램 교수의 이해 및 적용 능력	Programmed instruction
789	프로브의 이해 및 적용 능력	Probe
790	프리맥 원리의 이해 및 적용 능력	Premack principle
791	플라시보 효과의 이해 능력	Placebo effect
792	하향 기초선의 이해 능력	Descending baseline
793	학습되지 않은 강화제의 이해 능력	Unlearned reinforcer
794	학습되지 않은 혐오 조건의 이해 능력	Unlearned aversive condition
795	학습된 무력감의 이해 능력	Learned helplessness
796	행동 가변성의 이해 능력	Behavioral variability
797	행동 계약의 이해 및 적용 능력	Behavioral contract
798	행동 변화 효과의 이해 능력	Behavior-altering effect
799	행동 산물의 이해 능력	Behavior product
800	행동 역학의 이해 능력	Behavioral dynamics
801	행동연쇄의 이해 능력	Behavioral chain
802	행동 원칙의 이해 능력	Principle of behavior
803	행동 유관의 이해 능력	Behavioral contingency
804	행동 유연성의 이해 능력	Behavioral flexibility
805	행동 윤리 조항의 이해 능력	Ethical codes of behavior
806	행동 이력 작성요령	Behavioral history
807	행동 적절성의 법칙	Relevance of behavior rule
808	행동 체계 분석의 이해 능력	Behavior-systems analysis
809	행동 체계의 이해	Behavior system

810	행동 체크리스트 작성과 이해	Behavior checklist
811	행동 차원의 이해 능력	Dimension of behavior
812	행동 간 중다기초선 설계의 구안 능력	Multiple baseline across behaviors
813	행동경제학의 이해 능력	Behavioral economics
814	행동관성의 이해 능력	Behavioral momentum
815	행동기술 훈련의 이해 능력	Behavioral skills training
816	행동대조의 이해 능력	Behavioral contrast
817	행동변화전략의 이해 및 적용 능력	Behavior change tactic
818	행동연쇄의 이해 및 적용 능력	Behavior chain
819	행동 기능의 이해 능력	Function of behavior
820	행동점화의 이해 및 적용 능력	Behavioral priming
821	행동조절을 위한 자기언어 이해 및 적용 능력	Self-talk to govern other behavior
822	행동평가의 이해 및 적용 능력	Behavioral assessment
823	행동함정의 이해 능력	Behavior trap
824	행동형성의 이해 및 적용 능력	Shaping
825	혐오 역조건형성의 이해 능력	Aversive counterconditioning
826	혐오 자극의 이해 및 적용 능력	Aversive stimulus
827	혐오 통제의 이해 및 적용 능력	Aversive control
828	형이상학적 행동주의의 이해 능력	Metaphysical behaviorism
829	혼합 스케줄의 이해 및 적용 능력	Mixed schedule
830	홍수법의 이해 및 적용 능력	Flooding
831	화자 네이밍의 이해 및 적용 능력	Speaker component of naming
832	화자 집중훈련의 이해 및 적용 능력	Speaker inmersion
833	화자의 이해 능력	Speaker
834	화자-청자 교환의 이해 및 적용 능력	Speaker-listener exchanges
835	활동 강화제의 이해 및 적용 능력	Activity reinforcer
836	활동 스케줄의 이해 및 적용 능력	Activity schedule
837	회기 내 반복의 이해 및 적용 능력	Within-session replication
838	회피 유관성의 이해 및 적용 능력	Avoidance contingency
839	횟수의 이해 및 적용 능력	Count
840	효과의 법칙의 이해 능력	Law of effect
841	후건긍정	Affirmation of the consequent

842	후속 강화제의 이해 및 적용 능력	Backup reinforcer
843	후속결과의 이해 및 적용 능력	Consequence
844	후진 행동연쇄의 이해 및 적용 능력	Backward chaining
845	후진형 조건화의 이해 및 적용 능력	Backward conditioning

Ⅱ 한국 행동분석전문가 자격 절차

1. 자격 소개

한국행동분석학회(KABA)의 행동분석전문가 자격은 '이수과목'과 임상, 그리고 엄격한 시험을 거쳐 능력 있고 윤리적인 행동분석가를 양성하는 것을 목표로 하고 있다. 행동분석전문가는 문제행동의 기능을 평가하여 기능 기반 중재안을 개발하고, 행동지원 계획 및 중재 프로그램을 실행할 수 있는 사람으로 중재 효율성 평가, 관련 인력 훈련, 감독과 부모교육을 수행할 수 있는 능력을 갖춰야 한다.

이 자격증은 병원, 복지기관, 교육시설을 포함한 다양한 환경에서 행동, 사회-언어, 적응 기술 발달을 위한 행동 프로그램 계획 및 실행, 감독과 부모교육에 활용될 뿐 아니라 학교 차원의 긍정적 행동지원 중재 및 문제행동 기능평가, 행동분석전문가 자격증 취득에 필요한 전문가 훈련 및 감독에도 그 필요성이 높은 자격증으로 평가받고 있다.

2. 자격 조건

- 석사학위 이상의 과정에서 본 학회가 제시한 행동분석 검정과목 18학점을 이수한 자
- 슈퍼바이저의 슈퍼비전이 최소 5% 이상(23시간 이상) 포함된 450시간의 임상 실습을 완료한 자
- 행동분석전문가 자격 규칙 제4조(응시자격)의 자격을 갖춘 자
  - 문제행동의 기능을 평가하고 기능 기반 중재안의 개발, 행동지원 계획 및 중재 프로그램을 실행할 수 있는 자
  - 중재 효율성 평가, 관련 인력 훈련 및 감독과 부모교육을 수행할 수 있는 자

3. 전형 과정과 제출 절차

• 임상 실습과 관련 과목 이수 여부를 심사함

• 제출 서류

– 응시원서 1부

– 졸업(예정)증명서 원본 1부

– 성적증명서 원본 1부

※ 관련 분야 대학원 및 교육원 행동분석 관련 과목 수강 여부 확인

※ 과목 이름이 행동분석 검정 과목과 다른 경우에는 행동분석 검정 과목임을 입증하는 서류(예: 강의계획서)를 첨부하여 자격관리 위원회의 심사를 받아야 함

– 행동분석전문가 실습증명서(슈퍼바이저 서명 혹은 날인이 된 원본) 1부 혹은 450 시간의 임상 실습을 증명할 BCBA자격증 실습증명서(사본) 1부

※ 실습일지와 수련과정 슈퍼비전 양식은 서류전형(1차) 시에는 제출하지 않되, 응시생 중 무작위로 실습일지(사본)와 수련과정 슈퍼비전 양식(사본)을 요구하여 점검함

※ 행동분석전문가 실습증명서는 학회 홈페이지 자격증 자료실에 있음(www. kaba.or.kr)

4. 검정 과목

검정 과목 (분야, 영역)	주요 내용	문항 수 배점
행동분석가 윤리	1. 응용행동분석이라는 특정 분야에서 일하는 행동분석가로서 윤리의식에 관한 개념과 이해 2. 문제행동 평가와 중재, 교육 프로그램의 설계 및 실행, 연구 실행과정에서 참여자의 인권 보호를 위한 절차나 체계 수립	10
	3. 응용행동분석 전문가의 사회적 역할과 준수사항 4. 피감독자 및 수련 감독자의 의무와 권리	20
응용행동분석 Ⅰ, Ⅱ	1. 역사적 배경 2. 행동분석의 특성과 분야 3. 기본 개념	20
	4. 행동 원칙 5. 행동의 형성, 유지, 감소, 증가 등의 기본적인 행동 절차	20

행동 측정과 행동 변화	1. 표적행동의 정의 2. 행동 측정과 기록, 특정 행동에 관한 자료 수집, 해석, 이용 3. 개별화된 행동진단 절차 설계 및 실행	20
	4. 행동 변화 요소 및 특정 행동 변화 절차 5. 행동 변화 시스템(예: 토큰경제, 개별화된 교수전략 등)	20
기능행동평가 및 긍정적 행동지원	1. 문제행동 정의 및 분석 2. 문제행동의 환경적 요인 및 기능분석 3. 기능 기반 중재 절차	20
	4. 긍정적 행동지원 5. 행동지원 절차 평가 및 관련 직원 감독 · 훈련	20
단일대상 연구 방법	1. 실험설계의 이해 및 적용 2. 실험설계의 적용과 현장에서 이루어지는 행동 변화 절차와의 연관성 이해 및 적용	10
	3. 기존의 관련 연구보고서 검토와 현장 적용	20

(출처: 행동분석 전문가 자격 규정 제5장 자격 검정 제15조, 제116조)

Ⅲ 국제 행동분석전문가 자격 절차

1. 자격 소개

국제 행동분석전문가 자격증(BCBA®-The Board Certified Behavior Analyst®)은 행동분석 영역의 석사급 자격증이다. BCBA를 소지한 사람은 전문적인 행동분석 관련 기관과 시설의 행동분석 전문가로서 근무하거나 센터 혹은 시설을 직접 운영할 수 있다. 국제 행동분석보조전문가(BCaBA-Board Certified Assistant Behavior Analysts)와 등록 행동실무사(RBT-Registered Behavior Technicians)와 행동분석적 중재를 하는 다른 치료자를 감독할 수 있는 권한이 주어진다.

2. 자격 조건

BCBA 자격증을 취득하려면 다음 세 가지 중 적어도 한 가지 옵션을 충족해야 한다.
• 제1옵션: 교육과정에 있는 사람(Coursework)
  (학위취득 + 과목 수강 + 슈퍼비전/실습) → 시험합격 → 자격증 취득

* 학위는 석사학위 이상이며, 과목 수강은 검정과목을 참고하시오. 슈퍼비전은 2022년까지 75시간(실습 1500시간)을 필해야 하며, 2022년부터는 슈퍼비전 100시간(실습 2,000시간)이 된다.

• 제2옵션: 대학 강의 혹은 연구 교수진(Faculty Teaching and Research)

(학위취득 + 풀타임교직원 + 슈퍼비전/실습) → 시험합격 → 자격증 취득

* 학위는 석사학위 이상이며 현재 대학교에서 풀타임으로 채용된 교수이면서 행동분석과 연관된 과목을 강의하고 있어야 한다. 슈퍼비전은 2022년까지 75시간(실습 1500시간)을 필해야 하며, 2022년부터는 100시간(실습 2,000시간)이 된다.

• 제3옵션: 박사 후 유경험자(Post−Doctoral Experience)

(학위취득 + 박사 후 경험 + 슈퍼비전/실습) → 시험합격 → 자격증 취득

* 학위는 박사학위 이상이며, 현재 관련 분야에서 10년 이상 박사 후 경험을 해야 한다. 슈퍼비전은 25시간(실습 500시간)을 필해야 한다.

3. 전형 과정과 제출 절차

• BCBA 자격증 전형 절차는 앞의 옵션 중에 한 가지를 충족한 후에 BACB 홈페이지(www.bacb.com)를 통해서 신청하고 전형료 납부와 함께 접수를 완료해야 한다.

• 이어 필요한 서류(학위증명서와 성적증명서−대학에서 봉인, 슈퍼비전 증명서류)를 하나의 우편봉투에 넣어 BACB 본부에 발송한다.

• 앞의 두 가지 신청서류를 받은 BACB는 1주일에서 1개월 내에 접수완료 이메일(confirmation letter)을 보내거나 추가 서류 요청을 한다.

• 접수완료 이메일(confirmation letter)을 받게 되면 시험 서비스를 제공하는 회사인 Pearson VUE에 시험 접수 신청을 하고 여분의 시험 좌석이 허용되는 날을 지정하면 전형 절차가 완료된다.

4. 검정 과목

• 2021년까지 적용

검정과목은 다음의 핵심 내용을 포함한 6과목(270시간)이다.

필수 과목 핵심 내용	시간
윤리와 직업행위 Ethical and Professional Conduct	45
행동분석의 개념과 원리 Concepts and Principles of Behavior Analysis	45
측정(데이터분석 포함) Measurement (including Data Analysis)	25
실험설계 Experimental Design	20
문제행동 진단과 평가 Identification of the Problem & Assessment	30
행동 변화의 근본적 요소와 특정 행동 변화 절차 Fundamental Elements of Behavior Change & Specific Behavior Change Procedures	45
중재와 행동 변화의 고려사항 Intervention & Behavior Change Considerations	10
행동 변화 시스템 Behavior Change Systems	10
수행관리와 감독 Implementation, Management and Supervision	10
재량 Discretionary	15
총계	270

• 2022년부터 적용

검정과목은 다음의 핵심 내용을 포함한 7과목(315시간)이다.

필수 과목 핵심 내용	시간수
BACB 윤리 코드와 규범시스템: 직업정신 Compliance Code and Disciplinary Systems: Professionalism	45
철학적 기초: 개념과 원리 Philosophical Underpinnings: Concepts & Principles	90
측정, 데이터 전시 그리고 해석: 실험설계 Measurement, Data Display and Interpretation: Experimental Design	45
행동 평가 Behavior Assessment	45
행동 변화 절차: 중재의 선정과 수행 Behavior-Change Procedures: Selecting and Implementing Interventions	60
인적 감독과 관리 Personnel Supervision and Management	45
총계	315

* 시험과 자격에 관한 문의사항은 BACB 홈페이지(www.bacb.com) 참고

참고문헌

과학기술부(2006). 연구윤리확보를 위한 지침 해설서. 과학기술부.

남상섭, 양문봉, 장세영(2015). 언어행동(Verbal Behavior) 개요: 원리, 연구동향과 적용. 행동 분석 · 지원연구, 3(2), 43-64.

문장원(2011). 긍정적 행동지원이 장애학생의 수업방해 행동에 미치는 효과. 재활심리연구, 18(3), 301-319.

박은혜, 박순희(2001). 중도장애 학생의 교육9에 관한 특수학교 교사의 인식조사. 특수교육 학연구, 35(1), 29-55.

박혜숙, 안효민, 김수정, 김승주, 이유진, 장혜정, 유연희(2018). 화자집중훈련(speaker Immersion)이 자폐스펙트럼 장애를 가진 유아의 자발적인 맨드(Mand) 및 택트(Tact) 행동 증가에 미치는 영향. 행동분석 · 지원연구, 5, 105-125.

양명희(2016). 행동수정이론에 기초한 행동지원. 서울: 학지사.

양문봉(2000). 자폐스펙트럼장애. 서울: 도서출판 자폐연구.

양문봉, 신석호(2011). 자폐스펙트럼장애 A to Z. 서울: 시그마프레스.

이인재, 이원용(2014). 연구윤리 질의응답집. 연구윤리정보센터.

이효정, 이영선, 김붕년, 김예니(2015). 발달장애인의 문제행동 지원을 위한 기능평가의 활용: 국내외 문헌분석. 자폐성장애연구, 15(2), 121-145.

정경미, 김수연(2017). 문제행동규명척도(FAPB)의 개발연구. 재활심리연구, 24(1), 97-117.

정미숙, 이정해, 이성봉(2017). 조건화된 동기조작의 전이 훈련이 언어발달지체 아동의 맨드에 미치는 효과. 행동분석 · 지원연구, 4, 45-60.

최진혁(2013). The effects of a speaker immersion protocol on the emission of autoclitic mands to replace tantrums for elementary school students with ASD. 특수아동교육연구, 15(1), 195-212.

최진혁, 박혜숙(2013). 당당엄마 특수교육. 서울: 시그마프레스.

최진혁, 박혜숙, 한윤선(2015). 에코익을 통한 택트 교육이 자폐성장애아동의 새로운 택트 행동 습득에 미치는 효과. 교육혁신연구, 25, 111-130.

한국연구재단(2014). 연구부정행위 검증 및 처리관련 연구윤리실무 매뉴얼.

한국연구재단(2015). 연구윤리확보를 위한 지침 해설서.

한국학술단체총연합회(2010). 한국학술단체총연합회의 연구윤리지침.

홍준표(2005). 기능성 평가에 기반을 둔 치료적 중재가 문제행동의 수정에 미치는 효과. 인간발달연구, 12, 1-17.

홍준표(2014). 응용행동분석의 특성과 발전 배경. 행동분석 · 지원 연구, 1(창간호), 1-19.

황은성, 조은희, 김영목, 박기범, 손화철, 윤태웅, 임정묵(2014). 이공계 연구윤리 및 출판윤리 매뉴얼. 한국과학학술지 편집인협의회.

Adams, C., & Kelley, M. (1992). Managing sibling aggression: Overcorrection as an alternative to timeout. *Behavior Modification, 23*, 707-717.

Alberto, P. A., & Troutman, A. C. (2014). 교사를 위한 응용행동분석(이효신 역). 서울: 학지사. (원출판연도 2013).

Alessi, G. (1992). Models of proximate and ultimate causation in psychology. *American Psychologist, 47*, 1359-1370.

Allen, G. J. (1973). Case study: Implementation of behavior modification techniques in summer camp settings. *Behavior Therapy, 4*, 570-575.

Anderson, C. M. & Long, E. S. (2002). Use of a structured descriptive assessment methodology to identify variable affecting problem behavior. *Journal of Applied Behavior Analysis, 53*, 137-154.

Asmus, J. M., Ringdahl, J. E., Sellers, J. A., Call, N. A., Andelman, M. S., & Wacker, D. P. (2004). Use of a short-term inpatient model to evaluate aberrant behavior: Outcome data summaries from 1996 to 2001. *Journal of Applied Behavior Analysis, 37*(3), 283-304. doi:10.1901/jaba.2004.37-283

Ault, M. J., Wolery, M., Gast, D. L., Doyle, P. M., & Eizenstat, V. (1988). Comparison of response prompting procedures in teaching numeral identification to autistic participants. *Journal of Autism and Developmental Disorders, 18*, 627-636.

Ayres, K. M., & Langone, J. (2005). Intervention and instruction with video for students with autism: A review of the literature. *Education and Training in Developmental Disabilities, 40*, 183-196.

Azrin, N. H., & Besalel, V. A. (1980). *How to use overcorrection*. Kansas, TX: H &

Enterprises.

Baer, D. M. (1960). Escape and avoidance response of preschool children to two schedules of reinforcement withdrawal. *Journal of the Experimental Analysis of Behavior, 3,* 155-159.

Baer, D. M. (1961). Effect withdrawal of positive reinforcement on an extinguishing response in young children. *Child Development, 32,* 67-74.

Baer, D. M. (1962). Laboratory control of thumbsucking by withdrawal and representation of reinforcement. *Journal oft he Experimental Analysis of Behavior, 5,* 525-528.

Baer, D. M., & Wolf, M. M. (1970). The entry into natural communities of reinforcement. In R. Ulrich, T. Stachnik, & J. Mabry (Eds), *Control of human behavior: Volume II.* Glenview, Illinois: Scott, Foresman.

Baer, D. M., Wolf, M. M., & Risley, T. R. (1968). Some current dimensions of applied behavior analysis. *Journal of Applied Behavior Analysis, 1*(1), 91-97.

Baer, D. M., Wolf, M. M., & Risley, T. R. (1987). Some still-current dimensions of applied behavior analysis. *Journal of Applied Behavior Analysis. 20,* 313-327.

Bailey, J. S., & Burch, M. (2011). *Ethics for behavior analysis* (2ed ed.). New York: Routledge.

Bambara, L. M., & Kern, L. (2005). *Individualized supports for students with problem behaviors: Designing positive behavior plans.* New York: Guilford Press.

Barbera, M. L. (2009). Applied Behavior Analysis. *The journal of Speech and Language Pathology, 4*(1), 56-73.

Barbetta, P. M., Norona, K. L., & Bicard, D. F. (2005). Classroom behavior management: A dozen common mistakes and what to do instead. *Preventing School Failure, 49*(3), 11-19.

Barnes, D. (1994). Stimulus equivalence and relational frame theory. *The Psychological Record, 44,* 91-124.

Barnes, D., & Holmes, Y. (1991). Radical behaviorism, stimulus equivalence, and human cognition. *The Psychological Record, 41,* 19-31.

Barnes, N. M., & Hayes, S. C. (2007). Arbitrarily applicable comparative relations: Experimental evidence for a relational operant. *Journal of Applied Behavior*

Analysis, 40, 45.

Barnes-Holmes, D., & Barnes-Holmes, Y. (2000). Explaining complex behavior: Two perspectives on the concept of generalized operant classes. *The Psychological Record, 50,* 251-265.

Barnes-Holmes, D., & Barnes-Holmes, Y., & Cullinan, V. (2000). Relational frame theory and Skinner's Verbal behavior: A possible synthesis. *The Behavior Analyst, 23,* 69-84.

Barnes-Holmes, Y., Barnes-Holmes, D., & Murphy, C. (2004). Teaching the generic skills of language and cognition: Contributions from Relational Frame Theory. In D. J. Moran & R. W. Malott (Eds.), *Evidence-based educational methods* (pp. 277-292). New York: Elsevier Academic Press.

Barnes-Holmes, Y., Barnes-Holmes, D., & Smeets, P. M. (2004). Establishing relational responding in accordance with opposite as generalized operant behavior in young children. *International Journal of Psychology and Psychological Therapy, 4,* 559-586.

Barnes-Holmes, Y., Barnes-Holmes, D., Roche, B., & Smeets, P. M. (2001). Exemplar training and a derived transformation of function in accordance with symmetry. *The Psychological Record, 51,* 287-308.

Barnes-Holmes, Y., Barnes-Holmes, D., Roche, B., & Smeets, P. M. (2001). Exemplar training and a derived transformation of function in accordance with symmetry: II. *The Psychological Record, 51,* 589-603.

Barnes-Holmes, Y., Barnes-Holmes, D., Smeets, P. M., Strand, P., & Friman, P. (2004). Establishing relational responding in accordance with more-than and less than as generalized operant behavior in young children. *International Journal of Psychology and Psychological Therapy, 4,* 531-558.

Barrios, B. A., & O'Dell, S. L. (1989). Fears and anxieties. In E. J. Mash & R. A. Barkley (Eds.), *Treatment of childhood disorders* (pp. 167-221). New York, NY, US: Guilford Press.

Barton, E. J. (1981). Developing Sharing: An analysis of modeling and other behavioral techniques. *Behavior Modification, 5,* 386-398.

Barton, E. J. (1981). Developing sharing: an analysis of modeling and other behavioral techniques. *Journal of Abnormal and Social Psychology, 66,* 3-11.

Barton, E. J., & Bevirt, J. (1981). Generalization of sharing by a teacher using positive practice. *Behavior Modification, 2,* 231-250.

Baum, W. M. (1994). *Understanding behaviorism: Science, behavior, culture.* New York: Harper Collins.

Beaman, R., & Wheldall, K. (2000). Teacher's use of approval and disapproval in the classroom. *Educational Psychology, 20*(4), 431-447.

Beavers, G. A., Iwata, B. A., & Lerman, D. C. (2013). Thirty years of research on the functional analysis of problem behavior. *Journal of Applied Behavior Analysis, 46*(1), 1-21.

Bellini, S., & Akullian, J. (2007). A meta-analysis of video modeling and video self-modeling interventions for children and adolescents with autism spectrum disorders. *Exceptional Children, 73,* 261-284.

Bijou, S. W. (1955). A systematic approach to on experimental Analysis of young children. *Child Development, 26,* 161-168.

Bijou, S. W. (1957). Patterns of reinforcement and resistance to extinction in young children. *Child Development, 28,* 47-54.

Bijou, S. W., Peterson, R. F., & Ault, M. H. (1968). A method to integrate descriptive and experimental field studies at the level of data and empirical concepts. *Journal of Applied Behavior Analysis, 1,* 175-191.

Blackledge, J. T. (2003). An introduction to relational frame theory: Basics and applications. *The Behavior Analyst Today, 3,* 421-434.

Blake, C., Wang, W., Cartledge, G., & Gardner, R. (2000). Middle school students with serious emotional disturbances serve as social skills trainers and reinforcers for peers with SED. *Behavioral Disorders, 25*(4), 280-298.

Blew, P. A., Schwartz, I. S., & Luce, S. C. (1985). Teaching functional community skills to autistic children using nonhandicapped peer tutors. *Journal of Applied Behavior Analysis, 18,* 337-342.

Bogin, J., Sullivan, L., Logers, S., & Stabel, A. (2010). *Steps for implementation: Discrete trial teaching.* Sacramento, CA: The National Professional Development Center Autism Spectrum Disorders. The M.I.N.D. Institute, The university of

California at Davis School of Medicine.

Brosnan, J., & Healy, O. (2011). A review of behavioral interventions for the treatment of aggression in individuals with developmental disabilities. *Research in Developmental Disabilities, 32*(2), 437-446.

Brown-Chidsey, R., & Steege, M. W. (2004). Discrete trial teaching. In T. S. Watson & C. H. Skinner (Eds.), *Encyclopedia of school psychology* (pp.96-97).

Budd, K. S., Green, D. R., & Baer, D. M. (1976). AN ANALYSIS OF MULTIPLE MISPLACED PARENTAL SOCIAL CONTINGENCIES 1. *Journal of Applied Behavior Analysis, 9*(4), 459-470.

Carbone, V. J., Morgenstern, B., Zecchin-Tirri, G., & Kolberg, L. (2007). The role of the reflexive conditioned motivating operation(CMO-R) during discrete trial instruction of children with autism. *Journal of Early Intensive Behavioral Intervention, 4*, 658-679.

Cardon, T. A. (2012). Teaching caregivers to implement video modeling imitation training via iPad for their children with autism. *Research in Autism Spectrum Disorders, 6*, 1389-1400.

Cardon, T., & Wilcox, M. J. (2011). Promoting imitation in young children with autism: A comparison of reciprocal imitation training and video modeling. *Journal of Autism and Developmental Disorders, 41*(5), 654-677.

Carpenter, M. H., Charlop, M. H., Dennis, B., & Greenberg, A. (2010). Teaching socially expressive behaviors to children with autism through video modeling. *Education and Treatment of Children, 33*, 371-393.

Carpentier, F., Smeets, P., & Barnes-Holmes, D. (2003). Equivalence-equivalence as a model of analogy: Further analyses. *Psychological Record, 53*, 349-371.

Carr, J. E., & Firth, A. M. (2007). The verbal behavior approach to early and intensive behavioral intervention for autism: A call for additional empirical support. *Behavior analysis Review, 2*, 11-19.

Carr, J., Nicolson, A., & Higbee, T. (2000). Evaluation of a brief multiple-stimulus preference assessment in a naturalistic context. *Journal of Applied Behavior Analysis, 33*, 353-357.

Carter, D. R., & Horner, R. H. (2007). Adding functional behavioral assessment to first step to success: A case study. *Journal of Positive Behavior Interventions, 9*(4), 229–238. doi:10.1177/10983007070090040501

Catania, A. C. (1975). Freedom and knowledge: An experimental analysis of preference in pigeons. *Journal of the Experimental Analysis of Behavior, 24,* 89–106.

Catania, A. C. (1994). The natural and artificial selection of verbal behavior. In S. C. Hayes, L. J. Hayes, M. Sato, & K. Ono (Eds.), *Behavior analysis of language and cognition.* Reno: ContextPress.

Chalk, K., & Bizo, L. A. (2004). Specific praise improves on-task behaviour and numeracy enjoyment: A study of year four pupils engaged in the numeracy hour. *Educational Psychology in Practice, 20*(4), 335–351.

Charlesworth, W. R., & Spiker, D. (1975). An ethological approach to observation in learning settings. In R. A. Weinberg & F. H. Wood (Eds.), *Observation of pupils and teachers in mainstream and special education settings: Alternative strategies.* Reston, VA: Council for Exceptional Children.

Charlop-Christy, M. H., Le, L., & Freeman, K. (2000). A comparison of video modeling with in vivo modeling for teaching children with autism. *Journal of Autism and Developmental Disorders, 30,* 537–552.

Chiesa, M. (1994). *Radical behaviorism: The philosophy and the science.* Boston, MA: Authors Cooperative, Inc.

Chomsky, N. (1980). *Rules and representations.* New York: Columbia University Press.

Clare, S. K., Jenson, W. R., Kehle, T. J., & Bray, M. A. (2000). Self-modelingas a treatment for increasing on-task behavior. *Psychology in the Schools, 37,* 517–522.

Conyers, C., Miltenberger, R., Romaniuk, C., Kopp, B., & Himle, M. (2003). Evaluation of DRO schedules to reduce disruptive behavior in a preschool classroom. *Child and Family Behavior Therapy, 25,* 106.

Cooper, J. O., Heron, T. E., & Heward, W. L. (2010). 응용행동분석(상) (정경미, 김혜진, 양유진, 양소정, 장현숙 역). 서울: 시그마프레스. (원출판연도 2007).

Cooper, J. O., Heron, T. E., & Heward, W. L. (2015). 응용행동분석(하) (정경미, 신나영, 홍성은 역). 서울: 시그마프레스. (원출판연도 2007).

Costenbader, V., & Reading - Brown, M. (1995). Isolation timeout used with students with emotional disturbance. *Exceptional Children, 61*(4), 353–364.

Cowdery, G., Iwata, B. A., & Pace, G. M. (1990). Effects and side effects of DRO as treatment of self-injurious behavior. *Journal of Applied Behavior Analysis, 23*, 497-506.

Cowdery, G., Iwata, B. A., & Pace, G. M. (1990). Effects and side effects of DRO as treatment of self-injurious behavior. *Journal of Applied Behavior Analysis, 23*, 497-506.

Cowley, B. J., Green, G., & Braunling-McMorrow, D. (1992). Using stimulus equivalence procedures to teach name-face matching to adults with brain injuries. *Journal of Applied Behavior Analysis, 25*, 461-475. doi:10.1901/jaba.1992.25-461

Cuvo, A. J., Lerch, L. J., Leurquin, D. A., Gagganey, T. J., & Poppen, R. L. (1998). Response allocation to concurrent fixed-ratio reinforcement schedules with work requirements by adults with mental retardation and typical preschool children. *Journal of Applied Behavior Analysis, 31*, 43-63.

Dawson, J. E., Piazza, C. C., Sevin, B. M., Gulotta, C. S., Lerman, D., & Kelley, M. L. (2003). Use of the high-probability instructional sequence and escape extinction in a child with food refusal. *Journal of Applied Behavior Analysis, 36*, 105-108.

de Rose, J. C., de Souza, D. G., & Hanna, E. S. (1996). Teaching reading and spelling: Exclusion and stimulus equivalence. *Journal of Applied Behavior Analysis, 29*, 451-469. doi: 10.1901/jaba/1996.29-451

Deitz, S. M., & Repp, A. C. (1983). Reducing behavior through reinforcement. *Exceptional Children Quarterly, 3*, 34-46.

Delano, M. E. (2007). Improving written language performance of adolescents with Asperger syndrome. *Journal of Applied Behavior Analysis, 40*, 345-351.

Derby, K. M., Wacker, D. P., Sasso, G., Steege, M., Northup, J., Cigrand, K., et al. (1992). Brief functional assessment techniques to evaluate aberrant behavior in an outpatient setting: A summary of 79 cases. *Journal of Applied Behavior Analysis, 25*, 713-721.

Dietz, S. M., & Malone, L. W. (1985). Stimulus control terminology. *Behavior Analysts, 8*, 259-264.

Donahoe, J. W. (1991). Selectionist approach to verbal behavior: Potential contributions of neuropsychology and computer simulation. In L. J. Hayes & P. N. Chase (Eds.),

Dialogues on verbal behavior. Reno: Context Press.

Donnellan, A. M., LaVigna, G. W., Negri-Shoultz, N., & Fassbender, L. L. (1988). *Progress without punishment: Effective approaches for learners with behavior problems.* New York, NY: Teachers College Press.

Dougher, M. J., Hamilton, D. A., Fink, B. C., & Harrington, J. (2007). Transformation of the discriminative and eliciting functions of generalized relational stimuli. *Journal of the Experimental Behavior Analysis, 88,* 179-197.

Dowrick, P. W., Kim-Rupnow, W. S., & Power, T. J. (2006). Video feedforward for reading. *The Journal of Special Education, 39,* 194-207.

Doyle, P. M., Wolery, M., Gast, D. L., Ault, M. J., & Wiley, K. (1990). Comparison of constant time delay and the system of least prompts in teaching preschoolers with developmental delays. *Research in Developmental Disabilities, 11,* 1-22.

Dunlap, G., & Fox, L. (1999). A demonstration of behavioral support for young children with autism. *Journal of Positive Behavior Interventions, 1*(2), 77-87.

Dunlap, G., Kern, L., & Worcester, J. (2001). ABA and academic instruction. *Focuson Autism and Other Developmental Disabilities, 16*(2), 129-36.

Durand, V. M., & Crimmins, D. B. (1988). Identifying the variables maintaining self-injurious behavior. *Journal of Autism and Developmental Disorders, 18,* 99-117.

Durand, V. M., Berotti, D., & Weiner, J. (1993). Functional communication training: Factors affecting effectiveness, generalization, and maintenance. In J. Reichle & D. Wacker (Eds.), *Communicative alternatives to challenging behavior: Integrating functional assessment and intervention strategies* (pp. 317-340). Baltimore, MD: Paul H. Brookes.

Dyer, K., Christian, W. P., & Luce, S. C. (1982). The role of response delay in improving the discrimination performance of autistic children. *Journal of Applied Behavior Analysis, 15,* 231-240.

Dymond, S., May, R. J., Munnelly, A., & Hoon, A. E. (2010). Evaluating the evidence base for relational frame theory: A citation analysis. *The Behavi Analyst, 33,* 97-117.

Dymond, S., Roche, B., Forsyth, J., Whelan, R., & Rhoden, J. (2007). Transformation of avoidance response functions in accordance with same and opposite relational frames. *Journal of Experimental Analysis of Behavior, 88*, 249-262.

Dymond, S., Roche, B., Forsyth, J., Whelan, R., & Rhoden, J. (2007). Transformation of avoidance response functions in accordance with same and opposite relational frames. *Journal of the Experimental Behavior Analysis, 88*, 249-262.

Eikeseth, S., & Smith, T. (1992). The development of functional and equivalence classes in high-functioning autistic children: The role of naming. *Journal of the Experimental Analysis of Behavior, 58*, 123-133.

Elias, N. C., Goyos, C., Saunders, M., & Saunders, R. (2008). Teaching manual signs to adults with mental retardation using matching-to-sample procedures and stimulus equivalence. *The Analysis of Verbal Behavior, 24*, 1-13.

Emerson, E., & Einfeld, S. L. (2011). *Challenging behaviour* (third ed.). Cambridge: University Press.

Ervin, R. A., Radford, P. M., Bertsch, K., Piper, A. L., Ehrhardt, K. E., & Poling, A. (2001). A descriptive analysis and critique of the empirical literature on school-based functional assessment. *School Psychology Review, 30*(2), 193-210.

Esch, B. E., & Esch, J. W. (2016). A bibliographic Tribute to Jack Michael. *Analysis of Verbal Behavior, 32*, 275-323. DOI 10.1007/s40616-0073-3

Falk, G. D., Dunlap, G., & Kern, L. (1996). An analysis of self-evaluation and videotape feedback for improving the peer interactions of students with externalizing and internalizing behavioral problems. *Behavioral Disorders, 21*, 261-276.

Favell, J. E., McGimsey, J. F., & Jones, M. L. (1987). The use of Physical restraint in the treatment of self-injury and as positive reinforcement. *Journal of Applied Behavior Analysis, 11*, 225-241.

Ferster, C. B., & DeMyer, M. K. (1961). The Development of performances in autistic children in an automatically controlled environment. *Journal of Disability, 13*, 312-345.

Fisher, W. W., Kodak, T., & Moore, J. W. (2007). Embedding an identity-matching task within a prompting hierarchy to facilitate acquisition of conditional discriminations in children with autism. *Journal of Applied Behavior Analysis, 40*, 489-499.

Fisher, W., Piazza, C., Bowman, L., Hagopian, L., Owens, J., & Slevin, I. (1992). A comparison of two approaches for identifying reinforces for persons with severe and profound disabilities. *Journal of Applied Behavior Analysis, 25,* 491-498.

Foxx, R. M., & Azrin, N. H. (1972). Restitution: A method of eliminating aggressive-disruptive behavior of retarded and brain damaged patients. *Behavior Research and Therapy, 10,* 15-27.

Frea, W. D., & McNerney, E. K. (2008). *Early intensive applied behavior analysis intervention for autism.* In J. K. Luiselli, D. C. Russo, W. P. Christian, & S. M. Wilczynski. (Eds.) New York: Oxford University Press.

Frost, L., & Bondy, A. (2007). A common language: Using B. F. Skinner's *Verbal behavior* for assessment and treatment of communication disabilities. *Behavior Analysis Review, 2,* 3-10.

Fuller, P. R. (1949). Operant conditioning of a vegetative organism. *American Journal of Psychology, 62,* 587-590.

Geller, E. S. (2001). From ecological behaviorism to response generalization: Where should we make discriminations? *Journal of Organizational Behavior Management, 21,* 55-73.

Glenn, S. S. (2004). Individual behavior, culture, and social change. *The Behavior Analyst, 27,* 132-151.

Glenn, S. S., Ellis, J., & Greenspoon, J. (1992). On the revolutionary nature of operant as a unit of behavioral selection. *American Psychologist, 47,* 1329-1336.

Goetz, E. M., & Baer, D. M. (1973). Social control of formdiversity and the emergence of new forms in children's blockbuilding. *Journal of Applied Behavior Analysis, 6,* 105-113.

Gongola, L., & Sweeney, J. (2012). Discrete trial teaching: Getting started. *Intervention in school and clinic, 47*(3), 183-190.

Goodson, J., Sigafoos, J., O'Reilly, M., Cannella, H., & Lancioni, G. E. (2007). Evaluation of a video-based error correction procedure for teaching a domestic skill to individuals with developmental disabilities. *Research in Developmental Disabilities, 28,* 458-467. http://dx.doi.org/10.1016/j.ridd.2006.06.002

Green, C., Middleton, S., & Reid, D. (2000). Embedded evaluation of preferences sampled from person-centered plans for people with profound multiple disabilities. *Journal of Applied Behavior Analysis, 33,* 639-642.

Green, G. (2001). Behavior analytic instruction for learners with autism: Advances in stimulus control technology. *Focus on Autism and Other Developmental Disabilities, 16,* 72-85.

Greer, R. D. (2002). *Designing Teaching Strategies: An Applied Behavior Analysis Systems Approach.* Cambridge, MA: Academic Press.

Greer, R. D. (2008). The Ontogenetic Selection of Verbal Capabilities: Contributions of Skinner's verbal behavior theory to a more comprehensive understanding of language. *International Journal of Psychology and Psychological Therapy, 8*(3), 363-386.

Greer, R. D., & Du, L. (2015). Identification and establishment of reinofrcers that makes the development of complex social language possible. *International Journal of Behavior Analysis & Autism Spectrum Disorders, 1,* 15-34.

Greer, R. D., & Keohane, D. D. (2005). The evolution of verbal behavior in children. *Behavioral Development Bulletin, 1,* 31-47. Reprinted in 2006 in the *Journal of Speech and Language Pathology: Applied Behavior Analysis, Volume 1*(2). http://www.slp-aba.net

Greer, R. D., & LeePark, H. (2003, May). *The effects of multiple exemplar instruction and the emergence of untaught mand and tact functions.* 29th Annual Conference of the Association of Behavior Analysis International, San Francisco.

Greer, R, D., & McCorkle, N. P. (2013). *CABAS® international curriculum and inventory of repertoires for children from Pre-school through kindergarten: C-PIRK (5ᵗʰ ed.).* NY: CABAS® and the Fred. S. Keller School.

Greer, R. D., & Ross, D. E. (2004). Verbal behavior analysis: A program of research in the induction and expansion of complex verbal behavior. *Journal of Early Intensive Behavioral Intervention, 1,* 141-165. Retrieved from http://www.jeibi.com/JEIBI-1-2.pdf

Greer, R. D., & Ross, D. E. (2011). 언어행동분석(박혜숙, 최진혁, 김정일, 역). 서울: 시그마프레스. (원출판연도 2008).

Greer, R. D., & Speckman, J. (2009). The integration of speaker and listener responses: A theory of verbal development. *The Psychological Record, 54,* 449-488.

Greer, R. D., & Speckman, J. (2014). *International curriculum and inventory of repertoires for children from pre-school through kindergarten 6th edition.* Yonkers, NY: Fred S. Keller School and CABAS®

Greer, R. D., Speckman, J., Dudek, J., Cahill, C., Weber, J. Du, L, & Longano, J. (2019). *Early learner curriculum and achievement record(ELCAR).* Yonkers, NY: Fred S. Keller School and CABAS®.

Greer, R. D., Stolfi, L., Chavez-Brown, M., & Rivera-Valdez, C. (2005). The emergence of the listener to speaker component of naming in children as a function of multiple exemplar instruction. *The Analysis of Verbal Behavior, 21,* 123-134.

Greer, R. D., Yaun, L., & Gautreaux, G. (2005). Novel dictation and intraverbal responses as a function of a multiple exemplar instructional history. *The Analysis of Verbal Behavior, 21,* 99-116.

Hagopian, L. P., & Adelinis, J. D. (2001). Response blocking with and without redirection for the treatment of pica. *Journal of Applied Behavior Analysis, 34,* 527-530.

Hagopian, L. P., & Adelins, J. D. (2001). Response blocking with and without redirection for the treatment of pica. *Journal of Applied Behavior Analysis, 34,* 527-530.

Hagopian, L. P., Contrucci-Kuhn, S. A., Long, E. S., & Rush, K. S. (2005). Schedule thinning following communication training: Using competing stimuli to enhance tolerance to decrements in reinforcer density. *Journal of Applied Behavior Analysis, 38*(2), 177-193.

Hagopian, L. P., Fisher, W., Piazza, C. C., & Wierzbicki, J. J. (1993). A water-prompting procedure for the treatment of urinary incontinence. *Journal of Applied Behavior Analysis, 26,* 473-474.

Hagopian, L. P., Rush, K. S., Lewin, A B., & Long, E. S. (2001). Evaluating the predictive validity of a single stimulus engagement preference assessment. *Journal of Applied Behavior Analysis, 34,* 475-485.

Hanley, G. P., Heal, N. A., Tiger, J. H., & Ingvarsson, E. T. (2007). Evaluation of a classwide teaching program for developing preschool life skills. *Journal of Applied Behavior Analysis, 40,* 277-300.

Hanley, G. P., Iwata, B. A., & McCord, B. E. (2003). Functional analysis of problem behavior: A review. *Journal of Applied Behavior Analysis, 36*(2), 147–185. doi:10.1901/jaba.2003.36–147

Hanson, H. M. (1961). Stimulus genealization following three-stimulus discrimination training. *Journal of Comparative and Physiological Psychology, 54,* 181–185.

Haring, N. G., & Liberty, K. A. (1990). Matching strategies with performance in facilitating generalization. *Focus on Exceptional Children, 22,* 1–16.

Hawkins, R. P., & Dobes, R. W. (1997). Behavioral definitions in applied behavior anlysis: Explicit or implicit? In B. C. Etzel, J. M. LeBlanc, & D. M. Baer (Eds.), *New Developments in behavioral research: Theory, Method, and application* (pp. 167–188). Hillsdale, NJ: Erlbaum.

Hawkins, R. P., Mathews, J. R., & Hamdan, L. (1999). *Measuring behavior health outcomes: A practical guide.* New York: Kluwer Academic/Plenum.

Hayes, S. C. (1989). Nonhumans have not yet shown stimulus equivalence. *Journal of the Experimental Analysis of Behavior, 51,* 385–392.

Hayes, S. C. (1991). A relational control theory of stimulus equivalence. In L. J. Hayes & P. N. Chase (Eds.), *Dialogues on verbal behavior* (pp. 109–118).

Hayes, S. C., & Hayes, L. J. (1989). The verbal action of the listener as a basis of rule-governance. In S. C. Hayes (Ed.), *Rule governed behavior: Cognition, contingencies, and instructional control* (pp. 153–190). New York: Plenum Press.

Hayes, S. C., & Hayes, L. J. (1992). Verbal relations, cognition, and the evolution of behavior analysis. *American Psychologist, 47,* 1383–1395.

Hayes, S. C., Barnes-Holmes, D., & Roche, B. T. (2001). *Relational Frame Theory: A post-Skinnerian account of human language an cognition.* New York: Plenum.

Heward, W. L., & Silvestri, S. M. (2005). The neutralization of special education. In J. W. Jacobson, J. A. Mulick, & R. M. Faxx (Eds.), *Fads: Dubious and improbable treatments for developmental disabilities.* Mahwah, NJ: Erlbaum.

Hitchcock, C. H., Prater, M. A., & Dowrick, P. W. (2004). Reading fluency and comprehension: The effects of tutoring and video self-modeling on first grade students with reading difficulties. *Learning Disabilities Quarterly, 27,* 89–103.

Holden, C. (2004). The origin of speech. *Science, 303,* 1316–1319.

Horne, P. J., & Lowe, C. F. (1996). On the origins of naming and other symbolic behavior. *Journal of the Experimental Analysis of Behavior, 65,* 185-241.

Horne, P. J., & Lowe, C. F. (2000). Putting the naming account to the test: Preview of an experimental program. In J. C. Leslie & D. Blackman (Eds.), *Experimental and applied analysis of human behavior.* Reno: Context Press.

Horne, P. J., Hughes, J. C., & Lowe, C. F. (2006). Naming and categorization in young children: IV: Listener behavior training and transfer of function. *Journal of the Experimental Analysis of Behavior, 85,* 247-273.

Horne, P. J., Lowe, C. F., & Harris, F. D. A. (2007). Naming and categorization in young children: V. Manual sign training. *Journal of the Experimental Analysis of Behavior, 87,* 367-381.

Horne, P. J., Lowe, C. F., & Randle, V. R. L. (2004). Naming and categorization in young children: II. Listener behavior training. *Journal of the Experimental Analysis of Behavior, 81,* 267-288.

Horne, P. L., & Lowe, C. F. (1996). On the origins of naming and other symbolic behavior. *Journal of the Experimental Analysis of Behavior, 65,* 185-241.

Horner, R. D. (1971). Establishing use of crutches by a mentally retarded spina bifida children. *Journal of Applied Behavior Analysis, 4,* 183-189.

Horner, R. H., & Day, H. M. (1991). The effects of response efficiency on functionally equivalent competing behaviors. *Journal of Applied Behavior Analysis, 24,* 719-732.

Horner, R. H., Carr, E. G., Halle, J., McGee, G., Odom, S., & Wolery, M. (2005). The use of single subject research to identify evidence-based practice in special education. *Exceptional Children, 71,* 165-180.

Horner, R. H., Carr, E. G., Strain, P. S., Todd, A. W., & Reed, H. K. (2002). Problem behavior interventions for young children with autism: A research synthesis. *Journal of Autism and Developmental Disorders, 32*(5), 423-446. doi:10.1023/A:1020593922901

Howarth, M., Dudek, J., & Greer, R. D. (2015). Establishing derived relations for stimulus equivalence in children with severe cognitive and language delays. *European Journal of Behavior Analysis, 16,* 49-81. doi.org/10.1080/15021149.2015.1065635

Ingersoll, B. (2011). Brief report: Effect of a focused imitation intervention on social functioning in children with autism. *Journal of Autism and Developmental Disabilities*. http://dx.doi.org/10.1007/s10803-011-1423-6 (Published online).

Ingersoll, B., & Schreibman, L. (2006). Teaching reciprocal imitation skills to young children with autism using a naturalistic behavioral approach: Effects on language, pretend play and joint attention. *Journal of Autism and Developmental Disorders, 36*, 487-505.

Ingersoll, B., Lewis, E., & Kroman, E. (2006). Teaching the imitation and spontaneous use of descriptive gestures in young children with autism using a naturalistic behavioral intervention. *Journal of Autism and Developmental Disorders, 37*, 1446-1456.

Israel, A. C., & O'Leary, K. D. (1973). Developing correspondence between children's words and deeds. *Child Development, 44*, 575-581.

Iwata, B. A., Dorsey, M. F., Slifer, K. E., Bauman, K. E., & Richman, G. S. (1982). Towards a functional analysis of self-injury. *Analysis and Intervention in Developmental Disabilities. 2*, 3-20.

Iwata, B. A., Pace, G. M., Cowdery, G. E., & Miltenberger, R. G. (1994). What makes extinction work: An analysis of procedural form and function. *Journal of Applied Behavior Analysis, 27*(1), 131-144.

Iwata, B. A., Pace, G. M., Dorsey, M. F., Zarcone, J. R., Vollmer, T. R., Smith, R. G. et al. (1994). The functions of self-injurious behavior: An experimental-epidemiological analysis. *Journal of applied Behavior analysis, 27*, 215-240.

Iwata, B. A., Vollmer, T. R., & Zarcone, J. H. (1990). The experimental (functional) analysis of behavior disorders: Methodology, applications, and limitations. In A. C. Repp & N. N. Singh (Eds.), *Perspectives in the use of non aversive and aversive interventions for persons with developmental disabilities* (pp. 301-330). Sycamore, IL: Sycamore.

Jacobson, J. W., Mulick, J. A., & Green, G. (1998). Cost-benefit estimates for early intensive behavioral intervention for young children with autism: General model and single state case. *Behavioral Interventions, 13*, 201-226.

Johnston, J. M., & Johnston, G. T. (1972). Modification of consonant speech-sound articulation in young children. *Journal of Applied Behavior Analysis, 5*, 233-246.

Johnston, J. M., & Pennypacker, H. S., Jr. (2009). *Strategies and tactics of behavioral research* (3rd ed.). New York, NY: Routledge/Taylor & Francis Group.

Jones, M. C., Cooper, C., Smiley, E., Allan, L., Williamson, A., & Morrison, J. (2008). Prevalence of, and factors associated with, problem behaviors in adults with intellectual disabilities. *Journal of Nervous and Mental Disease, 196*, 678-686.

Jonston, J. M., & Pennypacker, H. S. (1980). *Strategies and tactics for human behavioral research.* Hillsdale, NJ: Erlbaum.

Jonston, J. M., & Pennypacker, H. S. (1993). *Strategies and tactics for human behavioral research* (2nd ed.). Hillsdale, NJ: Erlbaum.

Kahng, S., Iwata, B. A., & Lewin, A. B. (2002). Behavioral treatment of self-injury, 1964 to 2000. *American Journal of Mental Retardation, 107*(3), 212-221. doi:10.1352/0895-8017(2002)107<0212:BTOS IT>2.0.CO;2

Kazdin, A. E. (1998). *Research design in clinical psychology* (3rd ed.). Boston, MA: Allyn & Bacon.

Kazdin, A. E. (2011). *Single-case research designs* (2nd ed.). New York, NY: Oxford University Press.

Kazdin, A. E. (2012). *Behavior Modification in Applied Settings* (7th ed.). Long Grove, IL: Waveland Press.

Kazdin, A. E. (2016). Child and adolescent psychotherapy. In H. Friedman (Ed.), *Encyclopedia of mental health* (2nd ed., pp. 245-253). Waltham, MA: Academic Press.

Kazdin, A. E., & Polster, R. (1973). Intermittent token reinforcement and response maintenance in extinction. *Behavior Therapy, 4*, 386-391.

Keintz, K. S., Miguel, C. E., Kao, B., & Finn, H. F. (2011). Using conditional discrimination training to produce emergent relations between coins and their values in children with autism. *Journal of Applied Behavior Analysis, 44*, 909-913. doi: 10.1901/jaba.2011.44-909

Keller, C., Brady, M. P., & Taylor, R. L. (2005). Using self-evaluation to improve student teacher interns'use of specific praise. *Education and Training in Developmental Disabilities, 40*(4), 368-76.

Kennedy, C. H. (2004). Recent innovations in single-case designs. *Journal of Behavioral Education, 13*(4), 209-211.

Kimball, J. (2002). Behavior-analytic instruction for children with autism: Philosophy matters. *Focus on Autism and Other Developmental Disabilities, 17*, 66-75.

Kohlenberg, B. S., Hayes, S. C., & Hayes, L. J. (1991). The transfer of contextual control over equivalence classes through equivalence classes: A possible model of social stereotyping. *Journal of the Experimental Analysis of Behavior, 56*, 505-518.

Kratochwill, T. R., Hitchcock, J. H., Horner, R. H., Levin, J. R., Odom, S. L., Rindskopf, D. M., & Shadish, W. R. (2013). Single-case intervention research design standards. *Remedial and Special Education, 34*(1), 26-38.

Kuhn, S. C., Lerman, D. C., Vorndran, C. M., & Addison, L. (2006). Analysis of factors that affect responding in a two-response chain in children with developmental disabilities. *Journal of Applied Behavior Analysis, 39*(3), 263-280.

Kurt, O., & Parsons, C. (2009). Improving classroom learning: The effectiveness of time delay within the TEACCH approach. *International Journal of Special Education, 24*, 173-185.

Lalli, J. S., Livezy, K., & Kates, K. (1996). Functional analysis and treatment of eye poking with response blocking. *Journal of Applied Behavior Analysis, 29*(1), 129-132.

Lamarre, J., & Holland, J. G. (1985). The functional independence of mands and tacts. *Journal of the Experimental Analysis of Behavior, 43*, 5-19.

Lampi, A. R., Fenty, N. S., & Beaunae, C. (2005). Making the three Ps easier: Praise, proximity, and precorrection. *Beyond Behavior, 15*, 8-12.

Langfeld, H. S. (1945). Symposium on operationism: Introduction. *Psychological Review, 52*(5), 241-242.

Langthorne, P., & McGill, P. (2009). A tutorial on the concept of motivating operation and its importance to application. *Behavior Analysts in Practice, 2*(2), 22-31.

Laraway, S., Snycerski S., Michael, J., & Poling, A. (2001). Antecedent events that reduce operant responding. *Analysis of Verbal Behavior, 18*, 101-104.

Laraway, S., Snycerski S., Michael, J., & Poling, A. (2003). Motivating operations and terms to describe them: Some further refinements. *Journal of Applied Behavior*

Analysis, 36, 407-414.

LaVigna, G. W., & Donnellan, A. M. (1986). *Alternatives to punishment: Solving behavior problems with non-aversive strategies.* New York, NY: Irvington.

Lawson, T. L. (2008). Phonemic Control as the Source of Derived Relations between Naming and Reading and Writing. Unpublished doctoral dissertation, Columbia University, New York, New York.

Leaf, R., & McEachin, J. (1999). *A work in progress: Behavior management strategies and a curriculum for intensive behavioral treatment of autism.* New York: DRL Books.

LeBlanc, L. A., Esch, J., Sidener, T. M., & Firth, A. M. (2006). Behavioral language intervention for children with autism: Comparing applied verbal behavior and naturalistic teaching approach. *The Analysis of Verbal Behavior, 22,* 49-60.

Ledford, J. R., Gast, D. L., Luscre, D., & Ayres, K. M. (2008). Observational and incidental learning by children with autism during small group instruction. *Journal of Autism and Developmental Disorders, 38,* 86-103.

Lee, G. T., Luke, N., & LeePark, H. (2014). Using mand training to increase vocalization rates in infants. *Psychological Record, 64,* 415-421. doi 10.1007/s40732-014-0063-6

LeePark, H. (2005). Multiple exemplar instruction and transformation of stimulus function from auditor-visual matching to visual-visual matching. *Dissertation Abstracts International 66-05.* 1715A. (UMI No. 3174834)

LeePark, H. (2014a). Listener or speaker instruction and emergence of derivational responses in symmetry as naming in children with autism spectrum disorders. 유아특수교육연구, 14, 35-51.

LeePark, H. (2014b). Multiple exemplar instruction and derived relational responding within symmetry and transitivity of stimulus equivalence. 특수교육학연구, 49, 263-281.

Leigland, S. (1989). On the relation between redical behaviorism and the science of verbal behavior. *The Analysis of Verbal Behavior, 7,* 25-41.

Leman, D. C., Kelly, M. E., Vorndran, C. M., & Van Camp, C. M. (2003). Collateral effects of response blocking during the treatment of stereotypic behavior. *Journal of Applied Behavior Analysis, 36,* 119-123.

Lerman, D. C., & Iwata, B. A. (1996). Developing a technology for the use of operant extinction in clinical settings: An examination of basic and applied research. *Journal of Applied Behavior Analysis, 29*(3), 345–382.

Lerman, D. C., Iwata, B. A., & Wallace, M. D. (1999). Side effects of extinction: Prevalence of bursting and aggression during the treatment of self-injurious behavior. *Journal of Applied Behavior Analysis, 32*, 1–8.

Lerman, D. C., Kelly, M. E., Vorndran, C. M., & Van Camp, C. M. (2003). Collateral effects of response blocking during the treatment of stereotypic behavior. *Journal of Applied Behavior Analysis, 36*, 119–123.

Lerman, D., Tetreault, A., Hovanetz, A., Strobel, M., & Garro, J. (2008). Further evaluation of a brief, intensive teacher-training model. *Journal of Applied Behavior Analysis, 41*, 243–248.

Libby, S., Powell, S., Messer, D., & Jordan, R. (1997). Imitation of pretend play acts by children with autism and Down syndrome. *Journal of Autism and Developmental Disorder, 27*, 365–383.

Lieberman, P. (1975). *On the origins of language: An introduction to the evolution of human behavior.* New York: Macmillan.

Lindberg, J. S., Iwata, B. A., Khang, S. W., & DeLeon, I. G. (1999). DRO contingencies: Analysis of variable-momentary schedule. *Journal of Applied Behavior Analysis, 32*, 123–136.

Lindsley, O. R. (1956). Operant conditioning methods applied to research in chronic schizophrenia. *Psychiatric Research Reports, 5*, 118–139.

Lindsley, O. R. (1960). Characteristics of the behavior of chronic psychotics as revealed by free-operant conditioning methods. *Diseases of the Nervous System (monograph supplement), 21*, 66–78.

Lipkens, R., Hayes, S. C., & Hayes, L. J. (1993). Longitudinal study of the development of derived relations in an infant. *Journal of Experimental Child Psychology, 56*, 201–239.

Lord, C., Risi, S., Lambrecht, L., Cook, E. H., Leventhal, B. L., DiLavore, P. C., Pickles, A., & Rutter, M. (2000). The autism diagnostic observation schedule-generic: A standard measure of social and communication deficits associated with the spectrum of autism. *Journal of Autism and Developmental Disorders, 30,* 205-223.

Lovaas, O. I. (1981). *Teaching developmentally disabled children: The ME book.* Austin, TX: PRO-ED.

Lovaas, O. I. (1987). Behavioral treatment and normal educational and intellectual functioning in Young autistic children. *Journal of Consulting and Clinical Psychology, 55,* 3-9.

Lovaas, O. I. (2003). *Teaching individuals with developmental delays: Basic intervention techniques.* Austin, TX: PRO-ED.

Lovaas, O. I., Schreibman, L., Koegel, R. L., & Rhem, R. (1971). Selective responding by autistic children to multiple sensory input. *Journal of Abnormal Psychology, 77,* 211-222.

Lowe, C. F., Horne, P. J., & Hughes, J. C. (2005). Naming and categorization in young children: III. Vocal tact training and transfer of function. *Journal of the Experimental Analysis of Behavior, 83,* 47-65.

Lowe, C. F., Horne, P. J., Harris, F. D. A., & Randle, V. R. L. (2002). Naming and categorization in young children: Vocal tact training. *Journal of the Experimental Analysis of Behavior, 78,* 527-549.

Luciano, C., Gomez Becerra, I., & Valverde, M. R. (2007). The role of multiple-exemplar training and naming in establishing derived equivalence in an infant. *Journal of the Experimental Analysis of Behavior, 87,* 349-365.

Luyben, P. D., Funk, D. M., Morgan, J. K., Clark, K., & Delulio, D. W. (1986). Team sports for the severely retarded: Training a side-of-the-foot soccer pass using a maximum-to-minimum prompt reduction strategy. *Journal of Applied Behavior Analysis, 19,* 431-436.

Lynch, D. C., & Cuvo, A. J. (1995). Stimulus equivalence instruction of fraction-decimal relations. *Journal of Applied Behavior Analysis, 28,* 115-126. doi: 10.19017/jaba.1995.28-115

Mackay, H. A. (1991). Stimulus equivalence: Implications for the development of adaptive behavior. In B. Remington (Ed.), *The challenge of severe mental handicap: A behavior analytic approach.* Chichester, England: John Wiley & Sons.

Malott, R. W., & Suarez, E. A. (2004). *Elementary principles of behavior* (5th ed.).

Upper Saddle River, NJ: Prentice Hall.

Marcus, A., & Wilder, D. A. (2009). A comparison of peer videomodeling and self videomodeling to teach textual responses in children with autism. *Journal of Applied Behavior Analysis, 42*, 335-341.

Matson, J. L., & Vollmer, T. (1995). *Questions about behavioral function (QABF)*. Baton Rouge, LA: Disability Consultants, LLC.

Matson, J. L., Wilkins, J., & Macken, J. (2009). The relationship of challenging behaviors to severity and symptoms of autism spectrum disorders. *Journal of Mental Health Research in Intellectual Disabilities, 2*, 29-44.

Maurice, C. (1993). *Let me hear your voice*. New York: Knopf.

Maurice, C., Green, G., & Luce, S. (Eds.) (1996). *Behavioral Intervention for Young Children with Autism: A Manual for Parents and Professionals*. Austin, Tx: Pro-ed, Inc.

Mayer, G. R., Sulzer-Azaroff, B., & Wallace, M. (2012). *Behavior analysis for lasting change* (2nd ed.). Cornwall-on-Hudson, NY: Sloan Publishing.

McHugh, L., Barnes-Holmes, Y., Barnes-Holmes, D., & Stewart, I. (2006). Understanding false belief as generalized operant behaviour. *Psychological Record, 56*, 341-364.

McIntosh, K., Brown, J. A., & Borgmeier, C. J. (2008). Validity of functional behavior assessment within a response to intervention framework: Evidence, recommended practice, and future directions. *Assessment for Effective Intervention, 34*(6), 6-14. doi:10.1177/1534508408314096

McIntyre, L. L., Blacher, J., & Baker, B. L. (2002). Behaviour/mental health problems in young adults with intellectual disability: The impact on families. *Journal of Intellectual Disability Research, 46*(3), 239-249.

McVey, M. D. (2001). Teacher praise: Maximizing the motivational impact. *Journal of Early Education and Family Review, 8*(4), 29-34.

Meichenbaum, D. H., Bowers, K. S., & Ross, R. R. (1968). Modification of classroom behavior of institutionalized female adolescent offenders. *Behaviour Research and Therapy, 6*, 343-353.

Michael, J. (1982). Distinguishing between discriminative and motivating functions of stimuli. *Journal of the Experimental Analysis of Behavior, 37,* 149–155.

Michael, J. (1982). Skinner's elementary verbal relations: Some new categories. *Analysis of Verbal Behavior, 1,* 1–3.

Michael, J. (1983). Evocative and repertoire-altering effects of an environmental event. *The Analysis of Verbal Behavior, 2,* 19–21.

Michael, J. (1984). Verbal behavior. *Journal of the Experimental Analysis of Behavior, 42,* 363–376.

Michael, J. (1988). Establishing operations and the mand. *The Analysis of Verbal Behavior, 6,* 3–9.

Michael, J. (1993). Establishing operations. *The Behavior Analyst, 16,* 191–206.

Michael, J. (2004). *Concepts and principles of behavior analysis.* Kalamazoo, MI: Society for the Advancement of Behavior Analysis.

Michael, J., Palmer, D. C., & Sundberg, M. L. (2011). The multiple control of verbal behavior. *The Analysis of Verbal Behavior, 27,* 3–22.

Miguel, C. F., Petursdottir, A. I., Carr, J. E., & Michael, J. (2008). The role of naming in stimulus categorization by preschool children. *Journal of the Experimental Analysis of Behavior, 89,* 383–405.

Miller, L. K. (1975). Principles of Everyday Behavior Analysis (2nd ed.). Monterey, CA: Brooks/Cole publishing co.

Miller, L. K. (2006). *Principles of everyday behavior analysis* (4th ed.). Belmont, CA: Thomson Wadsworth.

Miltenberger, G. H. (2018). **최신 행동수정**(안병환, 윤치연, 이영순, 이효신, 천성문 역). 서울: 시그마프레스. (원출판연도 2016).

Morse, T. E., & Schuster, J. W. (2000). Teaching elementary students with moderate intellectual disabilities how to shop for groceries. *Exceptional Children, 66,* 273–288.

Mueller, M. M., Nkosi, A., & Hine, J. F. (2011). Functional analysis in public schools: A summary of 90 functional analyses. *Journal of Applied Behavior Analysis, 44,* 807–818.

National Autism Center. (2015). *Evidence-based practice and autism in the schools* (2nd ed.). Randolph, MA: Author.

Newman, B., & Buffington, D. M. (1995). The effects of schedules of reinforcement on instruction following. *Psychological Record, 45*(3), 4663-4677.

No Child Left Behind Act, 20 U.S.C. 70 §6301 et seq. (2002).

Nuzzolo-Gomez, R., & Greer, R. D. (2004). Emergence of untaught mands or tacts of novel adjective-object pairs as a function of instructional history. *The Analysis of Verbal Behavior, 20*, 63-76.

O'Donnell, J. (2001). The discriminative stimulus for punishment or S^{DP}. *The Behavior Analyst, 24*, 261-262.

O'Hora, D., Barnes-Holmes, D., Roche, B., & Smeets, P. (2004). *The Psychological Record, 54*, 437-460.

O'Hora, D., Pelaez, M., & Barnes-Holmes, D. (2005). Derived relational responding and performance on verbal subtests of the WAIS-III. *Psychological Record 55*, 155-175.

O'Neill, R. E., Horner, R. H., Albin, R. W., Storey, K., & Sparague, J. R. (1997). *Functional assessment and program development for problem behavior: A practical handbook.* Sycamore, IL: Sycamore Publishing.

O'Reilly, M. F., O'Halloran, M., Sigafoos, J., Lancioni, G. E., Green, V., & Edrisinha, C. et al. (2005). Evaluation of video feedback and self-management to decrease schoolyard aggression and increase pro-social behaviour in two students with behavioural disorders. *Educational Psychology, 25*, 199-206.

Pace, G. M., Ivancic, M. T., Edwards, G. L., Iwata, B. A., & Page, T. J. (1985). Assessment of stimulus preference and reinforcer value with profoundly retarded individuals. *Journal of Applied Behavior Analysis, 18*, 249-255.

Paclawskyj, T. R., Matson, J. L., Rush, K. S., Smalls, Y., & Vollmer, T. R. (2001). Assessment of the convergent validity of the Questions About Behavioral Function scale with analogue functional analysis and the Motivation Assessment Scale. *Journal of Intellectual Disability Research, 45*(6), 484-494.

Palmer, D. C. (1998). On Skinner's rejection of S-R Psychology. *The Behavior Analyst, 21*, 93-96

Palmer, D. C., & Donahoe, J. W. (1992). Essentialism and selectionism in cognitive science and behavior analysis. *American Psychologist, 47*, 1344-1358.

Parsonson, B. S., & Baer, D. M. (1978). The analysis and presentation of graphic data.

In T. R. Kratchowill (Ed.), *Single-subject research: Strategies for evaluating change* (pp. 101-165). New York: Academic Press.

Partington, J. W., & Sundberg, M. L. (1998). *The Assessment of Basic Language and Learning Skills: An assessment, curriculum guide, and tracking system for children with autism or other developmental disabilities.* Danville, CA: Behavior Analysts, Inc.

Pazulinec, R., Meyerrose, M., & Sajwaj, T. (1983). Punishment via response cost. In S. Axelrod (Ed.), *The effects of punishment on human behavior* (pp. 71-86). New York: Academic Press.

Petursdottir, A. I., & Carr, J. E. (2011). A review of recommendations for sequencing receptive and expressive language instruction. *Journal of Applied Behavior Analysis, 44,* 859-876. doi: 10.1901/jaba.2011.44-859

Pfiffner, L. J., & O'Leary, S. G. (1987). The efficacy of all positive management as a function of th prior use of negative consequences. *Journal of Applied Behavior Analysis, 20,* 265-271.

Piazza, C. C., Fisher, W. W., Hagopian, L. P., Bowman, L. G., & Toole, L. (1996). Using a choice assessment to predict reinforcer effectiveness. *Journal of Applied Behavior Analysis, 29,* 1-9.

Pinker, S. (1994). *The language instinct.* New York: William Morrowand Company, Inc.

Poche, C., Brouwer, R., & Swearingen, M. (1981). Teaching self-protection to young children. *Journal of Applied Behavior Analysis, 14*(2), 169-176.

Pohl, P., Greer, R. D., Du, L., & Moschella, J. L. (2018). Verbal development, behavior, and the evolution of language, *Perspectives on Behavior Science, 41,* 1-18.

Premack, D. (1959). Toward empirical behavior laws: I. Positive reinforcement. *Psychological Review, 66*(4), 219-233.

Rapp, J., Miltenberger, R., Galensky, T., Ellingson, S., Stricker, J., Garlinghouse, M., & Long, E. (2000). Treatment of hair pulling and hair manipulation maintained by digital-tactile stimulation. *Behavior Therapy, 31*(2), 381-393.

Rayner, C. (2011). Teaching students with autism to tie a shoelace knot using video prompting and backward chaining. *Developmental Neurorehabilitation, 14,* 339-347. http://dx.doi.org/10.3109/17518423.2011.606508

Redhair, E. I., McCoy, K. M., Zucker, S. H., Mathur, S. R., & Caterino, L. (2013). Identification of printed nonsense words for an individual with autism: A comparison of constant time delay and stimulus fading. *Education and Training in Autism and Developmental Disabilities, 48,* 351-362.

Rehfeldt, R. A. (2011). Toward a technology of derived stimulus relations: An analysis of articles published in the journal of applied behavior analysis, 1992-2009. *Journal of Applied Behavior Analysis, 44,* 109-119.

Rehfeldt, R. A., & Barnes-Holmes, Y. (2009). *Derived relational responding applications for learners with autism and other developmental disabilities: A progressive guide to change.* Oakland, CA: New Harbinger Publications.

Rehfeldt, R. A., & Root, S. L. (2005). Establishing derived requesting skills in adults with severe developmental disabilities. *Journal of Applied Behavior Analysis, 38,* 101-105.

Rehfeldt, R. A., Dahman, D., Young, A., Cherry, H., & Davis, P. (2003). Teaching a simple meal preparation skill to adults with moderate and severe mentalretardation using video modeling. *Behavioral Interventions, 18,* 209-218. http://dx.doi.org/10.1002/bin.139

Repp, A. C., Barton, L. E., & Brulle, A. R. (1983). A comparison of two procedures for programming the differential reinforcement of other behaviors. *Journal of Applied Behavior Analysis, 16,* 435-445.

Repp, A. C., Felce, D., & Barton, L. E. (1991). The effects of initial interval size of the efficacy of DRO schedules of reinforcement. *Exceptional Children, 57,* 417-425.

Reynolds, L., K., & Kelley, L. M. (1997). The efficacy of response cost-based treatment package for managing aggressive behavior in preschoolers. *Behavior Modification, 21*(2), 216-230.

Richards, S. B., Taylor, R. L., & Ramasamy, R. (2013). *Single subject research: Applications in educational and clinical settings.* Belmont, CA: Wadsworth.

Richman, D. M. (2008). Annotation: Early intervention and prevention of self-injurious behaviour exhibited by young children with developmental disabilities. *Journal of Intellectual Disability Research, 52*(1), 3-17.

Richman, D. M., Wacker, D. P., Asmus, J. M., Casey, S. D., & Andelman, M. (1999).

Further analysis of problem behavior in response class hierarchies. *Journal of Applied Behavior Analysis, 32*, 269-283.

Rincover, A. (1978). Sensory extinction: A procedure for eliminating self-stimulatory behavior in psychotic children. *Journal of Abnormal Child Psychology, 6*, 299-310.

Riquelme, I., Hatem, S. M., & Montoya, P. (2016). Abnormal pressure pain, touch sensitivity, proprioception, and manual dexterity in children with autism spectrum disorders. *Neural plasticity, 2016.*

Robinson, D. H., Funk, D. C., Beth, A., & Bush, A. M. (2005). Changing beliefs about corporal punishment: Increasing knowledge about ineffectiveness to build more c consistent moral and informational beliefs. *Journal of Behavioral Education, 14*(2), 117-139.

Roche, B., & Barnes, D. (1997). A transformation of respondently conditioned stimulus function in accordance with arbitrarily applicable relations. *Journal of the Experimental Analysis of Behavior, 67*, 275-301.

Rogers, S. J., Hepburn, S. L., Stackhouse, T., & Wehner, E. (2003). Imitation performance in toddlers with autism and those with other developmental disorders. *Journal of Child Psychology and Psychiatry, 44*, 763-781.

Rosales, R., & Rehfeldt, R. A. (2007). Contriving transitive conditioned establishing operations to establish derived manding skills in adults with severe developmental disabilities. *Journal of Applied Behavior Analysis, 40*, 105-121.

Roscoe, E. M., Iwata, B. A., & Goh, H. L. (1998). A comparison of noncontingent reinforcement and sensory extinction as treatments for self-injurious behavior. *Journal of Applied Behavior Analysis, 31*, 635-646.

Ross, C. (2012). Naltrexone use for self-injurious behavior in patients with developmental disabilities. *Mental Health Clinician, 2*(3), 60-61.

Saunders, R. R., Drake, K. M., & Spradlin, J. E. (1999). Equivalence class establishment, expansion, and modification in preschool children. *Journal of the Experimental Analysis of Behavior, 71*, 195-214.

Scheuermann, B. K., & Hall, J. A. (2017). 긍정적 행동중재와 지원: 행동중재를 위한 최신 이론과 실제(제3판)(김진호, 김미선, 김은경, 박지연 역). 서울: 시그마프레스. (원출판연도 2016).

Schreibman, L. (1975). Effects of withinin stimulus and extra-stimulus prompting on discrimination learning in autistic children. *Journal of Applied Behavior Analysis, 8,* 91-112.

Schroeder, G. L., & Baer, D. M. (1972). Effects of concurrent and serial training on generalized vocal imitation in retarded children. *Developmental Psychology, 6,* 293-301.

Schunk, D. H., & Hanson, A. R. (1989). Self-modeling and children's cognitive skill learning. *Journal of Educational Psychology, 81,* 155-163.

Schuster, J. W., Gast, D. L., Wolery, M., & Guiltinan, S. (1988). Delay procedure to teach chained responses to adolescents with mental retardation. *Journal of Applied Behavior Analysis, 21,* 169-178.

Schwarz, M. L., & Hawkins, R. P. (1970). Application of delayed reinforcement procedures to the behavior of an elementary school child. *Journal of Applied Behavior Analysis, 3,* 85-96.

Shabani, D. B., Katz, R. C., Wilder, D. A., Beauchamp K., Taylor, C. R., & Fisher, K. J. (2002). Increasing social initiations in children with autism: Effects of a tactile prompt. *Journal of Applied Behavior Analysis, 35,* 79-83.

Shahan, T. A., & Chase, P. A. (2002). Novelty, stimulus control, and operant variability, *Journal of Behavior Analyst, 25,* 175-190.

Sharma, R., & Lohan, A. (2018). Psychosocial Interventions for Individuals With Intellectual Disability. In *Autism Spectrum Disorders: Breakthroughs in Research and Practice* (pp. 88-108). IGI Global.

Sidman, M. (1971). Reading and auditory-visual equivalences. *Journal of Speech and Hearing Research, 14,* 5-13.

Sidman, M. (1994). *Equivalence relations and behavior: A research story.* Boston MA: Authors Cooperative, Inc.

Sidman, M. (2000). Applied behavior analysis: Back to basics. *Behaviorology, 5*(1), 15-37.

Sidman, M., & Cresson, O., Jr. (1973). Reading and cross modal transfer of stimulus equivalences in severe retardation. *American Journal of Mental Deficiency, 77,* 515-523.

Sidman, M., & Tailby, W. (1982). Conditional discrimination vs. matching to sample:

An expansion of the testing paradigm. *Journal of the Experimental Analysis of Behavior, 37*, 5-22.

Sidman, M., Cresson, O., & Wilson-Morris, M. (1974). Acquisition of matching to sample via mediated transfer. *Journal of the Experimental Analysis of Behavior, 22*, 261-273.

Sidman, M., Kirk, B., & Wilson-Morris, M. (1985). Six-member stimulus classes generated by conditional-discrimination procedures. *Journal of the Experimental Analysis of Behavior, 43*, 21-42.

Singer-Dudek, J., LeePark, H., Lee, G. T., & Lo, C. (2017, January 23). Establishing the transformation of motivating operations across mands and tacts for preschoolers with developmental delays. *Behavioral Development Bulletin, 22*(1), 230.

Singh, N. N. (1990). Effects of two error-correction procedures on oral reading errors. Word supply versus sentence repeat. *Behavior Modification, 14*(2), 188-199.

Skiba, R., & Raison, J. (1990). Relationship between the use of timeout and academic achievement. *Exceptional Children, 57*(1), 36-46.

Skinner, B. F. (1938). *The behavior of organisms: An experimental analysis.* New York: Appleton-Century.

Skinner, B. F. (1953). *Science and human behavior.* New York: Macmillan.

Skinner, B. F. (1957). *Verbal behavior.* Engelwood Cliffs, NJ: Prentice-Hall.

Skinner, B. F. (1966). Operant behavior. In W. K. Honig (Ed), *Operant behavior: Areas of research and application* (pp. 12-32). New York: Appleton-Century-Crofts.

Skinner, B. F. (1969). *Contingencies of reinforcement: a theoretical analysis.* New York: Appleton-Century-Crofts.

Skinner, B. F. (1978). *Reflections on behaviorism and society.* Englewood Cliffs, NJ: Prentice-Hall.

Skinner, B. F. (1988). The phylogeny and ontogeny of behavior. In A. C. Catania & S. Harnad (Eds.), *The selection of behavior: The operant behaviorism of B. F. Skinner: Comments and consequences.* New York: Cambridge University Press.

Skowronski, J. J., & Carlston, D. E. (1989). Negativity and extremity biases in impression formation: A review of explanations. *Psychological bulletin, 105*(1), 131.

Smeets, P. M., & Barnes-Holmes, D. (2005). Auditory-visual and visual equivalence relations in children. *The Psychological Record, 55,* 483-503.

Smith, T. (2001). Discrete trial training in the treatment of autism. *Focus on Autism and Other Developmental Disabilities, 16*(2), 68-71.

Snell, M. E., & Gast, D. L. (1981). Applying time delay procedure to the instruction of the severely handicapped. *Journal of the Association for the Severely Handicapped, 6,* 3-14.

Speckman-Collins, J., LeePark, H., & Greer, R. D. (2007). Generalized selection-based auditory matching and the emergence of the listener component of naming, *Journal of Early and Intensive Behavioral Intervention, 4,* 412-428.

Spradlin, J. E. (2003). Alternative theories of the origin of derived stimulus relations. *The Analysis of Verbal Behavior, 19,* 3-6.

Steele, D., & Hayes, S. C. (1991). Stimulus equivalence and arbitrarily applicable relational responding. *Journal of the Experimental Analysis of Behavior, 56,* 519-555.

Stewart, I., & McElwee, J. (2009). Relational responding and conditional discrimination procedures: An apparent inconsistency and clarification. *The Behavior Analyst, 32,* 309-317.

Stewart, I., Barnes-Holmes, D., Roche, B., & Smeets, P. (2004). A functional-analytic model of analogy using the relational evaluation procedure. *Psychological Record 54,* 531-552.

Stewart, I., McElwee, J., & Ming, S. (2013). Language generativity, response generalization, and derived relational responding. *The Analysis of Verbal Behavior, 29,* 137-155.

Stokes, T. F., & Baer, D. M. (1976). Preschool peers as mutual generalization-facilitating agents. *Behavior Therapy, 7,* 549-556.

Stokes, T. F., & Baer, D. M. (1977). An implicit technology of generalization. *Journal of Applied Behavior Analysis, 10,* 349-369.

Stokes, T. F., Baer, D. M., & Jackson, R. L. (1974). Programming the generalization of a greeting response in four retarded children. *Journal of Applied Behavior Analysis, 7,* 599-610.

Stone, W., Ousley, O., & Littleford, C. (1997). Motor imitation in young children with autism: What's the object? *Journal of Abnormal Child Psychology, 25,* 475-485.

Stormont, M. A., Lewis, T. J., Backner, R. S., & Johnson, N. (2008). *Implementing Positive Behavior Support Systems in Early Childhood and Elementary Settings* (1st ed.). Thousand Oaks, CA: Corwin.

Stromer, R. (2000). Integration basic and applied research and the utility of Lattal and Perone's Handbook of Research Methods In Human Operant Behavior. *Journal of Applied Behavior Analysis, 33,* 119-136.

Stromer, R., Mackay, H. A., & Remington, B. (1996). Naming, the formation of stimulus classes and applied behavior analysis. *Journal of Applied Behavior Analysis, 29,* 409-431.

Sugai, G. M., & Tindal, G.A. (1993). *Effective School Consultation: An Interactive Approach* (1st ed.). Belmont, CA: Wadsworth Publishing.

Sullivan, L., & Bogin, J. (2010). *Overview of extinction.* Sacramento: CA. National Professional Development Center on Autism Spectrum Disorders, M.I.N.D. Institute. University of California at Davis Medical School.

Sulzer-Azaroff, B., & Mayer, G. R. (1991). *Behavior analysis for lasting change.* Fort Worth, TX: Harcourt Brace.

Sundberg, M. L. (1993). The application of establishing operations. *The Behavior Analyst, 16,* 211-214.

Sundberg, M. L. (2016). *Verbal behavior milestones assessment and placement program.* (2nd ed.) Concord: AVB Press.

Sundberg, M. L., & Michael, J. (2001). The benefits of Skinner's analysis of verbal behavior for children with autism. *Behavior Modification, 25,* 698-724.

Sundberg, M. L., & Partington, J. W. (1998). *Teaching language to children with autism or other developmental disabilities.* Pleasant Hill, CA: Behavior Analysts.

Sutherland, K. S., Wehby, J., & Copeland, S. (2000). Effect of varying rates of behavior-specific praise on the on-task behavior of students with EBD. *Journal of Applied Behavior Analysis, 8*(1), 2-8.

Tarbox, R. S. F., Wallace, M. D., Penrod, B., & Tarbox, J. (2007). Effects of three-step prompting on compliance with caregiver requests. *Journal of Applied Behavior Analysis, 40,* 703-706.

Taylor, B. A., & Levin, L. (1998). Teaching a student with autism to make verbal initiations: Effects of a "tactile prompt." *Journal of Applied Behavior Analysis, 31,* 651-654.

Taylor, J., & Miller, M. (1997). When timeout works some of the time: The importance of treatment integrity and functional assessment. *School Psychology Quarterly, 12*(1), 4-22.

Tereshko, L., & Sottolano, D. (2017). The effects of an escape extinction procedure using protective equipment on self-injurious behavior. *Behavioral Interventions. 32,* 152-159. https://doi.org/10.1002/bin.1475

Thompson, T. J., Braam, S. J., & Fuqua, R. W. (1982). Training and generalization of laundry skills: A multiple probe evaluation with handicapped persons. *Journal of Applied Behavior Analysis, 15*(1), 177-182.

Touchette, P. E. (1971). Transfer of stimulus control: Measuring the moment of transfer. *Journal of the Experimental Analysis of Behavior, 15,* 347-354.

Twardosz, S., & Sajwaj, T. (1972). Multiple effects of a procedure to increase sitting in a hyperactivity, retarded boy. *Journal of Applied Behavior Analysis, 5,* 73-78.

Twyman, J. S. (1995). The functional independence of impure mands and tacts of abstract stimulus properties. *The Analysis of Verbal Behavior, 13,* 1-19.

Tyndall, L. T., Roche, B., & James, J. E. (2009). The interfering effect of emotional stimulus functions on stimulus equivalence class formation: Implications for the understanding and treatment of anxiety. *European Journal of Behavior Analysis, 10,* 215-234.

Van Houten, R., Nau, P. A., Mackenzie-Keating, S. E., Sameoto, D., & Colavecchia, B. (1982). An analysis of some variables influencing the effectiveness of reprimands. *Journal of Applied Behavior Analysis, 15,* 65-83.

Vollmer, T. R., Roane, H. S., Ringdahl, J. E., & Marcus, B. A. (1999). Evaluating treatment challenges with differential reinforcement of alternative behavior. *Journal of Applied Behavior Analysis, 32,* 9-23.

Walker, H. M. (1983). Application of response cost in school settings: Outcomes, issues and recommendations. *Exceptional Education Quarterly, 3,* 46-55.

Walker, H. M., & Buckley, N. K. (1968). The use of positive reinforcement in conditioning attending behavior. *Journal of Applied Behavior Analysis, 1,* 245-250.

Wall, M. E., & Gast, D. L. (1997). Caregivers' use of constant time delay to teach leisure skills to adolescents or young adults with moderate or severe intellectual disabilities. *Education and Training in Mental Retardation and Developmental Disabilities, 32,* 340-356.

Wall, M. E., Gast, D. L., & Royston, P. A. (1999). Leisure skills instruction for adolescents with severe and profound developmental disabilities. *Journal of Developmental and Physical Disabilities, 11,* 193-219.

Watson, J. B. (1913). Psychology as the behaviorist views it. *Psychological Review, 20,* 158-177.

Watson, J. B. (1924). *Behaviorism.* New York: W. W. Norton.

Watson, J. B., & Rayner, R. (1). Conditioned emotional reactions. *Journal of Experimental Psychology, 3,* 1-14.

White, L. A. (1940). *The Symbol: The Origin and Basis of Human Behavior.* Retrieved August 7, 2012 from JSTOR Website http://links.jstor.org/sici?sici=00318248%281940 10%297%3A4%3C451%3ATSTOAB%3E2.0.CO%3B2-Y

Wolery, M., Holcombe, A., Cybriwsky, C., Doyle, P. M., Schuster, J. W., Ault, M. L., & Gast, D. L. (1992). Constant time delay with discrete responses: A review of effectiveness and demographic, procedural, and methodological parameters. *Research in Developmental Disabilities, 13,* 239-266.

Wolf, M. M. (1978). Social validity: The case for subjective measurement or how applied behavior analysis is finding its heart. *Journal of Applied Behavior Analysis, 11,* 203-214.

Wong, C., Odom, S. L., Hume, K. A., Cox, A. W., Fettig, A., Kucharczyk, S., & Schultz, T. R. (2015). Evidence-based practices for children, youth, and young adults with autism spectrum disorder: A comprehensive review. *Journal of Autism and Developmental Disorders, 45,* 1951-1966. http://dx.doi.org/10.1007/s10803-014-2351-z

Wong, C., Samuel, L. O., Kara, A. H., Ann, W. C., Angel, F., S, K., Matthew, E. B., Joshua, B. P., Veronica, P. F., & Tia, R. S. (2015). Evidence-Based Practices for Children, Youth, and Young Adults with Autism Spectrum Disorder: A

Comprehensive Review. *Journal of Autism and Developmental Disorders, 45*, 7, 1951-1966.

Zaring-Hinkle, B., Carp, C. L., & Lepper, T. I. (2016). An evaluation of two stimulus equivalence training sequences on the emergence of novel intraverbals. *Analysis of Verbal Behavior, 32*, 171-193. doi. 10. 1007/s40616-016-0072-4

Zirpoli, T. J. (2017). **통합교육을 위한 행동관리의 실제**(유재연, 임경원, 김은경, 이병혁, 박경옥 역). 서울: 시그마프레스.

https://www.abainternational.org/welcome.aspx

https://www.bacb.com

찾아보기

저자 소개
. . . .

이성봉(Lee, Sungbong)
단국대학교 특수교육학 전공 교육학박사
한국행동분석학회 고문
한국특수교육학회 이사
한국자폐학회 이사
한국발달장애학회 이사
백석대학교 특수교육과 교수

양문봉(Yang, Daniel Moonbong)
시애틀신학대학교 행동심리학 전공 신학박사
피엘엠대학교 특수교육행정 전공 박사
국제행동분석전문가(BCBA-D)
한국행동분석학회 부회장
(사)한장선 에듀비전 이사
백석대학교 특수교육과 교수

김은경(Kim, Eunkyung)
단국대학교 특수교육학 전공 교육학박사
한국행동분석학회 이사
한국정서행동장애학회 이사
한국자폐학회 이사
한국증거기반현장교육학회 부회장
단국대학교 특수교육과 교수

정경미(Chung, Kyongmee)
하와이주립대학교 임상심리학 전공 박사
국제행동분석전문가(BCBA-D)
한국심리학회 이사
한국임상심리학회 이사
한국행동분석학회 이사
한국응용행동분석전문가협회 이사
연세대학교 심리학과 교수

박혜숙(LeePark, Hyesuk)
컬럼비아대학교 응용행동분석학 전공 철학박사
국제행동분석전문가(BCBA-D)
한국행동분석학회 부회장
유이특수교육학회 이사
KAVBA ABA 연구소 소장

최진혁(Choi, Jinhyeok)
컬럼비아대학교 응용행동분석학 전공 박사
국제행동분석전문가(BCBA-D)
한국특수아동학회 부회장
한국자폐학회 이사
한국정서행동장애학회 이사
한국행동분석학회 이사
부산대학교 특수교육과 교수

응용행동분석

Applied Behavior Analysis

2019년 9월 10일 1판 1쇄 발행
2024년 1월 25일 1판 3쇄 발행

지은이 • 이성봉 · 김은경 · 박혜숙 · 양문봉 · 정경미 · 최진혁
펴낸이 • 김 진 환
펴낸곳 • (주) **학지사**

　　　　　04031 서울특별시 마포구 양화로 15길 20 마인드월드빌딩 5층

대표전화 • 02) 330-5114　　　팩스 • 02) 324-2345

등록번호 • 제313-2006-000265호

홈페이지 • http://www.hakjisa.co.kr
인스타그램 • https://www.instagram.com/hakjisabook

ISBN 978-89-997-1935-6 93370

정가 **22,000원**

■ 출판미디어기업 **학지사**

　　간호보건의학출판 **학지사메디컬** www.hakjisamd.co.kr
　　심리검사연구소 **인싸이트** www.inpsyt.co.kr
　　학술논문서비스 **뉴논문** www.newnonmun.com
　　원격교육연수원 **카운피아** www.counpia.com